Petra Merziger
Entwicklung selbstregulierten Lernens
im Fachunterricht

Studien zur Bildungsgangforschung

herausgegeben von
Arno Combe
Meinert A. Meyer
Barbara Schenk

Band 14

Petra Merziger

Entwicklung selbstregulierten Lernens im Fachunterricht

Lerntagebücher und Kompetenzraster
in der gymnasialen Oberstufe

Verlag Barbara Budrich,
Opladen & Farmington Hills 2007

Bibliografische Informationen der Deutschen Nationalbibliothek
Die Deutsche Nationalbibliothek verzeichnet diese Publikation in der Deutschen
Nationalbibliografie; detaillierte bibliografische Daten sind im Internet über
http://dnb.d-nb.de abrufbar.

Gedruckt auf säurefreiem und alterungsbeständigem Papier.

© 2007 Verlag Barbara Budrich, Opladen & Farmington Hills
www.budrich-verlag.de

ISBN   978-3-86649-084-0

Umschlaggestaltung: disegno visuelle kommunikation, Wuppertal – www.disenjo.de
Druck: paper&tinta, Warschau
Printed in Europe

Ein Wort des Dankes

Diese Arbeit wäre ohne die Offenheit und das Engagement der beteiligten Lehrer(innen) und Schüler(innen) nicht zustande gekommen. Ich danke ihnen an dieser Stelle dafür, dass sie mir Einblick in ihren Unterricht gewährt haben und mich an ihren Lernprozessen teilhaben ließen.

Meinen betreuenden Professoren Johannes Bastian und Arno Combe möchte ich für die großartige und kontinuierliche Unterstützung und Beratung während des gesamten Forschungs- und Schreibprozesses ganz besonders danken. In jedem Stadium der Arbeit konnte ich auf ihre kritische Reflexion und ihre konstruktiven Denkanstöße bauen. Mit viel Geduld und Fürsorge haben sie mich auf dem Weg zur Promotion vorangebracht.

Ich danke allen Mitgliedern des Graduiertenkollegs Bildungsgangforschung der Universität Hamburg für die spannenden Auseinandersetzungen und den fruchtbaren Austausch. Besonders danken möchte ich Julia Hellmer, Annika Kolb, Wilfried Kossen, Birte Rottmann und Elisabeth Wazinski. Es war eine tolle Zeit mit Euch!

Für die großartige Unterstützung, besonders in der Endphase der Promotion, danke ich meinen Freundinnen Biene, Katrin und Tanja. Auch meinen Eltern, die sich sehr für diese Arbeit interessiert und mich immer wieder motiviert haben, möchte ich an dieser Stelle meinen Dank aussprechen.

Ein großes Dankeschön gilt Matthias, der mich beim Schreiben mit viel Geduld und Liebe unterstützt hat. Und zuletzt danke ich meiner kleinen Martha Lotta, die für die nötige Freude und Ablenkung während der Promotionszeit gesorgt hat.

Inhaltsverzeichnis

Abbildungsverzeichnis

Tabellenverzeichnis

Einleitung

Problemaufriss und Forschungsinteresse

Diese Arbeit untersucht die Entwicklung selbstregulierten Lernens im Fachunterricht. Mit dem Fokus auf selbstreguliertes Lernen thematisiert sie ein aus gesellschaftlicher Perspektive aktuelles Thema und ein aus lerntheoretischen Gründen bedeutsames Lernkonzept, welches in der Pädagogischen Psychologie wurzelt. Mit dem Fokus auf die unterrichtlichen Bedingungen für eine Entwicklung selbstregulierten Lernens beleuchtet sie die schulpädagogische Frage nach der „Passung" von institutionellen Rahmenbedingungen und der individuellen Bearbeitung von Lehr-Lern-Prozessen.

Es scheint vergleichsweise leicht, selbstreguliertes Lernen deskriptiv zu fassen: Wer selbstreguliert lernt, ist in der Lage, sich für das Lernen eigene Ziele zu setzen und seine Lernaktivitäten selbst zu planen. Wer selbstreguliert lernt, kann geeignete Lernstrategien anwenden und kontrolliert seinen Lernprozess eigenverantwortlich. Wer selbstreguliert lernt, motiviert sich zum Lernen und lässt sich dabei nicht ablenken. Die Betrachtung der Selbstregulation im Lernprozess stellt also den individuellen Lerner in den Vordergrund. Ihm wird einerseits die Verantwortung für sein Lernen übergeben, andererseits aber auch die Fähigkeit, sein Lernen selbst zu steuern und damit seinen Lernerfolg zu beeinflussen, zugeschrieben. Diese Zuschreibung lässt sich lerntheoretisch begründen: Lernen, die Aneignung und Erweiterung von Wissen und Fähigkeiten, ist als eine individuelle Angelegenheit zu charakterisieren. Jeder muss für sich alleine lernen; niemand kann andere für sich lernen lassen oder für andere lernen. Lernen wird als ein aktiver Prozess verstanden, der vom Lernenden selbst ausgestaltet werden muss. Die derzeitige Diskussion der Lehr-Lern-Forschung über die Selbstregulation im Lernprozess geht über diesen Punkt mit der Forderung hinaus, Lernende sollten zudem dazu befähigt werden, ihr Lernen selbst zu überwachen und zu steuern. Damit wird eine reflexive Haltung zum Lernen eingefordert.

Die Fragen, wie jemand ein selbstregulierter Lerner wird, welche Hindernisse es dabei zu überwinden gilt und welche Funktion dem Unterricht bzw. welche Aufgabe den Lehrkräften dabei zukommt, sind schwieriger zu beantworten. Es handelt sich dabei jedoch um bedeutende Fragen, denn mit der beschriebenen Forderung nach einem Lernen aus selbsttätiger Einsicht und in eigener Verantwortung ist nur ein Eckpunkt schulischen Lernens beschrieben. In der Schule werden für die Schüler(innen) in einzelnen Klassen und Kursen die gleichen Lernziele definiert, die gleichen Methoden angewandt und die Leistungen vergleichend getestet. In der Regel kann nicht jeder Schüler bzw. jede Schülerin selbst entscheiden, was und wie er oder sie lernen möchte. In diesem Zusammenhang stellt sich die Frage, wie Schüler(innen) in der Institution Schule die Bereitschaft und die Fähigkeit entwickeln können, ihr Lernen selbst in die Hand zu nehmen.

Die dargestellten Überlegungen konturieren die Problemstellung dahingehend, dass für die Entwicklung selbstregulierten Lernens im Fachunterricht individuelle Lernbedürfnisse, -fähigkeiten und -aspirationen einerseits und institutionelle Angebote und Restriktionen andererseits mit einander verknüpft werden müssen. Der Blick auf die institutionellen Rahmenbedingungen für die Entwicklung selbstregulierten Lernens im schulpädagogischen Kontext macht insbesondere auf drei Aspekte aufmerksam: Erstens scheint es notwendig, die Rolle der Fremdregulation im Rahmen selbstregulierten Lernens zu bestimmen, da dieser im Kontext von Unterricht ein zentraler Stellenwert zukommt. Zweitens ist zu berücksichtigen, dass die Lernvorstellungen der Schüler(innen) die Bereitschaft und Fähigkeit zur Selbstregulation beeinflussen. Dabei sind einerseits allgemeine Vorstellungen darüber, wie Lernen „funktioniert" von Bedeutung (vgl. KAISER 2003) und andererseits spezielle Vorstellungen darüber, welche Rolle den Lehrkräften und welche den Lernenden selbst beim Lernen zukommt (vgl. BOEKAERTS & NIEMIVIRTA 2000). Drittens ist es für die Untersuchung selbstregulierten Lernens im Kontext von Schule notwendig, das Fächerprinzip als ein strukturierendes Element schulischen Lernens (vgl. TERHART 1997; BAUMERT et al. 2003) zu thematisieren.

Die Entwicklung selbstregulierten Lernens im Fachunterricht zu untersuchen, bedeutet also, individuelles Lernen unter den Bedingungen institutioneller Rahmungen zu betrachten. Damit verortet sich diese Arbeit in der Bildungsgangforschung. Denn das spezifische Forschungsinteresse der Bildungsgangforschung besteht in der Rekonstruktion individueller Lernprozesse, die im Spannungsfeld subjektiver Wünsche und Fähigkeiten einerseits und institutioneller Angebote und Restriktionen andererseits zu beobachten sind (vgl. SCHENK 2005; TRAUTMANN 2004). Damit ist die Frage angesprochen, wie es der heranwachsenden Generation gelingt, Anforderungen der Schule und eigene (Lern-) Bedürfnisse so zu integrieren, dass Lernen für sie an Bedeutung gewinnt.

Die Sichtung des Forschungsstandes zu selbstreguliertem Lernen zeigt, dass dieses überwiegend im tertiären Bildungsbereich untersucht wird; Studien zu selbstreguliertem Lernen in der Schule stellen ein Forschungsdesiderat dar (vgl. SCHNAITMANN 2004). Dabei scheint es sinnvoll, die Selbstregulation beim Lernen als eine zentrale Kompetenz für die heranwachsende Generation bereits in der Schule zu fördern (vgl. BAUMERT 2003) und förderliche Bedingungen für diese Entwicklung zu identifizieren. Damit stellt sich konkret die Frage, welche didaktischen Arrangements die Entwicklung selbstregulierten Lernens im Unterricht unterstützen.

14

Die vorliegende Arbeit setzt an dieser Frage an und konzentriert sich dabei auf den Einsatz von Feedbackinstrumenten im Fachunterricht, die darauf abzielen, bei Schüler(inne)n ein reflexives Verhältnis zum Lernen zu entwickeln. Feedbackinstrumente ermöglichen den Schüler(inne)n, ihr Arbeits- und Lernverhalten genauer zu beobachten und so zu lernen, ihre Lernprozesse eigenverantwortlich zu steuern und zu entwickeln (vgl. BASTIAN, COMBE & LANGER 2005). Sie erweisen sich damit unter theoretischen und konzeptionellen Gesichtspunkten aussichtsreich für die Förderung selbstregulierten Lernens. In dieser Arbeit handelt es sich um den Einsatz von Lerntagebüchern im Mathematikunterricht und von Kompetenzrastern im Deutschunterricht der gymnasialen Oberstufe.

Das Forschungsinteresse besteht darin, zu untersuchen, inwiefern der Einsatz von Feedbackinstrumenten die Entwicklung selbstregulierten Lernens unterstützt. Dabei stellt sich die Frage nach einem geeigneten Konzept selbstregulierten Lernens, das die Wirkungen der Feedbackinstrumente im Einzelnen sichtbar macht. Dazu werden in der vorliegenden Arbeit drei Kernfähigkeiten selbstregulierten Lernens betrachtet: erstens der Einsatz geeigneter Lernstrategien, zweitens die Überwachung des Lernprozesses und drittens die Selbstaktivierung (vgl. BOEKAERTS 1999). Zugleich stellt sich die Frage nach einem geeigneten Zugang zu selbstreguliertem Lernen. Dazu beleuchtet diese Arbeit die Lernerperspektive und fragt, welche Bedeutung Lernende der Selbst- bzw. der Fremdregulation für ihr Lernen beimessen. Den Fokus auf die Sichtweisen der Schüler(innen) zu richten, erscheint vielversprechend, da selbstreguliertes Lernen eine bestimmte Haltung zum eigenen Lernen voraussetzt und die Lernvorstellungen von Lernenden die Bereitschaft und die Fähigkeit zur Selbstregulation im Lernprozess beeinflussen (vgl. u.a. KAISER 2003; BOEKAERTS & NIEMIVIRTA 2000). Somit wird die Bedeutung der Feedbackinstrumente für die Entwicklung selbstregulierten Lernens aus den Sichtweisen der Lernenden auf ihr Lernen rekonstruiert.

Das Forschungsinteresse richtet sich demnach auf individuelle Lernprozesse im Sinne einer Entwicklung selbstregulierten Lernens, und es gilt zugleich einer Analyse spezifischer didaktischer Arrangements, welche die Potenziale selbstregulierten Lernens zu entfalten in der Lage sind. Die Untersuchung verknüpft damit eine psychologische mit einer schulpädagogischen Fragestellung. Die Bildungsgangforschung errichtet mit ihren spezifischen Forschungsparadigmen das „Dach", unter dem das Interesse der pädagogischen Psychologie an individuellen Lernvorgängen und das Anliegen der Schulpädagogik, das Zusammenwirken von unterrichtlichen Arrangements und individuellem Lernen in der Lehr-Lern-Forschung zu untersuchen, zusammengeführt wird.

Forschungsvorhaben

Im Rahmen eines Schulbegleitforschungsprojektes werden zwei Lerngruppen der gymnasialen Oberstufe, ein Grundkurs Deutsch und ein Grundkurs Mathematik, begleitet. Im Mathematikunterricht werden Lerntagebücher und im Deutschunterricht werden Kompetenzraster eingesetzt. Durch Lerntagebücher werden die Schüler(innen) aufgefordert, ihren Lernprozess zu dokumentieren und zu reflektieren; Kompetenzraster definieren in Tabellenform Qualitätskriterien für spezifische Leistungsbereiche, gliedern diese in Niveaustufen und bilden eine Basis für kriteriengeleitete Selbst- und Fremdeinschätzung im Lernprozess. Die betreffenden Lehrkräfte haben in drei von der wissenschaftlichen Begleitung moderierten Workshops die Feedbackinstrumente Lerntagebuch und Kompetenzraster ausgewählt und für ihre Lerngruppen zugeschnitten sowie deren Einsatz im Prozess reflektiert.

Indem die vorliegende Arbeit mit den Fächern Mathematik und Deutsch zwei unterschiedliche Fachkulturen in den Blick nimmt, möchte sie einen weiteren Schwerpunkt setzen. Die Frage nach der Entwicklung selbstregulierten Lernens wird somit fachspezifisch gestellt. Damit werden erstens Befunde der Pädagogischen Psychologie aufgegriffen, die darauf hinweisen, dass die Fähigkeit zur Selbstregulation beim Lernen von dem jeweiligen Lerngegenstand abhängt (vgl. BOEKAERTS 1999); zweitens wird unter schulpädagogischen Gesichtspunkten das Fachprinzip als ein strukturierendes Moment im Kontext schulischen Lernens berücksichtigt. Ein besonderes Potenzial dieser Untersuchung liegt somit in einem Fächer vergleichenden Blick: Die Gegenüberstellung der mathematik- und deutschbezogenen empirischen Befunde ermöglicht die Identifikation von Gemeinsamkeiten und Unterschieden und damit Aussagen über fachspezifische ebenso wie fachübergreifende Aspekte der Entwicklung selbstregulierten Lernens.

Das Forschungsvorhaben dieser Arbeit beinhaltet also die Rekonstruktion individueller Entwicklungen selbstregulierten Lernens, die durch spezifische Feedbackinstrumente unterstützt werden und in den Lehr-Lern-Formen des Fachunterrichts verankert sind.

Fragestellungen

Die Forschungsfragen, die sich aus dem Stand der Diskussion bestimmen lassen, thematisieren die Ebene individueller Lernprozesse und die Ebene der didaktischen Lernarrangements:
Ebene der individuellen Lernprozesse

- Welche Verhältnisbestimmungen von Selbstregulation und Fremdregulation im Fach lassen sich bei einzelnen Schüler(inne)n rekonstruieren?

- Wie wirkt sich der Einsatz bestimmter Feedbackinstrumente auf die Entwicklung selbstregulierten Lernens im Fach aus?

Ebene der Lernarrangements

- Welche Bedeutung kommt Lerntagebüchern und Kompetenzrastern für die Entwicklung selbstregulierten Lernens zu?

Für die Untersuchung individueller Lernvorstellungen über Selbst- und Fremdregulation beim Lernen und deren Einbettung in fachdidaktische Arrangements bietet sich ein qualitatives Forschungsdesign an, welches eine fallweise und personenenbezogene Exploration des Gegenstandes erlaubt. Dazu werden Interviews mit den Schüler(inne)n geführt, die sowohl in dem Deutsch- als auch in dem Mathematikkurs waren. Auch mit den Lehrkräften finden Interviews statt; zudem werden Arbeitsgespräche der Lehrer(innen) untereinander aufgezeichnet. In beiden Kursen werden Unterrichtsbeobachtungen durchgeführt.

Struktur und Reichweite der Ergebnisse

Die vorliegende Arbeit zeigt, welche Vorstellungen einzelne Schüler(innen) über die Selbst- und Fremdregulation in den Fächern Mathematik und Deutsch haben. Auf der Basis von Einzelfallrekonstruktionen lassen sich Vorstellungstypen bilden, die das unterschiedliche Verhältnis von Selbst- und Fremdregulation beim Lernen aus Sicht der Schüler(innen) beschreiben. Dabei werden sowohl fachspezifische als auch fachübergreifende Momente deutlich.

Was die Entwicklung selbstregulierten Lernens betrifft, lassen sich ebenfalls Typen herausdestillieren. Die Studie demonstriert, wie selbstreguliertes Lernen einerseits durch eine Stärkung der Selbstregulation und andererseits durch eine gezieltere Nutzung der Fremdregulation für das eigene Lernen ermöglicht wird.

Den Feedbackinstrumenten Lerntagebuch und Kompetenzraster kommen dabei unterschiedliche Funktionen und Bedeutungen zu, was sich in den jeweiligen Skripten des Unterrichts und den Zielen der betreffenden Lehrkraft begründet.

Die Untersuchung verortet sich insgesamt im Schnittfeld vier unterschiedlicher Disziplinen: Für die Interpretation und Diskussion der empirischen Ergebnisse wird das Konzept selbstregulierten Lernens der Pädagogischen Psychologie als heuristischer Rahmen genutzt. Dies gewährleistet, dass die Befunde an den Forschungsstand zu selbstreguliertem Lernen in der Pädagogischen Psychologie direkt anknüpfen. Die Schulpädagogik ermöglicht eine Reflexion selbstregulierten Lernens unter den institutionellen Bedingungen der Schule, indem das Unterrichtsskript und spezifische didaktische Arrangements bezüglich ihres Einflusses auf die Entwicklung selbstregulierten Lernens geprüft werden. Damit werden schulbezogene Rahmenbedingungen einer Förderung selbstregulierten Lernens thematisiert. Die Untersuchung einer durch Instrumente gestützten Entwicklung selbstregulierten Lernens in den Fächern Mathematik und Deutsch erfordert zudem eine fachdidaktische Bezugnahme. Dazu wird erstens der jeweilige Diskussionsstand in der Mathematik- bzw. Deutschdidaktik bezüglich selbstregulierten Lernens identifiziert und zweitens der Einsatz von Lerntagebüchern im Mathematikunterricht und von Kompetenzrastern im Deutschunterricht fachdidaktisch reflektiert. Auf diese Weise werden die Ergebnisse der vorliegenden Studie fachdidaktisch verortet. Schließlich liefert diese Arbeit einen Beitrag zur Bildungsgangforschung, indem sie individuelle Lernprozesse im Spannungsfeld subjektiver Wünsche und Ziele und den institutionellen Angeboten und Restriktionen rekonstruiert.

Aufbau der Arbeit

Die Arbeit gliedert sich in vier große Abschnitte. Im ersten Teil werden die theoretischen Grundlegungen der Untersuchung entfaltet und begründet. Bezogen auf das Forschungsinteresse an der durch Feedbackinstrumente gestützten Entwicklung selbstregulierten Lernens in Deutsch und Mathematik enthält Kapitel 1 zunächst die für selbstreguliertes Lernen in der Schule bedeutsamen theoretischen Bezugspunkte: Das aus der Pädagogischen Psychologie stammende Konzept selbstregulierten Lernens wird in seinen Facetten erläutert und mit Blick auf die Besonderheiten des schulischen Rahmens diskutiert. Die Aktualität der Diskussion um selbstreguliertes Lernen wird mit Bezugnahme auf gesellschaftliche Anforderungen begründet und die empirische Untersuchung der Entwicklung selbstregulierten Lernens im Fachunterricht wird in der Bildungsgangforschung angesiedelt. Ansätze, die sich hinsichtlich einer Förderung selbstregulierten Lernens beobachten lassen, werden systematisiert und Feedbackinstrumente werden in ihren Potenzialen für eine Stärkung der Selbstregulation betrachtet. In Kapitel 2 werden die Feedbackinstrumente Lerntagebuch und Kompetenzraster im Hinblick auf die Entwicklung selbstregulierten Lernens in Mathematik bzw. Deutsch reflektiert. Dabei werden fachdidaktische Überlegungen zum Einsatz der Instrumente und zur Entwicklung selbstregulierten Lernens angestellt. Auf der Basis der dargestellten Theorielinien und Forschungsdesiderata enthält Kapitel 3 die Entwicklung und Begründung der Forschungsfragen.

Der zweite Teil der Arbeit behandelt die methodologische und methodische Anlage der Untersuchung. In Kapitel 4 werden die Besonderheiten der Schulbegleitforschung in den Blick genommen, um den Forschungskontext der vorliegenden Arbeit zu charakterisieren. Kapitel 5 enthält die Ausdifferenzierung der Forschungsfragen, die Eingrenzung des Untersuchungsfeldes, methodologische Vorklärungen zur Datenerhebung und -auswertung sowie die Darstellung der Erhebungs- und Auswertungsmethoden.

Im Zentrum des dritten Teils der Arbeit stehen die empirischen Ergebnisse. Kapitel 6 dokumentiert die Resultate zum Fach Mathematik, Kapitel 7 die Befunde zum Fach Deutsch. Die Darstellung gliedert sich jeweils in Analysen des Skripts des betreffenden Deutsch- bzw. Mathematikunterrichts, in die Darstellung des Einsatzes des jeweiligen Instruments, in die Rekonstruktion von Einzelfällen der Entwicklung selbstregulierten Lernens, in die Typenbildung und letztlich in eine Funktionsbestimmung des jeweiligen Instruments für die Entwicklung selbstregulierten Lernens.

Der vierte Teil enthält die Weiterentwicklung der theoretischen Diskurse und des empirischen Forschungsstandes bezüglich der Entwicklung selbstregulierten Lernens in den Fächern Mathematik und Deutsch, die auf den Ergebnissen dieser Untersuchung basieren. Dazu wird in Kapitel 8 ein knappes Resümee des Forschungsstandes vorgenommen. Es wird dargestellt, welche theoretischen Überlegungen an die empirische Untersuchung herangetragen wurden, welche Forschungslücken berücksichtigt und welche konkreten Forschungsfragen gestellt wurden. Kapitel 9 enthält die Zusammenfassung der empirischen Ergebnisse. In Kapitel 10 steht die Verknüpfung der Ergebnisse im Zentrum und in Kapitel 11 werden die empirischen Ergebnisse aus Sicht der Pädagogischen Psychologie, der Schulpädagogik und der Bildungsgangforschung betrachtet. Kapitel 12 öffnet Perspektiven für weitere Forschungsarbeiten.

Teil I:
Theoretische Grundlegungen der Studie

Dieser Teil führt die theoretischen Linien und empirischen Befunde zusammen, die für die Untersuchung einer durch Feedbackinstrumente gestützten Entwicklung selbstregulierten Lernens im Fachunterricht relevant sind. Kernthema dieses Abschnitts sind mit Bezug auf das Forschungsinteresse die Fragen, wie selbstreguliertes Lernen im Kontext von Schule zu konzipieren ist, und welche Funktionen die Feedbackinstrumente Lerntagebücher und Kompetenzraster für die Entwicklung der Selbstregulation in Mathematik und Deutsch bekommen können. Die facettenreiche konzeptionelle Ausarbeitung selbstregulierten Lernens ist der Pädagogischen Psychologie zu verdanken; begründet in den spezifischen methodischen Zugängen der Disziplin ist damit ein hoher Grad an Operationalisierung verbunden: Selbstreguliertes Lernen wird als Bündelung von kognitiven, metakognitiven, motivationalen und verhaltensbezogenen Dimensionen gefasst, die sich einzeln betrachten lassen und auf unterschiedliche Weise miteinander zusammenhängen. Aufgrund dieser Differenzierungen bietet sich das Konstrukt selbstregulierten Lernens für die vorliegende Arbeit als heuristischer Rahmen an, mithilfe dessen die empirischen Ergebnisse dieser Untersuchung systematisiert werden können. Zugleich erfordert der Rückgriff auf ein psychologisches Konzept, im Kontext dieser schulpädagogisch ausgerichteten Studie, die Diskussion dessen unter den Besonderheiten des schulischen Rahmens.

Das Forschungsinteresse sowohl an den individuellen Entwicklungen selbstregulierten Lernens, die sich in den Fächern Deutsch und Mathematik herausarbeiten lassen, als auch an der Rekonstruktion der didaktischen Arrangements von Lerntagebüchern und Kompetenzrastern, erfordert eine fachdidaktische Bezugnahme: Zum einen wird der jeweilige Diskussionsstand bezüglich selbstregulierten Lernens in der Mathematik- und der Deutschdidaktik erläutert. Dies geschieht, um die fallbezogenen Entwicklungen selbstregulierten Lernens im entsprechenden fachdidaktischen Diskurs einordnen zu können. Zum anderen wird der Einsatz von Lerntagebüchern im Mathematikunterricht und von Kompetenzrastern im Deutschunterricht fachspezifisch reflektiert. Dies ermöglicht eine fachdidaktische Einordnung der Arbeit mit diesen Feedbackinstrumenten.

Der erste Teil der theoretischen Grundlegungen der Studie bezieht sich auf selbstreguliertes Lernen in der Schule. Im Hinblick auf das Forschungsinteresse werden eine konzeptionelle Klärung des Begriffs selbstregulierten Lernens und seine Spezifizierung hinsichtlich des schulischen Kontextes vorgenommen. Die Aktualität selbstregulierten Lernens wird mit Bezug auf gesellschaftstheoretische Diskussionen begründet. Das Forschungsinteresse an einer Entwicklung selbstregulierten Lernens wird in der Bildungsgangforschung verortet. Es erfolgt zudem eine Systematisierung der Ansätze zur Förderung selbstregulierten Lernens.

Der zweite Teil enthält die Auseinandersetzung mit den in dieser Studie untersuchten Feedbackinstrumenten im entsprechenden Fachunterricht. Es wird der Einsatz von Lerntagebüchern im Mathematikunterricht und von Kompetenzrastern im Deutschunterricht beleuchtet. Dazu werden sowohl die konzeptionelle Ebene dargestellt als auch empirische Befunde herangezogen, um Aussagen über die Potenziale der Instrumente hinsichtlich einer Entwicklung selbstregulierten Lernens im Fach zu treffen.

Im dritten Teil werden die Forschungsfragen entwickelt und begründet.

1 Selbstreguliertes Lernen in der Schule

In diesem Kapitel wird selbstreguliertes Lernen im schulischen Kontext diskutiert. Für die Untersuchung einer Entwicklung von Selbstregulation aus der Lernerperpektive ist es zunächst einmal sinnvoll zu klären, was selbstreguliertes Lernen bedeutet, woran man es erkennen und wie man es beschreiben kann. Die Pädagogische Psychologie liefert eine Reihe von Konzeptualisierungen selbstregulierten Lernens. Diese sollen unter 1.1 vorgestellt werden und die Basis für eine Bestimmung selbstregulierten Lernens im Kontext der vorliegenden Studie bilden.

Dass Konzepte der Pädagogischen Psychologie aufgrund der spezifischen methodischen Zugänge der Disziplin oftmals nicht in institutionellen Lernsettings verankert sind, wird auch im Falle selbstregulierten Lernens deutlich. Es ergibt sich daher für diese schulpädagisch ausgerichtete Untersuchung die Notwendigkeit, selbstreguliertes Lernen unter den Besonderheiten des schulischen Rahmens zu beleuchten. Dies geschieht in Abschnitt 1.2. Dabei stehen mit Bezug auf das Forschungsinteresse dieser Arbeit drei Aspekte schulischen Lernens im Zentrum: Erstens wird die Überlegung aufgegriffen, dass Selbstregulation in der Schule sinnvollerweise als Auseinandersetzung mit Fremdregulation konzipiert werden muss, zweitens werden die durch die Institution geprägten und für selbstreguliertes Lernen bedeutsamen Lernvorstellungen der Schüler(innen) in den Blick genommen und drittens wird als Besonderheit schulischen Lernens das Fächerprinzip thematisiert, welches insofern eine Bedeutung für diese Studie hat, als von einer fachspezifischen Entwicklung von Kompetenzen ausgegangen wird. Die Fähigkeit zur Selbstregulation beim Lernen wird demnach, wie alle anderen Kompetenzen auch, in der Auseinandersetzung mit fachlichen Lerngegenständen entwickelt.

Die Aktualität der Debatte um selbstreguliertes Lernen wird mit Bezugnahme auf gesellschaftstheoretische Erörterungen in Abschnitt 1.3 begründet.

Die vorliegende Untersuchung einer Entwicklung selbstregulierten Lernens versteht sich als ein Beitrag zur Bildungsgangforschung, welche individuelle Lernprozesse im Spannungsfeld subjektiver Wünsche, Zielsetzungen, Interessen einerseits und institutioneller Angebote und Restriktionen andererseits fokussiert. Dies wird in Abschnitt 1.4 ausgeführt.

Große Ähnlichkeit zum Konzept selbstregulierten Lernens weist der schulpädagogische Begriff der Lernkompetenz auf. Lernkompetenz integriert die mit einander verbundenen Dimensionen Sach-, Methoden-, Selbst- und Sozialkompetenz. An einigen innovativen Schulen Deutschlands wird versucht, die Lernkompetenz der Schüler(innen) systematisch zu fördern. Das Konzept der Lernkompetenz bietet allerdings keine geeignete Grundlage für die vorliegende Forschungsarbeit, weil es sich nicht operationalisieren lässt. Der Grund hierfür liegt darin, dass Lernkompetenz nicht forschungsbezogen, sondern anwendungsbezogen konzipiert ist. Sie wird daher nicht in der theoretischen Herleitung dieser Untersuchung thematisiert, sondern in die Systematisierung der Ansätze zur Förderung von Selbstregulation in Abschnitt 1.5 aufgenommen. Dort wird zunächst ein Überblick über den diesbezüglichen Diskussionsstand gegeben und anschließend wird die Funktion systematischen Feedbacks für die Entwicklung selbstregulierten Lernens im schulischen Kontext erläutert. Neben Ansätzen zur Förderung der Lernkompetenz an innovativen Schulen sind Interventionsstudien der Pädagogischen Psychologie zu nennen.

1.1 Begriffsbestimmung selbstregulierten Lernens

Die Sichtung der Literaturfülle zu selbstreguliertem Lernen zeigt nicht nur eine Vielzahl unterschiedlicher Begrifflichkeiten, die Ähnliches meinen – wie zum Beispiel selbstgesteuertes Lernen, eigenständiges Lernen, selbstbestimmtes Lernen oder autodidaktisches Lernen im deutschsprachigen Raum (vgl. z.B. FRIEDRICH & MANDL 1990, KONRAD & TRAUB 1999, SCHIEFELE & PEKRUN 1996, SCHREIBER 1998, WEINERT 1982) bzw. self-regulated learning, self-directed learning oder learner control im englischsprachigen Raum (vgl. z.B. BOEKAERTS & NIEMIVIRTA 2000, BROCKET & HIEMSTRA 1991, KINZIE 1990, PINTRICH 2000, ZIMMERMANN 2000) – sondern auch in den jeweils dahinter stehenden Konzepten und didaktischen Theorien Ähnlichkeiten und Überlappungen. BOEKARTS schreibt dazu:

"The problem with a complex construct such as self-regulated learning (SRL) is that it is positioned at the junction of many different research fields, each with its own history. This implies that researchers from widely different research traditions have conceptualized SRL in their own way, using different terms and labels for similar facets of the construct" (BOEKAERTS 1999, S. 447).

Wie im Folgenden zu zeigen sein wird, ist die Diskussion um selbstreguliertes Lernen breit gefächert. Neben der Fokussierung auf feste Ziele und Maßnahmen der Zielerreichung, was zunächst als eine sehr technische Herangehensweise an Lernprozesse anmutet, finden auch Aspekte auf Seiten der Lernenden wie Motivation und Emotionen, die Kenntnis von Strategien und Fähigkeiten der Metakognition Beachtung, so dass sich selbstreguliertes Lernen letztlich als eine höchst komplexe und voraussetzungsreiche Bündelung von einerseits Kompetenzen und andererseits Wissen darstellt.

In diesem Abschnitt wird zunächst von dem schulpädagogisch, bildungstheoretisch und didaktisch fundierten Begriff der Selbstständigkeit ausgegangen, um anschließend den Aspekt der Selbstregulation als hinzukommendes – bilanzierendes und steuerndes Moment im Lernprozess – zu betrachten.

Das Erziehungsziel der Selbstständigkeit

Für die individuelle und gesellschaftliche Zukunftsbewältigung wird der Fähigkeit, selbstständig lernen zu können, heute eine sehr große Bedeutung beigemessen (vgl. DELORS 1997).

WINTER zufolge tritt Selbstständigkeit in der Pädagogik

„als Weg und als Ziel auf, als äußere Situation und als innere Qualität der Lernenden" (WINTER 2004, S. 7).

Selbstständigkeit hat im allgemeinen Sprachgebrauch unterschiedliche Facetten. Es kann in Formen autodidaktischen Lernens im Lebenszusammenhang auftreten, es kann sich auf persönliche Autonomie beziehen oder sich im Rahmen institutionalisierter Lernprozesse als die Verantwortungsübernahme von Teilprozessen durch die Lernenden zeigen (vgl. REISCHMANN 1999). Die Begründungen dafür, die Fähigkeit zum selbstständigen Lernen in der Schule auszubilden, sind vielfältig, lassen sich jedoch mit HUBER in drei Kategorien einteilen: die klassisch-bildungstheoretische, die modern-qualifikationstheoretische und die kognitiv-lerntheoretische (HUBER 2000, S. 15ff):

- In der klassischen Bildungstheorie wird Bildung als Befähigung zu vernünftiger Selbstbestimmung verstanden und die Selbsttätigkeit darum als „zentrale Vollzugsform des Bildungsprozesses" betrachtet (vgl. KLAFKI 1996, S. 19).
- In modern-qualifikationstheoretischer Hinsicht wird der Tatsache, dass erlerntes Wissen schnell veraltet, mit der Forderung begegnet, die Heranwachsenden müssten die Fähigkeit, immer neu zu lernen, erlangen. Dies verlangt Selbstständigkeit im Lernen.
- Kognitiv-lerntheoretisch gedacht, kann Lernen im besten Falle nur selbstständig geschehen, weil es sich beim bedeutsam werdenden Lernen letztlich immer um die eigene aktive Konstruktion von Wissen durch den Lernenden handelt.

An vielen Schulen finden sich Lernformen, die einen hohen Grad an Selbstständigkeit und Eigenverantwortung beanspruchen, beispielsweise wenn Schüler(innen) an der Wahl der Themen und der Vorgehensweisen im Unterricht beteiligt werden. Sofern man jedoch die humboldtsche Denkfigur einer sich selbst bildenden Persönlichkeit ernst nimmt (vgl. HENTIG 1996, S. 40f), gehört zur Selbstständigkeit mehr dazu als eine didaktische Maßnahme, nämlich auch,

„dass in der Aneignung selbst gewählter Gegenstände und auf eigenen Wegen Bildung errungen wird" (WINTER 2004, S. 9).

Dazu würde gehören, dass Schüler(innen)

„ihre Bildungsprozesse als eigene wahrnehmen und lernen, ihren Verlauf sowie ihr Ergebnis zu kontrollieren und zu steuern" (a.a.O.).

Selbstständigkeit ist damit im Klafkischen Sinne einer entscheidenden Vollzugsform von Bildung als bildungstheoretischer Begriff zu bestimmen, der auch in schulpädagogischen und didaktischen Zusammenhängen diskutiert wird.

Beim Übergang von Selbstständigkeit zu Selbstregulation im Lernprozess handelt es sich um die operationale Auffächerung der Selbstständigkeit (vgl. WINTER 2004, S. 7). Selbstregulation ist ein Begriff aus der Pädagogischen Psychologie, d.h. er ist auf empirische Überprüfbarkeit angelegt. Dies zeigt sich in dem hohen Grad an Operationalisierungen, auf denen das Konzept basiert.

Selbstreguliertes Lernen in der Pädagogischen Psychologie

Die konzeptionelle Arbeit in Bezug auf selbstreguliertes Lernen ist der Pädagogischen Psychologie zu verdanken. Dabei ist selbstreguliertes Lernen ein facettenreiches Konzept, das in unterschiedlicher Art und Weise von unterschiedlichen Autoren expliziert wird. In Anlehnung an PINTRICH (2000) lassen sich jedoch mindestens vier Gemeinsamkeiten dieser Konzepte in Bezug auf das Lernen und das Regulieren identifizieren (vgl. auch LEOPOLD & LEUTNER 2003; SCHIEFELE & PEKRUN 1996):

1. Selbstreguliertes Lernen bedeutet, dass die Lerner ihre eigenen Lernprozesse aktiv und konstruktiv gestalten. Auf der Basis sowohl von externen Informationsquellen als auch von ihren eigenen Vorstellungen konstruieren sie aktiv ihre eigenen Lerninteressen, ihre Ziele und Strategien. Selbstregulierte Lerner erscheinen nicht lediglich als Rezipienten von Wissen, das ihnen beispielsweise durch die Lehrkraft oder auch durch Eltern vermittelt wird, sondern treten als aktiv Handelnde auf, die selbst Bedeutung und Sinn beim Lernen hervorbringen.

26

2. Selbstreguliertes Lernen bedeutet, dass die Lerner ihre eigenen Lernprozesse überwachen. Es wird davon ausgegangen, dass Lerner potentiell dazu in der Lage sind, bestimmte kognitive Aspekte zu überwachen, zu kontrollieren und zu regulieren. Diese metakognitiven Prozesse können mittels einer selbstbezogenen Rückmeldungsschleife („feed-back loop") realisiert werden (ZIMMERMANN 1989).
3. Selbstreguliertes Lernen bedeutet, dass die Lerner ihr Lernen an einem bestimmten Sollzustand (vgl. SCHREIBER 1998) ausrichten. Dies bedeutet, dass ihre Lernhandlungen auf das Anstreben eines bestimmten Ziels ausgerichtet sind und im Prozess Kognition, Motivation und Verhalten im Sinne der Zielerreichung angepasst und modifiziert werden.
4. Selbstreguliertes Lernen bedeutet, dass die Lerner selbstregulative Aktivitäten als Vermittler (mediators) zwischen persönlichen und kontextbezogenen Merkmalen einerseits und dem tatsächlichen Lernerfolg andererseits einsetzen. Demzufolge legen nicht allein äußere Merkmale (z.B. kulturelles Umfeld oder die unmittelbare Lernumgebung) den Lernerfolg fest, sondern die Selbstregulation von Kognition, Motivation und Verhalten des Lerners entscheidet darüber, wie sich Person, Kontext und Lernerfolg zueinander verhalten.

Im Folgenden wird näher auf das unterrichtsbezogene Konzept selbstregulierten Lernens von MONIQUE BOEKAERTS eingegangen, deren Arbeiten im Rahmen der Interpretation der TIMSS-Daten als theoretischer Referenzrahmen herangezogen werden und für diese Studie ein wertvolles heuristisches Instrumentarium bieten.

Das von BOEKAERTS entwickelte Konzept zur Selbstregulation wurzelt in drei verschiedenen Forschungsrichtungen, deren Ansatzpunkte kurz wiedergegeben werden sollen:

- Erstens greift sie auf Ergebnisse der Lernstilforschung zurück,
- zweitens auf Untersuchungen zu Metakognition und Regulationsstilen
- drittens auf Theorien zum Selbst unter Einbeziehung von zielgerichtetem Verhalten (vgl. BOEKAERTS 1999, S. 447).

Die Lernstilforschung beschäftigt sich mit der Frage, auf welche Weise Schüler(innen) ihre kognitiven Prozesse organisieren und kontrollieren. Es konnten bestimmte charakteristische Vorgehensweisen identifiziert werden. Zum Beispiel haben MARTON und SÄLJÖ (1984) zwei grundlegende Lernstile eingeführt: Sie konnten ein oberflächliches Herangehen (shallow processing style) bei Schüler(inne)n beobachten, die das Lernmaterial nur auswendig lernen, und ein tiefergehendes Herangehen (deep-processing approach) bei Schüler(inne)n, die das Material verstehen wollen (vgl. BOEKAERTS 1999, S. 447). BOEKAERTS zufolge ist in diesem Zusammenhang die Fähigkeit von

Schüler(inne)n, kognitive Strategien auszuwählen, zu kombinieren und zu koordinieren, ein erstes entscheidendes Moment beim selbstregulierten Lernen (a.a.O.).

Die Fähigkeit der Schüler(innen), ihr eigenes Lernen zu steuern, ist für BOEKAERTS ein zweites zentrales Thema beim selbstregulierten Lernen. Die Metakognitionsforschung geht davon aus, dass erfolgreiche Lerner in der Lage sind, Wissen und Fähigkeiten, die in einem spezifischen Kontext erworben wurden, auf andere Kontexte zu übertragen und sie auf diese Weise zu modifizieren und zu erweitern.

Ein dritter zentraler Aspekt beim selbstregulierten Lernen ist für BOE-KAERTS die Frage, wie viel Engagement Schüler(innen) der Beschäftigung mit einem Lerngegenstand entgegenbringen. Hier kommen die Ziele und Bedürfnisse ins Spiel, die Lerner entweder dazu veranlassen, sich mit einem Gegenstand tiefergehend zu beschäftigen oder eben nicht – selbst wenn sie genau wissen, welche Lernstrategien sie einsetzen müssen und metakognitive Fähigkeiten zur Überwachung ihres Lernprozesses haben (vgl. HIGGINS 1987; KUHL & GOTSKE 1994; REINBERG, VOLLMEYER & ROLLETT 2000; RYAN 1991).

BOEKAERTS definiert Selbstregulation wie folgt:

„Self-regulation means being able to develop knowledge, skills, and attitudes which can be transferred from one learning context to another and from learning situations in which this information has been acquired to a leisure and work context" (BOEKAERTS 1999, S. 446).

Die Abgrenzung von "learning situations" zu "leisure" und "work" macht deutlich, dass BOEKAERTS von systematisch angelegten Lernprozessen, wie sie beispielsweise im Unterricht angestrebt sind, ausgeht.

Die von BOEKAERTS angebotene Konzeption zur Selbstregulation ist unter heuristischen Gesichtspunkten eine Operationalisierung, die sich als Rahmung der hier vorliegenden Fragestellung besonders eignet. Es handelt sich um das so genannte Drei-Schichten-Modell: Dabei werden für das selbstregulierte Lernen (self-regulated learning) drei Regulationsebenen unterschieden, die eng mit einander in Beziehung stehen und die drei genannten Forschungsrichtungen integrieren:

- Regulation des Verarbeitungsmodus (Wahl kognitiver Strategien),
- Regulation des Lernprozesses (Gebrauch metakognitiven Wissens zur Steuerung des Lernprozesses)
- Regulation des Selbst (Wahl von Zielen und Ressourcen).

Den Nutzen dieser Operationalisierung beschreibt BOEKAERTS wie folgt:

"Self-regulated learning is a powerful construct in that it allows researchers, firstly, to describe the various components that are part of successful learning, secondly, to explain the

reciprocal and recurrent interactions that occur between und among the different components, and thirdly, to relate learning and achievement directly to the self, that is, to a person's goal structure, motivation, volition, and emotion" (ebd., S. 447).

Im Folgenden werden diese drei Regulationsebenen kurz beschrieben.

Regulation des Verarbeitungsmodus (Wahl kognitiver Strategien)

Auf der ersten Ebene der Selbstregulation ist die Kenntnis von Strategien der
Informationsverarbeitung, verbunden mit Wissen um deren Wert und Nutzen
angesprochen. Diese Kenntnis versetzt BOEKAERTS zufolge Lernende erst in
die Lage, ihr eigenes Lernen aktiv zu gestalten. BOEKAERTS spricht von

„the students' ability to select, combine, and coordinate cognitive strategies in an effective
way" (a.a.O.).

Die angesprochenen kognitiven Strategien können dabei bereichsspezifisch
oder allgemein sein. Beispiele für Lernstrategien sind Memorierstrategien
(Einprägen durch wiederholtes lautes Vorlesen, Auswendiglernen von
Schlüsselbegriffen).

Regulation des Lernprozesses (Gebrauch metakognitiven Wissens zur Steuerung des Lernprozesses)

Die zweite Ebene – Regulation des Lernprozesses – meint die Fähigkeit der
Schüler(innen), metakognitives Wissen einzusetzen, um das eigene Lernen
so zu organisieren, dass bereichsspezifisches Wissen und bereichsspezifische
Fähigkeiten angeeignet werden können. BOEKAERTS spricht von

„the students' ability to direct their own learning" (ebd., S. 449).

Damit kommen Strategien höherer Ordnung, so genannte metakognitive Strategien, ins Spiel. Hierzu zählen Planung (z.B. des Lernziels und der Mittel,
die zur Zielerreichung notwenig sind), Überwachung (z.B. des Lernfortschritts), Steuerung (z.B. durch Veränderung der Mittel) und Evaluation (Bewertung der Zielerreichung). Zur adäquaten Steuerung des Lernprozesses
bzw. zum effektiven Gebrauch von Strategien gehört auch das Wissen darüber, was effektive Lernprozesse kennzeichnet. Außerdem ist es für Lernende notwendig, die eigenen Stärken und Schwächen zu kennen (vgl. KLIEME,
ARTELT & STANAT 2001, S. 211 ff.).

Regulation des Selbst (Wahl von Zielen und Ressourcen)

Die dritte Ebene beinhaltet die Bereitschaft der Lernenden zur selbstständigen Zielsetzung, zur Selbstaktivierung und zur angemessenen Verarbeitung von Erfolgen und Misserfolgen. BOEKAERTS spricht von

„their [the students'; PM] ability to define ongoing and upcoming activities in the light of their own wishes, needs, and expectancies, and their ability to protect their own goals from conflicting alternatives (BOEKAERTS 1999, S. 449).

Diese Ebene spricht damit die Fähigkeit der Lernenden an, ihre Person beim Lernen aktiv und reflexiv mit ihren eigenen Wünschen, Bedürfnissen und Erwartungen ins Spiel zu bringen und dabei eigene Ziele zu stecken und konsequent zu verfolgen.

Es wird deutlich, wie komplex und voraussetzungsreich selbstreguliertes Lernen ist. Es erfordert nicht nur angemessene kognitive, sondern auch angemessene motivational-emotionale Lernvoraussetzungen. Die Kenntnis und Beherrschung von Lernstrategien sind ebenso wichtig wie metakognitive Fähigkeiten der Planung, Überwachung und Kontrolle des eigenen Lernens und die Steuerung der eigenen Motivation, Emotion und Volition bezüglich des Lernens. Zu jedem Lernen – insbesondere in der Schule – gehören auch Formen der Fremdregulation. Der folgende Abschnitt richtet den Blick auf die Fremdregulation beim Lernen im Verhältnis zur Selbstregulation.

Selbstregulation und Fremdregulation

Selbststeuerung bzw. Selbstregulation beim Lernen wird in der Regel auf einem Kontinuum zwischen Selbst- und Fremdsteuerung verortet. Lernende sind demnach mehr oder weniger in der Lage, das eigene Lernen zu steuern und zu kontrollieren (vgl. beispielsweise SIMONS 1992). BOEKAERTS bietet auch in diesem Zusammenhang eine hilfreiche Operationalisierung an, indem sie interne, externe und geteilte Regulation unterscheidet (vgl. BOEKAERTS 1999, S. 450):

- Schüler(innen) sind in der Lage, ihr Lernen intern zu regulieren, wenn sie ihre eigenen Lernziele bestimmen und keine Instruktionen oder Hilfestellungen von anderen für die Auswahl von Lern- oder Problemlösestrategien brauchen.
- Im Gegensatz dazu brauchen Schüler(innen), die ein großes Maß an Hilfestellungen benötigen, wenn es darum geht, eine Aufgabe anzugehen oder fertigzustellen, externe Regulation.

- Darüber hinaus gibt es gemischte Formen der Regulation, bei denen Schüler(innen) und Lehrer(innen) sich die regulativen Funktionen teilen (a.a.O.).

Insgesamt weisen Fremd- und Selbstregulation ein Spannungsfeld auf, welches in Abhängigkeit von dem spezifischen Lernsetting unterschiedliche Formen annehmen kann. BOEKAERTS betont in diesem Zusammenhang die Bereichsbezogenheit selbstregulativer Kompetenz, die sich insbesondere im Rahmen unterschiedlicher Fächer zeigt. Jemand mag in einem speziellen Lernfeld bzw. Fach in der Lage sein, selbstreguliert zu lernen, braucht in anderen Bereichen jedoch Unterstützung durch Formen der externen Regulation. BOEKAERTS schreibt:

„Being able to regulate one's learning in a particular context (e.g., foreign language learning) does not mean that one can regulate one's learning in other contexts as well (e.g., mathematics or statistics)" (BOEKAERTS 1999, S. 450).

Die Fremdregulation beim Lernen beinhaltet dabei alle Formen der Anleitung und Unterstützung, die von der Lehrkraft oder auch von Mitschüler(inne)n ausgeführt werden sowie die Lernbedingungen, die durch ein spezifisches Unterrichtssetting geschaffen werden.

Für die empirische Forschung zur Entwicklung selbstregulierten Lernens ergibt sich aus diesem Hinweis die Forderung, selbstreguliertes Lernen in unterschiedlichen Lernbereichen zu untersuchen. Wenn selbstreguliertes Lernen keine universelle Kompetenz ist, muss ihre Entwicklung und damit auch ihre Erforschung im Kontext von Schule fachspezifisch erfolgen. Die vorliegende Arbeit greift diese Überlegung auf und fokussiert selbstreguliertes Lernen in unterschiedlichen Fachkulturen, nämlich in den Fächern Mathematik und Deutsch.

Es wurde zu Beginn gesagt, dass die konzeptionelle Arbeit zur Selbstregulation in Lernprozessen der Pädagogischen Psychologie zu verdanken ist. Damit geht – den Forschungsparadigmen der Psychologie folgend – eine hohe Operationalisierbarkeit des Begriffs einher. Dieses Potenzial des Konzeptes wird für die vorliegende Arbeit genutzt; die empirischen Ergebnisse lassen sich im Rahmen des Konzepts zur Selbstregulation beschreiben, einordnen und ausdifferenzieren. Bei der Verwendung von schulpädagogischen Begriffen ist ein solcher Grad an Operationalisierung in der Regel nicht gegeben, da sie anderen Vorstellungen unterliegen und für andere methodische Forschungszugänge entworfen werden. Konzepten aus der pädagogischen Psychologie ist allerdings eine Losgelöstheit von institutionellen Settings – wie beispielsweise spezifischen didaktischen Arrangements im Unterricht – zuzeigen. BOEKAERTS thematisiert zwar einzelne Bereiche schulischen Lernens wie Leseverständnis und Mathematik in Bezug auf selbstreguliertes

Lernen; sie nimmt jedoch keine spezifischen didaktischen Arrangements empirisch in den Blick. Für die vorliegende Arbeit bedeutet dies, dass das Konzept der Selbstregulation in Bezug auf konkrete Unterrichtssettings, wie sie in dieser Arbeit untersucht werden, spezifiziert werden muss. Es handelt sich also insgesamt um die Übertragung eines psychologischen Konzepts in eine schulpädagogische Arbeit.

Bevor das nächste Kapitel die Besonderheiten des schulischen Rahmens thematisiert, wird im folgenden Abschnitt das für die vorliegende Arbeit gewählte Begriffsverständnis selbstregulierten Lernens vorgestellt.

Das Begriffsverständnis der vorliegenden Arbeit

Wie bereits erwähnt, soll das psychologische Konzept selbstregulierten Lernens für diese Arbeit die Funktion eines heuristischen Rahmens übernehmen. Dies bedeutet, dass die Ergebnisse der empirischen Untersuchung durch die Bezugnahme auf dieses Konzept dargestellt und diskutiert werden. Es stellt sich daher mit Blick auf das Forschungsinteresse die Frage, welches Begriffsverständnis von selbstreguliertem Lernen geeignet ist, um Aussagen von Schüler(inne)n über ihr Lernen hinsichtlich ihrer Vorstellung über Selbst- und Fremdregulation zu interpretieren. Zudem muss die Konzeption gewährleisten, dass möglichst differenziert darüber Auskunft gegeben werden kann, welchen Beitrag Lerntagebücher und Kompetenzraster für die Selbstregulation beim Lernen leisten können.

Die Operationalisierung BOEKAERTS erscheint vor dem Hintergrund dieses Forschungsinteresses als eine geeignete Form der Konzeptualisierung. Sie ermöglicht, drei zentrale Momente selbstregulierten Lernens einzeln zu betrachten, und sie zugleich in Beziehung zueinander zu setzen. In dieser Arbeit wird daher auf die drei von ihr identifizierten Ebenen der Selbstregulation Bezug genommen: Regulation des Verarbeitungmodus, Regulation des Lernprozesses und Regulation des Selbst. Als Begrifflichkeiten werden die drei folgenden Termini verwendet:

Lernstrategien: Dieser Aspekt korrespondiert mit der von BOEKAERTS beschriebenen Regulation des Verarbeitungsmodus. Er beschreibt Formen des Umgangs mit fachlichen und unterrichtlichen Anforderungen.

Lernprozessüberwachung: Dieser Aspekt korrespondiert mit der von BOEKAERTS beschriebenen Regulation des Lernprozesses. Er thematisiert die Kontrolle des eigenen Lernens auf einer metakognitiven Ebene.

Selbstaktivierung: Dieser Aspekt korrespondiert mit der von BOEKAERTS beschriebenen Regulation des Selbst. Er fasst die Bereitschaft und die Fähigkeit zu eigenen Zielsetzungen für das Lernen und den Umgang mit Motivationen und Emotionen, die das Lernen begleiten.

Die Verwendung dieser drei Begrifflichkeiten, Lernstrategien, Lernprozessüberwachung und Selbstaktivierung, wird sich wie ein roter Faden durch die Darstellung der empirischen Ergebnisse und der Theorieentwicklung im Fazit ziehen.

1.2 Selbstreguliertes Lernen unter den Besonderheiten des schulischen Rahmens

Die Pädagogische Psychologie stellt mit ihren differenzierten konzeptionellen Ausarbeitungen zu selbstreguliertem Lernen ein geeignetes Denkmodell bereit, mit dessen Hilfe die vorliegenden Schüleraussagen systematisch ausgewertet werden können. Das Forschungsinteresse dieser Untersuchung besteht jedoch nicht nur darin, allgemeinen Lernvorstellungen einzelner Schüler(innen) über die Bedeutung von Selbst- und Fremdregulation auf die Spur zu kommen, sondern ein zentraler Aspekt dieser Studie ist die fachspezifische Fokussierung. Gefragt wird, welche Vorstellungen Schüler(innen) über ihr Lernen in Mathematik und Deutsch haben, um herauszuarbeiten, welche Bedeutung sie Selbst- und Fremdregulation in diesen spezifischen Fachkontexten für ihr Lernen zuschreiben. Auch die didaktischen Inszenierungen von Feedbackinstrumenten werden fachspezifisch untersucht, um Aussagen über die durch Instrumente gestützte Entwicklung selbstregulierten Lernens im Fach treffen zu können.

Dem psychologischen Konzept selbstregulierten Lernens fehlt die Angebundenheit an spezielle (Lern-)Settings, wie sie in der Schule zu finden sind. Zudem bedient es nicht das schulpädagogische Interesse der vorliegenden Arbeit, Lernkonzepte auch fachdidaktisch betrachten zu können. In den nächsten Abschnitten wird selbstreguliertes Lernen daher in einen schulpädagogischen Kontext gestellt, um das Forschungsinteresse dieser Arbeit, die durch Feedbackinstrumente unterstützte Entwicklung von Selbstregulation in Mathematik und Deutsch, zu bedienen.

Dazu wird erstens gefragt, in welchem Verhältnis Selbstregulation und Fremdregulation stehen. Zweitens wird auf die für diese Arbeit bedeutsame Frage eingegangen, was über Zusammenhänge zwischen Lernvorstellungen von Lernenden und deren Fähigkeit und Bereitschaft zu selbstreguliertem Lernen bekannt ist. Abschließend wird drittens der Begriff der Fachkulturen als ein Spezifikum schulischen Lernens und Lehrens bezogen auf selbstreguliertes Lernen bestimmt.

1.2.1 Selbstregulation als Auseinandersetzung mit Fremdregulation

Im traditionellen Schulunterricht schreiben die Schüler(innen) in der Regel den Lehrer(inne)n die Aufgabe zu, die Gestaltung von Lehr-Lern-Prozessen zu organisieren. Von den Lehrer(inne)n wird erwartet, dass sie das Lernmaterial zur Verfügung stellen, die Schüler(innen) motivieren und die Verantwortung für den Lernprozess übernehmen. Es wird akzeptiert, wenn nicht sogar erwartet, dass die Lehrer(innen) im Wesentlichen die Kontrolle darüber haben, was gelernt wird, wie gelernt wird, wann und in welchem Umfang gelernt wird. Verantwortlich dafür sind die Formen, in denen stellvertretendes Lernen pädagogisch präpariert wird. Gelernt wird nicht induktiv, d.h. situationsspezifisch im Vollzug des alltäglichen Lebens, sondern

„Lernen in der Schule ist immer und unvermeidlich stellvertretendes Lernen" (BAUMERT 2003, S. 214).

Gemeint ist damit, dass Schüler(innen) im Unterricht mit fachlichen Gegenständen und Arbeitsweisen konfrontiert werden, die

„zum Zwecke des Lernens pädagogisch präpariert sind" (ebd.).

Damit geht einher, dass die Lernziele im Wesentlichen von der Institution definiert sind und dass die Schüler(innen) nicht zwangsläufig das Bedürfnis haben und motiviert sind, das Vorgegebene zu lernen. Es stellt sich die Frage, wie unter diesen Umständen Lernprozesse von Schüler(inne)n aussehen können, die von ihnen selbst reguliert werden.

Die Schüler(innen) betrachten es aufgrund ihrer Erfahrungen mit schulischem Lernen als Aufgabe der Lehrkraft, die benötigten Ressourcen bereitzustellen, zu motivieren, den Lernprozess zu überwachen und die Leistung zu beurteilen (vgl. MEYER & SCHMIDT 2000). BOEKAERTS & NIEMIVIRTA schreiben diesen fest verankerten Rollenvorstellungen einen negativen Einfluss auf die Entwicklung von Selbstregulation zu:

„Such role beliefs are hard to change and inhibit the self-regulation process, mainly because most students do not have a clear conception of their own needs and aspirations concerning the acquisition of new knowledge and skills" (BOEKAERTS & NIEMIVIRTA 2000, S. 419).

Kehrt man die Aussage dieses Satzes um, so ist abzuleiten, dass es für den Prozess der Lernens förderlich wäre, wenn Schüler(innen) eine klare Vorstellung von ihren eigenen individuellen (Lern-)Bedürfnissen und ihren (Lern-)Aspirationen hätten. Dies beinhaltet die Anforderung an die Lernenden, eigene Vorstellungen zu ihrem Lernen zu entwickeln, sich als Person aktiv mit ihren Wünschen und Zielen ins Spiel zu bringen und ein Bild von sich selbst als Lernendem aufzubauen.

Auch wenn sich Lehrer(innen) immer wieder bemühen, im Unterricht Situationen zu schaffen, in denen die Schüler(innen) selbstreguliert arbeiten können, garantiert dies nicht, dass diese Situationen von den Schüler(inne)n auch als solche genutzt werden. Gute Bedingungen für die Entwicklung von selbstreguliertem Lernen sind, so BOEKAERTS & NIEMIVIRTA, dann gegeben, wenn die Lernenden die Möglichkeit haben, beim Lernen eigene Ziele zu wählen und zu verfolgen:

„Optimal conditions for the development of self-regulated learning exist when students are given the chance to establish and pursue personal, nontrivial goals" (a.a.O.).

Mit anderen Worten: Eine von der Lehrkraft geschaffene Lerngelegenheit muss von den Schüler(inne)n auch als solche interpretiert werden, damit sie von ihnen genutzt werden kann. Die Lernenden müssen die Chance bekommen, für sich selbst relevante Bezüge zum Lerngegenstand aufzubauen. Nur so können für Schüler(innen) bedeutsame Lernprozesse entstehen. Somit ist Fremdregulation in der Schule als ein Angebot an die Schüler(innen) zu verstehen, das sie für ihren Lernprozess nutzen können, wobei diese Nutzung bestimmter Kompetenzen bedarf.

Die Entwicklung von selbstreguliertem Lernen in der Schule erscheint also durch den hohen Grad an Institutionalisierung und damit an Fremdbestimmtheit als nicht selbstverständlich. Es wird deutlich, dass selbstreguliertes Lernen in der Schule immer auch impliziert, dass eine Auseinandersetzung mit Fremdregulation stattfindet. Selbstregulation bedeutet nicht, dass Schüler(innen) unabhängig von den Rahmungen und Setzungen der Schule ihr Lernen steuern. Vielmehr bedeutet Selbstregulation, dass die Schüler(innen) die Auseinandersetzung mit den Rahmungen und Setzungen der Schule für ihren Lernprozess fruchtbar machen.

Die dargestellten Überlegungen verweisen darauf, dass im Kontext von Schule Formen und Funktionen der Fremdregulation stets mitgedacht werden müssen, wenn es um selbstreguliertes Lernen geht. Die Selbstregulation beim Lernen entfaltet sich in einem Spannungsfeld von fremdregulierten Angeboten und Restriktionen sowie selbstregulierten Handlungen. Während das in Abschnitt 1.1 angesprochene Bild des Kontinuums zunächst nur auf eine quantitative Beziehung von Selbst- und Fremdregulation hinweist, stellt sich an dieser Stelle die Frage nach der Qualität der möglichen Beziehungen von Selbst- und Fremdregulation, wie sie sich aus Schülersicht gestaltet. Diese Frage kann nur empirisch beantwortet werden.

Die vorliegende Arbeit greift diesen Aspekt auf, indem sowohl im Rahmen der Rekonstruktion von individuellen Entwicklungen selbstregulierten

Lernens als auch hinsichtlich der Untersuchung der Feedbackinstrumente Selbst- und Fremdregulation integriert werden. Es wird gefragt, in welches Verhältnis die Schüler(innen) Selbst- und Fremdregulation jeweils stellen und inwiefern Lerntagebücher und Kompetenzraster eine Akzentverschiebung in dem Verhältnis bewirken können.

1.2.2 Bedeutung von Lernvorstellungen für selbstreguliertes Lernen

In diesem Abschnitt wird die Bedeutung von Lernvorstellungen für die Bereitschaft und die Fähigkeit zum selbstregulierten Lernen beleuchtet. Dabei geht es um Vorstellungen, welche die Rollen von Lehrenden und Lernenden im Unterricht und beim Lernen betreffen, um Vorstellungen, die sich auf eigene Lernziele und -bedürfnisse und damit auf das Bild, das Lernende von sich konstruieren, beziehen, um allgemeine Vorstellungen darüber, wie Lernen „funktioniert" und letztlich um Vorstellungen, die sich um das Lernen in einem bestimmten Fach drehen. In diesem Zusammenhang wird auf das Konzept der Beliefs eingegangen.

Es wurde bereits angedeutet, dass die Rollenvorstellungen von Schüler(inne)n hinsichtlich des Lernens die Entwicklung einer Selbstregulation beim Lernen (negativ) beeinflussen können. Es liegt auf der Hand, dass Schüler(innen), in deren Vorstellung das Lernen in erster Linie von der Lehrkraft „gemacht wird" sich schwer damit tun, selbst Verantwortung für ihren Lernprozess zu übernehmen und selbstregulative Aktivitäten zu erproben.

Die Vorstellungen, die Lernende über ihr Lernen haben, beziehen sich jedoch nicht nur auf die Rollenverteilung zwischen Lernenden und Lehrenden. Es sind auch Vorstellungen der Lerner über ihre eigenen Ziele, Bedürfnisse und Aspirationen beim Lernen, die – wenn sie beispielsweise nur vage sind oder gar nicht wahrgenommen werden – eine Entwicklung der Selbstregulation beim Lernen erschweren können (vgl. BOEKAERTS & NIEMIVIRTA 2000, S. 419). Insbesondere Psychologen betonen, dass Informationen darüber, wie sich Schüler(innen) als Lerner konstruieren, d.h. welches Bild sie von sich selbst als Lernenden haben, speziell, welche Ziele sie sich selbst für ihr Lernen setzen, bedeutsame Hinweise auf ihre Lernstrategien und ihre metakognitive Fähigkeiten geben (BOEKAERTS & NIEMIVIRTA 2000, BOEKAERTS 1999).

Die Lernvorstellungen liefern demnach Indikatoren dafür, warum Schüler(innen) ein bestimmtes Lernverhalten an den Tag legen.

"It provides an indication of why students are prepared to do what they do and why they are or are not inclined to do what is expected of them" (BOEKAERTS 1999, S. 451).

36

Insgesamt weist SCHNAITMANN darauf hin, dass im Rahmen der Lernforschung in der Erziehungswissenschaft gefordert wird,

„näher an das konkrete, fachspezifische Lerngeschehen, vor allem auch an die subjektiven Lernkonzepte der Schüler heranzukommen" (SCHNAITMANN 2004, S. 69).

KAISER betont im Rahmen seiner Studie zur Entwicklung von Selbstlernkompetenz, dass metakognitiv akzentuierte Verfahren nicht unwesentlich daraus resultieren, über welche Auffassungen von Lehren und Lernen der Einzelne verfügt, wie er die Folgen seines Verhaltens attribuiert und wie er sich motiviert (vgl. KAISER 2003, S. 25).

Dabei erachtet er Lernauffassungen, die SALJÖ (1979) in einer Untersuchung idealtypisch von einander abgehoben hat, als immer noch tragfähig:

- Lernen als Vermehrung von Wissensbestandteilen (quantitativer Zuwachs an Wissen),
- Lernen als Verfügung über Wissen (Auswendiglernen),
- Lernen als Sicherung von Handeln (Erwerb von Informationen, auf die später zu Anwendungszwecken zurückgegriffen wird),
- Lernen als Aufbau von Symbolsystemen (Herausarbeiten von Bedeutungen),
- Lernen als Steigerung von Welterklärung (interpretativer Zugriff, um Phänomene der Wirklichkeit zu begreifen) (a.a.O.).

Diesen jeweiligen Auffassungen von Lernen werden spezifische Auswirkungen auf die individuellen Lernprozesse zugeschrieben:

„Wer Lernen beispielsweise als Vermehrung von Wissensbestandteilen begreift, wird besonderen Wert auf die Aneignung von Fakten legen und vermutlich als bevorzugte Strategie Auswendiglernen und Wiederholen einsetzen. Wer dagegen über eine komplexe Auffassung von Lernen verfügt und es als Möglichkeit zur Steigerung von Welterklärung begreift, wird den Akzent auf das Erfassen von Zusammenhängen setzen, will Strukturen statt isolierter Fakten erkennen und wird organisierende und elaborierende Strategien bevorzugen" (a.a.O.).

Zugleich geht KAISER davon aus, dass sich die subjektiven Theorien über Lernen auch auf die Bereitschaft zur expliziten Durchführung metakognitiver Aktivitäten und damit auf den Erwerb von Selbstlernkompetenz auswirken:

„Wer über eine einfache Lerntheorie verfügt, wird sich wenig bis kaum metakognitiv kontrollieren. Dies liegt nicht zuletzt am Aufgabentyp begründet, mit dem er sich konfrontiert sieht. Er ist nämlich primär auf Einprägen, Aneignen von Wissenselementen ausgerichtet, wozu lediglich einfache, kaum modifizierungsbedürftige Strategien erforderlich sind und folglich kaum intensive metakognitive Steuerung vonnöten ist" (ebd., S. 26).

Umgekehrt leuchtet ein: Wer Lernen eher als Auseinandersetzung mit Problemen statt einer Ansammlung von isolierten Wissenselementen begreift, wird leicht den denk- und lernunterstützenden Wert metakognitiver Techniken einsehen und an ihrer Aneignung im Blick auf Selbstlernkompetenz interessiert sein (vgl. VERMUNT & VAN RIJSWIJK 1988, S. 662).

Neben den dargestellten allgemeinen Auffassungen über Lernen kommt insbesondere den Vorstellungen der Lernenden über das Lernen in einem bestimmten Fach eine entscheidende Bedeutung zu. So wird zum Beispiel in der Mathematikdidaktik davon ausgegangen, dass das Lernen von und das Verhalten gegenüber Mathematik erheblich von den Vorstellungen der Lernenden (und im Übrigen auch der Lehrenden) über dieses Fach beeinflusst wird. PEHKONEN formuliert sehr prägnant:

„Die mathematischen Vorstellungen des Schülers wirken wie ein Filter, der fast alle seine Gedanken und Tätigkeiten bezüglich der Mathematik modifiziert" (PEHKONEN 1993, S. 306).

In der Mathematikdidaktik liegt kein einheitliches Begriffsverständnis von Vorstellungen vor (vgl. PEHKONEN & TÖRNER 1996, S. 101). Trotz der unterschiedlichen Definitionen und Begriffsbestimmungen – z.B. Vorstellungen, Einstellungen, Auffassungen, Haltungen und mathematisches Weltbild im deutschsprachigen Raum oder conceptions, perceptions, attitudes und beliefs im englischsprachigen Raum (vgl. TÖRNER 2002, S. 103 ff.; GRIGUTSCH 1996, S. 5 ff.) – hat sich in der internationalen Diskussion der Begriff „Belief" durchgesetzt, der aus der Kognitionspsychologie stammt (vgl. HART 1989, S. 41). Im Folgenden wird auf den Begriff Belief rekurriert. Beliefs werden in der Regel als Einstellungsstrukturen verstanden und es werden ihnen somit kognitive, affektive und konative Komponenten zugeordnet (vgl. TÖRNER 2002, S. 107, GRIGUTSCH, RAATZ, & TÖRNER 1998, S. 10, GRIGUTSCH 1996, S. 16).

Auch wenn die unterschiedlichen begrifflichen Auffassungen trotz aller Unterschiede einheitlich darauf verweisen, dass Beliefs sehr komplexe Konstrukte sind, zeigt sich eine relativ klare Vorstellung davon, wie Beliefs aussehen und welche zu unterscheiden sind. Beliefs sind immer auf ein Objekt bezogen (vgl. KAISER, KORNELLA & ROSS 2005). So kann z.B. ein Individuum bezogen auf die Mathematik sehr unterschiedliche Arten von Beliefs haben. TÖRNER (2002, S. 109 f.) unterscheidet folgende Arten von Beliefs:

1. Beliefs zum Wesen der Mathematik allgemein und zur Schulmathematik insbesondere
2. Beliefs zum Lernen von Mathematik
3. Beliefs zu den Auswirkungen einer Beschäftigung mit Mathematik
4. Beliefs zur Rolle des Mathematiklehrers

5. Beliefs zur Rolle des Schülers
6. Beliefs zur Rolle des Mathematikers
7. Beliefs über Mathematik auch bei den Mathematikern

Die vorliegende Arbeit greift das Konzept der Beliefs auf, um die Lernvorstellungen einzelner Schüler(innen) in Bezug auf das Lernen in den Fächern Deutsch und Mathematik zu rekonstruieren und auf dieser Basis Aussagen über die Bereitschaft und die Fähigkeit zur Selbstregulation beim Lernen treffen zu können.

Mit Blick auf das Forschungsinteresse an der durch Instrumente gestützten Entwicklung selbstregulierten Lernens in Deutsch und Mathematik stellt sich die Frage, welche Beliefs im Einzelnen für selbstreguliertes Lernen bedeutsam sind. Die Auffächerung der Beliefs zeigt, dass einige sich stärker auf das Wesen und die Bedeutung der Mathematik beziehen und andere Aspekte das Lernen thematisieren, wobei Beliefs zur Rolle des Mathematiklehrers und zur Rolle des Schülers als Unterkategorien von Lernen betrachtet werden können. Beide Dimensionen spielen für selbstreguliertes Lernen eine Rolle; auf den Beliefs über das Lernen von Mathematik liegt jedoch in dieser Untersuchung der Schwerpunkt, weil in ihnen die Selbst- und Fremdregulation beim Lernen direkt thematisiert werden. Weniger bedeutsam scheinen Beliefs zur Rolle des Mathematikers bzw. über Mathematik auch bei den Mathematikern zu sein, da diese nur indirekt schulisches Lernen betreffen. Für die vorliegende Arbeit werden die beiden Kernbereiche – Beliefs über das Wesen und die Bedeutung sowie über das Lernen von Mathematik – aufgegriffen. Der erste Bereich korrespondiert mit den von TÖRNER dargestellten Beliefs zum Wesen der Mathematik allgemein und zur Schulmathematik insbesondere, der zweite Bereich bündelt Beliefs zum Lernen von Mathematik, zur Rolle des Mathematiklehrers und zur Rolle des Schülers.

Als Oberkategorie für die beiden Beliefsdimensionen wird in dieser Arbeit der Terminus Lernvorstellungen verwendet, der auch überfachliche Anteile integriert. Es geht demnach beispielsweise im Mathematikteil dieser Untersuchung nicht um die „mathematischen Weltbilder" (MAAß 2004) der Schüler(innen), sondern um Lernvorstellungen, die zwar jeweils mit Bezug auf ein bestimmtes Fach ausdifferenziert werden, die jedoch auch stark personenbezogene Anteile besitzen.

Die vorangegangenen Ausführungen verdeutlichen, dass den Lernvorstellungen der Schüler(innen) eine große Bedeutung hinsichtlich der Bereitschaft und der Fähigkeit zur Selbstregulation beim Lernen zukommt. Sie fungieren als eine Art „Wahrnehmungsfilter" und sind maßgeblich durch die schulischen Erfahrungen geprägt. Für die vorliegende Arbeit stellt sich damit die Aufgabe, die individuellen Lernvorstellungen von Schüler(inne)n über ihr Lernen und insbesondere über die Funktion von Selbst- und Fremdregulation für ihr Lernen zu rekonstruieren. Auf diese Weise können Zusammenhänge von Lernvorstellungen und der Bereitschaft und Fähigkeit zur Selbstregulation in Einzelfällen sichtbar gemacht werden. Zudem können typische Schülervorstellungen die Selbst- und Fremdregulation betreffend identifiziert werden. Bezüglich des Einsatzes von Lerntagebüchern im Mathematikunterricht und von Kompetenzrastern im Deutschunterricht kann untersucht werden, inwiefern diese Instrumente die Vorstellungen der Schüler(innen) über Selbst- und Fremdregulation beim Lernen verändern.

1.2.3   Entwicklung selbstregulierten Lernens im Rahmen von Fachkulturen

Eng mit der Diskussion über Beliefs ist die Diskussion über Fachkulturen verknüpft. Die Rede von Fachkulturen verweist auf kulturell tief verwurzelte Erwartungen über die Eigenheiten eines Gegenstandsbereichs, seine Fragestellungen, Methoden und paradigmatischen Problemlösungen. In Bezug auf die Kultur eines Schulfaches dürften vor allem Vorstellungen von Bedeutung sein, die Lehrerinnen und Lehrer über das gegenstandsspezifische Wissen, den Wissenserwerb und vor allem hinsichtlich entsprechender Lehr-Lern-Formen haben. Es ist das Verdienst von TIMSS (2000) auf „epistemologische Überzeugungen" im Sinne von „intuitive[n] Theorien, die integraler Teil des Fachverständnisses sind", hingewiesen zu haben (KÖLLER, BAUMERT & NEUBRAND 2000, S. 268). In Bezug auf das deutsche Schulsystem wird nun eine starke Schematisierung der Fachauffassungen vermutet, die Vorstellungen über Leistungsvermögen, Leistungsanforderungen und deren Vermittlungstraditionen bündelt (vgl. HUBER 1991, 2001). TERHART betont die Stabilität der Fächerstruktur:

„Im Grunde sind die Fächerstruktur, die Fächer sowie die etablierten Inhaltlichkeiten wenig rezeptiv gegenüber kulturellem Außendruck. [...] Fachlichkeit ist kodifiziert, kanonisiert und im System der Fachlehrerausbildung auch personell stabilisiert. Indiz für die grundsätzlich konservativ-resistente Rolle des Fächerprinzips ist auch die Tatsache, dass sich die Konzeption des fächerübergreifenden Lernens sowie auch neuerer Lernbereiche beispielsweise Fächer wie Gesellschaftslehre (ehemals Geschichte, Erdkunde und Politik) sehr schwer tun" (TERHART 1997a, S. 27).

Ebenso weisen BAUMERT, ROEDER & WATERMANN (2003, S. 511) auf die strukturbestimmende Bedeutung des Faches insbesondere in der gymnasialen Oberstufe hin.

In dieser Arbeit stehen mit den Fächern Deutsch und Mathematik zwei sehr verschiedene Fachkulturen im Zentrum. Wie für den Bereich des Mathematiklernens bereits angedeutet, gibt es fachtypische Schülervorstellungen über das Lernen, die Prozesse der Selbstregulation beeinflussen können. Im

Folgenden wird der Diskussionsstand für die Mathematik- und für die Deutschdidaktik in Bezug auf selbstreguliertes Lernen kurz dargelegt.

Entwicklung selbstregulierten Lernens im Mathematikunterricht

In der Mathematikdidaktik wird selbstreguliertes Lernen als ein Aspekt der für das Mathematiklernen zentralen *Metakognition* diskutiert (vgl. u.a. SJUTS 1999, 2001a, 2001b, 2003; GRIEP 2001; KAUNE 1999, 2001). Die Untersuchungsergebnisse zur Metakognition verweisen zum einen darauf, dass Metakognition die Effektivität von Denken und Lernen erhöht, betonen zum anderen aber auch, dass Metakognition an Bedingungen wie beispielsweise spezifische Aufgabenstellungen gebunden ist. Zahlreiche empirische Studien belegen die Wirksamkeit von Metakognition für das Mathematiklernen (HASSELBORN 1998; OPWIS 1998; KAISER & KAISER 1999). Hingewiesen wird dabei insbesondere auf die

„Wirksamkeit einer expliziten und gezielten Vermittlung von Strategien, die die Planung von Lernaktivitäten, die Bewertung des eigenen Lernfortschritts an den angestrebten Lernzielen durch aktive Selbstüberwachung sowie die flexible Regulation des eigenen Lernverhaltens am Ergebnis dieser Bewertung thematisieren" (OPWIS 1998, S. 374).

Des Weiteren stammt aus der so genannten Experten-Novizen-Forschung der Befund:

„Die Überlegenheit von Experten gegenüber Novizen basiert neben ihrem umfangreicheren und geordneteren bereichsspezifischen Wissen auch auf ihrer Fähigkeit, Denk- und Problemlösungsprozesse reflexiv, und das heißt metakognitiv zu begleiten" (KAISER & KAISER 1999, S. 171).

Metakognition wird der Status einer „Protokompetenz" in Bezug auf das Mathematiklernen bescheinigt:

„Sie ist Bedingung für den Erwerb und die Anwendung einer Vielzahl von Schlüsselqualifikationen, etwa der zum selbständigen Umgang mit Problemen, des Selbstlernens, der Flexibilität. In diesem Sinne optimiert Metakognition Lernen und fördert Transfer. Sie setzt die vollen Möglichkeiten frei, über die ein Subjekt von seinem Repertoire an kognitiven Strategien her verfügt" (KAISER & KAISER 1999, S. 172).

Was die Förderung von Metakognition im Mathematikunterricht angeht, so scheint eine Denkschulung und ein Lernenlernen unter Umgehung einer fachspezifischen Begriffsbildung und eines fachspezifischen Methoden- und Fertigkeitserwerbs unmöglich zu sein (vgl. REUSSER 1998). Zudem weisen die Erkenntnisse darauf hin, dass die beiden Säulen der Metakognition –

deklaratives Wissen und prozedurale Fähigkeiten (vgl. CHRISTMANN & GRO-EBEN 1999) – unterschiedliche Bedeutsamkeit für das Mathematiklernen besitzen.

„Deklarative Kenntnisse über das Lernen sind im Vergleich zu prozeduralen Fertigkeiten der Lernsteuerung nur von begrenzter Wirksamkeit" (WEINERT & SCHRADER 1997, S. 327).

Es gilt also primär, die Fähigkeiten der Lernenden zu stärken, d.h. insbesondere Aspekte der Steuerung und der Kontrolle im Lernprozess (vgl. CHRISTMANN & GROEBEN 1999, S. 194 f.).

Isoliertes metakognitives Wissen zu vermitteln, ist nicht möglich. REUSSER formuliert als Konsequenz für die Entwicklung von Metakognition im Mathematikunterricht,

„dass kein Weg um das zeitaufwendige – auf die abstrakte Systematik von Wissensformen und auf die Charakteristika konkreter situativer und funktionaler Kontexte gleichermaßen Rücksicht nehmende – Durcharbeiten fachlicher Inhalte einschließlich des methodischen und abstrahierenden Herauslösens relevanter begrifflich-schematischer und prozesshaft-strategischer Merkmale herumführt" (REUSSER 1998, S. 152).

Neben der didaktisch-fachlichen wird die sozial-unterrichtliche Einbindung von ausschlaggebender Bedeutung für die Förderung von Metakognition angesehen (vgl. SJUTS 2003). SJUTS zufolge kann kein Vorgehen die Entwicklung von Metakognition einfach an die Lernenden übertragen. Lernende müssen sorgfältig angeleitet und auch überzeugt werden, den Erwerb langfristigen Wissens mit dem Erwerb metakognitiver Kenntnisse und Fertigkeiten zu verknüpfen und das so aufgebaute Wissen wiederum zur Steuerung des eigenen Lernens zu nutzen (REUSSER 1998). Lehrkräften kommt daher die unverzichtbare Aufgabe des Anleitens, Beratens, Unterstützens und Sicherstellens bei der angestrebten Kultivierung von Metakognition zu.

Es gibt also weder eine inhaltsfreie noch eine unterstützungsfreie Entwicklung von Metakognition beim Mathematiklernen. Anregung und Anwendung metakognitiver Aktivitäten erfolgen, indem Inhaltsbezüge und Unterrichtsabmachungen eingehalten werden. SJUTS resümiert, dass die Förderung von Metakognition eines didaktisch-sozialen Vertrags bedarf (SJUTS 2003, S. 20 ff.).

Die Theorie vom didaktischen Vertrag, vom „contract didactique", stammt aus der französischen Mathematikdidaktik. Sie befasst sich mit den „impliziten Regeln, die in einer Klasse die Beziehungen zwischen dem Lehrer und den Schülern bestimmen" (LABORDE 1991, S. 39).

Die im Folgenden angesprochenen Möglichkeiten von Metakognition beim Mathematiklernen entstammen dem Ansatz, Mathematik als Werkzeug zur Wissensrepräsentation (COHORS-FRESENBORG 1996, 2001a) aufzufassen. Im Rahmen des DFG-Projekts „Analyse von Unterrichtssituationen zur Einübung von Reflexion und Metakognition im gymnasialen Mathematikunterricht der Sek I" hat das Institut für Kognitive Mathematik der Universität Osnabrück metakognitive Konzepte und Aktivitäten zu systematisieren versucht (COHORS-FRESENBORG 2001b).

Für die Entwicklung der Metakognition beim Mathematiklernen unterscheidet SJUTS die Ebene des kollektiven Unterrichtsarrangements und die Ebene des individuellen Lernens. Auf der Ebene des kollektiven Unterrichtsarrangements sind es vor allem ein entsprechender didaktischer Vertrag zwischen Lehrer(in) und Schüler(inne)n, eine von Diskursivität geprägte Unterrichtsgestaltung und die Arbeit mit bestimmten Aufgabenstellungen, die beispielsweise Realitätsbezüge beinhalten und Modellbildungen erfordern (vgl. KAISER 1995). Auf der Ebene des individuellen Lernens spielen vor allem Selbstüberwachung, Selbsteinschätzung und die kognitive Komplexität, die eine Aufgabe von den Lernenden verlangt, eine Rolle (vgl. SJUTS 2003, S. 21 ff.).

Hinweise auf eine anvisierte Stärkung selbstregulativer Aktivitäten der Schüler(innen) beim Mathematiklernen finden sich auch in den Hamburger Bildungsplänen zum Fach Mathematik in der gymnasialen Oberstufe. Dort wird die „Stärkung von Eigenaktivitäten" als ein zentrales Moment im Rahmen der methodisch orientierten Grundsätze genannt. Es heißt wörtlich:

„Der Mathematikunterricht ist als Ganzes stärker schülerorientiert organisiert, d.h. die eigenen Rekonstruktionsbemühungen der Mathematik durch die Lernenden werden von den Lehrpersonen berücksichtigt, ebenso wie die subjektiven Auffassungen der Schülerinnen und Schüler zum jeweiligen Problem. Lernende werden angeregt, selbst Fragen zu stellen, sie erfahren die eher induktiven Aspekte der Mathematik wie Probieren und Experimentieren, Verallgemeinern und Spezialisieren selbst" (FREIE UND HANSESTADT HAMBURG, BEHÖRDE FÜR BILDUNG UND SPORT 2004, S. 7).

Und weiter:

„Insgesamt zielt der Mathematikunterricht der gymnasialen Oberstufe auf die Förderung von selbstreguliertem und forschendem Lernen als Vorbereitung für ein universitäres Studium bzw. eine entsprechende Berufsausbildung sowie den späteren Lebensweg, Situationen, die entsprechende Qualifikationen insbesondere im Hinblick auf die Notwendigkeit von Fähigkeiten zum lebenslangen Weiterlernen benötigen" (a.a.O.).

Es bleibt festzuhalten, dass die Entwicklung selbstregulierten Lernens im Mathematikunterricht auf theoretischer, empirischer und normativer Ebene diskutiert wird.

Die vorliegende Arbeit leistet eine Weiterentwicklung des Forschungsstandes bezüglich der Entwicklung selbstregulierten Lernens in Mathematik.

Die Rekonstruktionen der Bedeutungen von Selbst- und Fremdregulation in den mathematikbezogenen Lernvorstellungen von Schüler(inne)n ermöglicht Aussagen über die Zusammenhänge von Beliefs und der Entwicklung selbstregulierten Lernens in Mathematik. Damit entsteht ein Beitrag zu dem Zweig der mathematikdidaktischen Forschung, der das Lernen von Mathematik aus der Lernerperspektive beleuchtet. Zugleich sind damit theoretische Anschlussstellen in der Mathematikdidaktik markiert, an denen die vorliegende Arbeit mit ihren Ergebnissen anknüpft: Die Reflexion über Ansätze zur Entwicklung von Metakognition kann auf der Basis der Ergebnisse dieser Studie um die Bedeutung der Sichtweise der Lerner ergänzt werden.

Entwicklung selbstregulierten Lernens im Deutschunterricht

Im Rahmen der Deutschdidaktik finden sich vor allem in der Schreibdidaktik und zudem in Bezug auf die Schülerpräsentationen im Unterricht Anschlussmöglichkeiten für die Diskussion selbstregulierten Lernens; des Weiteren wird auf normativer Ebene, beispielsweise in Bildungsplänen, die Bedeutung selbstregulierten Lernens im Deutschunterricht thematisiert.

Die Schreibprozessforschung hat die Aufmerksamkeit darauf gelenkt, dass Schreiben nicht nur hinsichtlich der entstehenden Produkte thematisiert werden sollte, sondern dass dem Prozess des Problemlösens eine entscheidende Bedeutung für den Schreiberfolg zukommt (vgl. FIX 2004, S. 52). Der Ansatz, Schreiben als Problemlöseprozess zu modellieren stammt von HAYES & FLOWER (1980) aus den USA. In der deutschsprachigen Forschung hat besonders DÖRNER den Prozess des Problemlösens eingehend beschrieben. Ihm zufolge setzt sich der Prozess des Problemlösens aus einem unbefriedigenden Anfangszustand, einem angestrebten Endzustand und einer Barriere, die dazwischen steht, zusammen. Im Unterschied zu einer Aufgabe, bei der man über das für ihre Lösung notwendige Wissen verfügt, ist bei der Lösung eines Problems zwar gewisses Wissen vorhanden, aber es reicht nicht aus, um Verlauf und Ergebnis im Voraus genau bestimmen zu können. In Bezug auf das Schreiben bedeutet dies, dass der Endzustand – der Text – selbst zu Beginn nicht klar definiert ist, sondern nur eine ungefähre Vorstellung von ihm besteht, die erst während des Schreibprozesses zunehmend deutlicher wird (vgl. FIX 2004, S. 24).

In diesem Zusammenhang wird darauf hingewiesen, welche Schwierigkeit somit das Setzen von Schreibzielen beinhaltet; diese müssen in der Balance von detaillierten und globalen Vorstellungen austariert und im laufenden Prozess weiterentwickelt und ggf. modifiziert werden. Neben der Zielpräzisierung hat der Schreibende eine Reihe weiterer kognitiver Anforderungen zu bewältigen. Eng mit den Schreibzielen verbunden ist das „task environment", welches sich auf die Fragen des Adressaten, des Themas und der kohärenten Weiterführung des bisher schon geschriebenen Textes bezieht und im Schreibprozess fortlaufend zu berücksichtigen ist (ebd., S. 25). Zudem muss der bzw. die Schreibende im Sinne einer Verwendung von adäquaten Lernstrategien ständig sein Wissen aktivieren. Dabei gilt es

„Wissen, das in unterschiedlichsten Zusammenhängen erworben wurde und dementsprechend disparat gespeichert sein dürfte, thema- und zweckbezogen zusammenzuführen, d.h. letztlich zu vereinheitlichen" (EIGLER et al. 1990, S. 14).

Schreiben wird somit als ein kognitiver Konstruktionsprozess im Sinne des Problemlösens modelliert. BAER erläutert, dass ideale Textverfasser „problemlösend top-down" vorgehen (BAER 1995, S. 146): Ermittlung des Schreibziels, Konstruktion der semantischen Tiefenstruktur, Sequenzierung und sprachliche Kodierung. Schüler(innen) unterscheiden sich jedoch stark von diesen idealen Textverfassern: FIX weist auf Basis einer empirischen Untersuchung zu Überarbeitungen von Texten durch Schüler(innen) darauf hin, dass Schüler(innen) mit der Zielorientierung und einer „top-down"-Strategie enorme Schwierigkeiten haben (vgl. FIX 2004, S. 41 ff.).

EDELMANN stellt fest, dass in der Schule „die Übung von Problemlöseverhalten grob vernachlässigt" würde (EDELMANN 1996, S. 332). Lernende müssten lernen, sich auf Teilprozesse des Schreibens zu konzentrieren, wobei diese nicht linear, sondern rekursiv durchlaufen werden.

Was in Bezug auf die Schreibdidaktik angesprochen ist, sind Aktivitäten der Zielsetzung, der Lernprozessüberwachung und der Anwendung von Lernstrategien als Aufgaben an die Lernenden, wie sie im Konzept des selbstregulierten Lernens verankert sind.

Analog zum Hamburger Bildungsplan Mathematik finden sich auch im Bildungsplan für Deutsch der gymnasialen Oberstufe Hinweise auf eine geforderte Selbstregulation beim Lernen:

„Wissenschaftspropädeutisches Lernen und Arbeiten erfordert einen Unterricht, der angelegt ist auf ein exemplarisches, ein zunehmend selbst reguliertes und auf ein forschendes Lernen, um die Schülerinnen und Schüler weiter zu einem selbstständigen Umgang mit Gegenständen der Literatur und Themen der Sprache anzuleiten" (FREIE UND HANSE-STADT HAMBURG, BEHÖRDE FÜR BILDUNG UND SPORT 2004, S. 7).

In der didaktisch-methodischen Gestaltung des Deutschunterrichts haben Schülerpräsentationen eine Bedeutung. Diesen gehen oftmals in Gruppenarbeit selbstständig gestaltete Arbeitsphasen voraus. In diesen Phasen im Unterricht wird selbstreguliertes Lernen in gewisser Weise durch das Unterrichtssetting eingefordert und gefördert.

Anders als beim Mathematikunterricht kann für den Deutschunterricht festgehalten werden, dass die Entwicklung selbstregulierten Lernens auf theoretischer, normativer und unterrichtspraktischer Ebene diskutiert wird, es jedoch keine empirischen Befunde über die Entwicklung selbstregulierten Lernens in Deutsch gibt.

Die vorliegende Arbeit liefert erste Erkenntnisse darüber, welche deutschbezogenen Lernvorstellungen Schüler(innen) haben und insbesondere, welche Bedeutung sie Selbst- und Fremdregulation für ihr Lernen zuschreiben. Damit liegen deutschspezifische Beliefs von Schüler(inne)n vor. Zudem leistet diese Untersuchung die Analyse eines Feedbackinstrumentariums hinsichtlich seiner Potenziale für die Entwicklung selbstregulierten Lernens in Deutsch. Dies stellt eine erste Exploration auf diesem Gebiet dar.

Es lässt sich an dieser Stelle festhalten, dass das Fachprinzip ein stark strukturierendes Element im schulischen Kontext darstellt. Ein vergleichender Blick in die Deutsch- und die Mathematikdidaktik zeigt, welche Unterschiede es bezüglich selbstregulierten Lernens gibt. Die vorliegende Untersuchung ist deshalb so angelegt, dass die Entwicklung selbstregulierten Lernens fachspezifisch für die Fächer Deutsch und Mathematik beleuchtet wird. Auf diese Weise lassen sich sowohl fachspezifische als auch fachübergreifende Aussagen bezüglich Lernvorstellungen und Entwicklungen selbstregulierten Lernens treffen.

1.3 Selbstreguliertes Lernen als gesellschaftliche Anforderung

Nachdem in den vorangegangenen Kapiteln selbstreguliertes Lernen konzeptionell betrachtet und unter den spezifischen Bedingungen des schulischen Rahmens reflektiert wurde, erfolgt in diesem Kapitel eine Einbettung selbstregulierten Lernens in gesellschaftliche Anforderungen. Auf diese Weise wird die Aktualität der Debatte um selbstreguliertes Lernen begründet. Es folgen zunächst einige Bemerkungen bezüglich der Analyse der gesellschaftlichen Verhältnisse, bevor auf die Bedeutung von Lernkompetenz und Selbstregulation beim Lernen eingegangen wird.

Einige Anmerkungen zur Analyse der gesellschaftlichen Verhältnisse

Die heranwachsende Generation ist mit einer Zukunft konfrontiert, die in vielen Bereichen Unsicherheiten und Unvorhersehbarkeiten birgt. Mit Beginn der industriellen Revolution setzt die Entwicklung von der traditionellen Klassengesellschaft zur heute bestehenden Industriegesellschaft ein, die BECK als "Risikogesellschaft" bezeichnet (vgl. BECK 1986).

Risikogesellschaft bedeutet, dass das Schicksal des Einzelnen nicht mehr bestimmt wird von der Zugehörigkeit zu einer sozialen Schicht qua Geburt, sondern von einer individuellen Gestaltungsmöglichkeit des Lebens aufgrund von Niveauverschiebungen bei Arbeit und Bildung, aufgrund von Enttraditionalisierung und durch das Wegschmelzen von Klassenidentitäten. Dies bedeutet, dass alle entstehenden Risiken und Chancen nicht mehr von einer ganzen Klasse getragen werden, sondern von jedem einzelnen Teilnehmer der Gesellschaft gleichermaßen. Der Weg von der Klassen- zur Risikogesellschaft ist durch „Individualisierungsschübe" (BECK 1986, S. 121 ff.) gekennzeichnet, d.h. Lebenslagen und Lebenswege werden individueller. Die Verlässlichkeit eines lebenslangen Arbeitsplatzes, der durch einmalig erworbene Qualifikationen gesichert ist, wird ebenso in Frage gestellt wie Kontinuitäten im privaten Bereich. Der Wechsel von Berufen, die Notwendigkeit des permanenten Um- und Weiterlernens, drohende oder bestehende Arbeitslosigkeit sowie berufsbedingte Ortswechsel sind keine Seltenheit, sondern Ausdruck eines veränderten gesellschaftlichen Rahmens von Bildung und Arbeit. KEUPP et al. sprechen von

„einer radikalen Enttraditionalisierung, dem Verlust von unstrittig akzeptierten Lebenskonzepten, übernehmbaren Identitätsmustern und normativen Koordinaten" (KEUPP et al. 2002, S. 53).

Für den Einzelnen stellt dies die Herausforderung einer permanenten Orientierungsanstrengung dar. Die Fragen – Wo stehe ich? Was kann ich? Was will ich? Was muss ich dafür tun? – sind in Zeiten des Übergangs und des Umbruchs individuell zu bearbeiten. Damit stehen sowohl die eigenen Qualifikationen und Fähigkeiten zur Diskussion, die abgeschätzt, expliziert, erweitert und angepasst werden müssen, als auch die persönlichen Entwicklungsziele und -phantasien. ARNO COMBE hat eine treffende Beschreibung für das gefunden, was jede(r) in dieser Gesellschaft ausbilden sollte: ein „Gespür für die eigenen Entwicklungsnotwendigkeiten" (COMBE 2004, S. 49).

Was sich im Hinblick auf die Berufswelt zeigt, lässt sich auch im privaten Bereich finden. Die Arbeit an der eigenen Identität, die letztlich als Ausgestaltung von Teilidentitäten in unterschiedlichen Gruppen und Lebenszusammenhängen zu verstehen ist (vgl. KEUPP et al. 2002, S. 217), wird für den Einzelnen ebenso wie die Gestaltung der Berufstätigkeit zur Aufgabe. In diesem Bereich sind es Fragen wie – Wer bin ich? Wie möchte ich leben? Was muss ich dafür tun? –, die der Einzelne individuell für sich bearbeiten muss. In diesem Zusammenhang stehen beispielsweise Fragen der Beziehungsgestaltung, der Familienplanung, des Lebensstils und des Lebensortes zur Disposition.

Die Herausforderung, den eigenen Lebensweg aktiv zu gestalten, entfaltet sich in einem Spannungsfeld. Auf der einen Seite stehen die subjektiven

Wünsche, Fähigkeiten, Phantasien und Erfahrungen des Einzelnen und auf der anderen Seite stehen gesellschaftliche Institutionen, die Angebote bereitstellen und Spielräume zugestehen, jedoch auch Restriktionen mit sich bringen. Beide Seiten sinnvoll und konstruktiv auf einander zu beziehen, d.h. für die persönliche Entwicklung zu nutzen, bedarf der Anstrengung und der Bearbeitung des Einzelnen.

Angesichts des Mangels an kollektiven biographischen Mustern wird heute in verstärktem Maße die „Ich-Leistung" (COMBE 1997, S. 172) des Einzelnen verlangt. Bildungs- und Selbstverwirklichungsbiographien scheinen traditionelle Arbeits- und Berufskarrieren abzulösen, so dass die Individuen über neue biographische Handlungs- und Lernkompetenzen verfügen müssen. AHLHEIT beschreibt vor diesem Hintergrund die zunehmende Schwierigkeit, „sein Leben zu leben" (AHLHEIT 1996, S. 278). Zugleich bietet er in seinen Überlegungen eine positive und konstruktive Sicht auf die neuen Herausforderungen an den Einzelnen an und fragt:

„Welche Chance gibt es, die Träger zeitgenössischer Biographien nicht nur als Opfer von Modernisierungsprozessen, sondern auch als lernende, neue biographische Möglichkeitsräume entdeckende Individuen zu verstehen?" (AHLHEIT 1996, S. 290)

Die notwendigerweise postulierte Ich-Leistung des Einzelnen schließt Vorgänge des Orientierens, des Konstruierens und letztlich des Lernens ein. COMBE spricht dabei von der

„Kompetenz, die eigene Biographie als Lernbiograhie konstruieren und rekonstruieren zu können" (COMBE 2004, S. 48).

Neben der angesprochenen Kompetenz sind sicherlich auch emotionale und affektive Komponenten wie zum Beispiel die Neugier auf das Leben, das Vertrauen in eigene Fähigkeiten und der generelle Glauben an die Möglichkeit zur Entwicklung und Entfaltung von Bedeutung.

Die hier dargestellten Anmerkungen zu den gesellschaftlichen Verhältnissen machen plausibel, dass eine Zunahme an Autonomie des Einzelnen nötig wird. Es klingt an, dass die Lernfähigkeit und die Lernbereitschaft eines Individuums eng mit seiner Autonomie und der Fähigkeit, „sein Leben zu leben", zusammenhängen. Es stellt sich die Frage, wie die heranwachsende Generation an eine solche Lernfähigkeit und -bereitschaft herangeführt werden kann.

An dieser Stelle richtet sich der Blick auf die Schule. Die Forderung, Verantwortung für den eigenen Lebensweg und die eigene Biographie zu übernehmen, offenbart sich für den Einzelnen heute nämlich mit dem Eintritt in die Schule. Die Schulen reagieren auf den gesellschaftlichen Wandel, indem die Entwicklung und Förderung von Selbstständigkeit und Verantwortung, von Selbstregulation bzw. Lernkompetenz bei den Schüler(inne)n in die Lehrpläne integriert werden, um die Schüler(innen) auf den Umgang mit immer neuen Herausforderungen vorzubereiten.

Im Folgenden wird auf die Bedeutung der Lernkompetenz eingegangen.

Bedeutung von Lernkompetenz und Selbstregulation beim Lernen

Werden beispielsweise Arbeitgeber(innen), Hochschullehrende oder auch Eltern befragt, welchen Ertrag schulische Bildung erbringen sollte, so werden Problemlösefähigkeiten, Lernkompetenz oder Team- und Kommunikationsfähigkeit an vorderer Stelle genannt. Darüber hinaus nehmen das soziale Lernen – Sozialkompetenz – und der Erwerb allgemeiner Arbeitstechniken – Methodenkompetenz – einen wichtigen Stellenwert im schulischen Forderungskatalog ein, was nicht zuletzt seinen Niederschlag in vielen Schulprogrammen findet (vgl. KLIEME, ARTELT & STANAT 2001).

Was sich in diesem Befund andeutet, ist eine Akzentverschiebung in Bezug auf die Forderungen an schulische Bildung. Diese lässt sich als eine Abwendung von der reinen Anhäufung von Wissen hin zu der Entwicklung von Kompetenzen charakterisieren.

Begründungen für diese Akzentverschiebung liegen in der Annahme, dass in der Schule erworbenes Wissen allein nicht mehr ausreicht, um in einer Gesellschaft, deren Anforderungen an ihre Mitglieder zunehmend komplex werden, angesichts der Fragwürdigkeit einer „Normalbiographie" (OSTERLAND 1990) und angesichts von Unsicherheiten auf dem Arbeitsmarkt handlungsfähig zu sein. Vielmehr ist es bedeutsam geworden, sich auf eine ungewisse Zukunft derart vorzubereiten, dass auf neue Anforderungen zeitlebens reagiert werden kann (vgl. z.B. WILD 2003; BAUMERT 1993).

Mit der Entwicklung von Bildungsstandards ist auf den Wandel der heutigen Lebens- und Arbeitswelt reagiert worden. KLIEME konstatiert, dass sich die heutigen Schwerpunkte der Bildungsstandards, die immer einen Kompromiss zwischen der Orientierung an fachlicher Systematik, an funktionalen Anforderungen der Lebens- und Arbeitswelt und an den Lernvoraussetzungen und Entwicklungsbedürfnissen der Lernenden darstellen, eindeutig zugunsten der funktionalen Anforderungen verschoben haben (vgl. KLIEME 2004, S. 11). Nachdem zunächst – als Reaktion auf die Ergebnisse der Arbeitsmarkt- und Qualifikationsforschung - in der beruflichen Bildung auf grundlegende Zieldimensionen wie Fähigkeit zum kritischen Denken, Problemlösefähigkeit und Kooperationsfähigkeit Wert gelegt wurde, rückte in den 1980er und 90er Jahren die Idee der transferierbaren Schlüsselqualifikationen und später Konzepte wie „Lernen lernen" und „eigenverantwortliches Arbeiten" in den Vordergrund. Die Tendenz wurde schließlich verstärkt durch die Testprogramme der OECD, in denen sogenannte „life skills" angesprochen wurden. Diese sollen es den Jugendlichen ermöglichen, mit gegenwärtigen und zukünftigen Anforderungen in ihrem alltäglichen privaten und beruflichen Leben, als Staatsbürger und beim lebenslangen Weiterlernen zurechtzukommen (a.a.O.).

Von BAUMERT (2003, S. 215) wird der Begriff der „Anschlussfähigkeit" in die Diskussion gebracht, der die Qualität von Wissen beschreibt, das in der Schule erworben, aber darüber hinaus im zukünftigen Leben in unterschiedlichen Situation ergänzt, weiterentwickelt und modifiziert werden kann. Die Anschlussfähigkeit meint also nicht nur eine direkte Anwendbarkeit von Wissen, sondern geht über diese hinaus. Um die Anschlussfähigkeit von Wissen tatsächlich umzusetzen, bedarf es BAUMERT zufolge bestimmter Kompetenzen.

Von WEINERT liegt folgende Definition von Kompetenzen vor, die als Referenzzitat in Deutschland immer wieder prominent herangezogen wird und für viele Bemühungen um Bildungsstandards und Kompetenzmodelle eine Orientierung darstellt. Er definiert Kompetenzen als

„die bei Individuen verfügbaren oder durch sie erlernbaren kognitiven Fähigkeiten und Fertigkeiten, um bestimmte Probleme zu lösen, sowie die damit verbundenen motivationalen, volitionalen und sozialen Bereitschaften und Fähigkeiten, um die Problemlösungen in variablen Situationen erfolgreich und verantwortungsvoll nutzen zu können" (WEINERT 2001, S. 27f.).

Es gilt inzwischen als sicher, dass Kompetenzen nur in der Auseinandersetzung mit fachspezifischen Inhalten erworben werden können. Gleichzeitig stellen Kompetenzen eine Bündelung von Wissen und Fähigkeiten dar, die – obwohl in einem konkreten Fach erworben – auch in vergleichbaren Lernsituationen in anderen Fächern sinnvoll genutzt werden kann. Im Begriff *Kompetenz* drückt sich demnach eine Verbindung zwischen Wissen und Können aus, die sich auch im Begriff der Anschlussfähigkeit spiegelt.

BAUMERT spezifiziert fünf Basiskompetenzen, die Voraussetzungen für den Zugang zu den Kulturgütern darstellen:

- Beherrschung der Verkehrssprache,
- Mathematische Modellierungsfähigkeit,
- Selbstregulation des Wissenserwerbs,
- Kompetenz im Umgang mit modernen Informationstechnologien und
- zunehmend fremdsprachliche Kompetenz (BAUMERT 2003, S. 217).

Für die oben postulierte Anschlussfähigkeit von schulisch erworbenem Wissen ist insbesondere die *Kompetenz zur Selbstregulation* bedeutsam, da diese sich direkt auf den Prozess des Wissenserwerbs und damit auf den Lernprozess bezieht. Zugleich ist diese Kompetenz explizit darauf ausgerichtet, die

Bedeutung der zu lernenden Inhalte für die eigene Person zu suchen, d.h. Lerngegenstände mit eigenen Zielen, Wünschen, Bedürfnissen zu vereinbaren.

Im schulpädagogisch geprägten Konzept der Lernkompetenz werden die veränderten Anforderungen an Schule und Unterricht, die Notwendigkeit der Ausbildung von Kompetenzen, aufgegriffen. Eine Expertengruppe der Bertelsmann Stiftung hat ein ausdifferenziertes Begriffsverständnis von Lernkompetenz vorgelegt, die Erfahrungen der innovativen Schulpraxis zur Förderung von Lernkompetenz beschrieben und systematisiert sowie Empfehlungen zur breiten Umsetzung für die Schulpraxis und die bildungspolitische Steuerung abgeleitet (vgl. CZERWANSKI, SOLZBACHER & VOLLSTÄDT 2002, S. 7). Folgende Definition von Lernkompetenz wurde von ihnen erarbeitet:

„Lernkompetenz umfasst die Kenntnisse, Fähigkeiten, Fertigkeiten, Gewohnheiten und Einstellungen, die für individuelle und kooperative Lernprozesse benötigt und zugleich beim Lernen entwickelt und optimiert werden. Lernkompetenz umfasst die miteinander verbundenen Dimensionen

Sach- und Methodenkompetenz
Soziale Kompetenz und
Selbstkompetenz (personale Kompetenz).

Lernkompetenz wird allerdings gerade nicht durch Addition oder Verknüpfung dieser drei Kompetenzbereiche allein erreicht, sondern benötigt die Reflexion über die Lernprozesse und -ergebnisse als unverzichtbare Voraussetzung. Dies bedeutet für die Schule, dass die genannten Kompetenzen im Hinblick auf das Weiterlernen reflektiert und für die Optimierung der eigenen Lernstrategien genutzt werden müssen" (CZERWANSKI, SOLZBACHER & VOLLSTÄDT 2002, S. 31).

Die Entwicklung von Kompetenzen stellt eine schulpädagogische Antwort auf die dargestellten gesellschaftlichen Phänomene dar. Es wird deutlich, dass die Weiterentwicklung schulischer Lehrpläne im Sinne einer Ergänzung um Kompetenzentwicklung notwendig wird, um die heranwachsende Generation auf die beschriebenen Herausforderungen vorzubereiten. Lernkompetenz bzw. die Kompetenz zu selbstreguliertem Lernen stellt dabei eine zentrale Kompetenz dar. Durch die gesellschaftstheoretische Debatte erfährt selbstreguliertes Lernen demnach seine Aktualität.

1.4 Entwicklung selbstregulierten Lernens im Lichte der Bildungsgangforschung

Ausgehend von der Forderung, dass Schüler(innen) in der Schule neben dem Erwerb von fachspezifischem Wissen und fachspezifischen Fähigkeiten gewisse überfachliche Kompetenzen erlernen sollten, stellen sich einige Fragen: Wie entwickeln Schüler(innen) Kompetenzen? Welche didaktischen Arrangements unterstützen die Entwicklung von Kompetenzen? Wie verhält sich der Aufbau von Kompetenzen zu der Vermittlung von Fachinhalten? Etc. Im Folgenden wird die Bildungsgangforschung als Rahmen einer Untersuchung dieser Fragen dargestellt. Dabei wird zum einen auf das generelle Interesse dieser Forschungsrichtung an *individuellen Lernprozessen* eingegangen und zum anderen der Aspekt des *fachlichen Lernens* vertieft, weil er für diese Arbeit von zentraler Bedeutung ist.

Der Blick der Bildungsgangforschung auf individuelle Lernprozesse

Die Bildungsgangforschung interessiert sich für individuelle Lerngeschichten und versteht sich dabei als Rahmen für die Erforschung von Lern- und Bildungsprozessen unter den gegenwärtig gegebenen gesellschaftlichen Bedingungen, Möglichkeiten und Anforderungen. Die empirische Rekonstruktion von individuellen Lernverläufen steht dabei im Mittelpunkt, d.h. Lernprozesse werden in ihrem Ablauf verfolgt und verstanden. Die Berücksichtigung der *Individualität* im Lernen leitet sich aus der oben beschriebenen Aufgabe von Konstruktion und Rekonstruktion für das eigene Leben bedeutsamer Zusammenhänge ab. Diese sind individuell verschieden und können nur vom Einzelnen geleistet werden. Die Berücksichtigung der *gesellschaftlichen Rahmenbedingungen* leitet sich aus den Angeboten und Restriktionen der Institutionen wie zum Beispiel der Schule ab, in denen systematisch Lernprozesse angebahnt werden sollen. Die Bildungsgangforschung thematisiert damit im Kern das Spannungsfeld von Individualität und gesellschaftlich institutionellen Anforderungen.

Im Lichte der obigen Ausführungen zur Notwendigkeit immer weiteren Lernens wird nachvollziehbar, dass Bildungsgangforschung auf die gesamte Lebensspanne des Einzelnen angelegt werden könnte. In Bezug auf Lernprozesse, die in Lehr-Lern-Institutionen wie der Schule zu beobachten sind, findet die Bildungsgangforschung jedoch ein besonders spannendes Untersuchungsfeld vor. Die Gründe dafür liegen in der Tatsache, dass die Schule nicht nur in besonderer Weise gesellschaftliche Anforderungen an die Heranwachsenden heranträgt, sondern die Heranwachsenden zugleich zu einer erfolgreichen Bewältigung der Herausforderungen befähigen möchte (vgl.

SCHENK 2004, S. 44 ff.). Dabei findet Lernen in der Schule im Widerspruch von institutionellen Anforderungen und individuellen Interessen, Bedürfnissen und Fähigkeiten statt. In der Schule können demnach Lernprozesse im skizzierten Spannungsfeld studiert werden. Im Folgeantrag des Graduiertenkollegs zur Bildungsgangforschung an der Universität Hamburg[1] wird explizit die Aufgabe genannt,

„Lern- und Bildungsprozesse im Spannungsfeld von individuellen Einstellungen, Fähigkeiten, Entwicklungszielen und -phantasien einerseits und gesellschaftlichen, insbesondere schulischen Angeboten, Anforderungen und Restriktionen andererseits zu erforschen" (BASTIAN et al. 2004, S. 7).

Des Weiteren ist die Schule als die Lehr-Lern-Institution zu beschreiben, in der Heranwachsende einen großen Anteil ihrer Jugendzeit verbringen.

Im Rahmen der Bildungsgangforschung werden die Problemstellungen der Fachdidaktiken mit den Problemstellungen der Bildungstheorie, der Schulentwicklungsforschung, der Allgemeinen Didaktik und der Pädagogischen Psychologie konfrontiert (ebd., S. 8). Gefragt wird, wie es Schüler(inne)n gelingt, in Auseinandersetzung mit institutionellen Vorgaben ihre eigene Biographie als Lernbiographie zu konstruieren und zu rekonstruieren. Im Folgeantrag des Forschungsprogramms wird wie folgt formuliert:

„Wir erforschen, wie sich Heranwachsende und junge Erwachsene in Lehr-Lern-Situationen verhalten, wie sie ihre Lernaufgaben deuten und bearbeiten und was getan werden kann, um die Bildungsprozesse der Heranwachsenden und jungen Erwachsenen zu fördern" (a.a.O.).

Im Graduiertenkolleg zur Bildungsgangforschung wird in verschiedenen Teilprojekten versucht, Lernprozesse als subjektive Auslegung und Ausgestaltung institutioneller Vorgaben zu verstehen und zu beschreiben.

Eine im Zusammenhang mit der Untersuchung von Lernprozessen Erfolg versprechende Herangehensweise ist die Rekonstruktion von Gelegenheitsstrukturen[2], die bestimmte Unterrichtssettings oder Methoden den Schüler(inne)n für das Lernen im Fach bieten (zum Begriff der Gelegenheitsstrukturen vgl. HAHN 2005). Gelegenheitsstrukturen sollen dabei nicht einfach aus der jeweiligen didaktischen Programmatik abgeleitet werden (nach dem Motto: in offenen Unterrichtsarrangements lernen die Schüler(innen) selbstständig zu arbeiten), sondern sie sollen empirisch rekonstruiert werden. Die Kombination von Unterrichtsbeobachtungen und Schülerinterviews kann

---

1 http://www2.erzwiss.uni-hamburg.de/forschung/gradkoll/gradkoll.htm; 29.12.2005.
2 Der Begriff der Gelegenheitsstrukturen wird von BAUMERT & KÖLLER entfaltet, die sich dabei auf vom Unterrichtssetting generierte Möglichkeiten zum verständnisintensiven Lernen im Fach beziehen (vgl. BAUMERT & KÖLLER 2000).

hierbei hilfreich sein. Was auf Schülerseite passiert und was zu beobachten ist, soll Aufschluss darüber geben, von welchen Gelegenheitsstrukturen ausgegangen werden kann. Hier zeigt sich als ein besonderer Anspruch der Bildungsgangforschung, dass Lernende als Gestalter ihrer eigenen Bildungsgänge ernst genommen werden. UWE HERICKS pointiert dabei, dass es darum geht, die individuellen Lernerbiographien von Schüler(inne)n gegen den Hauptstrom der lehrerorientierten Didaktik wahrzunehmen und wertzuschätzen (vgl. HERICKS 1998, S. 176). Dazu gehört, zu untersuchen, wie Lernende ihre Lern-Aufgaben überhaupt deuten. In seiner Untersuchung zum Physiklernen betont HERICKS den diesbezüglichen Forschungsbedarf:

> „Um zu verstehen, wie und was Schüler lernen, reicht es nicht aus, zu untersuchen, was sie lernen sollten […] oder was sie lernen könnten […], man muß vielmehr zu verstehen suchen, was die Jugendlichen selbst lernen wollen, und den in Bildungsgängen tatsächlich ablaufenden Lern- und Verstehensprozessen nachspüren (HERICKS 1993, S. 49).

Die Bildungsgangforschung folgt dem Grundsatz, dass Lernen umso nachhaltiger und intensiver erfolgt, je mehr Bedeutung das lernende Subjekt den Lerngegenständen und auch dem Lernprozess beimisst. Im Lichte dieser Prämisse stellt sich die Frage, wie es gelingen kann, in der Schule jene Lernprozesse zu ermöglichen, die für Schüler(innen) tatsächlich eine Bedeutung bekommen, die sie subjektiv als relevant erleben. Diese Frage ist nicht leicht zu beantworten und es soll an dieser Stelle auch nicht der Versuch unternommen werden, dies zu tun. Ein Hinweis ergibt sich jedoch mit BAUMERT, der das subjektive Erleben von Kompetenzzuwachs (vgl. BAUMERT 2003, S. 214) als zentral für die Gestaltung von für die Schüler(innen) bedeutsamen Lernprozessen ansieht. Es geht also darum, Schüler(inne)n im Unterricht, in der Auseinandersetzung mit Lerngegenständen persönliche Erfolgserlebnisse zu ermöglichen. An diesen Hinweis anknüpfend wird im folgenden Abschnitt das Interesse der Bildungsgangforschung an der Kompetenzentwicklung im Fachunterricht dargestellt.

Bildungsgangforschung im Kontext fachspezifischen Lernens

In dieser Arbeit wird das Verhältnis von Schüler(inne)n zu ihrem Lernen in den Fächern Deutsch und Mathematik ins Zentrum gestellt. Dabei wird im Rahmen dieser unterschiedlichen Fachkulturen herausgearbeitet, wie einzelne Schüler(innen) sich im Fach als Lerner konstruieren, und untersucht, inwiefern sich durch den Einsatz bestimmter Feedbackinstrumente bei einzelnen Schüler(inne)n eine Veränderung in Bezug auf den Umgang mit ihrem eigenen Lernen im Fach – im Sinne einer Entwicklung der Kompetenz zum selbstregulierten Lernen – zu beobachten ist.

Die Untersuchung von Lernprozessen in Hinblick auf Kompetenzentwicklung einzelner Schüler(innen) in ausgewählten Unterrichtsfächern hat in der Bildungsgangforschung bereits Tradition. So haben BONNET und SPÖRLEIN beispielsweise das Lernen im Fach Chemie untersucht (vgl. BONNET 2004; SPÖRLEIN 2003). Beide stellen in ihren Untersuchungen den Begriff der Kompetenz ins Zentrum. BONNET untersucht im bilingualen Chemieunterricht, wie es bei Schüler(inne)n zum Aufbau chemischer und metakognitiver Kompetenz durch Interaktion kommt (vgl. BONNET 2004, S. 25 f.) und SPÖRLEIN untersucht die Entwicklung chemischer Kompetenz in einem neu eingerichteten Profil „Mensch und Natur" im Rahmen eines Schulentwicklungsprojekts an einer Hamburger Gesamtschule (vgl. SPÖRLEIN 2003, S. 15ff.).

Dieser Fokus auf die Entwicklung von Fachverständnis im Rahmen der Bildungsgangforschung wird in den Arbeiten des ersten Durchgangs des Graduiertenkollegs zur Bildungsgangforschung aufgenommen und zum Beispiel für die Fächer Physik, Mathematik, Politik und Englisch vertieft. Auf diese Weise wird an der fachspezifischen Ausdifferenzierung einer Bildungsgangtheorie gearbeitet. Die Untersuchung der Frage, wie Schüler(innen) ein Fachverständnis entwickeln, welche Kompetenzen fachlicher und überfachlicher Art sie dabei benötigen und welche Unterrichtssettings, Lernformen und Methoden dabei unterstützend wirken, ist ein zentrales Interesse der Bildungsgangforschung. Die vorliegende Arbeit greift eben dieses Interesse auf, fragt nach dem Aufbau von Kompetenz im Fach – in diesem Fall nach der Entwicklung von Selbstregulation – und tut dies in speziellen Lernsettings – in diesem Fall in Prozessen systematischer Rückmeldung.

In den vorangegangenen Kapiteln wurde der Versuch unternommen, das thematische Feld abzustecken, in dem das Forschungsinteresse an den Möglichkeiten und Bedingungen einer Entwicklung selbstregulierten Lernens zu platzieren ist. Dabei wurde auf gesellschaftlicher Ebene mit Bezug auf die gegenwärtigen Verhältnisse die Kompetenz des selbstregulierten Lernens als besonders zentral für die heranwachsende Generation hervorgehoben. Auf bildungsgangtheoretischer Ebene wurde das Interesse an der Erforschung von Lernprozessen, in denen sich selbstregulative Kompetenzen herausbilden, begründet. Im Folgenden werden Instrumente zur Förderung selbstregulierten Lernens beleuchtet.

1.5 Instrumente zur Entwicklung selbstregulierten Lernens

Wie bereits erwähnt, kann mit BOEKAERTS (1999) davon gesprochen werden, dass selbstreguliertes Lernen ein sehr facettenreiches Konzept darstellt, das in ganz unterschiedlichen Forschungstraditionen wurzelt. Es integriert Ansätze der Lernstilforschung, Untersuchungen zu Metakognition und Regulationsstilen und Theorien zum Selbst unter Einbeziehung von zielgerichtetem Verhalten. Daraus ergibt sich ein ebenfalls weit gefächertes Spektrum an Ansätzen zur Förderung selbstregulierten Lernens.

Es kann an dieser Stelle keine vollständige Darstellung aller Forschungsaktivitäten in den einzelnen Teilbereichen gegeben werden, die eine Förderung selbstregulierten Lernens anstreben. Um trotzdem einen Überblick zu gewährleisten, wird eine Systematisierung vorgenommen, die zwei sehr unterschiedliche Kernbereiche der Förderung selbstregulierten Lernens ausmacht: erstens Interventionsstudien der pädagogischen Psychologie, die sich auf das Training von Lern- und Regulationsstrategien beziehen, und zweitens der schulpädagogische Ansatz zur Förderung von Lernkompetenz im Netzwerk innovativer Schulen.

In diesem Kapitel wird ein Einblick in die genannten Kernbereiche gegeben, dem eine ausführliche Darstellung der Potenziale systematischen Feedbacks für die Entwicklung selbstregulierten Lernens folgt.

1.5.1 Überblick über den Diskussionsstand

Interventionsstudien der Pädagogischen Psychologie

Verglichen mit Korrelationsstudien, die Zusammenhänge zwischen verschiedenen kognitiven und motivationalen Dimensionen selbstregulierten Lernens und dem Lernerfolg untersuchen und darauf hinweisen, dass nicht nur Lernstrategien, sondern auch motivationale Komponenten einen substanziellen Effekt auf den Lernerfolg haben (vgl. LEOPOLD & LEUTNER 2003, S. 54), sind Interventionsstudien in der Forschungsliteratur bislang nur wenig vertreten. Diese setzen zunächst an der kognitiven Dimension selbstregulierten Lernens, dem Einsatz von Lernstrategien an. Sie geben Aufschluss darüber, welchen Effekt eine (gezielt eingeübte) Lernstrategie bzw. mehrere miteinander kombinierte Lernstrategien auf den Lernerfolg haben.

Eine von HATTIE et al. (1996) durchgeführte Metaanalyse von 51 Interventionsstudien, die je nach Komplexitätsgrad zu vier Kategorien zusammengefasst wurden, legt nahe, dass es kaum ausreicht, einzelne voneinander unabhängige Strategien zu trainieren, wenn man anspruchsvollere Lernleistungen fördern will. Stattdessen sollte der Strategieeinsatz auf einen konkreten Aufgaben- bzw. Inhaltsbereich bezogen sein und vom Lerner in einer angemessenen Weise reguliert werden (vgl. LEOPOLD & LEUTNER 2003, S. 58). HATTIE et al. fassen die Ergebnisse ihrer Studie folgendermaßen zusammen:

„The general outline is quite compatible with our previous literature review, which suggested that best results came when strategy training was used metacognitively, with appropriate motivational and contextual support" (HATTIE et al. 1996, S. 129).

Für einen erfolgreichen Umgang mit Lernstrategien werden also neben Kontextfaktoren sowohl metakognitive Prozesse als auch motivationale Komponenten verantwortlich gemacht. Damit zeigt sich, dass ein Zusammenwirken der drei Bereiche im Konzept selbstregulierten Lernens durch Interventionsstudien bestätigt wird.

LEOPOLD & LEUTNER (2003) konnten in einem Trainingsprogramm zum selbstregulierten Lernen in Bezug auf den Wissenserwerb von Texten die Annahme festigen, dass gerade das kombinierte Training von Lern- und Regulationsstrategien einen wesentlichen Einfluss auf den Lernerfolg hat:

„Im Hinblick auf die Frage, was ein Lerner regulieren soll und wie er dabei vorgehen sollte, weisen die Ergebnisse der hier beschriebenen Trainingsexperimente darauf hin, dass bessere Lernergebnisse erzielt werden können, wenn der Lernende die Qualität seines Strategieeinsatzes reguliert, in dem er sich selbst beim Lernen beobachtet und einschätzt, ob er die jeweilige Strategie zielführend eingesetzt hat, und auf das Ergebnis seiner Einschätzung in geeigneter Weise reagiert" (LEOPOLD & LEUTNER 2003, S. 62).

Diese Befunde machen deutlich, dass die Fähigkeit zur Selbstregulation des eigenen Lernens durch aufgaben- und inhaltsbezogene Trainingsprogramme entwickelt werden kann, in denen spezifische Lernstrategien sowie die Regulation des zielführenden Einsatzes der jeweiligen Strategien vermittelt und eingeübt werden. Nichtsdestotrotz konstatieren LEOPOLD & LEUTNER nur vergleichsweise wenige Ansätze, welche die Fähigkeit zu selbstreguliertem Lernen gezielt fördern (a.a.O.).

Nach diesem Blick in die lehrlerntheoretische Forschung der Pädagogischen Psychologie bezüglich einer Entwicklung selbstregulierten Lernens wird im folgenden Abschnitt der Blick auf den schulpädagogischen Bereich gelenkt.

Entwicklung selbstregulierten Lernens in der schulpädagogischen
Umsetzung: Förderung von Lernkompetenz

Zwischen Lernkompetenz und selbstreguliertem Lernen gibt es viele Über-schneidungen. Beide Konzepte beinhalten unterschiedliche zueinander in Beziehung stehende Dimensionen. Lernkompetenz integriert Sach-, Metho-den und Selbst- bzw. Sozialkompetenz (s.u.), selbstreguliertes Lernen wird durch die Fähigkeit zum Einsatz geeigneter Lernstrategien, zur Lernprozess-überwachung und zu Selbstaktivierung gekennzeichnet. Ein zentraler Unter-schied zeigt sich hinsichtlich der Bedeutung von Metakognition. Für selbst-reguliertes Lernen spielt diese im Bereich der Lernprozessüberwachung eine zentrale Rolle, bei Lernkompetenz wird diese nicht explizit thematisiert. Für die vorliegende Arbeit stellt Lernkompetenz einen interessanten Bezugspunkt dar, weil diese ein schulpädagogisches Konzept ist, dessen Integration in die Schulpraxis bereits erprobt wurde.

In diesem Abschnitt wird die Diskussion um das Konzept der Lernkom-petenz aufgefächert und es werden empirische Befunde dargestellt, die zei-gen, wie an Einzelschulen die Entwicklung von Lernkompetenz gefördert wird.

Eine im „Netzwerk innovativer Schulen in Deutschland" der Bertels-mann Stiftung eingesetzte Expertenrunde hat im Jahr 2002 eine aktuelle Be-standsaufnahme der wissenschaftlichen Diskussion und der schulpraktischen Umsetzung der Lernkompetenz-Förderung durchgeführt. Grundlage dieser Recherche bildeten einerseits eine Literaturanalyse und andererseits schriftli-che Befragungen an Schulen des Netzwerks sowie einige intensive Fallbe-trachtungen. Als Ergebnis liegt u.a. ein Praxisleitfaden für Schule und Unter-richt vor. Darin heißt es bezogen auf den Unterricht:

„Der Kernbereich der Förderung von Lernkompetenz in der Schule ist der (Fach-) Unter-richt. Lernkompetenz wird dann gefördert, wenn die fachlichen Lernziele in den Fächern (bzw. fächerübergreifenden Lernbereichen) gleichgewichtig erweitert werden um die für die Lernkompetenz relevanten überfachlichen Kompetenzen. Die Verankerung der Förde-rung der Lernkompetenz im Schulprogramm, die Einbettung in die Fachlehrpläne, eine systematische Veränderung der Lehr- und Lernkulturen hin zu selbstbestimmten Lernpro-zessen, deren Unterstützung durch adäquate Unterrichtsmaterialien und die Befähigung der Schüler zur zunehmend selbstständigen Reflexion des Lernens sind die Schlüsselfaktoren für die gezielte Förderung der Lernkompetenz" (CZERWANSKI, SOLZBACHER & VOLL-STÄDT 2002, 120f.).

In dieser Passage werden die schulpädagogischen Akzentuierungen beson-ders deutlich: Es wird davon ausgegangen, dass eine Förderung von Lern-kompetenz in den Fachunterricht integriert werden muss, dass es geeigneter Lernmaterialien bedarf und dass zudem die strukturelle und organisatorische

Verankerung dieses Lernziels in der Schule von Bedeutung ist, um eine systematische Veränderung der Lehr-Lern-Kultur zu erreichen. Hier wird also eine systemische Ebene in Bezug auf die Entwicklung von Lernkompetenz angesprochen, die für das Konzept selbstregulierten Lernens nicht thematisiert wird, jedoch auf dieses übertragen werden kann. Die vorliegende Arbeit schließt an diesen Überlegungen insofern an, als die Entwicklung selbstregulierten Lernens fachspezifisch in Mathematik und Deutsch und zudem im Rahmen spezifischer didaktischer Arrangements – Einsatz von Lerntagebüchern und Kompetenzrastern – untersucht wird.

Die Recherche zeigte, dass drei Viertel der untersuchten Schulen die Lernkompetenz explizit zu fördern versuchen und ein Viertel dies implizit versucht. In den befragten Schulen, welche die implizite Förderung von Lernkompetenz verfolgen, wird davon ausgegangen,

„dass eine veränderte Lernkultur zwangsläufig zur Förderung der Lernkompetenz beiträgt bzw. dass der offene und handlungsorientierte Unterricht in gewisser Weise Voraussetzung für Lernkompetenzerwerb ist" (ebd., S. 83).

Explizite Lernkompetenzförderung konnte insbesondere im Sekundarbereich beobachtet werden. Diese Schulen haben sich für separate Trainingskurse und/oder für Einheiten im Fachunterricht entschieden, in denen Lernkompetenz gefördert werden soll. Dabei konnte die Expertengruppe unterschiedliche Wege nachzeichnen:

„Manche haben mit separaten Trainings begonnen, von dort die Integration in den Fachunterricht vorgenommen und den Unterricht geöffnet; manche haben schon seit langem mit Formen offenen Unterrichts gearbeitet und festgestellt, dass es den Schülern an methodischen Kompetenzen fehlt" (ebd., S. 80).

Schulpädagogen gehen von der Möglichkeit aus, dass Lernprozesse explizit angebahnt, d.h. didaktisch inszeniert werden können, und dass damit insbesondere auch eine Förderung von Lernkompetenz bzw. Selbstregulation zu erreichen ist. Es wird auch seitens der Psychologie bestätigt, dass Selbstregulation keine unveränderliche Persönlichkeitseigenschaft ist, sondern durch bestimmte Angebote und Unterstützung entwickelt, ausgebaut und gefördert werden kann.

"Rather, the argument is that a student's current preferential learning and regulation style reflects personal- or culturally-valued learner characteristics, not because these characteristics are more adaptive but because these students have not yet experienced the benefits of other possibilities in a systematic way (BOEKAERTS 1999, S. 451).

In Bezug auf die Frage, was an den innovativen Schulen für die Reflexion und Evaluation von Lehr- und Lernleistungen getan wird, gibt es folgenden Befund:

„In mehreren Schulen wurde von einer Feedback-Kultur berichtet, die vor allem die Schüler aktiv einbezieht. In mehreren Schulen werden Selbstreflexionsbögen für die Schüler entwickelt, es wird mit Beobachtungsbögen, Lerntagebüchern und Portfolios gearbeitet, oder es werden individuelle Gespräche geführt" (CZERWANSKI, SOLZBACHER & VOLLSTÄDT 2002, S. 86).

Formen systematischer Rückmeldung, wie sie in dieser Arbeit im Zentrum stehen, sind demnach bereits an innovativen Schulen in Deutschland im Rahmen einer Förderung von Lernkompetenz zum Einsatz gekommen. Eine systematische Untersuchung der durch spezielle Instrumente angestoßenen fachbezogenen Entwicklung von Selbstregulation liegt jedoch noch nicht vor.

Vor dem Hintergrund der durch CZERWANSKI, SOLZBACHER & VOLLSTÄDT vorgenommenen Unterscheidung zwischen expliziten und impliziten Ansätzen zur Förderung von Lernkompetenz lassen sich die in dieser Studie untersuchten Einsätze von Lerntagebüchern und Kompetenzrastern folgendermaßen verorten: Sie sind weder einer expliziten Förderung von Lernkompetenz zuzuschreiben, da es sich nicht um spezielle Trainings außerhalb des Fachunterrichts handelt, noch einer impliziten, da die Instrumente auch nicht für eine umfassende Veränderung der Lernkultur stehen. Vielmehr werden Lerntagebücher und Kompetenzraster im Mathematik- und Deutschunterricht gezielt eingesetzt, um die Schüler(innen) zu einem veränderten Umgang mit ihrem Lernen im Fach anzuregen. Sie sind damit in die Anforderungsstruktur des Faches integriert und bereichern das fachliche Lernen durch reflexive Komponenten.

In diesem Abschnitt wurde das Konzept der Lernkompetenz in der schulpädagogischen Diskussion dargestellt. Auch im Begriff Lernkompetenz ist – wie im Konzept des selbstregulierten Lernens – eine Differenzierung enthalten; sie bleibt jedoch auf der Ebene der Benennung von Teilkompetenzen und enthält keine Operationalisierung von Strategien, Kenntnissen und Fähigkeiten. Die Einordnung und Diskussion der vorliegenden empirischen Ergebnisse werden mit Bezug auf die heuristisch geeignetere Operationalisierung des Konzepts zur Selbstregulation vorgenommen.

1.5.2 Instrumente systematischen Feedbacks

Prozesse systematischer Rückmeldung[3] treten mit dem Anspruch auf, einen Beitrag zur Verbesserung von Lehr-Lern-Prozessen im Unterricht zu leisten. Sie sind damit in der vielfältigen Landschaft innovativer Unterrichtsmethoden zu verorten und Ausdruck einer spezifischen Vorstellung von Lernen und Lehren. Im Folgenden wird zunächst das Lernverständnis skizziert, das systematischem Feedback zugrunde liegt. In einem zweiten Schritt wird eine Begriffsbestimmung für systematisches Feedback vorgenommen, die systematisches Feedback zu Unterrichtsprozessen sowie systematisches Feedback zu Leistungen und Lernprozessen der Schüler(innen) unterscheidet.

1.5.2.1 Vorbemerkungen zum Lernverständnis

Der derzeitige Stand der Diskussion weist Lernen als einen aktiven Prozess der Informationsaufnahme und -verarbeitung aus, welcher von den Lernenden selbst in sozialer Interaktion und in der Auseinandersetzung mit der gegebenen Lernsituation gestaltet wird (vgl. ROTH 2003; TIPPELT & SCHMIDT 2005). Eine solche Bestimmung von Lernprozessen bezieht ihre theoretische Fundierung aus moderat-konstruktivistischen Lerntheorien.

Die Eigentätigkeit der Lernenden steht dabei strukturell in einem Wechselverhältnis mit dem Lernsetting – im weitesten Sinne. Dieses schließt sowohl die aktuellen Lerngegenstände, die von der Lehrperson inszenierte methodische Gestaltung und die Interaktionsformen mit der Lehrperson und den Mit-Lernern ein. Aus didaktischer Sicht wird in diesem Wechselverhältnis ein Grundprinzip von Lehr-Lern-Prozessen angesprochen, die „Dialektik von *Führung und Selbsttätigkeit*" (HERICKS & MEYER 2004, S. 479, Hervh. i. O.).

Lernen geschieht somit als interaktive Konstruktion des Gegenstandes. In der Interaktion mit der Lehrkraft kann der Schüler bzw. die Schülerin auf deren unterstützende Begleitung und Hilfe zugreifen; der Aufbau des Wissens erfolgt mit dieser Unterstützung als konstruktive Tätigkeit der Schüler(innen) (vgl. MANDL & REINMANN-ROTHMEIER 1995, S. 53).

Empirische Untersuchungen sind so angelegt, dass sie Lernen auf kognitionstheoretischer und psychologischer Ebene fokussieren. Lernen wird dabei in seiner Prozesshaftigkeit untersucht. Dazu werden einzelne Lernhandlungen differenziert beschrieben, es werden Kompetenzen und Strategien, die bei bestimmten Lernvorgängen eine Rolle spielen, untersucht (z.B. BAUMERT et al. 2001), und es werden Aspekte der Leistungsbeurteilung in ihrer Funktion für Lernvorgänge diskutiert (z.B. WEINERT 2001; WINTER 2004). Auf dieser Basis werden auch die damit einhergehenden Veränderungen der Lehrerrolle thematisiert (COMBE 2004).

---

3 Rückmeldung und Feedback werden im Folgenden synonym verwendet.

Damit der eigentätige und reflexive Aufbau von Wissen und Fähigkeiten gelingen kann, bedarf es konkreter Instrumente, welche die Schüler(innen) beim Lernen unterstützen. Zu solchen Instrumenten gehört das systematische Feedback.

Lernprozesse sollen auf diese Weise selbst Gegenstand des Unterrichts und der systematischen Betrachtung werden – nicht nur vom Lehrer, sondern auch von den Schüler(inne)n. Dabei werden metakognitive Komponenten angesprochen (vgl. z.B. CHRISTMANN & GROEBEN 1999, S. 195).

In dieser Arbeit sollen zwei ausgewählte Lerninstrumente aus dem Bereich der Rückmeldeinstrumente dahingehend untersucht werden, wie sie den Umgang der Schüler(innen) mit ihrem eigenen Lernen beeinflussen. Es handelt sich um den Einsatz von Lerntagebüchern im Mathematikunterricht und von Kompetenzrastern im Deutschunterricht, die in den Kapiteln 2.1 und 2.2 ausführlich dargestellt werden. Es sind sicherlich nicht einzelne Instrumente, die das Lernen der Schüler(innen) maßgeblich beeinflussen; vielmehr ist davon auszugehen, dass gerade in der

„Orchestrierung unterschiedlicher didaktischer Strategien und methodischer Grundformen" (BAUMERT & KÖLLER 2000, S. 271).

das Geheimnis erfolgreichen Unterrichts zu finden ist (vgl. auch AEBLI 1983; MEYER 1987, 1997; OSER & PATRY 1990; WEINERT 1996, 1998; TERHART 1997b, 2000; NUHN 2000). Dennoch – oder gerade deshalb – ist es ein notwendiger Schritt, einzelne – in theoretischer Hinsicht erfolgversprechende Instrumente – auf ihren Beitrag zur Förderung selbstregulierten Lernens zu prüfen. Vor dem Hintergrund gesicherter wissenschaftlicher Erkenntnisse können sie dann gezielt und bewusst in unterschiedlichen „Orchestrierungen" einen Platz finden.

Ein Kernbereich systematischen Feedbacks im Unterricht ist die so genannte Schülerrückmeldung, deren Ziel es ist

„dass Lehrer/innen mit ihren Schülern einen Prozess des gemeinsamen Nachdenkens über ihre Arbeit beginnen" (BASTIAN, COMBE & LANGER 2005, S. 11).

Eine solche „gemeinsame Verständigung über Entwicklungsperspektiven des Unterrichts" (a.a.O.) setzt vor allem auf die „didaktische Reflexionskompetenz" von Schüler(inne)n. So geben MEYER & SCHMIDT auf der Basis ihrer Untersuchung von Schülermitbeteiligung im Fachunterricht die Empfehlung, die bislang unausgeschöpfte didaktische Kompetenz von Schüler(inne)n zu nutzen, indem sie als Partner in die Aufgabe der Verbesserung von Unterricht eingebunden werden (vgl. MEYER & SCHMIDT 2000, S. 212 f.).

Der zweite Kernbereich systematischen Feedbacks verfolgt das Ziel, das Lernen der Schüler(innen) zu thematisieren und zu verbessern. Dabei wird auf die prinzipielle Schwierigkeit eingegangen, das postulierte Verhältnis zum eigenen Lernen aufzubauen unter der Bedingung, dass das eigene Lernen nicht unmittelbar sichtbar ist (vgl. MEYER-DRAWE 2003). Diese zunächst trivial anmutende Feststellung weiterzudenken, heißt zu fragen, wie Lernprozesse überhaupt so aufbereitet werden können, dass sie für Reflexion und Kommunikation zugänglich sind. Mit Formen systematischer Rückmeldung wird genau an dem Punkt angesetzt und versucht, Zugang zu individuellen Lernprozessen zu bekommen, indem diese mithilfe bestimmter Methoden expliziert und dokumentiert werden. Dabei wird auf die Nachträglichkeit Bezug genommen, in der eigene Lernprozesse thematisiert und verstanden werden können, so dass sich ein reflexives Verhältnis zum eigenen Lernen entwickelt.

1.5.2.2 Systematisches Feedback zu Unterrichtsprozessen

Systematisches Feedback zu Unterrichtsprozessen zielt darauf ab, eine von Lehrer(inne)n und Schüler(inne)n gemeinsam getragene produktive Form des Umgangs mit der Komplexität des Unterrichts zu entwickeln (vgl. BASTIAN, COMBE & LANGER 2005, S. 10). Dementsprechend ist systematisches Feedback „kein Beurteilungs-, sondern ein Entwicklungsinstrument" (ebd., S. 15), das seine eigentliche Form dann gewinnt,

> „wenn Rückmeldung den Charakter einer gemeinsamen Beratung zwischen Lehrer/innen und Schüler/innen annimmt; wenn beide Seiten etwas über die Wirksamkeit ihres Verhaltens und ihre besonderen Aufgaben bei der Verbesserung des Unterrichts erfahren" (a.a.O.).

BASTIAN, COMBE und LANGER (2005) haben für den Bereich der Rückmeldung über Unterrichtsarbeit eine Systematisierung der Methoden vorgenommen und in qualitativen Studien den Einsatz bestimmter Rückmeldeinstrumente in einzelnen Klassen begleitet und evaluiert; auf diese Weise konnten Prozessmuster rekonstruiert werden. Sie beschreiben und klassifizieren Feedbackformen, die an Gelenkstellen von Unterrichtsplanung, -verlauf und -evaluation angesetzt sind:

- So gibt es das Feedback am Beginn einer neuen Lerneinheit, das Erwartungen und Vorstellungen der Beteiligten zur Sprache bringt und letztlich Ausgangspunkt für eine gemeinsame Zielentwicklung und Planung darstellt (vgl. BASTIAN, COMBE & LANGER 2005, S. 114-121).
- Parallel zum Unterrichtsverlauf gibt es Feedbackmethoden, die ausgewählte Aspekte des Unterrichts thematisieren lassen. Kommentare, Wünsche, Anregungen, Probleme können von Schüler(inne)n und Lehrer(inne)n gesammelt werden, um sie in besonderen Stunden zu diskutie-

ren; möglich sind auch punktuell eingesetzte Meinungserhebungen, Kurzevaluationen oder Problemdiagnosen (ebd., S. 122-132).

○ Des Weiteren kann ein abschließendes Feedback genannt werden, welches den Blick auf die vergangene Lerneinheit richtet. Hier können Erfahrungen und Einschätzungen expliziert werden, um vergangene Lernarrangements zu beleuchten und gegebenenfalls Konsequenzen für die weitere Arbeit zu ziehen (ebd., S. 133-139).

• Als vierte Variante werden Feedbackverfahren zur Zusammen- und zur Teamarbeit genannt. Sie können eine Verbesserung des Klassenklimas zum Ziel haben, aber auch eine differenzierte Rückmeldung an Einzelne in Bezug auf ihren Einsatz und ihr Verhalten im Rahmen einer Gruppenarbeit oder an eine Gruppe als Ganzes beinhalten (ebd., S. 140-144).

Von diesen dargestellten Formen der Rückmeldung, die im Kern eine Reflexion der „Gemeinschaftsaufgabe Unterricht" zum Ziel haben, sind nun solche zu unterscheiden, die individuelle Lernprozesse der Schüler(innen) und deren fachbezogene Leistungen zum Gegenstand haben.

1.5.2.3 Systematisches Feedback zu Leistungen und Lernprozessen von Schüler(inne)n

Systematisches Feedback zu Leistungen und Lernprozesseen von Schüler(inne)n zielt darauf ab, die Lernkompetenz der Schüler(innen) zu entwickeln und die Verständigung sowohl untereinander als auch zwischen Lehrer(inne)n und Schüler(inne)n zu verbessern.

„Dahinter steht das Interesse von Lehrerinnen und Lehrern, die Schüler/innen dazu anzuregen, ihr Arbeits- und Lernverhalten genauer zu beobachten und dadurch zu lernen, ihre Lernprozesse eigenverantwortlich zu steuern und zu beurteilen" (ebd., S. 157).

Dabei spielt zunächst die Dokumentation dessen eine Rolle, was Gegenstand der Reflexion und Beurteilung, des gemeinsamen Austauschs werden soll. Da Lernprozesse zunächst keine sichtbare Gestalt haben, können sie auch nicht einfach abbildhaft dokumentiert werden. Beschreibbare Lernprozesse sind das Ergebnis einer Reflexion und bedürfen eines Ausdrucksmediums; sie sind Ergebnis einer Rekonstruktion von einerseits Lernhandlungen des Individuums und andererseits Bedeutungsaufbau und Sinnzuschreibungen, die im Individuum stattfinden. Des Weiteren stellen auch Lernprodukte und erbrachte Leistungen Teile eines Lernprozesses dar. Instrumente, die eine Reflexion von Lernprozessen ermöglichen sollen, müssen also zunächst dafür sorgen, dass die entscheidenden Elemente für die Rekonstruktion eines Lernprozesses dokumentiert werden können. Dazu kann etwa eine Dokumentation der aufgabenbezogenen Begegnung des Schülers bzw. der Schülerin mit dem Lerngegenstand in Form von aufgezeichneten Arbeitsschritten ebenso wie das Notieren von Gedanken zur Arbeitsplanung, das Festhalten von Fragen und Schwierigkeiten etc. gehören (vgl. RUF & GALLIN 1999). Konzeptionell gelöst wurde die Frage nach einer sinnvollen Dokumentation von Lernhandlungen, Bedeutungs- und Sinnzuschreibungen der Schüler(innen) mit dem Ziel, Aussagen über die individuellen Leistungen, Kompetenzen und Lernprozesse treffen zu können, zum Beispiel mit dem Portfolio (vgl. z.B. WINTER 2004).

Neben dem Portfolio gibt es zwei weitere prominente Instrumente, mit denen Lernprozesse und Leistungen von Schüler(inne)n dokumentiert, reflektiert und diskutiert werden können: Kompetenzraster und Lerntagebücher.

Alle genannten Formen systematischer Rückmeldung – sowohl diejenigen, die auf Unterrichtsarbeit bezogen sind, als auch diejenigen, die Lernprozesse ins Zentrum rücken – beanspruchen im Wesentlichen eine Reflexivität gegenüber Leistungen, Lernprozessen und Unterricht und außerdem eine Beurteilung von Lehr-Lern-Prozessen anhand von Kriterien.

In dieser Arbeit liegt der Fokus auf Formen systematischer Rückmeldung, die sich auf Lernprozesse und Leistungen der Schüler(innen) beziehen. Dabei wird gefragt, welche Funktionen Kompetenzraster und Lerntagebücher für die Entwicklung selbstregulierten Lernens im Fach bekommen können.

1.5.2.4 Funktion systematischen Feedbacks für die Entwicklung selbstregulierten Lernens

Für die folgenden Darstellungen und Überlegungen ließen sich nur wenige theoretische Bezugspunkte heranziehen, weil bisher nur wenig Forschungsarbeit bezüglich systematischem Feedback im Unterricht geleistet worden ist. Die Basis für dieses Kapitel stellen empirische Befunde und theoretisierte Erfahrungen der Forscherin dar.

Es geht in diesem Abschnitt darum, eine Verhältnisbestimmung von selbstreguliertem Lernen und systematischem Feedback vorzunehmen. Die Verhältnisbestimmung zielt darauf ab, die Untersuchung von Selbstregulation in Prozessen systematischer Rückmeldung plausibel zu machen. Als Frage formuliert: Welche theoretischen Begründungen und empirischen Befunde deuten darauf hin, dass über Prozesse systematischer Rückmeldung eine Entwicklung von Selbstregulation bei den Schüler(inne)n befördert werden könnte? Dazu wird in diesem Abschnitt systematisches Feedback als konzeptionelle Teilmenge von selbstreguliertem Lernen verortet.

Systematische Rückmeldung hat die Funktion, auf verschiedene Weisen Lernen, Unterricht und Leistung für Schüler(innen) und Lehrer(innen) einer Reflexion, Beurteilung und Einflussnahme zugänglich machen und einen Dialog über Unterricht und Lernen anzubahnen. In Bezug auf das breite Spektrum an Rückmeldeinstrumenten lassen sich drei Kernpunkte identifizieren, die eine Förderung von Selbstregulation durch den Einsatz der Instrumente plausibel machen. In Prozessen systematischer Rückmeldung werden folgende für die Entwicklung von selbstreguliertem Lernen bedeutsame Aspekte gefördert:

1. Die Entwicklung eines differenzierten Bildes vom eigenen Lernen,
2. der Erwerb von Reflexions- und (Selbst-)Beurteilungskompetenz und
3. der Erwerb von Steuerungswissen in Bezug auf das eigene Lernen.

Entwicklung eines differenzierten Bildes vom eigenen Lernen

Der erste Aspekt wird mit der Tatsache begründet, dass Lernprozesse an sich der Beobachtung zunächst nicht zugänglich sind.

„Es gehört vielmehr als Struktureigentümlichkeit zum Lernen selbst dazu, dass sich der Vollzug ins Dunkle zurückzieht" (MEYER-DRAWE 2003, S. 506 f.).

Ein differenziertes Bild vom eigenen Lernen kann jedoch nur über die Vergegenwärtigung und das Verständnis von für den Lernprozess bedeutsamen Faktoren aufgebaut werden. Die Rede ist von einer Betrachtung des eigenen Lernweges im Nachhinein, von einer Rückschau, die den Fluss des Geschehens aufbrechen, gliedern und analysieren lässt. Für selbstreguliertes Lernen stellt dieser Vorgang der Bewusstmachung des eigenen Lernens eine unverzichtbare Voraussetzung dar. Denn so können subjektive Wahrnehmungen wie „Etwas ist passiert" oder „Ich habe etwas gemacht" oder „Ich kann etwas (nicht)" in die Bewusstheit von einem spezifischen Lernvorgang überführt werden. Und nur so können Schüler(innen) eine Wahrnehmung dafür entwickeln, woraus ihre Lernprozesse überhaupt bestehen und welche Elemente es dementsprechend sind, die sie selbst steuern könnten. Dieser Prozess der Überführung von bewusst und unbewusst vorgenommenen Lernhandlungen und begleitenden Gedanken und Emotionen in bewusst wahrgenommene Facetten und Stadien eines Lernprozesses wird in dieser Arbeit als *Rekonstruktion* eines Lernprozesses bezeichnet.

Damit ist verbunden, dass die Schüler(innen) ein Bild von sich als Lernenden entwickeln. Dies ist für selbstreguliertes Lernen insofern bedeutsam, als dass nur die Vorstellung von sich selbst als einem beim Lernen aktiv Handelnden das Maß an Verantwortung beim Lernen hervorbringt, welches für selbstreguliertes Lernen notwendig ist. Lernen muss dabei von den Schüler(inne)n als ein aktiver Prozess begriffen werden, der ihrer Wahrnehmung, ihrer Kontrolle und ihrer Steuerung zugänglich ist. BOEKAERTS zufolge beeinflussen die Vorstellungen und Bilder, die jemand von sich als Lernendem hat, zum Beispiel die Ziele, die sich jemand beim Lernen steckt (vgl. BOEKAERTS 1999, S. 451).

Der Begriff der Rekonstruktion deutet eine Nachträglichkeit an, welche dem Vorgang innewohnt. Das, was letztlich als ein Lernprozess beschrieben und inhaltlich ausdifferenziert werden kann, ist das Produkt einer zeitlich darauf folgenden Reflexion. Mit Reflexion – und damit mit dem Vorgang des Rekonstruierens – ist stets ein Aussteigen aus dem unmittelbaren Erleben verbunden. Die Möglichkeit eines nachträglichen Zugriffs auf das eigene Lernen und die Notwendigkeit des Sichtbarmachens von für den Lernprozess bedeutsamen Faktoren, können in Rückmeldeinstrumenten eine Form und eine Struktur finden. Rückmeldeinstrumente zielen darauf ab, systematisch die Kommunikation über Unterricht und Lernen zu initiieren. Wie in den Unterkapiteln 1.5.2.2 und 1.5.2.3 ausgeführt, werden in Abhängigkeit vom jeweiligen Instrument individuelle oder kollektive Lernprozesse betrachtet und Aspekte des Unterrichts oder des individuellen Lernens im Fach thematisiert. Eine einzige Frage, die auf eine Rückmeldung von Schüler(inne)n abhebt, wie „Was ist das Wichtigste, was du in dieser Unterrichtsreihe gelernt hast?" lenkt den Blick auf vergangenes individuelles Lernen und ist Anstoß für einen rekonstruktiven Blick auf Lernprozesse. Die Rekonstruktion von Lernprozessen – wie es in Prozessen systematischer Rückmeldung angestrebt ist – sorgt, so die Funktionshypothese, für eine differenzierte Wahrnehmung des eigenen Lernens und kann die eigenen Vorstellungen vom „Ich als Lerner" modifizieren und erweitern.

Erwerb von Reflexions- und (Selbst-)Beurteilungskompetenz

Dieser Aspekt rekurriert darauf, dass die Schüler(innen) bei der Arbeit mit Rückmeldeinstrumenten selbst bestimmte Fähigkeiten üben, die für selbstreguliertes Lernen bedeutsam sind. Rückmelde-Arbeit wird demnach nicht nur von außen an den Unterricht herangetragen, sondern sie wird selbst Bestandteil des Lernens. Dabei wird eine Metaperspektive in Bezug auf den Unterricht und das Lernen eingenommen. Zu den Fähigkeiten, die in Prozessen systematischer Rückmeldung in besonderer Weise geübt werden, gehören Reflexion und Beurteilung bzw. Selbstbeurteilung.

Schüler(inne)n, die Selbstregulation in der Schule entwickeln sollen, müssen unterstützt werden; zudem müssen sie Raum für die eigene Erprobung selbstregulativer Schritte im Lernprozess bekommen. Schüler(innen), die das selbst Gelernte und Geleistete systematisch reflektieren und bewerten sollen, müssen die Ziele und Kriterien kennen und das Bewerten üben (vgl. CZERWANSKI, SOLZBACHER & VOLLSTÄDT 2002, S. 10).

„Nur derjenige, der die eigenen Lernergebnisse richtig einschätzen kann, wird auch sinnvoll und effektiv weiterlernen können, weil er nur so den Ausgangspunkt für seine weitere Lernplanung kennt" (a.a.O.).

Wenn Bildung Selbstbildung sein soll, ist es Winter zufolge erforderlich,

„Reflexions- und Bewertungsprozesse zu kultivieren und zu erlernen, weil sie Mittel des Selbstbezugs und der Selbstentwicklung sind" (WINTER 2004, S. 9f.).

An diese Gedanken anknüpfend wird in den folgenden Abschnitten auf Reflexionskompetenz und (Selbst-)Beurteilungskompetenz eingegangen, die im Rahmen selbstregulierten Lernens für die Regulation des Selbst und des Lernprozesses eine zentrale Rolle spielen.

Erwerb von Reflexionskompetenz

Unter Reflexion wird im allgemeinen Sprachgebrauch Denken bzw. Nachdenken verstanden. Selbst-Reflexion, wie sie zur Regulation des Selbst angestrebt wird, bedeutet also ein auf-sich-selbst-bezogenes Denken. Bevor diese Art des Denkens in ihrer Bedeutung für selbstreguliertes Lernen betrachtet wird, werden einige allgemeine Bemerkungen angeführt, die sich der Frage widmen, was Selbst-Reflexivität bezogen auf Lernprozesse überhaupt bedeutet.

Selbst-Reflexivität beim Lernen meint, sich selbst als Lerner zum Gegenstand des Nachdenkens zu machen. KONRAD & TRAUB (1999, S. 13) sprechen von einer „selbstbezogenen Feedbackschleife". Dabei sind Bezüge zum Lerngegenstand und zum Fach, zum Lernsetting, zur Lehrperson und zum sozialen (Klassen-)Umfeld Einflussfaktoren. Die generelle Frage „Wie lerne ich?" schließt die Frage „Wie habe ich gelernt?" ein. Reflexionen im Lernprozess sind nicht nur auf die Gegenwart zu beziehen, sondern können gerade auch in der Rückschau auf vergangene Lernprozesse fruchtbare Erkenntnisse liefern. AEBLI (1983, S. 368) nennt ein solches Vorgehen „Arbeitsrückschau" und beschreibt es wie folgt:

„Es ist dies eine Repetition, die im Gegensatz zu den herkömmlichen Wiederholungen nicht auf den Inhalt ausgerichtet ist, sondern den durchlaufenden Arbeitsprozess untersucht".

Die permanente Reflexion des Lernprozesses im Nachhinein kann letztlich dazu führen, dass der Lernende seine eigene individuelle Lernerbiographie rekonstruiert. Lernen wird von ihm selbst als ein Prozess begriffen, bei dem er sich aktiv zu neuen Lerngegenständen und Lernherausforderungen ins

Verhältnis setzt und die Bedeutung der Lerninhalte für seine Person sucht. In einem derart wahrgenommenen Lerngeschehen ist der Lernende reflektierend dabei. Er ist soweit in das Lerngeschehen involviert, dass Rückkopplungen zwischen bereits Gelerntem und zu Lernendem stattfinden. Dabei werden Anschlussmöglichkeiten herausgearbeitet. Reflexivität beim Lernen bedeutet, dass sich der Lerner zu seinem eigenen Lernen in ein bewusstes Verhältnis setzt. TERHART (1999, S. 365) formuliert die Bedeutung der Selbstreflexion folgendermaßen:

„Die reflexive Vergegenwärtigung des eigenen Lernprozesses wird zu einem ebenso beschleunigenden wie strukturierenden Element des Lernens selbst".

Die vorangegangenen Ausführungen lassen vermuten, dass eine Reflexion beim Lernen ein höchst voraussetzungsreicher Vorgang ist, bei dem der Lerner auf vorhandene Kompetenzen zurückgreifen muss. Damit stellt sich die Frage: Was kann jemand, der über sein Lernen reflektieren kann? Die Frage kann vorläufig wie folgt beantwortet werden:

- Jemand hat eine aktive Haltung gegenüber seinem Lernen entwickelt, er bzw. sie begreift sich selbst als Akteur beim Lernen und übernimmt für sein bzw. ihr Lernen Verantwortung.
- Er bzw. sie kann rückblickend seine erbrachten Leistungen und Lernprodukte mit seinen vorgenommenen Lernhandlungen in Beziehung setzen.
- Er bzw. sie ist in der Lage, den Prozess in seinen Strukturen und Merkmalen zu erkennen.
- Er bzw. sie kennt die eigenen Stärken und Schwächen, die eigenen typischen Handlungsmuster.

Diese Form der Reflexion bzw. Selbstreflexion ist eine Voraussetzung für die aktive Gestaltung von Lernprozessen.

„Wachsende Selbstständigkeit bei der Gestaltung des Lernprozesses setzt neben Eigenverantwortung auch Kritikfähigkeit und damit auch Selbstreflexion voraus" (KIRK 2004, S.61).

In welchem Zusammenhang stehen die Kompetenz zur Selbstreflexion und die Kompetenz selbstregulierten Lernens? Es sei zunächst der Aspekt der Selbstaktivierung, d.h. die Regulationsebene des Selbst, wie es bei BOE-KAERTS heißt, betrachtet. Da die Regulation auf der Ebene des Selbst eine höchst komplexe und anspruchsvolle Kompetenz darstellt, die unterschiedliche Fähigkeiten bündelt und das Verfügen über eine Vielzahl verschiedener Strategien beinhaltet, wird deutlich, dass die Regulation des Selbst ohne Formen der Reflexivität gar nicht denkbar ist. Das Wissen um eigene Stärken und Schwächen in Bezug auf spezielle Fachanforderungen oder in Bezug auf

Leistungen der Selbstaktivierung beispielsweise, setzt Reflexionen über eigene Handlungen, eigene Gedanken und eigene Gefühle voraus. Dies macht – auf der Ebene von Kompetenzen gedacht – Reflexionskompetenz zu einer Teilkompetenz selbstregulierten Lernens. Dabei kann Reflexionskompetenz ihre Wirksamkeit sowohl auf der Ebene der Selbstaktivierung entfalten als auch auf der Ebene der Lernprozessüberwachung. Im ersten Fall wären die Reflexionen stärker auf die eigenen Lernmotive bzw. Lernblockaden gerichtet, im zweiten Fall stärker auf Fragen des Fortkommens im Lernprozess.

In Prozessen systematischer Rückmeldung, die das Lernen der Schüler(innen) und ihre Leistungen explizit thematisieren, wird Reflexionskompetenz auch auf der Ebene der Regulation des Lernprozesses eingefordert. Die methodische Aufbereitung – zum Beispiel in Form des strukturierten Lerntagebuchs oder einer Kartenabfrage – stellt für die Schüler(innen) die Aufgabe, über bereits vergangene Lernprozesse nachzudenken, sich zu vergangenen Lernprozessen ins Verhältnis zu setzen, d.h. beispielsweise über ihre Qualität oder ihren Entstehungsweg nachzudenken. Dazu gehört auch, den eigenen, individuellen Bezug zum Fach zum Gegenstand der Reflexion zu machen.

Erwerb von (Selbst-)Beurteilungskompetenz

In Unterricht und Schule bleibt es nicht bei der Reflexion. Die institutionelle Verfasstheit verlangt auch eine Beurteilung von Lernprodukten und -prozessen, um der schulischen Sozialisationsfunktion im Hinblick auf die Selektion gerecht zu werden (vgl. MEYER 1997, S. 305). Daraus lässt sich einerseits folgern, dass beim selbstregulierten Lernen auch Prozesse der externen Bewertung so integriert werden müssen, dass sie für den laufenden Lernprozess fruchtbar gemacht werden können. Andererseits lässt sich begründen, dass Formen der Selbstbeurteilung ein wichtiges Element selbstregulierten Lernens darstellen.

Während die Reflexion ein auf-sich-bezogenes Nachdenken darstellt mit dem Ziel, etwas zu verstehen, zu verinnerlichen und somit etwas über sich zu lernen, geht es bei der (auf-sich-bezogenen) Beurteilung um Folgendes: Eine als solche definierte Leistung wird aus dem Fluss dessen, was der Schüler bzw. die Schülerin arbeitet und lernt, herauskristallisiert und zum Gegenstand der Beurteilung gemacht. Beurteilt wird etwas Einzelnes, Konkretes, Ausgewiesenes. Hierfür gibt es einen Maßstab, der implizit oder explizit sein kann, und die Folie darstellt, vor der die Leistung des Schülers bzw. der Schülerin – in diesem Falle von sich selbst – ins Verhältnis gesetzt wird. Die Beurteilung ist ein punktueller Akt, der einer Momentaufnahme gleicht, einer Fixierung, die den Gegenstand der Beurteilung festhält, anstatt ihn seiner Flüchtigkeit zu überlassen. Da das Lernen selbst nicht beurteilbar ist, müssen diagnostische Informationen als Basis für eine Beurteilung herangezogen werden (KIRK 2004: 34). Eine Beurteilung ist dabei niemals Abbild eines Arbeits- bzw. Lernprozesses, sie ist vielmehr als dessen Transformation in ein Beurteilungssystem zu verstehen.

Feedbackmethoden wie beispielsweise Selbsteinschätzungsbögen können einem solchen Anliegen der Selbstbeurteilung gerecht werden. Zu nennen sind auch Kompetenzraster bzw. Qualitätstaster, die es ermöglichen, die eigene Leistung zu einem vorgegebenen Referenzsystem in Beziehung zu setzen.

Im Unterschied zur Reflexion, bei welcher der Gegenstand als solcher im Zuge des Nachdenkens mitunter erst sukzessive erschlossen wird und Gestalt annimmt, ist der Gegenstand der Beurteilung bereits ausgewiesen.

BREUER et al. führen aus, dass ein Lernprozess, der langfristig Mitverantwortung für Planung und Gestaltung des Lernens fördern will, am Ende nicht allein vom Lehrenden beurteilt werden kann und dass ebenso ein Lernprozess, der langfristig auf Förderung von inhaltlichen, arbeitsmethodischen und sozialen Fähigkeiten abzielt, nicht nur auf das Abprüfen von Wissen ausgerichtet sein darf (vgl. BREUER et al. 2000, S. 33f.). Abzuleiten daraus sind neben den zuvor dargestellten veränderten Anforderungen an Lehrer(innen) auch anzustrebende Veränderungen der Schülerrolle. Ziel muss es sein, Schüler(innen) zu befähigen, sowohl den eigenen Lernprozess als auch erbrachte Lernergebnisse selbstkritisch einzuschätzen.

BOHL & GRUNDER setzen sich mit Gründen für die Schülerselbstbewertung auseinander und führen unter anderem an, dass

- Schüler(innen) dadurch lernen, ein realistisches Selbstbild zu entwickeln, indem sie die erbrachte Leistung kritisch mit den gesetzten oder erwünschten Zielen vergleichen;
- ein weiterer Teil des gesamten Arbeitsprozesses selbstständig geführt wird und so der Grad an Selbständigkeit steigt;
- schulische Bewertungsprozesse und die damit verbundenen Anforderungen transparent werden;
- durch die bewusste Kontrolle des Handelns die Wahrscheinlichkeit hoch ist, dass auch die Lernleistung positiv beeinflusst wird (vgl. BOHL & GRUNDER 2001, S. 100).

Es stellt sich die Frage, wie sich Beurteilungskompetenz zur Kompetenz des selbstregulierten Lernens verhält. Formen der Lernprozessüberwachung spielen für das selbstregulierte Lernen eine entscheidende Rolle. Selbstregulierte Lerner sollten in der Lage sein, ihren Lernprozess zu überwachen, zu kontrollieren und daraus entsprechende Lernschritte abzuleiten. Dabei wird es zwangsläufig notwendig im laufenden Prozess des Lernens Beurteilungen über den erreichten Lernstand, aber auch über die Güte eingesetzter Lernstrategien zu fällen. Die Fähigkeit, seine eigenen Leistungen und die Qualität seines Lernprozesses zu vorgegebenen Maßstäben in Beziehung setzen zu können, ist eine unverzichtbare Voraussetzung für die Regulation des eigenen Lernens in metakognitiver Hinsicht.

Neben der Beurteilung des eigenen Lernprozesses ist auch eine Beurteilung durch Mitschüler(innen) möglich. Dies ist, wie BOHL & GRUNDER darstellen, ein anspruchsvolles Verfahren, das in hohem Maße entwicklungsfördernd sein kann, bei dem die Lehrkraft jedoch eine besondere Verantwortung trägt, da sie eine Schutzfunktion gegenüber allen Schüler(inne)n wahrzunehmen hat (vgl. ebd., S. 105). Als Voraussetzung dafür benennen die Verfasser unter anderem

- eine vertrauensvolle Lernatmosphäre,
- Erfahrungen mit der Selbstbewertung,
- sachliche und rücksichtsvolle Rückmeldungen und
- kriterienbezogene Begründungen der Bewertungen (a.a.O.).

Schülermitbeurteilungen erhalten im Rahmen offener Unterrichtsformen und hierbei im Rahmen von Projektunterricht eine besondere Bedeutung, da der Lernprozess in kleinen Arbeitsgruppen abläuft und Arbeitsergebnisse gemeinsam gestaltet werden.

Deutlich wird, dass Veränderungen der Schülerrolle im Bereich der Leistungsbeurteilung erforderlich sind und die Förderung der Beurteilungssfähigkeit dementsprechend eine besondere Aufgabe für Lehrer(innen) darstellt. Die Beurteilung mündlicher Leistungen ist dabei besonders schwierig. Schüler(innen) müssen daher Möglichkeiten gezeigt werden, ihre eigenen Leistungen zu dokumentieren, um sie darauf aufbauend anhand bekannter Beurteilungskriterien reflektieren zu können" (KIRK 2004: 61ff).

Sowohl Beurteilungen auf kollektiver Ebene als auch solche auf individueller Ebene können durch Methoden systematischen Feedbacks unterstützt werden und somit einen Beitrag zur Entwicklung selbstregulierten Lernens leisten.

Erwerb von Steuerungswissen in Bezug auf das eigene Lernen

Wenn es gelingt, durch den Einsatz von Feedbackmethoden Lernprozesse in den Blick zu nehmen, um so etwas über das (eigene) Lernen zu erfahren, so geschieht dies immer kontextgebunden und zunächst auf einzelne Aspekte des Lernens bezogen. Dies wird beim Vorgang des Beurteilens besonders deutlich.

Die methodengestützte Reflexion und Beurteilung von für das Lernen bedeutsamen Faktoren und Prozessen ermöglicht also eine Art *Aufgliederung* des komplexen Lernvorganges in einzelne bedeutsame Punkte. Beispielsweise kann im Rahmen einer Kartenabfrage durch den Stimulus für die Schüler(innen) „Was habe ich noch nicht verstanden?" der Fokus auf die Arbeit an eigenen Defiziten gerichtet werden oder im Rahmen der Verwendung einer Zielscheibe kann das Tortenstück „Zufriedenheit mit den Unterrichtsmethoden" das Augenmerk der Schüler(innen) auf Fragen der didaktisch-methodischen Gestaltung des Unterrichts lenken.

Bei der Arbeit mit systematischem Feedback über Lernen und Unterricht können demnach einzelne Dimensionen des Lernvorgangs deutlich werden. Wenn Schüler(innen) wissen, was beim Lernen eine Rolle spielt, so die Folgerung, können sie sich auf einzelne Aspekte beim Lernen konzentrieren und diese für sich bearbeiten. Eine Rückmeldung, die konkret und direkt auf einen Teilbereich des Lernens oder der erbrachten Leistung bezogen ist, stellt für die Schüler(innen) Wissen bereit, welches sie für die Verbesserung ihrer Lernprozesse und ihrer Leistungen einsetzen können.

Für die eigene, selbsttätige Leistungsentwicklung, die von selbstregulierten Lernern erwartet wird, ist es notwenig, dass für Schüler(innen) Referenzwerte geschaffen werden, an denen sie sich orientieren können. Referenzwerte sind für das Setzen von Zielen ebenso notwenig wie bei der Überwachung der eigenen Lernfortschritte (vgl. MÜLLER 2003, S. 57). Kompetenzraster bzw. Qualitätsraster, die Leistung in einem bestimmten Bereich schulischen Lernens festschreiben, operationalisieren und in Niveaustufen gliedern, sind dafür ein besonders geeignetes Instrument. Auf diese Weise werden Anforderungsprofile erkennbar und es lassen sich individuelle Kompetenzprofile auf der Basis von Selbst- und Fremdeinschätzungen aufstellen.

„Ein solches Anforderungsprofil steht einem individuellen Kompetenzprofil gegenüber. Die sich aus diesem Vergleich ergebenden und auf einen Blick sichtbaren Differenzen werfen Fragen auf und weisen auf Handlungsbedarf. Entsprechend lassen sich Akzente setzen und Programme gestalten, die der individuellen Situation und den Bedürfnissen Rechnung tragen" (ebd., S. 59).

Durch Kompetenzraster bzw. Qualitätsraster werden nicht nur Reflexion und Selbstbeurteilung ermöglicht, sondern indem die nächste Stufe der Entwicklung aufgezeigt und in Rückmeldegesprächen individuell ausgearbeitet wird, erhalten die Schüler(innen) Steuerungswissen in Bezug auf ihr eigenes Lernen. Dies ist für die Entwicklung und Ausübung selbstregulierten Lernens ein bedeutsamer Faktor.

Weitere Fähigkeiten, die in Prozessen systematischer Rückmeldung von den Schüler(inne)n entwickelt und ausgebaut werden können, sind Dialogfähigkeit, Partizipation und Verantwortungsübernahme für den eigenen Lernprozess. BURKARD, EIKENBUSCH & EKHOLM zufolge können Schüler(innen) durch systematische Rückmeldearbeit zu „reflektierenden Praktikern" (BURKARD, EIKENBUSCH & EKHOLM 2003, S. 15) werden, die von allen an Schule Beteiligten ernst genommen werden.

Die Fähigkeiten zu Reflexion, realistischer Selbsteinschätzung, Dialog, Partizipation und Verantwortungsübernahme, die in Prozessen systematischer Rückmeldung gefordert und gefördert werden, sind elementare Bestandteile des umfassenden Konzepts der Selbstregulation.

2 Lerntagebücher und Kompetenzraster in ihrer Funktion für selbstreguliertes Lernen

In dieser Studie wird der Einsatz von Lerntagebüchern im Mathematikunterricht und von Kompetenzrastern im Deutschunterricht untersucht. Was die Arbeit mit *Lerntagebüchern im Mathematikunterricht* angeht, so gibt es hierzu eine klare konzeptionelle und didaktische Linie zu rekonstruieren: Der Nutzen von Lerntagebüchern für das Mathematiklernen ist breit diskutiert – z.B. im Rahmen des dialogischen Lernens (vgl. RUF & GALLIN 1993, 1998, 1999a, 1999b). In Bezug auf die Arbeit mit *Kompetenzrastern im Deutschunterricht* lässt sich das nicht sagen, was sich auf zwei Gründe zurückführen lässt. Erstens wird in der Literatur zu Kompetenzrastern oftmals gerade deren fachunspezifischer Aspekt betont, so dass es keine Aussagen über den Einsatz von Kompetenzrastern speziell im Deutschunterricht gibt. Zweitens gibt es überhaupt nur wenig empirische Untersuchungen im Bereich der Deutschdidaktik der Sekundarstufen (vgl. KAMMLER & KNAPP 2002, S. 2 ff.); und diese beziehen sich nicht auf die Arbeit mit Kompetenzrastern. Dennoch lassen sich in der deutschdidaktischen Literatur Hinweise darauf finden, dass die Arbeit mit Kompetenzrastern für Lernprozesse im Deutschunterricht fruchtbar gemacht werden könnte.

Im Folgenden wird zunächst der Stand der Diskussion zu Lerntagebüchern im Mathematikunterricht dargestellt (2.1), daran anschließend der Diskussionsstand zu Kompetenzrastern im Deutschunterricht (2.2). Es wird in jedem Abschnitt jeweils ein Überblick über die didaktische Programmatik der Instrumente gegeben, der in Bezug auf die Lerntagebücher bereits mathematikdidaktisch geprägt ist (2.1.1-2.1.3) und in Bezug auf die Kompetenzraster allgemeindidaktisch ausfällt (2.2.1-2.2.2).

Daran schließt sich jeweils eine kurze Skizze der Konzeption der Lerntagebücher und der Kompetenzraster an, die im Kontext der vorliegenden Arbeit untersucht werden; diese werden im Rahmen der beschriebenen didaktischen Entwürfe verortet (2.1.4 bzw. 2.2.3). Den Abschluss bildet die Diskussion, inwiefern das jeweilige Instrument eine Funktion für die Entwicklung selbstregulierten Lernens bekommen kann (2.1.5 bzw. 2.2.4).

2.1 Lerntagebücher im Mathematikunterricht

Es gibt in der Mathematikdidaktik keine einheitliche Begriffsbestimmung des Lerntagebuchs. Je nach Zielsetzung, Altersstufe und Voraussetzungen auf Seiten der Lernenden und Lehrenden werden unterschiedliche Varianten konzeptualisiert. Dabei werden im deutschsprachigen Raum neben Lerntagebuch auch weitere Bezeichnungen gebraucht wie Journal, Logbuch, Reisetagebuch oder Forschungsheft; im englischsprachigen Raum ist der Begriff *journal* gebräuchlich. Eine Gemeinsamkeit der hier vorzustellenden didaktischen Konzepte liegt darin, dass der Einsatz von Lerntagebüchern im Mathematikunterricht die Aktivität der Schüler(innen) beim Mathematiklernen und im Mathematikunterricht fördern soll. Dabei sind im Wesentlichen zwei Kerngedanken leitend, die in den Konzeptionen mit jeweils unterschiedlicher Gewichtung auftreten. Zum einen liegt die Vorstellung zugrunde, dass Schreiben als Tätigkeit beim Mathematiklernen Verstehensprozesse unterstützt, indem es beispielsweise den Gedankenfluss verlangsamt und so ein sukzessives, gründliches Durchdringen und Aufnehmen mathematischer Lerngegenstände ermöglicht. Zum anderen wird die Dokumentation der zur Lösung einer Aufgabe oder zum Verständnis eines mathematischen Sachverhalts subjektiv bedeutsamen gedanklichen Schritte als hilfreich für die eigentätige Auseinandersetzung mit mathematischen Anforderungen und für den Aufbau metakognitiven Wissens betrachtet. Mit einem Lerntagebuch wird demnach der Lernprozess stärker als üblich in den Blick genommen.

Im deutschsprachigen Raum lässt sich der Einsatz von Lerntagebüchern im Mathematikunterricht auf RUF & GALLIN, zwei Schweizer Lehrer und Wissenschaftler, zurückführen. Diese haben so genannte *Reisetagebücher* im Rahmen ihres dialogischen und Fächer übergreifenden Unterrichtskonzepts entworfen und im eigenen Unterricht in der Sekundarstufe I und der Primarstufe erprobt und entwickelt. Die Idee der Reisetagebücher, in denen Schüler(innen) ihre eigenen Lernwege dokumentieren und damit eine Basis für Rückmeldungen, d.h. in diesem Fall für einen Dialog zwischen Lernenden und Lehrenden über Aufgaben und Wege bereitstellen, ist von einigen Autoren im deutschsprachigen Raum aufgegriffen und je nach Forschungsinteresse respektive Unterrichtskonzept adaptiert und modifiziert worden. Dabei werden Lerntagebücher vorrangig eingebunden in umfassende Unterrichtskonzepte – beispielsweise mit dem Fokus auf Selbstlernen oder auf den Ausbau der Modellierungsfähigkeit – konzeptualisiert und empirisch untersucht (vgl. RUF & GALLIN 1993, 1998, 1999a, 1999b; MAAß 2004; HUßMANN 2003a, 2003b; HESKE 1998, 1999, 2001). Prominente Beispiele sind die beiden BLK-Modellversuche SINUS[4] und SelMa[5], in denen die Arbeit mit Lerntagebüchern integriert ist.

Im Folgenden werden zunächst die Reisetagebücher von RUF & GALLIN betrachtet (2.1.1), anschließend werden Modifikationen der Reisetagebücher in der Sekundarstufe im deutschsprachigen Raum vorgestellt (2.1.2). Das in dieser Arbeit untersuchte „Mathejournal" wird abschließend erläutert (2.1.3).

---

4 http://www.sinus-blk.de; 5.01.2006.
5 http://www.learn-line.nrw.de/angebote/selma/index.html; 5.01.2006.

2.1.1 Die Pioniere: Reisetagebücher von RUF & GALLIN

Die Eckpfeiler der didaktischen Überlegungen von RUF & GALLIN bilden das *dialogische Lernen*, die Arbeit mit so genannten *„Kernideen"* und das *Reisetagebuch*. Für die konzeptionelle Beschreibung der Reisetagebücher ist es an dieser Stelle sinnvoll, kurz auf das dialogische Lernen und die Kernideen einzugehen.

Dialogisches Lernen: Die Aufforderung zum Lernen für alle Beteiligten

Für RUF & GALLIN geschieht *Lernen im Dialog* zwischen Menschen, die jeweils unterschiedliche Sichtweisen auf einen Gegenstand einbringen, indem das Potenzial der Unterschiedlichkeit für die Erweiterung des eigenen Horizontes genutzt wird.

„Der andere Erfahrungshintergrund meines Gegenübers, seine andere Sicht auf die Dinge fordern mich heraus, meine eigene Position zu überdenken und den Horizont zu erweitern" (RUF & GALLIN 1999a, S.14).

Das dialogische Prinzip impliziert also die permanente Aufforderung zum Lernen, und zwar für alle Beteiligten. Bezogen auf Schule bedeutet dies, dass Lehrer(innen) und Schüler(innen) immer wieder in einen Dialog über die Lerngegenstände eintreten und gemeinsam miteinander und von einander lernen. RUF & GALLIN zufolge zwingt dies zu

„einer fundamentalen Haltungsänderung und einer Neuinterpretation schulischer Phänomene" (a.a.O.).

Veranschaulichen lässt sich diese fundamentale Haltungsänderung zum Beispiel an der Tatsache, dass nicht vorhersehbar ist, welchen Verlauf ein gemeinsamer Lernprozess von der Lehrkraft und den Schüler(inne)n nimmt, wenn sich die Lehrkraft tatsächlich auf einen Dialog mit ihren Schüler(inne)n einlässt.

Der zentrale Unterschied des dialogischen Lernens zu herkömmlichen Formen des Lehrens und Lernens liegt darin, dass authentische Begegnungen zwischen den Menschen und den Lerngegenständen angestrebt werden, anstatt die Wissensbestände und die Fachsystematik, RUF & GALLIN sprechen in diesem Zusammenhang von den „Regularitäten" der Stoffe und Disziplinen einfach zu vermitteln und einzuüben (ebd., S. 15).

„Es ist Sache des schulischen Dialogs, die realen Befindlichkeiten bei persönlichen Begegnungen mit fachlichen Gegenständen zu erfassen und konstruktiv zu nutzen. Einsichten und Erkenntnisse, die Anfänger in Auseinandersetzung mit fachlichen Gegenständen zu gewinnen vermögen, sind oft sehr singulär. Entscheidend aber ist, dass sie in der Person verankert sind. So können sie in der Fortsetzung des Dialogs wieder aktiviert und umgeformt werden" (a.a.O.).

Für die Ermöglichung authentischer Begegnungen mit fachlichen Gegenständen ist es demnach notwendig, dass die Lernenden *individuelle Standortbestimmungen* (RUF & GALLIN sprechen von *singulären Standortbestimmungen*) den fachlichen Gegenständen gegenüber vornehmen und ausgehend von diesen den Dialog mit anderen suchen; dabei soll der eigene Standpunkt stets weiterentwickelt werden, nicht jedoch ignoriert und durch die Übernahme von Fachwissen ersetzt werden. Der individuelle Lernprozess im Sinne einer zunehmenden Erweiterung des individuellen Standpunktes um die Systematik des Faches, geschieht im Dialog.

„Wissen und Können basieren im dialogischen Lernen auf erzählbaren Ereignissen, in denen Reguläres eine zunehmend wichtige Rolle spielt. Immer dann, wenn ein fachlicher Zusammenhang erforscht, durchschaut und integriert ist – also immer erst ganz am Schluss – setzt das Erklären ein: Man schaut zurück auf das, was hinter einem liegt, und erklärt es sich selbst, indem man es für sich bequem zurechtlegt und ordnet. Im rückblickenden Erklären werden all die erlebten und erzählten Ereignisse zusammengefasst und so dargestellt, wie es üblich und nützlich ist" (ebd., S.15).

Der Kernpunkt dieser Passage ist die Platzierung des Erklärens am Ende der Erarbeitung eines Themengebiets. Im herkömmlichen (Mathematik)Unterricht wird mit dem Erklären in der Regel zu Beginn eines intendierten Lernprozesses begonnen. Dialogisches Lernen stellt das Vermittlungsdenken im Unterricht auf den Kopf; den Suchbewegungen der Lerner, die den eigenen Standpunkt stetig ausdifferenzieren, wird für das Lernen eine große Bedeutung beigemessen.

Dass Lernende bei der ersten Annäherung an einen fachlichen Gegenstand ein Fremdheitsgefühl haben, d.h. dass ein Abstand zwischen Person und Sache zu beobachten ist, ist RUF & GALLIN zufolge charakteristisch für den Anfang eines Lernprozesses. Entscheidend ist dabei, wie mit diesem Abstand durch die Lehrkraft umgegangen wird. Es ist weniger wirksam, den Abstand so schnell wie möglich überwinden zu wollen, als diesen zu einem Spannungsfeld zu machen, aus dem Lernprozesse ihre Dynamik beziehen (a.a.O.)

RUF & GALLIN definieren Leitfragen für ein solches *Lernen auf eigenen Wegen*:

„Wie wirkt der Stoff auf mich? (Vorschau) Wie verhalte ich mich beim Problemlösen? (Weg) Kann ich mit meinem Wissen und Können vor anderen bestehen? (Produkt) Was habe ich erreicht? (Rückschau)" (ebd., S. 56).

Die Schüler(innen) sind damit aufgefordert, ihre eigenen Lernwege zu do-kumentieren. Ausgehend von „Kernideen", die das ganze Stoffgebiet vage umreißen und „als attraktives Gegenüber den Lernenden zum sachbezogenen Handeln herausfordern" (ebd., S. 55), findet die individuelle Auseinandersetzung mit den mathematischen Lerngegenständen statt. Diese wird im Reisetagebuch dokumentiert. Als Ziel dieser Dokumentation formulieren RUF & GALLIN den „Überblick über das Sachgebiet in der Rückschau und die Beherrschung der zugehörigen, selbstständig aufgebauten Algorithmen" (a.a.O.).

Im Folgenden wird der zentrale Aspekt der *Kernidee* dargestellt.

„Der Witz der Sache" – Kernideen als Herausforderung zum sachbezogenen Handeln

Der oben angesprochene Dialog wird wesentlich durch die „Kernidee" er-möglicht. Diese lässt individuelle Standortbestimmungen zu und ist der Dreh- und Angelpunkt für den divergierenden Austausch. Unter einer Kern-idee verstehen RUF & GALLIN etwas, was dem menschlichen Handeln „An-trieb und Richtung" gibt, d.h. Hoffnungen, Wünsche, Erfahrungen, die sich zu „Fixpunkten unserer persönlichen Orientierung" verdichtet haben aber auch Emotionen (ebd., S. 59).

„Kernideen sind nicht das Produkt einer besonderen Anstrengung, sie stellen sich immer von selbst ein, wenn Mensch und Stoff in Kontakt treten" (GALLIN & RUF 1993, S. 12).

Der Lernprozess setzt an genau diesen Kernideen an, indem die Lernenden ihre Position bewusst wahrnehmen und von hier aus den Dialog suchen. Kernideen geben dem Ausdruck, was sich bei den Schüler(inne)n als Reakti-on auf einen Lerngegenstand einstellt. Sie können dem Lerngegenstand zu-oder abgewandt sein. Sachfremde Kernideen wecken Abwehrkräfte, sach-zentrierte Kernideen erzeugen Lernbereitschaft. RUF & GALLIN zufolge müs-sen beiden Kräften Raum gegeben werden (ebd., S. 62). Eine erste Kernidee von Schüler(inne)n könnte zum Beispiel sein: „Trigonometrie ist zu schwie-rig für mich" (ebd., S. 60).

Die biologische Vorstellung eines Kerns, die in diesem Kunstwort ent-halten ist, zielt auf die Faszination, die von einer Sache ausgeht und die For-scher inspiriert und vorantreibt. Der geistige Aspekt der Kernidee zielt auf die inneren Bilder, die sich auch Fachleute von ihren Gegenständen machen und in denen Gebilde von kaum durchschaubarer Komplexität als etwas Ganzes erfasst und auf wenige wesentliche Merkmale reduziert werden (vgl. RUF & GALLIN 1999a, S. 45). Beide Aspekte eines Stoffs sollen in der Kern-idee der Lehrperson erfasst und für die Lernenden verständlich dargeboten werden.

Auf unterrichtspraktischer Ebene liegt die Verantwortung für das Aufbringen einer Kernidee zunächst als pädagogisch-fachliche Leistung bei der Lehrkraft. RUF & GALLIN nennen als ein Beispiel für eine Kernidee im Rahmen einer Unterrichtseinheit über die Größenrelationen rationaler Zahlen Folgendes: Die Lehrkraft kommt beim Radfahren auf die Idee, dass sie *die Größenrelation der Brüche in den Beinen spüre.* Ihr Rad hat 18 Gänge; bei den Pedalen befinden sich drei Kettenräder, am Hinterrad sechs. Im Unterricht stellt die Lehrkraft den Schüler(inne)n die Frage, wie man das Rad schalten muss, wenn man die 18 Gänge der Reihe nach vom kleinsten bis zum größten einlegen möchte. Die Schüler(innen) beginnen in Auseinandersetzung mit dieser Kernidee, eigene Wege zu verfolgen und im Reisetagebuch zu dokumentieren (ebd., S. 72 f.)

Kernideen der Lehrperson sind

„sachbezogene Herausforderungen an die Lernenden, sich ihre eigenen Kernideen bewusst zu machen und sie mit den Anforderungen der Stoffe zu koordinieren" (RUF & GALLIN 1999a., S. 45).

Weil sich mit Hilfe von Kernideen und weitgespannten Aufträgen schnell sagen lässt,

„was der Witz der Sache ist und worum sich die Arbeit einer längeren Periode dreht" (a.a.O.),

können die Lernenden auch im Klassenunterricht persönliche Schwerpunkte setzen, sich in Arbeitsgruppen organisieren und eigene Kernideen entwickeln.

Reisetagebücher – Werkstatt der subjektiven Auseinandersetzung mit fachlichen Inhalten

An dieser Stelle wird die Arbeit mit *Reisetagebüchern* beschrieben und im Konzept des dialogischen Lernens verortet. Anschließend wird näher auf die beiden Aspekte *Rückmeldung* und *Leistungsbeurteilung* im Reisetagebuch eingegangen.

Für das Lernen auf eigenen Wegen, das im Dialog angestoßen und weiterentwickelt wird, ist es bedeutsam, dass die individuellen Standortbestimmungen und deren Weiterentwicklungen für die Lernenden und die Lehrenden fassbar und diskutierbar werden. In diesem Zusammenhang werden das Schreiben und Dokumentieren wichtig, was im Reisetagebuch geschieht.

„Weil das Schreiben den Gedankenfluß stark verlangsamt, erhält der Schüler Gelegenheit seine eigenen Aktivitäten der Reflexion zugänglich zu machen. Seine singuläre Art Probleme anzupacken und zu lösen, wird dadurch nicht nur aufgewertet, sondern auch faßbar und diskutierbar. Individuelles Fragen und Handeln wird kultiviert. Es ist Basis und Instrument für das Entwickeln von Algorithmen und das Generieren von Wissen" (GALLIN & RUF 1999a, S. 91f.).

Die Substanz jedes Lernens in Mathematik wird durch die individuelle Auseinandersetzung mit den Lerngegenständen geschaffen. Ohne diese kann, so RUF & GALLIN, kein Wissen generiert werden, das vom Lernenden verinnerlicht und anschlussfähig an die Fachsystematik ist. Es ist bedeutsam, dass die Lernenden Stellung gegenüber dem Lerngegenstand beziehen. Im Schreiben findet RUF & GALLIN zufolge eine solche Stellungnahme statt:

„Wer schreibt, übernimmt in besonderer Weise Verantwortung für seine Position und öffnet sich der Kritik." (ebd., S. 55)

Die Reisetagebücher dienen dem Zweck, die Lernprozesse der Schüler(innen) zu dokumentieren und eine Basis für Rückmeldungen zu schaffen. Die Stellungnahmen der Schüler(innen) werden fixiert und einer Betrachtung zugänglich.

Im Reisetagebuch sollen die Schüler(innen) ihre Ideen und ihr Vorgehen beim Lösen von Aufgaben dokumentieren. Im Reisetagebuch gelten

„die Regeln der Sprache des Verstehens" (ebd., S. 34).

Hierbei wird – unter Rückgriff auf Wagenschein – die Sprache des Verstehens von der Sprache des Verstandenen abgegrenzt. Die Sprache des Verstehens ist dabei die Muttersprache bzw. die Umgangssprache, die Lernenden auf natürliche Weise zur Verfügung steht und in der sich die Lernenden an neue Lerngegenstände herantasten. Die Sprache des Verstandenen kommt erst nach dem Akt des Herantastens und Erarbeitens hinzu, wobei sich diese an fachspezifischen Systematiken orientiert (vgl. WAGENSCHEIN 1980, S. 163).

RUF & GALLIN konzipieren das Reisetagebuch als eine Werkstatt, in der die Lernenden die Sprache des Verstehens anwenden.

„Es ist mit einer Werkstatt vergleichbar, in welcher der Lernende in schriftlicher Auseinandersetzung mit dem Schulstoff am Aufbau seiner Fachkompetenz arbeitet" (RUF & GALLIN 1999a S. 14).

Der Vergleich mit einer Werkstatt beinhaltet das sukzessive Bauen an einem Gegenstand, in diesem Fall an der Fachkompetenz in Mathematik. Eine

Werkstatt betont das Unfertige, das Ausprobierende; zudem sind im Bild der Werkstatt der Einsatz bestimmter Instrumente und Werkzeuge enthalten. Der Aufbau einer mathematischen Fachkompetenz wird somit in den Bereich dessen gerückt, was sich jeder Schüler bzw. jede Schülerin durch den Einsatz bestimmter Instrumente erarbeiten kann.

Zur Organisation des Reisetagebuchs geben GALLIN & RUF folgende Fragen an:

„Datum: Wann habe ich diesen Eintrag gemacht?
Thema: Womit befassen wir uns?
Auftrag: Was muss ich tun?
Orientierung: Wozu machen wir das?
Spuren: Welchen Weg beschreite ich bei der Lösung des Auftrags?
Rückblick: Wo stehe ich jetzt?
Rückmeldung: Wer kann mir weiterhelfen?" (ebd., S. 16).

Das Lerntagebuch ist Lernprodukt und -prozess zugleich, indem es die individuelle „Lernreise" des einzelnen Schülers bzw. der einzelnen Schülerin nachzeichnet, somit sichtbar macht und wertschätzen lässt.

Das Ziel der Arbeit mit Reisetagebüchern ist der Aufbau von Fachkompetenz, die vom Subjekt selbst erarbeitet und an den individuellen Kompetenzen, Vorstellungen und auch Emotionen angebunden bzw. erst durch sie hervorgebracht wird. Durch die das Reisetagebuch strukturierenden Fragen ist eine permanente Klärung des eigenen themenbezogenen Standpunktes anvisiert. Die Fragen zielen auf eine Bewusstmachung und Explikation des eigenen Aneignungs- und Auseinandersetzungsprozesses. Das Reisetagebuch ist stark auf Reflexion ausgerichtet und damit auf die Vergegenwärtigung der individuellen Zugänge zur Mathematik. Diese können mit den Fachinhalten in Verbindung gebracht werden.

Rückmeldung im Reisetagebuch

Die Arbeit mit Reisetagebüchern soll den Dialog sowohl zwischen Lernenden und dem Lerngegenstand als auch zwischen den Lernenden und der Lehrperson unterstützen. Die individuelle Rückmeldung der Lehrperson, die auf den Schülereintragungen im Reisetagebuch basiert, ist Teil des Dialogs. Die Herausforderung einer solchen Rückmeldung liegt darin, dass den individuellen Standortbestimmungen der Lernenden Rechnung getragen werden muss, zugleich aber auch die Fachsystematik der Mathematik so ins Spiel gebracht werden muss, dass den Lernenden deutlich wird, wo sie stehen und welche Richtung sie auf dem Weg zum Fachverständnis in Zukunft einschlagen können.

„Das verlangt eine relativistische Transformation der Lehrperson. Durch Rückmeldungen, die zugleich sach- und schülergerecht sind, konfrontiert die Lehrperson den Lernenden mit einem ihm angemessenen singulären Maßstab und zeigt ihm, wo er steht und in welche Richtung er sich entwickeln könnte" (ebd., S. 58).

Es gilt also, die Lernwerkstatt der Schüler(innen), in der sie Rechenschaft über ihr Tun ablegen und ihre eigene Lernhandlungen dokumentieren, von außen zu betrachten und diese unter der Perspektive eines Lernprozesses zu beurteilen, d.h. eine Rückmeldung darüber zu geben, was bereits gelernt wurde, und zugleich Hinweise darauf, was weiterhin zu lernen ist. Ziel der Rückmeldung durch die Lehrkraft ist es, die Lernprozesse in Schwung zu halten, das Gelungene zu sichern und das produktive Potenzial von Versuchen und Irrtümern für die nächste Runde verfügbar zu machen.

Für die Inspiration der Lernenden und deren Ermutigung zum Weiterlernen sind drei Grundsätze bei den Rückmeldungen zu beachten. Erstens sollen die Rückmeldungen *persönlich* abgefasst sein, d.h. keinen Anspruch auf Allgemeingültigkeit stellen, sondern die subjektive Rezeption der Lehrkraft spiegeln, die als Ich-Botschaften formuliert sind. Zweitens sollen die Rückmeldungen *verstärkend* auf latente Kompetenzen zielen, d.h. Potenziale identifizieren und sich damit auf Gelungenes konzentrieren, anstatt das Unbrauchbare hervorzuheben. Drittens sollen die Rückmeldungen *konkret* sein, d.h. aus den vorhandenen Spuren Überschaubares und Einzelnes herausgreifen (vgl. RUF & GALLIN 1999b, S. 147).

Ziel dieser Rückmeldung ist, dass der bzw. die Lernende durch die Wertschätzung seiner bzw. ihrer Leistungen und durch die individuell zugeschnittenen Perspektiven der Weiterentwicklung selbst befähigt wird, den eigenen Lernprozess zu beurteilen und Schlüsse über das Weiterlernen zu ziehen.

Leistung und deren Beurteilung im Reisetagebuch

RUF & GALLIN unterscheiden zwischen Rückmeldung und Wertung. Rückmeldungen sollen den Blick auf die Sache lenken und möglichst frei von wertenden Elementen sein. Eine Wertung soll den Lernenden dagegen unmissverständlich zeigen, wie die Lehrkraft ihre Leistungen einschätzt, ob ein Auftrag erfüllt wurde oder nicht. Für die Wertung haben RUF & GALLIN ein „Häklein-System" entwickelt.

Die Häklein orientieren sich nicht nur an den Spuren der individuellen Bearbeitung der Lerngegenstände im Reisetagebuch, sondern auch an den altersgemäßen Lernzielen und demonstrieren den Lernenden, ob sie die allgemeinen Leistungsanforderungen erfüllt oder ob sie sich noch intensiver mit der Sache auseinandersetzen müssen.

„Häklein sind ein pädagogisches Urteil, das einer Arbeit im Reisetagebuch unter dem Aspekt der Leistungs- und Entwicklungsmöglichkeiten eines Kindes gerecht zu werden versucht (ebd., S. 150).

Für die Beurteilung der Spuren im Reisetagebuch können von der Lehrkraft insgesamt bis zu drei Häklein vergeben werden. Das *erste* Häklein wird nach einer globalen Einschätzung der Lehrkraft hinsichtlich der Leistung und der Potenziale der Lernenden gesetzt; dabei wird geprüft, ob der bzw. die Lernende sich intensiv mit der Sache beschäftigt hat und im vorgegebenen Zeitraum eine genügende Leistung erbracht hat oder ob er bzw. sie die Lernziele voraussichtlich erreichen wird, wenn er bzw. sie so weiterarbeitet, wie im Reisetagebuch zu beobachten ist. Falls der bzw. die Lernende keine dieser minimalen Anforderungen erfüllt, wird er bzw. sie mit einem gestrichenen Häklein dazu ermuntert, sich noch intensiver mit der Sache zu befassen. Das *zweite* Häklein wird gesetzt, wenn die Lehrkraft als wohlwollender und fachkundiger Zuhörer eine Passage findet, bei der sie aus ihrer subjektiven Sicht begründen kann, was ihre Qualität ausmacht. Dies können ein interessanter Einfall, eine originelle Denkbewegung, ein mutiger Versuch etc. sein. Das *dritte* Häklien wird gesetzt, wenn die Lehrkraft in den Spuren auf etwas Überraschendes, einen Wurf stößt. Dies können ein kühner Vorgriff, eine originelle Idee, ein spannendes Experiment etc. sein. Die Häklein werden jeweils begründet, um das Gelungene bewusst zu machen (ebd., S. 151).

Das Reisetagebuch schenkt den Lernprozessen der Schüler(innen) eine große Bedeutung und Wertschätzung. Die Rückmeldungen der Lehrperson zu den Eintragungen im Reisetagebuch berücsichtigen die Individualität der Eintragungen und bieten Impulse für die Weiterentwicklung an, die an den singulären Standortbestimmungen der Lernenden anknüpfen könnte. Was die Frage der Leistungen im Reisetagebuch betrifft, so wird die Dokumentation der individuellen Auseinandersetzung der Schüler(innen) mit den Fachinhalten als eine erbrachte Leistung betrachtet, für die es eine Note gibt. Diese Leistung entsteht dabei unter anderen Bedingungen als Leistungen, die sich an ein Publikum richten und sich an objektiven Anforderungen orientieren müssen. RUF & GALLIN differenzieren die beiden Leistungsbereiche deutlich und messen ihnen jeweils den gleichen Wert bei.

„In welchem Bereich die Lernenden ihre Stärken ausspielen können und wollen, steht ihnen frei. Sie haben die Zusicherung, dass die besseren Leistungen auch bei der Notengebung mehr ins Gewicht fallen. Nur wenn wir allen Phasen des Lernens den gleichen Wert beimessen, erhalten die Lernenden die Möglichkeit, sich dort zu engagieren, wo sie in ihrer Entwicklung im Moment stehen" (ebd., S. 47f.).

Hier zeigt sich, dass die Eintragungen im Reisetagebuch nicht nur nebenher laufen, sondern im Kern das Lernen vorantreiben und deshalb auch in die

Notengebung einfließen. Dies hat zur Folge, dass den Schüler(inne)n ein mehrdimensionaler Möglichkeitsraum geöffnet wird, in dem sie ihre Leistungen beim Mathematiklernen erbringen können.

Die Arbeit mit Reisetagebuch und Kernideen erlaubt es, die Lernenden mit großen und zusammenhängenden Stoffgebieten zu konfrontieren und ihnen genügend Raum für authentische Begegnungen und für singuläre Standortbestimmungen anzubieten.

Es sollte deutlich geworden sein, dass der Einsatz von Reisetagebüchern in ein elaboriertes didaktisches Konzept – dem dialogischen Lernen – eingewoben und Ausdruck eines innovativen Mathematikunterrichts ist. In den folgenden Abschnitten wird der Frage nachgegangen, wie die beachtliche Vorarbeit der „Pioniere" in der schulischen Praxis aufgegriffen wird.

2.1.2 Die Nachfolger: Varianten von Lerntagebüchern in der Sekundarstufe

RUF & GALLIN haben ein sehr umfassendes Konzept vorgelegt, das, wie gesagt, eine „fundamentale Haltungsänderung und eine Neuinterpretation schulischer Phänomene" verlangt. Nicht jede Lehrkraft, die mit Lerntagebüchern in ihrem Mathematikunterricht arbeiten möchte, kann zugleich eine solche „Revolution" inszenieren. Insofern ist es nicht verwunderlich, dass in der Praxis Varianten der dargestellten Reisetagebücher zu beobachten sind, die von unterschiedlichen Lehrer(inne)n in unterschiedlichen Kontexten konzipiert wurden und in unterschiedlich starkem Ausmaße Anleihen bei RUF & GALLIN machen. An dieser Stelle sollen zwei Varianten aufgezeigt werden, um zu verdeutlichen, wie konstruktive Modifizierungen der Reisetagebücher unter den Einschränkungen der Praxis entwickelt wurden. Variante I beschreibt den für die Sekundarstufe II typischen Aspekt der *Strukturierung*, welcher die Arbeit mit Lerntagebüchern im Mathematikunterricht prägt; Variante II zeigt den Aspekt des *Teamlernens*, der in der Sekundarstufe I zu beobachten ist.

2.1.2.1 Variante I: Strukturierung mathematischer Inhalte in der Sekundarstufe II

Eigentätige Dokumentation und Strukturierung mathematischer Fachinhalte im „Forschungsheft"

HUßMANN konzipiert in Anlehnung an RUF und GALLIN die Arbeit mit so genannten Forschungsheften in der Sekundarstufe II (HUßMANN 2003a). Eingebettet in ein elaboriertes Konzept zum Selbstlernen im Mathematikunterricht, das neben der Arbeit mit Forschungsheften die Arbeit an intentionalen Problemen und den Einsatz von neuen Medien thematisiert, ersetzt das Forschungsheft der Schüler(innen) weitestgehend das Schulbuch. Es enthält von den Schüler(inne)n selbst entwickelte und in eigenen Worten formulierte Definitionen, Sätze und Beweise. Es soll bei Wiederholungen, beim Nacharbeiten sowie bei der Klausur- und Abiturvorbereitung helfen. Die Eintragungen enthalten das jeweilige Thema, die ersten Assoziationen der Schüler(innen), die Sortierung und Verarbeitung gegebener oder neu entstandener Informationen, die initiale Kernidee und das Forschungsziel, schließlich die Ankerpunkte wie Aha-Erlebnisse, typische Beispiele, typische Fehler, offene Fragen, Definitionen, Sätze und Beweise (ebd., S. 51).

Für HUẞMANN ist eine klare Gliederung des Forschungsheftes wichtig. Diese wird den Schüler(inne)n an die Hand gegeben. Des Weiteren werden den Schüler(inne)n auch Arbeitsmethoden nahe gebracht, die ihnen helfen sollen, ihr Forschungsheft als Strukturierungshilfe zu nutzen. Die Frage der Bewertung von Forschungsheften beantwortet HUẞMANN dahingehend, dass diese notwendig sei und sowohl den Prozess als auch das Produkt fokussieren muss. Als wichtigste Kriterien für ein gutes Forschungsheft nennt er Vollständigkeit, Darstellung, Kreativität, Fehlerbearbeitung und Schlüssigkeit der Argumentation (a.a.O.: 48). Der von HUẞMANN konzipierte Einsatz von Forschungsheften betont die zielgerichtete Nutzung des Heftes für die Auseinandersetzung mit mathematischen Inhalten. Die Eintragungen sollen den aktuellen Verständnisstand spiegeln, intentional vorgenommen werden und zudem auch die Metaebene des Lernens berücksichtigen, indem organisatorische, strukturierende und kommentierende Notizen von den Schüler(inne)n gemacht werden. Die Aneignung der mathematischen Inhalte steht im Vordergrund. Diese Anforderungen setzen bei den Schüler(inne)n gewisse Fähigkeiten und Fertigkeiten zum selbstgesteuerten bzw. selbstregulierten Lernen voraus. Stärker als es beispielsweise RUF & GALLIN tun, konzipiert HUẞMANN das Forschungsheft als ein *Produkt*, das – gut strukturiert, vollständig und klar in der Darstellung – von Schüler(inne)n als Nachschlagewerk und zur Prüfungsvorbereitung genutzt werden kann und somit eine Alternative zum Schulbuch darstellt.

HESKE hat in seinem Unterricht in der Sek II die Arbeit mit einem *persönlichen Lerntagebuch* erprobt. Darin sollten die Schüler(innen) kontinuierlich den Unterrichtsfortschritt reflektieren und persönliche Eintragungen über den eigenen Lernprozess vornehmen (vgl. HESKE 2001, S. 15). Den Schüler(inne)n wurde zur Einführung ein Merkblatt verteilt, auf dem die Ziele und Anforderungen des Lerntagebuchs erläutert wurden. Jeweils vierteljährlich wurden die Lerntagebücher vom Lehrer eingesammelt und benotet, wobei die Note in die mündliche Mitarbeit einfloss.

86

HESKE hat die Eintragungen seiner Schüler(inne)n systematisiert und stellt im Internet einen Katalog vor, der mit Beispielen illustriert wird. Ihm zufolge lassen sich die Schülereintragungen den folgenden Kategorien zuordnen: Stundenreflexionen, Aha-Effekte, Standortbestimmungen, Selbsterklärungen, Fehleranalysen und Fragestellungen[6].

Was den Einsatz von Lerntagebüchern in der Sek II betrifft, fasst HESKE die Beurteilungen durch die Schüler(innen) folgendermaßen zusammen: Positiv wurde bewertet, dass das Lerntagebuch helfe, den Unterrichtsstoff besser zu verstehen, Fragen zu formulieren und zu klären, dass es ein übersichtliches Nachschlagewerk im Vergleich zum unübersichtlichen Schulheft darstelle und die Verbesserung der Note in der sonstigen Mitarbeit ermögliche. Negativ wurde bewertet, dass die vorgegebenen Anforderungen einengen und ein individuelles Führen eines Lerntagebuchs verhindern würden und dass das Lerntagebuchschreiben sehr zeitaufwendig sei, zusätzliche Arbeit bedeute und das Aufschreiben den Lernprozess nicht fördere (vgl. HESKE 2001, S. 15f.).

Als Konsequenz wurde vereinbart, das Führen eines Lerntagebuchs in den nächsten Halbjahren nur noch als freiwillige Ergänzung der sonstigen Mitarbeit anzubieten. Davon machten relativ konstant jeweils die Hälfte der Kursmitglieder Gebrauch. HESKE zufolge sind dies in der Mehrzahl Schüler(innen), die sich mündlich nur wenig am Unterrichtsgeschehen beteiligen. Alle konnten ihre Gesamtleistungen im Fach Mathematik – zum Teil sogar deutlich – verbessern (vgl. ebd., S. 16f.).

2.1.2.2 Variante II: Teamlernen im Mathematikunterricht der Sekundarstufe I

HESKE hat neben dem individuellen Lerntagebuch in der Sek II das so genannte *teambezogene Lerntagebuch* in der Sek I konzipiert. Das teambezogene Lerntagebuch wird neben den üblichen Schul- und Wochenplan- bzw. Hausaufgabenheften geführt. Es besitzt nicht jeder Schüler bzw. jede Schülerin ein persönliches Lerntagebuch sondern nur jedes Team. Zu Beginn eines jeden Schuljahres werden in einem Kurs feste Teams von vier bis sechs Schüler(inne)n gebildet. Diese Teams sitzen je nach Unterrichtsgestaltung an Gruppentischen zusammen oder zumindest in Bankreihen beieinander, so dass jederzeit Kommunikation zwischen den Teammitgliedern möglich ist. Jedes dieser fünf oder sechs Teams führt ein gemeinsames Lerntagebuch. Nach einer festgelegten Reihenfolge führt in jeder Stunde abwechselnd jeweils ein Schüler aus jedem Team das Lerntagebuch. Jede Eintragung soll möglichst mit eigenen Worten den Kern der Stunde wiedergeben. Als Leit-

---

6   http://www.learn-line.nrw.de/angebote/selma/foyer/projekte/lerntagebuecher/seite1.htm; 5.01.2006.

motiv hat sich bewährt, den Satz "Heute haben wir gelernt ... " fortzuführen. Zudem werden Arbeitsergebnisse und offene Fragen protokolliert, um in längeren Teamarbeitsphasen die Ergebnissicherung zu optimieren. Jede Eintragung muss mit dem Datum und dem Namen des bzw. der Protokollierenden versehen werden, um eine schnelle Orientierung und eine personenbezogene Rückmeldung zu ermöglichen. Obwohl immer nur ein Teammitglied schreibt, ist stets das gesamte Team für die Eintragung verantwortlich. Absprachen sind ausdrücklich erwünscht. Dies führt zu einer Kommunikation über Mathematik im Team (vgl. HESKE 1999, S. 9).

Die Lerntagebücher sollten regelmäßig (etwa alle vier Wochen) vom Lehrer eingesammelt, gelesen und mit Kommentaren und Hinweisen versehen werden. Dadurch ist es möglich etwaige fachliche Missverständnisse aufzuklären. Zudem gewährleisten die Lerntagebücher auf diese Weise einen aufschlussreichen Einblick in den geleisteten Unterricht. Auf Wunsch der Schüler(innen) erhalten sie zu jedem Quartal eine Note für das Lerntagebuchschreiben, die in die sonstige Mitarbeit mit einfließt. Die Rückmeldung sollte sich auf einen schriftlichen Kommentar beschränken, in dem auf fachliche und sprachliche Fehler hingewiesen wird. Eine Korrektur sollte aber dem Schüler bzw. der Schülerin überlassen bleiben (vgl. ebd., S. 10).

Die Eintragungen im teambezogenen Lerntagebuch enthalten nur überlegte, konzentrierte, zusammenfassende oder beispielhafte Eintragungen. Diese Übersichtlichkeit wird von den Schüler(inne)n HESKE zufolge besonders positiv bewertet.

Hinsichtlich des teambezogenen Lerntagebuchs macht HESKE folgende Beobachtungen: Die Eintragungen enthalten oftmals Beispiele, Merksätze u.a., die von der Tafel übernommen wurden. In der Regel sind diese Darstellungen wesentlich sorgfältiger als entsprechende Notationen im eigenen Heft. Manchmal sucht der zuständige Schreiber auch Formulierungen aus dem Schulbuch heraus, so dass hier ein eigenständiger Umgang mit diesem Medium zu beobachten ist. Besonders lernerfolgsfördernd sind die Eintragungen, in denen mathematische Sachverhalte mit eigenen Worten erklärt und kommentiert werden (a.a.O.).

HESKE konnte bei seinen Schüler(inne)n eine hohe Akzeptanz für die Arbeit mit Lerntagebüchern feststellen. Gründe dafür liegen ihm zufolge in der Möglichkeit für die Schüler(innen), ihre Note aufzubessern, Versäumtes nachzulesen und von den Synergieeffekten der Teamarbeit zu profitieren (a.a.O.).

2.1.3   Lerntagebücher im englischsprachigen Raum

Im englischsprachigen Raum finden sich eine Reihe unterschiedlicher Formen und Einsatzpraktiken von Lerntagebüchern mit dem ursprünglich dahinter stehenden Kerngedanken, Schreibaktivitäten im Unterricht zu nutzen, um sowohl die Begriffe, Ideen und Konzepte des jeweiligen Lernfeldes zu überblicken, zu reflektieren und zu integrieren als auch die Schreibfähigkeiten der Schüler(innen) an sich zu verbessern. Diese Idee wurde in den 1970ern in den USA im Rahmen der „writing across the curriculum" Bewegung (WAC) – in England bekannt unter „Language across the Curriculum" – entwickelt und ausgebaut. Im Fokus dieser pädagogischen Reformbewegung stand dabei zunächst die Grundschule. Ausgangspunkt war die Überzeugung, dass Kinder in der Lage sind, auf unterschiedliche Arten zu lernen, die über traditionelle Routinen und Lehrformen hinausgehen. In diesem Sinne waren die Anfänge der WAC-Bewegung durch den Ansatz des „writing to learn" gekennzeichnet (vgl. z.B. DRAKE & AMSPAUGH 1994).

Schreibaktivitäten im Dienst des Mathematiklernens im „Journal"

Ein Ansatz, der unter anderem von COUNTRYMAN formuliert wird, setzt Schreibaktivitäten im Rahmen von Lernprozessen ins Zentrum der Betrachtung. Beim Schreiben können sich Gedanken entwickeln und Ideen entfalten, wodurch den Prozessen des Überlegens, des Kreierens, Verstehens und der Bearbeitung von Lerngegenständen Raum gegeben wird. Durch die Dokumentation werden Denkvorgänge als Schreibprodukte sichtbar, lesbar und diskutierbar; Schreiben schafft demnach Produkte, die für den Lernprozess jederzeit wieder herangezogen und für unterschiedliche Zwecke fruchtbar gemacht werden können. COUNTRYMAN spricht von einem Mathejournal, das für die Schreibprozesse genutzt wird und nennt dafür folgende Hauptzielsetzungen:

„To increase confidence
To increase participation
To decentralize authority
To encourage independence
To replace quizzes and tests as a means of assessment
To monitor progress
To enhance communication between teacher and student
To record growth" (Countryman 1992, S. 42f.).

Die Mehrzahl der Aspekte, die COUNTRYMAN anspricht, bezieht sich auf die Ebene des Unterrichts, auf die Lehrer-Schüler-Kommunikation, auf Fragen der Partizipation und Autorität sowie auf Formen der Leistungsbewertung. COUNTRYMAN sieht das Organisieren von Schreibprozessen generell als ein gutes Vehikel für schulische Lernprozesse an, bietet in ihren Überlegungen jedoch auch Begründungen dafür an, Schreiben insbesondere für das Lernen von Mathematik heranzuziehen.

„Students need opportunities to organize, interpret, and explain, to construct, symbolize, and communicate, to plan, infer, and reflect. Practising these fundamental skills will help them learn mathematics" (ebd., S. 12).

Schreibprozesse erfordern und enthalten demnach Aktivitäten wie das Interpretieren, Erklären oder Reflektieren, die – wenn sie entsprechend im Unterricht geübt und trainiert werden – zu Fähigkeiten und Fertigkeiten der Schüler(innen) werden können und als solche letztlich auch in den Dienst des Mathematiklernens gestellt werden können. Während in dem genannten Zitat das Mathematiklernen dem Schreiben noch deutlich nachgeordnet wird, werden an anderen Stellen die Besonderheiten des Faches Mathematik in den Blick genommen. COUNTRYMAN pointiert ihre Gedanken in der Aussage:

„Knowing mathematics is doing mathematics" (ebd., S. 2).

Dahinter steht der im moderaten Sinne konstruktivistische Ansatz, den Schüler(inne)n im Mathematikunterricht zu ermöglichen, sich ihre mathematischen Wissensbestände selbst zu konstruieren. Dabei spielen die eigene Untersuchung von Themen, das Stellen von Fragen, das Beschreiben, Argumentieren etc. eine Rolle. Diese Aktivitäten können am Besten im Modus des Schreibens umgesetzt werden. Im Bereich der Mathematik erhält dieser Ansatz COUNTRYMAN zufolge ein besonderes Gewicht. Er ist Ausdruck der Hoffnung, dass die aktive Konstruktion von Mathematik der verbreiteten Schülervorstellung entgegen wirkt, die Mathematik sei ein fertiges, in sich geschlossenes und stimmiges Gedankengebäude, das von Schüler(inne)n lediglich als solches übernommen werden kann und muss. Im traditionellen Mathematikunterricht wird diese Vorstellung oftmals propagiert und hat auf Schülerseite eine sehr rezeptive Haltung den Gegenständen der Mathematik gegenüber zur Folge (BAUMERT & KÖLLER 2000, S. 278). Die Ermutigung der Schüler(innen) dazu selbst aktiv zu werden, stellt für COUNTRYMAN einen entscheidenden Gesichtspunkt beim Lernen von Mathematik dar. Einen Bestandteil des Faches Mathematik, der es in besonderer Weise für das Lernen durch Schreiben prädestiniert, sieht COUNTRYMAN im Problemlösen. Ihr zufolge ähneln sich Schreibvorgänge und Problemlösen dahingehend, dass beides rekursive und keine linearen Tätigkeiten sind (vgl. COUNTRYMAN 1992, S. 59ff.). Insofern bilden Schreibprozesse ein geeignetes Übungsfeld für mathematische Problemlöseprozesse.

Vor dem Hintergrund von Mathematik als eines besonderen Faches, das den Schüler(inne)n verstärkt eine rezeptive Rolle aufzwingt, kann der oben genannte Zielkatalog von COUNTRYMAN in gewisser Weise doch als typisch für das Fach Mathematik gelesen werden. Es geht ihr darum, das Selbstvertrauen der Schüler(innen) zu stärken, ihre Beteiligung und Eigentätigkeit zu fördern und den Fokus auch auf Prozesse und nicht nur auf Produkte im

Rahmen des Mathematiklernens zu legen. Für sie geht mit der Förderung von Schreibprozessen zudem eine Stärkung der Kommunikation zwischen Lehrer und Schüler(inne)n sowie der Zusammenarbeit und der Kommunikation in der Klasse einher (ebd., S. 90f.).

Mathematische Lernprozesse verstehen und fördern

WAYWOOD stellt eine Konzeption der Arbeit mit so genannten *journals* dar, die im Rahmen einer experimentellen Studie zum Einsatz von Schreiben im Mathematikunterricht der Sekundarstufe entstanden ist. Mit der Untersuchung sollte zum einen die Frage nach der komplexen Beziehung zwischen dem Schreiben und dem Lernen von Mathematik in den Blick genommen werden und zum anderen eine Begründung für die Einführung von Schreiben als ein Vehikel für das Lernen von Mathematik erarbeitet werden.

Die von WAYWOOD beschriebene Studie erstreckte sich über einen Zeitraum von vier Jahren, wobei die Arbeit mit journals in das bestehende Mathematikcurriculum der betreffenden Schule – einer katholischen Mädchenschule in einem Vorort von Melbourne – integriert wurde. Ca. 500 Schüler(innen) der Klassenstufen sieben bis elf nahmen an der Studie teil. Den Schüler(inne)n wurden für die Führung ihres Journals folgende vier Funktionen bzw. Aufgaben gegeben:

„(1) Summarize
(2) Collect Examples
(3) Ask Questions
(4) Discuss" (Waywood 1992, S. 36).

Diese vier Aspekte sollen WAYWOOD zufolge das abdecken, was unter „intelligent learning" (ebd., S. 71) verstanden wird. Dabei dient der erste Aspekt – „summary" – dem Ziel, Schreiben zu nutzen, um die Integration versus die reine Anhäufung von Wissensbeständen zu ermöglichen. *Collecting examples* ist aufgeführt aufgrund der existentiellen Bedeutung von Beispielen in der Entwicklung des mathematischen Denkens. *Asking questions* wird als selbstverständlicher Bestandteil jeglichen Lernens nicht weiter begründet. *Discussing* kennzeichnet eine Aktivität, die Beteiligung und Mitwirkung von den Schüler(inne)n verlangt (a.a.O.).

WAYWOODS empirische Ergebnisse zeigen, wie unterschiedlich Schüler(innen) bei gleichen Vorgaben die Arbeit mit den Lerntagebüchern interpretieren und dass sich daraus Rückschlüsse auf ihre Einstellung zum Mathematiklernen ziehen lassen. Insofern sind mit ihm die didaktischen Ansätze dahingehend zu erweitern, dass Lerntagebücher die Art und Weise, wie Schüler(innen) ihr Lernen organisieren, spiegeln.

„The mode of journal writing reflects a stance towards learning on the part of the student" (ebd., S. 35).

Gliedert man die so manifest und sichtbar werdenden unterschiedlichen Zugänge von Schüler(inne)n in Niveaustufen, lassen sich nicht nur Diagnosen für den derzeitigen Lernstand eines Schülers bzw. einer Schülerin treffen, sondern es wird für ihn oder sie auch die nächste Entwicklungsstufe aufzeigbar und erkennbar. Die Arbeit mit Lerntagebüchern kann demnach für ein optimiertes Verständnis von Lernprozessen und eine optimierte Rückmeldung vom Lehrer an die Schüler(innen) instrumentalisiert werden.

Gegenstand der von WAYWOOD unternommenen Untersuchung im Rahmen der oben beschriebenen Studie sind die Journale der Schülerinnen selbst. In den Eintragungen der Schülerinnen offenbaren sich unterschiedliche Qualitäten. WAYWOOD hat drei Modi identifiziert und die Eintragungen jeweils folgenden Kategorien zugeordnet: „Recount", „summary" und „dialogue" – Bericht, Zusammenfassung und Dialog (WAYWOOD 1992). (Zur Genese der Kategorien siehe WAYWOOD 1990). Seiner Hypothese zufolge hängt die Art und Weise, in der die Schülerinnen ihr Journal führen, mit ihrer Einstellung zum Lernen zusammen. Die Journale zeigen demzufolge, dass unterschiedliche Schülerinnen ihr Lernen auf unterschiedliche Weise organisieren.

„Underlying the variation arising from language proficiency and ability there seems to be revealed the system of choices that students make in trying to come to grips with a lesson's content" (WAYWOOD 1992, S. 36).

Im Einzelnen sind die Modi der Eintragungen durch folgende Charakteristika gekennzeichnet. Der Bericht – „Recount" – beinhaltet die Beschreibung des Unterrichtsgeschehens. Es handelt sich dabei um eine Berichterstattung, bei der passive Beobachtungen im Mittelpunkt stehen. Im Hinblick auf die Einstellung zum Lernen heißt dies, dass Wissen als außerhalb des Lerners existierend gedacht wird, das vom Lehrer an den Schüler herangetragen wird und von diesem aufgenommen werden muss.

„Knowledge is objective, out there, a thing to be observed and handed over from the teacher to the student, and all that is required of the student is to receive" (ebd., S. 35).

Das entscheidende Merkmal der Zusammenfassung – "summary" – ist das Einordnen, Benennen und Festschreiben des Inhalts – sei es für die gezielte Vorbereitung auf eine Prüfung oder generell für die Beherrschung eines Fachgebiets. Dieses Kernmerkmal deutet nach WAYWOOD auf eine utilitaristische Einstellung zum Lernen hin.

„Knowledge is to be used and as such it has to be integrated with what is already known" (a.a.O.).

Im Falle des Dialogs – „dialogue" – handelt es sich in den Eintragungen um ein Hin und Her, um ein Zusammenspiel, eine Wechselwirkung, einen Austausch verschiedener Überlegungen. Es zeigt sich darin eine kreative Einstellung zum Lernen, bei der Wissen nicht unabhängig vom lernenden Subjekt existiert, sondern erst durch die aktive Auseinandersetzung des Subjekts mit den Lerngegenständen konstruiert bzw. rekonstruiert wird.

„This ‚toing' and ‚froing' signals a creative stance towards knowledge. Knowledge is what is created or recreated" (ebd., S. 36).

WAYWOOD zufolge sind die unterschiedlichen Modi der Eintragungen Ausdruck der unterschiedlichen Lernvorstellungen und Lernzugänge der Schülerinnen. Diese Schlussfolgerung speist sich aus den Beobachtungen der Journaleintragungen über einen längeren Zeitraum, wobei unterschiedliche Schülerinnen sich in Eintragungen jeweils auf den gleichen Unterricht und die gleichen Lerngegenstände beziehen.

„It is tentatively concluded that different students orchestrate their learning differently. Each student has a pattern of organization for learning that informs the composition of journal texts" (a.a.O.).

Schülerinnen interpretieren die oben genannten Aufgaben für die Journaleintragungen auf unterschiedliche Weise und abhängig von ihrer Interpretation gestalten sich dann ihre Eintragungen. In diesem Sinne werden die Interpretationen der Schülerinnen durch den Text in den Journalen lesbar und lassen Rückschlüsse auf ihre Lernvorstellungen zu. WAYWOOD hat die Schülerinneneintragungen – und damit die Lernvorstellungen – in drei Stufen gegliedert. Für den Bereich „ask questions" werden beispielsweise folgende Stufen genannt:

„Junior: Questions are for finding out how to do something. The focus is getting sums right.
Middle: Questions are for probing connections, why one thing follows on from another.
Senior: Questions create lines of inquiry and are tools of analysis" (ebd., S. 37).

Die Gliederung der Einträge in diese Art von Stufen ist eine idealisierte Gliederung, die heuristischen Zwecken dient. Nicht alle Schülerinnen verbalisieren ihre Interpretation der Aufgaben in exakt der hier beschriebenen Weise, es gibt jedoch jeweils eine Mehrheit von Schülerinnen, die dies tut. Betrachtet man in jeder Kategorie die Stufung von „junior" nach „senior", so wird eine Verschiebung von der Betonung von Ereignissen im Unterricht und im Rahmen von Lernprozessen zu einer Betonung von Beziehungen. Diese Bewegung drückt sich in den Journaltexten durch eine Verschiebung von Beschreibungen zu Erklärungen aus (ebd.: 37). CLARKE und andere haben dies als eine Bewegung von „communication about mathematics" über „communicating mathematics" bis zu „using mathematics to communicate" beschrieben (CLARKE, STEPHENS & WAYWOOD 1990).

WAYWOOD hat Überlegungen dazu angestellt, wie sich die unterschiedlichen Eintragungsmodi „recount", „summary" und „dialogue" auf das Mathematiklernen auswirken, d.h. welcher Nutzen dem Journal jeweils zukommt. Er zieht folgende Schlüsse: Schreiben Schülerinnen im Modus des Berichts, d.h. fokussieren sie auf das Nacherzählen von Ereignissen, auf objektive Beschreibungen, und nutzen sie Fragen, um zu klären, wie etwas zu tun ist, und nutzen sie Beispiele, um zu zeigen, wie Antworten aussehen, scheint das Journal nur wenig Einfluss auf ihr Lernen zu haben.

„While students' writing remains in a RECOUNT mode the journal seems to be of little use in advancing their learning. It does serve the purpose of reinforcing facts" (ebd., S. 38)

Schreiben Schülerinnen im Modus einer Zusammenfassung – „summary" – sehen sie die Aufgabe als etwas an, das ihre Beteiligung und Mitwirkung beansprucht. Diese Beteiligung ist utilitaristisch. Beschreibung eröffnet den Weg zu Feststellungen and Organisation. Das Kernmerkmal der Arbeit der Schülerin liegt in der Integration externer Fakten in das interne Wissenssystem. Die Journale zeigen, wie Schülerinnen versuchen, eine Übersicht herzustellen. Es gibt demnach eine Verschiebung von einer Darstellung dessen, was passiert ist, hin zu einer Erklärung des persönlichen Sinns des Inhalts.

„When in this mode students learn the technicalities of mathematics well. They begin to appreciate the explanatory power of mathematics and to want to understand the underlying ideas" (a.a.O.).

Schreiben Schülerinnen im Modus des Dialogs, so sehen sie die Aufgabe im Generieren von Mathematik.

„Learning moves from being externally directed to being internally directed. […] The emphasis is on explaining external phenomena or internal contradictions. […] Students writing in this mode are creating. Their learning is being shaped by their inquiries. Without necessarily wanting to be mathematicians they can appreciate what it is that a mathematician does, and even why he does ist" (a.a.O.).

Die weiteren Ergebnisse von WAYWOODS Untersuchung – neben einem umfangreichen Bestand von Journaleintragungen von Schülerinnen der Klassenstufen sieben bis elf, einem heuristischen Inventar zur Beschreibung und zum Vergleich von Eintragungen und Überlegungen zu Zusammenhängen mit dem Mathematiklernen –, die für die vorliegende Arbeit relevant sind, werden im Folgenden kurz zusammengefasst. Da sich die Studie über einen Zeitraum von vier Jahren erstreckt, ist es möglich, eine Entwicklungsperspektive sowohl hinsichtlich der Eintragungen und Lernvorstellungen der Schülerinnen als auch hinsichtlich des Unterrichtsgeschehens und der Rolle der Lehrenden in den Blick zu nehmen. Interessant ist das Ergebnis, dass sich die Interpretationen der Journalaufgaben für die meisten Schülerinnen verändern, wenn sie länger mit einem Journal arbeiten. Dieses Ergebnis unterstreicht eine andere Studie, in der der Zusammenhang von Journalarbeit und den Schülervorstellungen über Mathematik und Mathematiklernen untersucht wurde (CLARKE, STEPHENS & WAYWOOD 1990). Der Zeitfaktor spielt bei diesen Veränderungen eine entscheidende Rolle – ebenso wie der „conscious teaching effort" (ebd., S. 40). Was den Unterricht betrifft, so stellte WAYWOOD fest, dass sich Elemente des Unterrichtsgeschehens veränderten, sobald die Journalarbeit implementiert war und es eine Einsicht über die unterschiedlichen Levels gab, auf denen die Aufgaben ausgeführt werden konnten. Die Lehrer wurden sich ihrer Rolle als „communicators" (a.a.O.) bewusster und schenkten der Frage, wie das Lernen organisiert ist, mehr Aufmerksamkeit.

„They became aware of, and began to address, elements of learning that haven't traditionally been part of mathematics instruction" (a.a.O.).

Das Journal als ein Lehr- und Lerninstrument rückt Prozesse des Lehrens in den Blick des Lehrers und Prozesse des Lernens in den Blick der Lernenden.

An dieser Stelle wird der Stand der Diskussion und der Forschung bezüglich eines Einsatzes von Lerntagebüchern im Mathematikunterricht noch einmal systematisch zusammengefasst.

Die konzeptionelle Pionierarbeit im deutschsprachigen Raum wurde von RUF & GALLIN geleistet. Sie legen eine elaborierte Fassung dialogischen Lernens vor, in der Lerntagebücher bzw. Reisetagebücher eine elementare Rolle spielen, weil sie sowohl für die Schüler(innen) als „Werkstatt" der individuellen Auseinandersetzung mit Mathematik als auch als Medium für den Dialog und damit als Basis für Rückmeldung fungieren. Diese Form des Einsatzes von Lerntagebüchern verlangt eine fundamentale Haltungsänderung dem mathematischen Lernen gegenüber sowie eine grundsätzliche Änderung des herkömmlichen Mathematikunterrichts. Diese Voraussetzungen sind an vielen Schulen und bei vielen Lehrkräften nicht gegeben, so dass im deutschsprachigen Raum Varianten von Lerntagebüchern konzipiert werden, die sich an RUF & GALLIN orientieren, aber an den eigenen „normalen" Mathematikunterricht angepasst werden. Als zentrale Figuren für diese Adaptionen lassen sich das Moment der Strukturierung für die Sekundarstufe II und der Aspekt des Teamlernens für die Sekundarstufe I identifizieren. Konzipiert werden also ganz unterschiedliche Lerntagebücher, deren gemeinsamer Kern es ist, das Mathematiklernen der Schüler(innen) stärker zu fokussieren und nicht nur die Lernprodukte im Blick zu haben. Dabei werden unterschiedliche Strukturierungshilfen und -vorgaben gemacht, die den Schüler(inne)n in der Regel durch ein entsprechendes Merkblatt vermittelt werden.

Mit Blick auf den englischsprachigen Raum lässt sich die konzeptionelle Bandbreite von Lerntagebüchern um Ansätze der writing-to-learn-Bewegung erweitern. Hier werden Lerntagebücher eingesetzt, um dem Schreiben für das Mathematiklernen eine Funktion zu übertragen.

Was den empirischen Forschungsstand betrifft, so lassen sich neben beispielhaften Einblicken, die RUF & GALLIN in ihre Arbeit und die Lernprozesse ihrer Schüler(inne)n gewähren und systematisierte Erfahrungen von HESKE aus der Praxis lediglich die Ergebnisse von WAYWOODS Studie nennen. Diese zeigen auf der Basis einer Analyse der Lerntagebücher, inwiefern die Eintragungen der Schüler(innen) ihre Lernvorstellungen und -einstellungen spiegeln. Dabei lassen sich die Eintragungen in Niveaustufen gliedern, die unterschiedlich elaborierte Zugänge zum Mathematiklernen demonstrieren und als Basis für eine Rückmeldung an die einzelnen Schüler(innen) durch die Lehrkraft genutzt werden können.

Es ist also durch die Analyse von Eintragungen empirisch belegt, dass die Arbeit mit Lerntagebüchern individuelle Zugänge von Schüler(inne)n zum Mathematiklernen sichtbar machen kann. Je nachdem, welchen Zugang Schüler(innen) zum Mathematiklernen haben, gestalten sie ihre Eintragungen. Die vorliegende Untersuchung kann an diesen Befunden ansetzen und die empirische Forschung weiterführen, indem sie die Vorstellungen von Schüler(inne)n über die Selbst- und Fremdregulation beim Mathematiklernen rekonstruiert und diese Vorstellungen mit einer Nutzung von Lerntagebüchern konfrontiert. Auf diese Weise wird deutlich, welche Bedeutung einzelne Schüler(innen) den Lerntagebüchern für ihre Selbst- und Fremdregulation im Lernprozess zuschreiben.

Zudem setzt die Analyse der Funktionszuschreibungen von Schüler(inne)n für das in dieser Arbeit untersuchte „Mathejournal" an den Erkenntnissen HESKES über die Schülereintragungen an und führt diese in ihrer Bedeutung für eine Entwicklung selbstregulierten Lernens aus.

2.1.4 Einordnung des hier untersuchten Mathejournals

Anknüpfend an den Überblick über didaktische Konzeptionen für den Einsatz von Lerntagebüchern im Mathematikunterricht wird hier die Form des in der vorliegenden Studie untersuchten *Mathejournals* charakterisiert. Es sei darauf hingewiesen, dass dies eine nachträgliche Einordnung ist; der entsprechenden Lehrerin, die das Mathejournal konzipiert hat, lag zwar Literatur bezüglich Lerntagebüchern vor, sie hat jedoch eine an ihren Bedürfnissen orientierte eigene Form entwickelt. Somit wurde in dieser Studie keine bestimmte Form des Lerntagebuchs gezielt als Experiment eingesetzt. Dennoch soll an dieser Stelle deutlich werden, wo das Mathejournal nach jetzigem Stand des Wissens anknüpft und was es erwarten lässt.

Das in dieser Arbeit betrachtete Mathejournal wurde in einem Mathematikgrundkurs der Jahrgangsstufe 12 eingesetzt. Es sollte eine Ergänzung zu den üblichen Tafelmitschriften in den Schülerheften darstellen. Für die Einträge, die zunächst nach jeder Mathematik(doppel)stunde und später nach jeweils einer Woche, d.h. nach drei Mathematikstunden vorgenommen werden sollten, waren drei Punkte vorgegeben:

1. Das habe ich verstanden
2. Fragen
3. Offene Kategorie

Während einer Probephase wurde das Mathejournal verpflichtend, anschließend auf freiwilliger Basis weiter geführt.

Folgendes Merkblatt wurde zu Beginn an die Schüler(innen) verteilt:

Mathejournal – Merkblatt für Schülerinnen und Schüler

1. Warum soll ein Mathejournal geführt werden?

Das Mathejournal soll dir helfen, den roten Faden im Unterricht und bei deiner selbständigen Arbeit nicht zu verlieren. Du sollst wichtige Inhalte übersichtlich strukturieren und damit auch die Klausur- und Abiturvorbereitung verbessern. Dazu gehört auch, dass du bedenkst, wo Probleme liegen und was dir hilft, Mathematik (noch besser...)zu lernen.

2. Zur äußeren Form

Dein Mathejournal wird als eigenes (DIN A5) Heft geführt. Als Hausaufgabe, am besten am Tag des Unterrichts, nimmst du die Eintragung vor. Zur besseren Übersicht kannst du auch die Eintragungen zu neuen Inhalten in einer, die zu Fragen etc. in einer anderen Farbe gestalten.

3. Zum Inhalt

Deine Eintragung soll folgende Aspekte berücksichtigen:

   ☺   Das war heute wichtig:
   ?   Das habe ich nicht verstanden:
   !   Daran muss ich noch denken:

Kennzeichne jede Eintragung mit dem Datum und dem entsprechenden Symbol. Formuliere möglichst in ganzen Sätzen (zumindest zu den ersten beiden Aspekten).

---

4. Die Funktion des Mathejournals im Unterricht

Mich als Lehrerin interessiert, wie ihr mit den Inhalten zurecht kommt und welche Schwierigkeiten es gibt, um darauf eingehen zu können. Die Eintragung zum 1.Aspekt ist deshalb als regelmäßige Hausaufgabe für alle verpflichtend, wird am Anfang der folgenden Stunde vorgelesen und geht in die Beurteilung der laufenden Kursarbeit ein.

Der 2. Aspekt wird nicht kontrolliert: Er soll eine Chance für euch sein, euch Fragen und Unklarheiten bewusst zu machen und diese im Unterricht besser zu klären. Der 3.Aspekt ist eine offene Rubrik, die ihr für euch nutzen könnt. Gute Ideen dazu, was euch beim Lernen hilft, können hier Platz finden und an andere weitergegeben werden.

Bis zu den Sommerferien wird eine Probephase mit dem Mathejournal laufen. Am Ende des 2.Semesters soll über Sinn und Unsinn der Methode gesprochen werden, um dann eine für euch hilfreiche Form für das 3.Semester zu entwickeln.

Ich bin gespannt!

Die Schüler(innen) sollten auf diese Weise angeregt werden, den „roten Faden im Unterricht" zu behalten. Zugleich sollte die permanente Selbstvergewisserung der Schüler(innen) – insbesondere in Bezug auf Fachinhalte, die sie verstanden haben – ihr fachbezogenes Selbstbewusstsein vergrößern. (Ausführlicher zu den Zielen der Lehrerin in Abschnitt 7.2.1)

Die Konzeption des Mathejournals orientiert sich damit stark an dem Aspekt der *Strukturierung*, der als zentral für die Verwendung eines Lerntagebuchs in der Sekundarstufe II identifiziert wurde. Es geht beim Mathejournal also nicht in erster Linie darum, die Schüler(innen) zum Schreiben zu bringen, um so die Aufnahme von und die Auseinandersetzung mit mathematischen Inhalten zu fördern; vielmehr ist die Organisation, Wiederholung und Aufbereitung der Inhalte ein starkes Moment: Das Mathejournal soll zur Vorbereitung auf das Abitur gezielt herangezogen werden können. Bezeichnend hierfür ist das Stichwort „roter Faden", das von der Lehrerin für die Beschreibung des Zwecks des Mathejournals benutzt wird. Es deutet auf eine Orientierungsleistung und eine Strukturierungshilfe hin, die das Mathejournal für die Schüler(innen) erfüllen soll.

Ein Vergleich zu den vorgestellten didaktischen Konzeptionen von Lerntagebüchern zeigt, dass das Mathejournal weniger – wie bei RUF & GALLIN – als eine Werkstatt der eigenständigen Auseinandersetzung mit mathematischen Inhalten gedacht ist, sondern ihm eher eine kontrollierende Funktion zukommt. Zum einen sollen die Schüler(innen) ihr Mathematiklernen kontrollieren, d.h. im Sinne einer Selbstvergewisserung Auskunft darüber geben, was sie bereits verstanden haben und womit sie Schwierigkeiten haben, zum anderen sollen die Eintragungen der Lehrerin Aufschlüsse über das Verständnis und die Defizite einzelner Schüler(innen) geben. Die Unterstützung von Mikroprozessen bei der Auseinandersetzung mit mathematischen Anforderungen, die von RUF & GALLIN durch strukturierende Fragen wie – Was muss ich tun? Wozu machen wir das? Welchen Weg beschreite ich bei der

Lösung des Auftrags? Wo stehe ich jetzt? Wer kann mir weiterhelfen? – gewährleistet wird, ist im Mathejournal nicht vorgesehen.

Die Ausrichtung des Mathejournals an einer sehr pragmatischen Funktion ist damit zu begründen, dass die Schüler(innen) zum Zeitpunkt der Einführung kurz vor dem Abitur standen. Das Einführen einer Probephase, an dessen Ende die Lehrerin im Kurs eine Rückmeldung zur Nutzung des Mathejournals inszeniert hat, war für die Lehrerin sinnvoll, weil weder sie noch die Schüler(innen) Erfahrungen mit dem Einsatz eines Lerntagebuchs im Mathematikunterricht gemacht hatten.

2.1.5 Funktion eines Lerntagebuchs für die Entwicklung selbstregulierten Lernens in Mathematik

In diesem Abschnitt werden Überlegungen dazu angestellt, ob und in welcher Form die dargestellten Konzeptionen von Lerntagebüchern selbstreguliertes Lernen im Fach Mathematik unterstützen können. Wo es möglich ist, wird auf empirische Ergebnisse zurückgegriffen.

Wie in Kapitel 1 ausgeführt, werden in dieser Arbeit in Bezug auf selbstreguliertes Lernen die Aspekte Lernstrategien, Lernprozessüberwachung und Selbstaktivierung betrachtet. Im konkreten Handeln überschneiden sich diese; in diesem Abschnitt werden sie jedoch getrennt von einander betrachtet, um die Instrumente gezielt auf ihre Potenziale hinsichtlich der Entwicklung von Regulationskompetenz zu prüfen.

Entwicklung von Lernstrategien durch die Arbeit mit Lerntagebüchern

In Bezug auf die Entwicklung von Lernstrategien lassen sich in den didaktischen Programmatiken für den Einsatz von Lerntagebüchern einige Hinweise finden. Wo sie nicht explizit genannt sind, lassen sie sich zum Teil konstruieren. Im Wesentlichen kristallisieren sich zwei Ansätze heraus: eine explizite *Anleitung zur Verwendung von Lernstrategien* und die *Unterstützung der Entwicklung von Lernstrategien durch gezielte Rückmeldungen der Lehrkraft.*

Anleitung zur Verwendung von Lernstrategien

Die Arbeit mit einem Lerntagebuch kann durch eine vorgegebene Strukturierung eine Anleitung zur Verwendung von Lernstrategien beinhalten. Dies wird z.B. deutlich an dem von WAYWOOD konzipierten Journal, das für jeden Eintrag vier Punkte vorgibt: *summarize, collect examples, ask questions, dis-*

cuss. Diese vier Punkte lassen sich als Lernstrategien bezeichnen, die mathematikspezifisch ausgelegt werden können. Sie sind von übergeordneter Natur, d.h. als Formen der Reflexion auf alle mathematischen Lerngegenstände anzuwenden. Mit der Vorgabe dieser Lernstrategien im Lerntagebuch werden die Schüler(innen) an Strategien herangeführt, die ihnen sowohl dabei helfen, sich mathematische Inhalte in der konstruktiven und reflexiven Auseinandersetzung mit ihnen anzueignen als auch ihren Lernprozess zu überwachen (s.u.).

Unterstützung der Entwicklung von Lernstrategien durch gezielte Rückmeldungen der Lehrkraft

Neben einer Anleitung zur Verwendung von Lernstrategien, die durch Vorgaben für die Einträge im Lerntagebuch inszeniert werden kann, kann die Arbeit mit Lerntagebüchern die Entwicklung von Lernstrategien durch gezielte Rückmeldungen der Lehrkraft unterstützen. Einen Beleg hierfür liefern die Ergebnisse von WAYWOOD.

Er stellte auf Basis seiner Daten die Hypothese auf, dass die Schreibmodi mit den Lernvorstellungen der Schüler(innen) über Mathematik zusammenhängen:

„The mode of journal writing reflects a stance towards learning on the part of the student" (WAYWOOD 1992, S. 35).

Es lässt sich also festhalten, dass durch ein Journal bzw. ein Lerntagebuch Lernvorstellungen und Lernstrategien der Schüler(innen) dokumentiert und sichtbar gemacht werden. Damit wird den Lehrkräften die Möglichkeit gegeben, auf diese individuell zu reagieren und jeden Schüler und jede Schülerin durch gezielte Rückmeldungen zu unterstützen. In der von WAYWOOD begleiteten Studie wurden für die vier geforderten Eintragungen Niveaustufen festgelegt und beschrieben. Die Beschreibungen basierten auf den leistungsmäßig unterschiedlichen Schülereintragungen, die bis dahin beobachtet wurden. Beispielsweise lauten die Beschreibungen für die niedrigste bzw. die höchste Stufe im Bereich *Summary*:

„Able to regularly copy part or most of the board notes into the journal."

bzw.

"Able to extrapolate from material presented in class, or in a text, and reshape it in terms of own learning needs" (ebd., S. 39).

100

Wurden die *Journals* von der Lehrkraft eingesammelt, wurde für jeden Anforderungsbereich eine Niveaustufe markiert, so dass den Schüler(inne)n aufgezeigt wurde, wie ihre Leistungen eingeschätzt wurden und zugleich, wie eine Verbesserung im Sinne eines Erreichen der nächsthöheren Stufe aussehen könnte. Zugleich ist es möglich, die Stufen an eine Notenskala anzupassen, um für die Journaleintragungen der Schüler(innen) eine Note festlegen zu können (vgl. ebd., S. 38 ff.).

Des Weiteren bestätigt WAYWOODS Studie, dass die Arbeit mit Lerntagebüchern die Lernvorstellungen der Schüler(innen) über einen längeren Zeitraum hinweg zu ändern vermag. Hier ist also festzustellen, dass durch gezielte Rückmeldungen von Lehrer(inne)n an Schüler(innen) deren Eintragungen im Journal auf ein höheres Niveau gehoben werden können.

RUF & GALLIN setzen das Ziel, dass die Schüler(innen) am Aufbau ihrer Fachkompetenz arbeiten. D.h., die Schüler(innen) sollen zum gezielten und reflektierten Einsatz mathematischer (Lern-)Strategien befähigt werden. Regelmäßige Rückmeldungen durch die Lehrkraft haben eine zentrale Bedeutung beim Übergang von individuellen Bedeutungszuschreibungen zur Aneignung der Fachsystematik (vgl. 2.1.1).

Entwicklung der Lernprozessüberwachung durch die Arbeit mit Lerntagebüchern

Hinweise für ein solches Potenzial der Arbeit mit Lerntagebüchern finden sich bei RUF & GALLIN. Die Reisetagebücher lenken den Fokus stark auf den Prozess des Mathematiklernens. Dieser wird durch die eingeforderten Eintragungen folgendermaßen operationalisiert: Der Blick der Schüler(innen) wird durch die Fragen immer wieder auf die entscheidenden Stellen des Lernprozesses gelenkt. Jede Eintragung soll neben dem Datum das Thema enthalten sowie den Auftrag und die Orientierung (Was muss ich tun? Wozu machen wir das?). Neben dieser Form der Vergewisserung, was den aktuellen Lerngegenstand betrifft, wird die Dokumentation und Reflexion der Lernhandlungen eingefordert (Welchen Weg beschreite ich bei der Lösung des Auftrags?) und einen anschließenden Rückblick, der zum einen das Moment der Selbstklärung und zum anderen die Frage nach geeigneter Rückmeldung beinhaltet (Wo stehe ich jetzt? Wer kann mir weiterhelfen?).

Auf diese Weise werden metakognitive Prozesse in Bezug auf das Mathematiklernen systematisiert und moderiert. Die Lerner sind von Anfang an in die Auseinandersetzung mit mathematischen Lerngegenständen involviert, stimmen durch die Eintragungen in den Reisetagebüchern das zu Lernende immer wieder mit der eigenen Person ab. Auf diese Weise kann sich eine individuelle Lernprozessüberwachung, die durch das Reisetagebuch strukturiert ist, bei den Schüler(inne)n entwickeln.

WAYWOOD sieht zudem bei der Arbeit mit Lerntagebüchern einen Anlass für Lehrer(innen), Möglichkeiten der Lernprozessüberwachung im Unterricht zu thematisieren, da Lernprozesse verstärkt in den Blick rücken.

Entwicklung der Selbstaktivierung durch die Arbeit mit Lerntagebüchern

Die Entwicklung selbstregulativer Fähigkeiten auf der Ebene des Selbst – d.h. Selbstaktivierung im weitesten Sinne – wird in den didaktischen Programmatiken in der Regel nur implizit angedeutet. RUF & GALLIN nehmen diese Ebene am stärksten auf. Sie weisen dem „Ich" beim Lernen von Mathematik eine fundamentale Rolle zu. Die Tatsache, dass die individuellen Standortbestimmungen im Reisetagebuch immer wieder eingefordert werden, zeigt, wie ernst das genommen wird, was die Lerner den Lerngegenständen an (Vor-)Wissen und Vorstellungen, aber auch an Emotionen entgegenbringen. Damit ist das Selbst beim Mathematiklernen hinsichtlich seiner Ziele und Motivationen, seiner Bedürfnisse und Blockaden etc. immer schon involviert. Die Lerntagebücher vermitteln den Schüler(inne)n damit nicht nur die Bedeutsamkeit eines eigenen Bezuges zum Fach Mathematik, sondern zeigen auch auf, wie das „Ich" des Lerners beim Mathematiklernen produktiv, konstruktiv und methodisch kontrolliert in den Lernprozess integriert werden kann.

2.1.6   Fazit für die Untersuchung

Generell verweisen die in diesem Abschnitt zu Wort kommenden Autor(inn)en darauf, dass die Implementation von Lerntagebüchern im Mathematikunterricht großer Sorgfalt und Konsequenz durch die Lehrkraft bedarf. Effekte im Unterricht werden nur dann sicht- und spürbar, wenn Lerntagebücher kontinuierlich den Unterricht begleiten. Was die Einstellungen der Schüler(innen) dem Instrument gegenüber betrifft, ändern sich diese über einen längeren Zeitraum hinweg (HUßMANN 2003, S. 49). Es bleibt also festzuhalten, dass die Arbeit mit Lerntagebüchern ihre Potenziale wenn überhaupt nur auf langfristiger Basis entfaltet und dass bis dahin insbesondere der Lehrkraft die Aufgabe zukommt, den Einsatz zu überwachen und zu fördern.

Die dargestellten didaktischen Konzeptionen und insbesondere die empirischen Befunde zur Arbeit mit Lerntagebüchern im Mathematikunterricht rücken zwei zentrale Anschlussstellen für die vorliegende Arbeit in den Blick. Zum einen ist die Beobachtung bedeutsam, dass sich durch die Arbeit mit Lerntagebüchern die Einstellungen der Schüler(innen) zu Mathematik und zum Mathematiklernen verändern können. Es ergeben sich daraus die Fragen, wie diese Veränderungsprozesse zu beschreiben sind und wodurch sie im Einzelnen ausgelöst werden. Beide Fragerichtungen möchte diese Untersuchung aufnehmen, indem erstens die Lernprozesse einzelner Schüler(innen) bezüglich der Selbstregulation beim Mathematiklernen, die im Zusammenhang mit dem Einsatz der Mathejournale zu sehen sind, rekonstruiert werden, und indem zweitens die Funktionen des Mathejournals für die Entwicklung selbstregulierten Lernens heraus gearbeitet werden.

Die zweite zentrale Anschlussstelle entsteht durch die empirisch fundierte Feststellung, dass die Effekte der Mathejournalarbeit nicht nur vom Zeitfaktor abhängen, sondern auch stark vom Einsatz, dem didaktischen Arrangement – und damit von den Einstellungen und Vorstellungen der betreffenden Lehrkraft. Daher werden in dieser Arbeit die unterrichtlichen Umstände, unter denen das Mathejournal im Kurs eingeführt wurde, sowie die Einstellungen der Lehrerin in den Blick genommen. Die Ausgangspunkte, Themen, Fragestellungen, Bedürfnisse der Lehrerin werden als entscheidende Einflussfaktoren genau betrachtet, um Aussagen über die Zusammenhänge von Lehrerintention, Unterrichtsstil, Einführung des Mathejournals etc. zu generieren.

Damit stehen sowohl die Unterrichtsebene als auch die Lernprozesse im Zusammenhang mit der Mathejournalarbeit im Fokus der Rekonstruktionen, was in der Kombination erstmalig empirisch untersucht wird.

2.2 Kompetenzraster im Deutschunterricht

In der vielfältigen und sich stetig erneuernden Landschaft der eingesetzten, empfohlenen und diskutierten Unterrichtsmethoden erfahren so genannte Kompetenzraster oder Qualitätsraster – bzw. *rubrics* im englischsprachigen Raum – eine besondere Aufmerksamkeit (GOODRICH ANDRADE 1997; MÜLLER 2003; SCHREMPF 2002, 2003). Sie sind dabei nicht auf eine Schulform, eine Klassenstufe oder ein Fach beschränkt, sondern flexibel gestaltbare Instrumente, die in den unterschiedlichsten Lernsettings ihren Platz haben können. Im Internet findet man unter dem Suchbegriff „Kompetenzraster" ebenso viele Links im deutschsprachigen Raum wie unter dem Begriff „Rubrics" im englischsprachigen.

Es ist zu vermuten, dass die Kombination von Schülerorientierung und Leistungsorientierung, für die die Raster stehen, verantwortlich für die gegenwärtig hohe Attraktivität der Instrumente ist. Denn sie bedienen zwei zentrale Interessen in den derzeitigen Unterrichtsentwicklungsprozessen.

Ein Kompetenzraster hat die Gestalt einer Tabelle. Es benennt in der Vertikalen zentrale Kriterien für die Leistungen, die in einem bestimmten Lernbereich erwartet werden und legt in der Horizontalen für jedes dieser

Kriterien eine bestimmte Zahl von Kompetenzstufen fest. Die einzelnen Kompetenzstufen für die jeweiligen Kriterien werden in den Feldern der Tabelle auf unterschiedlichen Niveaus beschrieben, so dass sich „Indikatoren" (SCHREMPF 2003, S. 6) für die Leistungen in einzelnen Bereichen ergeben.

Die Literatur zu Kompetenzrastern und die unterschiedlichen Links im Internet zeigen, dass die Arbeit mit Kompetenzrastern maßgeblich aus den Interessen von Praktikern heraus vorangetrieben wird, d.h. von Lehrerinnen und Lehrern, die in Prozesse systematischer Unterrichts- und Schulentwicklung involviert sind. In den entsprechenden Veröffentlichungen wird die jeweils spezifische Ausprägung der didaktischen Konzeptionalisierung dargestellt sowie – sofern bereits vorhanden – eine Beschreibung der im Zusammenhang mit dem Einsatz von Kompetenzrastern im Unterricht gemachten Erfahrungen vorgenommen. Forschungen sind in Bezug auf Kompetenzraster noch nicht vorhanden.

Es handelt sich bei Kompetenzrastern um ein Instrument, das nicht nur auf Praxisebene entwickelt, eingesetzt und erprobt wird, sondern auch auf Praxisebene evaluiert wird. Ergebnisse einer solchen „Evaluierung" liegen dann als Erfahrungsberichte vor. Diese werden auf der Ebene von Empfehlungen von Lehrer(inne)n an Lehrer(innen) weitergeben und sind damit in die Vernetzungs- und Kommunikationsmodi der Professionsgemeinschaft eingebunden.

Im deutschsprachigen Raum sind die im Institut Beatenberg in der Schweiz unter der Regie von MÜLLER (2003) entwickelten und eingesetzten Kompetenzraster ein prominentes Beispiel für die Arbeit mit Kompetenzrastern. Weitere Erfahrungsberichte liegen von SCHREMPF vor (2002, 2003).

Die Arbeit mit Kompetenzrastern ist nicht für den einmaligen Gebrauch, sondern als kontinuierliche Begleitung beim Lernen angelegt. Ein Kompetenzraster betont das Prozesshafte beim Lernen und beim Erbringen von Leistung, indem es Fort-Schritte aufzeigen und damit die Möglichkeit und Sinnhaftigkeit des Fort-Schreitens immer wieder vor Augen führen kann. Es konzentriert sich auf den Erwerbsprozess und spricht damit eine Entwicklungsdynamik beim Lernen an, die MÜLLER (2003) mit „Horizont-Didaktik" umschreibt: Kompetenzraster stecken einen Entwicklungshorizont ab, indem sie in differenzierter Weise den Weg von einfachen Grundkenntnissen hin zu komplexen Fähigkeitsstufen beschreiben.

Zugleich ist ein Kompetenzraster jedoch auch stark produktorientiert, da es sich immer wieder auf einzelne konkrete erbrachte Leistungen bezieht.

Die didaktische Diskussion um Kompetenzraster tangiert damit im Wesentlichen zwei Kernbereiche schulischer Lehr-Lern-Prozesse: Erstens soll ihr Einsatz der Optimierung von *Lernprozessen* dienen; zweitens sollen durch sie Prozesse der *Leistungsbewertung* optimiert werden (vgl. SCHREMPF 2003, S. 1). Im Folgenden werden zunächst diese beiden Aspekte näher beleuchtet (2.2.1 und 2.2.2). Im Anschluss an diese Darstellungen werden die in der vorliegenden Arbeit thematisierten Kompetenzraster in der didaktischen Diskussion verortet (2.2.3). Die Frage, inwiefern Kompetenzraster eine Entwicklung selbstregulierten Lernens im Fach Deutsch unterstützen können, wird im darauf folgenden Abschnitt diskutiert (2.2.4). Den Abschluss dieses Unterkapitels bildet ein Fazit für die vorliegende Untersuchung (2.2.5).

2.2.1 Kompetenzraster zur Optimierung des Lernprozesses

Wie Kompetenzraster konzeptionell in den Dienst einer Optimierung von Lernprozessen gestellt werden, lässt sich am Beispiel des Instituts Beatenberg in der Schweiz beobachten, wo unter der Führung von ANDREAS MÜLLER mit Kompetenzrastern gearbeitet wird. Für MÜLLER stellt die Kompetenzentwicklung der Schülerinnen und Schüler den Ausgangspunkt für die konzeptionelle Entwicklung und den praktischen Einsatz der Kompetenzraster im Unterricht dar. Generell ist die Kompetenzentwicklung der Schüler(innen) für ihn eng damit verknüpft, dass diese einen Sinn in der Schule sehen. Dieser Sinn steht ihm zufolge in Wechselwirkung mit einem Lernverständnis, das die beiden folgenden Aspekte umfasst: Freude an der Leistung und Freude am Tun (MÜLLER 2003). Konkretisiert werden diese Überlegungen zunächst im Konzept der Selbstwirksamkeit, das von MÜLLER als Schlüsselkonzept ausgewiesen wird. Im Folgenden wird an diese allgemeinen Ideen anschließend näher auf die von MÜLLER entwickelte konkrete Arbeit mit Kompetenzrastern eingegangen.

Kompetenzraster werden für alle Lernbereiche konzipiert. Sie liegen allen Schüler(inne)n vor und stellen Referenzwerte dar, zu denen die individuellen Leistungen jedes Schülers und jeder Schülerin in Beziehung gesetzt werden. Die Formulierungen in den einzelnen Feldern der Raster haben die Form präziser Can-do-Statements. Damit wird auf konkreter Praxisebene der Weg für Selbstwirksamkeitserfahrungen der Schüler(innen) bereitet.

„Dieses individuelle Sich-Orientieren an einer Bezugsnorm versteht sich als eine Art Eingangstor zum selbstwirksamen Lernen" (MÜLLER 2003, S. 57).

MÜLLER verwendet das Bild der Lernbaustelle, um sowohl die Prozesshaftigkeit beim Lernen zu betonen als auch die notwendigen Konstruktionsbemühungen, derer es beim Lernen bedarf. Im Zuge des Lernprozesses werden Kompetenzraster, so MÜLLER, „integrale Arbeits-, Selbstführungs- und Evaluationsinstrumente" (a.a.O.). Entscheidend sind dabei die Reflexionsimpulse, die sie setzen und die Rückmeldefunktion, die sie im Lernprozess bekommen können.

„Die Kompetenzraster laden ein zu einer dauernden Reflexion und sind Basis für ein systematisches Feedback. Dieser Prozess stärkt die Selbstreflexionsfähigkeit der Schülerinnen und Schüler als Basis selbstgesteuerten Lernens" (ebd., S. 59).

SCHREMPF weist in diesem Zusammenhang darauf hin, dass sich das Potenzial von Kompetenzrastern insbesondere in einer Rückmeldung der Schüler(innen) untereinander entfalten kann (vgl. SCHREMPF 2003, S. 7). Ihr zufolge

„bekommt jeder Einzelne auf diese Weise wesentlich häufigere und konstruktivere Rückmeldung als im herkömmlichen Unterricht" (ebd., S. 10).

Durch die regelmäßige Arbeit mit Kompetenzrastern wird eine Rückmeldung über die eigenen Leistungen für die Schüler(innen) zum Normalfall und nicht zu einer angstbesetzten Prozedur im Rahmen von Klassenarbeiten. Ingesamt machen SCHREMPF zufolge Kompetenzraster den Unterricht „zugleich schülerorientierter und leistungsorientierter" (ebd., S. 1).

GOODRICH ANDRADE, eine Expertin für Kompetenzraster im englischsprachigen Raum führt an, dass *Rubrics* zudem Lernen, Kompetenzentwicklung und Verstehen unterstützen, indem metakognitive Fähigkeiten wie realistische Selbsteinschätzungen durch *Rubrics* geübt werden, indem *Rubrics* den Schülerinnen und Schülern während der Bearbeitung einer Aufgabe als Orientierungshilfe zur Verfügung stehen und indem Schülerinnen und Schüler die Kriterien der *Rubrics* verinnerlichen und verstehen, worauf es bei der Bearbeitung einer bestimmten Aufgabe ankommt (vgl. GOODRICH ANDRADE 2000, S. 14).

2.2.2 Kompetenzraster zur Optimierung der Leistungsbewertung

Ein entscheidendes Charakteristikum des Kompetenzrasters ist die Arbeit mit Referenzwerten, zu denen individuelle Leistungen von Schüler(inne)n in Beziehung gesetzt werden können. Das Kompetenzraster setzt Bezugsnormen für die Erbringung von Leistung und die Beurteilung von Leistung. Es schafft, so könnte man sagen, eine neue Instanz im Rahmen von Bewertungsprozessen zwischen Lehrer(innen) und Schüler(innen) bzw. verleiht dieser Instanz, die es bereits mehr oder weniger verschlüsselt in Lehrplänen – oder im Kopf des Lehrers – gibt, Ausdruck und Gestalt (vgl. SCHREMPF 2002, S. 40). Dieser Gesichtspunkt wird nicht zuletzt auf der Unterrichtsebene relevant, da er eine Verschiebung in den rollenspezifischen Zuständigkeiten von Lehrer(inne)n und Schüler(inne)n andeutet. Die Hoheit über die Bewertungskriterien fällt nicht mehr mit der Person der Lehrkraft zusammen, sondern tritt in einem neuen Medium sowohl den Schüler(inne)n als auch den

Lehrer(inne)n entgegen. – Dies auch dann, wenn die Kriterien vom Lehrer bzw. der Lehrerin formuliert wurden. Neben dieser Neuordnung von Instanzen deutet sich im Kompetenzraster auch ein Angriff auf die Willkür an, der Schüler(innen) durch die Lehrerbewertungen immer wieder ausgesetzt sind.

HEIDI GOODRICH ANDRADE definiert *Rubrics* wie folgt:

„A rubric is a scoring tool that lists the criteria for a piece of work or 'what counts'. [...] It also articulates gradations of quality for each criterion, from excellent to poor" (GOODRICH ANDRADE 1997, S. 7).

Rubrics entsprechen in ihrer Form den bereits vorgestellten Kompetenzrastern in Tabellenform. Was die Verwendung von *Rubrics* im Unterricht betrifft, so betont GOODRICH ANDRADE deren Funktion für das *Lehren*, d.h. für die Anforderungen, die in den Aufgabenbereich der Lehrerinnen und Lehrer fallen, und dabei insbesondere für die Leistungsbewertung und Zensurenvergabe. Sie schreibt:

„Rubrics make assessing student work quick and efficient, and they help teachers justify to parents and others the grades that they assign to students" (GOODRICH ANDRADE 2000, S. 13).

Damit ist ein Punkt angesprochen, der in Bezug auf die Kompetenzraster am Institut Beatenberg noch nicht thematisiert wurde: Der Aspekt der Rechenschaftsverpflichtung durch die Lehrkraft, was die Bewertungen von Schülerleistungen und die Vergabe von Zensuren angeht (vgl. auch SCHREMPF 2003, S. 8).

GOODRICH ANDRADE führt *Rubrics* als ein differenziertes Bewertungsverfahren ein, das auf transparenten Kriterien basiert, die in Niveaustufen gegliedert sind, und dessen Ziel es ist – analog zu herkömmlichen Formen der Bewertung – eine Note festzulegen. Die Note setzt sich aus Teilbewertungen in Bezug auf einzelne Kriterien zusammen, die den Schülerinnen und Schülern, und auch den Eltern, bekannt sind. SCHREMPF zufolge geht damit eine größere Akzeptanz bei den Schüler(inne)n für die Bewertung einher (SCHREMPF 2003, S. 9).

Die Bewertung von Schülerleistungen auf der Basis von *Rubrics* erfüllt GOODRICH ANDRADE zufolge jedoch nicht nur für die Lehrkräfte eine Funktion, sondern auch für die Schülerinnen und Schüler. Diese besteht zum einen in einem detaillierten und für die Schülerinnen und Schüler informativen Feedback zu ihren erbrachten Leistungen und Lernprodukten, insbesondere wenn es sich um eine längere Arbeitsphase handelt. Sie bezeichnet die *Rubrics* in diesem Zusammenhang als „instructional", was mit „lehrreich" zu übersetzen ist. Die Funktionen sind dabei

„to give students informative feedback about their works in progress and to give detailed evaluations of their final products" (a.a.O.).

Es lässt sich festhalten, dass das Lehren im Bereich der Leistungsbewertung durch Rubrics effektiver gemacht werden soll. Die Bewertung von Schüler-leistungen soll effizienter, transparenter und für die Lehrer(inne) besser zu handhaben sein (vgl. auch SCHREMPF 2003, S. 9). Auch aus Sicht der Schüle-rinnen und Schüler geht es GOODRICH ANDRADE primär um Fragen der Be-wertung einerseits und um die Frage, wie Schüler(innen) ein besseres Niveau erreichen können.

Es lässt sich festhalten, dass Kompetenzraster sowohl im deutschspra-chigen als auch im englischsprachigen Raum diskutiert werden. Als Kernbe-reiche der Funktionen von Kompetenzrastern lassen sich die Optimierung von Lernprozessen und der Leistungsbeurteilung identifizieren. Damit stehen allgemeindidaktische Überlegungen zur Verbesserung von Lehr-Lern-Prozessen im Mittelpunkt.

Es lässt sich weiter festhalten, dass bis jetzt keine empirischen Untersu-chungen zum Einsatz von Kompetenzrastern vorliegen. Die Literatur zu Kompetenzrastern speist sich aus Erfahrungsberichten von Lehrenden und programmatischen Überlegungen.

Die vorliegende Studie greift diese Forschungsdesiderata auf und leistet erstmalig eine empirische Untersuchung des Einsatzes von Kompetenzras-tern. Dieses geschieht fachspezifisch für das Fach Deutsch und stellt als be-sonderen Fokus die Frage nach der Entwicklung selbstregulierten Lernens durch Kompetenzraster ins Zentrum.

Im folgenden Abschnitt wird auf die hier im Blick stehenden Kompe-tenzraster eingegangen.

2.2.3 Einordnung der hier untersuchten Kompetenzraster

Anknüpfend an den Überblick über didaktische Konzeptionen für den Ein-satz von Kompetenzrastern wird hier die Form der in der vorliegenden Studie untersuchten Kompetenzraster charakterisiert.

Der Lehrer Herr Keller hat drei verschiedene Kompetenzraster für drei zentrale Bereiche seines Unterrichts konzipiert: Für von den Schüler(inne)n gestaltete *Präsentationen*, für den *Unterricht* – als eine Rückmeldung an den Lehrer – und für die *Kursmitarbeit* der Schüler(innen). Er hat jeweils sieben bis zwölf Kriterien für den entsprechenden Bereich formuliert und diese in jeweils vier Niveaustufen untergliedert. Keller benutzt dabei keine „Ich-kann"-Formulierungen wie MÜLLER, sondern objektive Beschreibungen von Verhalten, die aus einer Beobachterperspektive formuliert sind. Der Einsatz der drei Raster erfolgt – den Zielen und Zwecken des jeweiligen Rasters angepasst – zu drei unterschiedlichen Zeitpunkten im Schulhalbjahr. Das Kompetenzraster zu Präsentationen wird immer dann eingesetzt, wenn Schüler(innen) selbst erarbeitete Vorträge halten, das Kompetenzraster zum Unterricht wird im letzten Drittel des Schulhalbjahres eingesetzt und das Kompetenzraster zur Kursmitarbeit zum Ende des Halbjahres, wenn die Vergabe der Noten für die Mitarbeit ansteht. Die Kompetenzraster von Keller legen demnach ihren konzeptionellen Schwerpunkt auf die Optimierung von Prozessen der Leistungsbewertung.

Kellers Ziel für die Arbeit mit Kompetenzrastern im Unterricht ist die Transparenz von Bewertungskriterien und die Übernahme von Verantwortung durch die Schüler(innen) (ausführlich zu den Zielen des Lehrers in 7.2.1).

2.2.4 Funktion von Kompetenzrastern für die Entwicklung selbstregulierten Lernens in Deutsch

Dieser Abschnitt konzentriert sich auf die Frage, welche Funktionen Kompetenzraster für die Entwicklung selbstregulierten Lernens im Fach Deutsch bekommen können.

Bei den vorangestellten Konzeptionen und Überlegungen fällt auf, dass Kompetenzraster nicht nur oder schwerpunktmäßig für bestimmte Fächer bzw. Lernbereiche vorgesehen sind. Im Prinzip können sie sowohl fachspezifisch als auch überfachlich konzipiert werden.

Es liegen in Bezug auf den Deutschunterricht keine empirischen Befunde wissenschaftlicher Forschung vor, was die Arbeit mit Kompetenzrastern betrifft. Generell ist die Unterrichtsforschung in Bezug auf das Fach Deutsch noch nicht weit (vgl. KAMMLER & KNAPP 2002, S. 2ff.). Es liegen jedoch Erfahrungsberichte von SCHREMPF (2002, 2003) vor, die sich auf den Deutschunterricht der Sekundarstufen I und II beziehen und in die folgenden Ausführungen einbezogen werden.

Der Blick in die deutschdidaktische Diskussion gibt zudem einzelne Hinweise auf die potentielle Bedeutsamkeit von Kompetenzrastern für die Entwicklung selbstregulierten Lernens in Deutsch. Analog zum Abschnitt über Lerntagebücher werden die drei zentralen Aspekte selbstregulierten Lernens – Lernstrategien, Lernprozessüberwachung und Selbstaktivierung – getrennt voneinander betrachtet.

Entwicklung von Lernstrategien durch die Arbeit mit Kompetenzrastern

Beispielsweise wird im Rahmen der Entwicklung von Textproduktionskompetenzen, einem zentralen Bereich der deutschdidaktischen Diskussion, die

Notwenigkeit der Operationalisierung von Kriterien im Sinne einer Reduzierung der komplexen Anforderungsstruktur an die Textproduktion betont. Damit ist eine Lernbarkeit angesprochen, die in Bezug auf das Schreiben von Texten den Schüler(inne)n vermittelt werden soll.

„Für die Ausbildung von Schreib- und Textkompetenzen gilt es, die Komplexität des gesamten Schreibprozesses zu reduzieren und dadurch transparent und überschaubar zu gestalten. Der Schreiber braucht dafür Methoden, die es ihm ermöglichen, den Gesamtprozess der Textproduktion zu überschauen und diesen als Prozess begreifbar zu machen" (MERZ-GRÖTSCH 2003, S. 804).

Ausgangspunkt für diese Folgerung ist die Komplexität des Schreibprozesses, die die Schülerinnen und Schüler zu bewältigen haben. Um das Schreiben eines Textes als eine plan- und steuerbare Aufgabe zu erfahren, die sich in Teilschritten vollzieht und sich letztlich in einem mehrere Phasen beinhaltenden Prozess gestaltet, ist es notwendig, den Schreibprozess in überschaubare Einzelhandlungen zu zerlegen. Dafür ist eine Operationalisierung des Vorgehens erforderlich. Nur diese erlaubt es, einzelne Schritte zu identifizieren, die für den Schreibprozess bedeutsam sind.

Vor dem Hintergrund dieser Bedarfsfeststellung erscheint die Konzeption eines Kompetenzrasters für die Textproduktion hilfreich. Es könnte sowohl die entscheidenden Kriterien für einen gelungenen Text auflisten und damit für die Schüler(innen) transparent machen als auch durch die Beschreibung unterschiedlicher Niveaustufen eine (Selbst-) Verortung der Schüler(innen) ermöglichen und weitere Entwicklungsmöglichkeiten aufzeigen.

Im Zusammenhang mit der Entwicklung von Textproduktionskompetenzen wird auch auf die Bedeutung der Reflexivität beim Schreiben und auf die Bedeutung des Sprechens über das Geschriebene in der Deutschdidaktik hingewiesen. Auch hierfür ist eine Operationalisierung von Kriterien erforderlich, um die Güte eines Textes angemessen und konkret bewerten zu können.

„Damit das Sprechen über Texte nicht oberflächlich verläuft und sich beispielsweise nicht auf das Äußern des Gesamteindrucks oder von Wertungen wie „gefällt mir", „gefällt mir nicht" beschränkt, brauchen Schülerinnen und Schüler ein differenziertes und überschaubares Instrumentarium, um die Qualität von Texten auch tatsächlich benennen zu können" (ebd., S. 809).

Mit einem solchen Instrument, das ein Kompetenzraster sein könnte, wäre gewährleistet, dass eine Objektivität in den Schreibunterricht eingeführt wird. In diesem Zusammenhang ist auch die Frage der Bewertung angesprochen. Es wäre möglich, die Bewertung von Texten transparenter zu gestalten und die Schülerinnen und Schüler von der Angst zu befreien, bei der Bewertung der Willkür des Lehrers ausgesetzt zu sein.

Neben der Objektivität spielt auch die Strukturierung eines Gesprächs über Texte eine Rolle.

„Ein solches Kriterienraster zur Wahrnehmung und Beurteilung von Textqualitäten erweitert nicht nur den Schreibunterricht um Objektivität und neue Wissensstrukturen, sondern es ermöglicht den Schülerinnen und Schülern auch neue Zugänge zu ihren eigenen und zu fremden Texten. Das Geschriebene wird objektivierbar, es ergibt sich durch die Mehrperspektivität der Kriterien ein breites Spektrum an Ansatzpunkten zur Diskussion über Texte" (a.a.O.).

In diesem Zusammenhang wird auf das Zürcher Textanalyseraster (NUSSBAUMER & SIEBER 1994) hingewiesen. Das Zürcher Textanalyseraster umfasst differenzierte und systematische Zusammenstellungen einzelner Fragen an einen Text. Versucht wird, mit Hilfe des Rasters eine „Schablone für die Textwahrnehmung" (a.a.O) im Unterricht bereitzustellen, die möglichst umfassend, explizit und reflektiert ist.

„Ziel ist, auf der Grundlage des Rasters die Entwicklung einer Gesprächskultur über Texte und deren Qualitäten anzuregen. Beurteilungen und Bewertungen von Schülertexten bleiben so nicht dem Glück, dem Zufall oder der mehr oder weniger angeborenen Begabung überlassen, sondern sowohl das Schreiben selbst als auch das Sprechen über Texte wird dadurch lernbar. Es gilt, sich über Kriterien zu verständigen, die ein vielfältiges Sprechen über Texte für alle am Prozess Beteiligten möglich machen" (a.a.O.).

Beispiele für die Arbeit mit Kompetenzrastern im Deutschunterricht werden von SCHREMPF (2002, 2003) beschrieben. Diese hat Raster im Bereich des Aufsatzschreibens – Personenbeschreibung – und im Bereich der Lesefähigkeit konzipiert. Die Beispiele zeigen, dass eine Konstruktion und Anwendung von Kompetenzrastern im Deutschunterricht möglich und sinnvoll ist: Auch weniger leistungsstarke Schüler(innen) fassen Mut, sich zur nächsten Stufe hochzuarbeiten und machen damit Gebrauch von der differenzierten Beschreibung der Anforderungskriterien. Zudem verbessert sich die Rückmeldekompetenz der Schüler(innen), so dass sie ein qualifiziertes Feedback zu ihren Leistungen bekommen und auf diese Weise zu einem verbesserten Einsatz von Strategien ermutigt und befähigt werden (vgl. SCHREMPF 2002, S. 42).

Entwicklung der Lernprozessüberwachung durch die Arbeit mit Kompetenzrastern

Die Lernenden können durch die Arbeit mit Kompetenzrastern im Deutschunterricht dazu angehalten werden, einen distanzierten Blick auf ihre Leistungen, beispielsweise auf eigene Textproduktionen, zu werfen. Zugleich wird auf derselben Kriterienbasis eine Fremdeinschätzung möglich, die mit der Selbsteinschätzung verglichen werden kann. Leistung im Fach Deutsch wird damit Gegenstand der Reflexion und die Bewertung von Leistung wird Gegenstand von Aushandlung. Inwiefern die Schüler(innen) durch Kompetenzraster als Akteure in ihren Lernprozessen angesprochen und zur Verantwortung gezogen werden, hängt von der Nutzung der Kompetenzraster ab; der punktuelle Fokus auf erbrachte Leistungen müsste um eine Dokumentation und Reflexion des Lernprozesses ergänzt werden bzw. Entwicklungsperspektiven müssen explizit im Rahmen der Arbeit mit Kompetenzrastern thematisiert werden.

Kompetenzraster stärken neben der sozialen Bezugsnorm (der Vergleich mit anderen) und der absoluten Bezugsnorm (der Vergleich mit einer gesetzten Größe) vor allem die individuelle Bezugsnorm (der Vergleich zu eigenen bereits erbrachten Leistungen). Es findet also gleichzeitig eine Fokussierung des individuell Lernenden und die Betonung der für alle geltenden verbindlich vorgegebenen Bezugsnorm statt. Lernen wird dadurch definiert als Brückenschlag bzw. – um das Prozesshafte des Unternehmens auszudrücken – Näherungsanstrengung vom „Ist" zum „Kann" bzw. „Soll". Der Lernerfolg kann am Grad des Fortschreitens gemessen werden.

Entwicklung der Selbstaktivierung durch die Arbeit mit Kompetenzrastern

Ein Kompetenzraster lässt sich als ein Instrument beschreiben, das einen *indirekten* Beitrag zur Kompetenzförderung leistet, indem es erstens einen Impuls zur Reflexion setzt und zweitens das Kompetenz*erleben* ermöglicht. Sich als Lernender mit seinen Leistungen zu vorgegebenen Referenzpunkten in Beziehung zu setzen bzw. sich sachbezogen zu verorten, Orientierung zu erlangen bzw. sich aktiv orientieren sind wichtige Bausteine der Kompetenzentwicklung.

SCHREMPF konstatiert auf der Basis von eigenen Unterrichtserfahrungen, dass die Kompetenzraster die Motivation der Lernenden steigert. Sie sagt:

„Ein Aufsteigen in die nächsthöhere Leistungsstufe wird als machbar gesehen, Schüler sehen sich in einer wesentlich aktiveren Rolle, sie sind eher bereit sich anzustrengen" (SCHREMPF 2003, S. 9).

Bei den Schülerinnen und Schülern kann sich durch die Arbeit mit Kompetenzrastern ein Gefühl der Selbstwirksamkeit (ebd., S. 10) einstellen. Denn

„im Fokus liegen realistische Ziele, Fortschritte, Ermutigung und Erfolg" (ebd., S. 11).

Kompetenzraster können den Blick zudem auch systematisch auf überfachliche Bereiche schulischen Lernens richten, in denen Kompetenzen wie Teamfähigkeit etc. eine Rolle spielen.

2.2.5 Fazit für die Untersuchung

Kompetenzraster wurden in den vorangestellten Abschnitten als ein Instrument zur Optimierung von Lernprozessen einerseits und als ein Instrument für die Optimierung der Leistungsbeurteilung andererseits beschrieben. Es finden sich einige Publikationen in Form von Erfahrungsberichten aus der schulischen Praxis, eine systematische Instrumentenentwicklung steckt jedoch noch in den Anfängen.

Kompetenzraster ermöglichen die Aushandlung von Leistungsmaßstäben, womit zentrale Veränderungen insbesondere für die Schülerrolle verbunden sind, denn sie greifen damit den Kern eines tabuisierten Bereichs von Schule auf. Dieser bezieht sich darauf, dass die Transparenz von Leistungskriterien und die Einbeziehung von Schüler(inne)n in die Leistungsbeurteilung nicht zu den elementaren Bestandteilen des Unterrichts gehören.

Kompetenzraster lassen sich in ihrer Bedeutung für eine Entwicklung selbstregulierten Lernens im Fach Deutsch theoretisch und konzeptionell verorten. Das Referenzsystem bietet Schüler(inne)n die Möglichkeit, ihre eigenen Leistungen zu vorgegebenen Maßstäben in ein Verhältnis zu setzen und die nächste Entwicklungsstufe auszumachen. Die Möglichkeit zur kriterienbasierten Selbst- und Fremdeinschätzung bedeutet eine Hilfestellung in Bezug auf die Lernprozessüberwachung. Zudem ermöglichen Kompetenzraster das subjektive Erleben von Kompetenzzuwachs.

3 Entwicklung und Begründung der Forschungsfragen

In diesem Kapitel werden die Forschungsfragen der vorliegenden Arbeit entwickelt und begründet. Dies geschieht auf Basis der vorangestellten Theorielinien, didaktischen Konzeptionen und empirischen Befunde, die für die Untersuchung der durch Instrumente gestützten Entwicklung selbstregulierten Lernens in Mathematik und Deutsch relevant sind. Kapitel 1 hat das psychologische Konzept selbstregulierten Lernens eingeführt und aufgrund des Forschungsinteresses der vorliegenden schulpädagogischen Arbeit hinsichtlich drei zentraler Aspekte des schulischen Kontextes betrachtet. Dabei wurde erstens herausgearbeitet, dass selbstreguliertes Lernen in Unterricht und Schule als Auseinandersetzung mit Fremdregulation konzipiert werden muss. Für diese Untersuchung ergibt sich daraus die Notwendigkeit, Selbst- und Fremdregulation in ihrem Wechselverhältnis zu betrachten – sowohl auf der Ebene der individuellen Lernprozesse als auch bezüglich der Analyse der didaktischen Arrangements der Feedbackinstrumente Lerntagebücher und Kompetenzraster. Zweitens wurde die zentrale Bedeutung der Lernvorstellungen für die Bereitschaft und Fähigkeit zur Selbstregulation herausgestellt. Die Beliefs der Schüler(innen) über das Lernen in einem Fach beeinflussen deren Vorstellung von der Bedeutung von Selbst- und Fremdregulation für ihr Lernen. Diese Überlegungen bedeuten für die vorliegende Untersuchung, dass die Lernvorstellungen einzelner Schüler(innen) im Mittelpunkt stehen und von diesen ausgehend die Bedeutungszuschreibungen an Selbst- und Fremdregulation rekonstruiert werden. Die Auswirkungen der Arbeit mit Lerntagebüchern und Kompetenzrastern für die Entwicklung selbstregulierten Lernens wird ebenfalls auf der Ebene von Lernvorstellungen vorgenommen. Drittens wurde die Selbstregulation beim Lernen als eine fachspezifische Kompetenz beleuchtet. Dies begründet sich aus dem Fächerprinzip als zentralem Strukturmoment im schulischen Lernkontext. Es zeigte sich, dass die Diskussionen um selbstreguliertes Lernen mit sehr unterschiedlicher Intensität geführt werden bzw. dass die empirische Forschung in der Mathematikdidaktik deutlich weiter ist als in der Deutschdidaktik.

Nach dieser psychologisch und schulpädagogisch ausgerichteten Diskussion selbstregulierten Lernens wurde die Aktualität der Debatte um selbstreguliertes Lernen in gegenwärtigen gesellschaftstheoretischen Diskussionen begründet. Dazu wurde mit Bezug auf die gesellschaftlichen Anforderungen die Bedeutung von Kompetenzen identifiziert, die es der heranwachsenden Generation ermöglichen soll, ihren Lebensweg in dieser Gesellschaft aktiv, bewusst und selbstbestimmt zu gestalten. Aus dem von BAUMERT vorgelegten Kanon zentraler Kompetenzen wurde die Selbstregulation beim Lernen als eine für diese Arbeit besonders bedeutsame Kompetenz herausgestellt, die direkt die Frage nach den Bedingungen und Möglichkeiten fruchtbarer und nachhaltiger Lernprozesse ins Licht stellt.

Im Anschluss an die Verortung selbstregulierten Lernens im derzeitigen gesellschaftstheoretischen Diskurs wurde die Bildungsgangforschung als eine Forschungsrichtung eingeführt, die individuelle Lernprozesse im Spannungsfeld subjektiver Interessen und objektiver Anforderungen zu rekonstruieren versucht und damit einen geeigneten Rahmen für die vorliegende Arbeit darstellt.

Hier stellen sich also Fragen auf der Ebene der individuellen Lernprozesse in Bezug auf die Entwicklung selbstregulierten Lernens. Auch wenn in Bezug auf die Selbstregulation beim Lernen bereits der Ansatz formuliert ist, es müsse sich um ein sukzessives Vermindern von Fremdregulation und ein Stärken der Selbstregulation handeln, bleibt die Frage zunächst offen, was bei Schüler(inne)n passiert, wenn sie ihr Lernen selbstbestimmter regulieren. Es stellt sich die Frage, was sie selbst regulieren können und wollen, wie sie es tun und wo sich für sie Schwierigkeiten ergeben.

In Kapitel 2 wurde der Diskussionsstand bezüglich des Einsatzes von Lerntagebüchern im Mathematikunterricht und von Kompetenzrastern im Deutschunterricht aufgezeigt. Dabei standen fachdidaktische Bezüge hinsichtlich der Bedeutung der Feedbackinstrumente für die Entwicklung selbstregulierten Lernens im Blick. Es konnte demonstriert werden, inwiefern Lerntagebücher für die Entwicklung selbstregulierten Lernens in Mathematik fruchtbar gemacht werden und welche Funktion Kompetenzraster für eine Förderung selbstregulierten Lernens in Deutsch bekommen könnten.

Diese fachdidaktischen Überlegungen machen eine Untersuchung der Entwicklung selbstregulierten Lernens auf der Ebene von Lernarrangements plausibel.

Zusammenfassend lässt sich festhalten, dass unterschiedliche Denktraditionen ihre jeweils eigene Perspektive auf die Notwendigkeit der Selbstregulation beim Lernen einbringen. Neben die soziologische Zeitdiagnose der Bewältigungsanforderung der Enttraditionalisierung und der damit verbundenen Zukunftsoffenheit und Kontingenz von Biographien tritt die Effektivitätsthese der pädagogischen Psychologie in Bezug auf die Ausbildung und Entwicklung selbstregulativer Handlungskompetenzen. In der vorliegenden Arbeit werden konkrete Unterrichtssettings – Prozesse systematischer Rückmeldung – in den Fächern Deutsch und Mathematik dahingehend untersucht, inwiefern sie den Schülerinnen und Schülern Gelegenheiten zum Aufbau und zur Förderung von Selbstregulation bieten. Im Sinne der Bildungsgangforschung werden dabei individuelle Auseinandersetzungsprozesse und Lernverläufe rekonstruiert. Im Einzelnen ergeben sich folgende Forschungsfragen:

Ebene der individuellen Lernprozesse

Rekonstruktion individueller Verhältnisbestimmungen von Selbstregulation und Fremdregulation beim Lernen im Fach

- Welche Verhältnisbestimmungen von Selbstregulation und Fremdregulation im Fach lassen sich bei einzelnen Schüler(inne)n rekonstruieren?

Entwicklung selbstregulierten Lernens

- Wie wirkt sich der Einsatz bestimmter Feedbackinstrumente auf die Entwicklung selbstregulierten Lernens im Fach aus?

Ebene der Lernarrangements

Rekonstruktion der Arbeit mit Feedbackmethoden

- Wie hat sich die Arbeit mit den Kompetenzrastern bzw. dem Mathejournal im Einzelfall gestaltet?

Bedeutung der Feedbackinstrumente für die Entwicklung selbstregulierten Lernens im Fach

- Welche Bedeutung kommt Lerntagebüchern und Kompetenzrastern für die Entwicklung selbstregulierten Lernens zu?

Im folgenden Kapitel wird das Forschungsdesign der vorliegenden Arbeit dargestellt.

Teil II:
Methoden der Untersuchung

In diesem zweiten Abschnitt der Arbeit werden die methodologischen und methodischen Grundlagen der Untersuchung entfaltet. In Kapitel 4 wird zunächst auf die Charakteristika der Schulbegleitforschung eingegangen, die den Forschungskontext dieser Studie darstellt. Kapitel 5 thematisiert die Fragestellungen und Methoden die empirischen Untersuchung.

4 Forschungskontext Schulbegleitforschung

Die vorliegende Arbeit ist im Forschungskontext der Schulbegleitforschung entstanden. Dahinter verbirgt sich ein Forschungsparadigma, das einer spezifischen Form der Kommunikation und Kooperation zwischen Wissenschaftlern auf der einen und Praktikern auf der anderen Seite verpflichtet ist und einige besondere Merkmale im Forschungsprozess aufweist. Zu diesen Besonderheiten gehören von den Wissenschaftlern ausgerichtete *Workshops*, die den Lehrerinnen und Lehrern eine Unterstützung bei der konkreten Unterrichtsentwicklung bieten sollen, und *Rückmeldungen* der Wissenschaftler an die Praktiker im laufenden Forschungsprozess, in denen Ergebnisse der Untersuchungen zurückgespiegelt werden (vgl. BASTIAN & COMBE 2001).

Da die Charakteristika der Schulbegleitforschung das methodische Vorgehen in dieser Untersuchung geprägt und zudem einige zentrale Inhalte dieser Arbeit maßgeblich beeinflusst haben wie beispielsweise die Tatsache, dass Lerntagebücher und Kompetenzraster als Feedbackmethoden untersucht werden, wird in diesem Kapitel zunächst auf den Forschungskontext der Schulbegleitforschung eingegangen, bevor in dem folgenden Abschnitt die Fragestellungen und Methoden der empirischen Untersuchungen dargestellt werden.

4.1 Ziele und Forscherhaltung der Schulbegleitforschung

Im Terminus Schulbegleitforschung kommen zentrale Aspekte dieses Forschungsansatzes zum Ausdruck: Es geht einerseits um unterstützende *Begleitung* der schulischen Praxis und andererseits um deren *Erforschung*. Der spezifische Anspruch der Schulbegleitforschung ist, Entwicklungsprozesse an Schulen so zu begleiten und zu evaluieren, dass sich die Fragen und Ergebnisse sowohl im Feld der Praxis als auch im Bezugssystem von Wissenschaft bewähren (vgl. COMBE 2002, S. 31). Dies bedeutet, dass zunächst einzelne Lehrerinnen und Lehrer, einzelne Lerngruppen bzw. die Einzelschule im Fokus stehen.

Die Modalität, in der Forschung und Praxis im Rahmen von Schulbegleitforschung zusammenwirken, lässt sich mit einer „Pendelbewegung zwischen den Bezugssystemen Wissenschaft und Schulpraxis" (RABENSTEIN 2003, S. 67) umschreiben. Das „Pendeln" manifestiert sich dabei konkret an den folgenden drei Punkten:

- Die *Forschungsfragen* basieren auf in der Praxis beobachteten (Problem-) Konstellationen und einem Dialog mit den Lehrerinnen und Lehrern; sie orientieren sich damit auch an den Bedürfnissen der Praxis.
- Die *Rückmeldung* von Forschungsergebnissen an die Lehrerinnen und Lehrer im Prozess der Schulbegleitforschung ermöglichen Impulse für eine Weiterentwicklung der Praxis.
- Die von den Wissenschaftlern ausgerichteten Workshops sorgen dafür, dass für die Weiterentwicklung der Unterrichtsgestaltung und für die Entwicklung der pädagogischen Kompetenz der Lehrerinnen und Lehrer Impulse gegeben werden und diese moderiert werden.

Das „Pendeln" bzw. die besondere Form der Kooperation zwischen Forscher(inne)n und Praktiker(inne)n sorgt für eine spezifische Nähe zum Forschungsfeld, für detaillierte Einblicke in die Prozesse vor Ort. Es birgt jedoch auch die Gefahr einer Vereinnahmung der Forscher(innen) durch die Lehrer(innen), der reflexiv begegnet werden muss.

Die Potenziale dieses Forschungsansatzes entfalten sich dann, wenn die Differenz der Bezugssysteme Wissenschaft und Praxis nicht aufgehoben, sondern produktiv genutzt wird. Anzustreben ist keine symmetrische Beziehung von Wissenschaft und Praxis, von Forscher(inne)n und Lehrer(inne)n, sondern ein sich ergänzendes Zusammenspiel. In diesem Zusammenhang sucht Schulbegleitforschung nach „Anschluss- und Kooperationsmöglichkeiten" (RABENSTEIN 2003, S. 67) zwischen den beiden Systemen. Auf der einen Seite nimmt die Forscherin bzw. der Forscher an einem Prozess der Schul- bzw. Unterrichtsentwicklung teil; auf der anderen Seite wird die wissenschaftliche Arbeit im Sinne eines Rückzugsraums genutzt, der Distanznahme und der Handlungsentlastung dient und die methodengestützte Weiterentwicklung der Theorie ermöglicht. Dabei wird der Anspruch erhoben, den jeweiligen Eigencharakter sowohl des Wissenschafts- als auch des Praxissystems anzuerkennen (vgl. COMBE 2002, S. 31; MARITZEN 2002).

Aus diesem spezifischen Forschungsverständnis ergeben sich insbesondere drei für den Forschungsprozess relevante Merkmale. Erstens steht die *Fallbezogenheit* als Grundstruktur im Vordergrund. Die Rekonstruktion einer Fallstruktur besteht darin,

„die Lebenspraxis in der Selektivität der Ablaufstruktur ihrer fallspezifischen Entscheidungen auszuformulieren" (ebd., S. 30).

Zweitens spielt die *Beziehung der Wissenschaftler(innen) zu ihrem Gegenüber* eine besondere Rolle. Sie wird als interpretativ und vor allem interaktiv begriffen, was bedeutet, dass sie den Gegenstand der Forschung nicht nur erschließt, sondern ihn überhaupt erst konstituiert (ebd., S. 31). Die Herausforderung für den einzelnen Forscher bzw. die einzelne Forscherin besteht nun darin, seine bzw. ihre Rolle den Lehrer(inne)n sowie der wissenschaftlichen Gemeinschaft gegenüber nicht nur klar zu definieren, sondern sich im konkreten Forschungshandeln und in Interaktionen mit Beteiligten angemessen zu verhalten. Dabei muss z.T. auch mit einem diffusen Erwartungsdruck umgegangen werden, der darin begründet liegt, dass Schulbegleitforschung und insbesondere Unterrichtsforschung ihren Untersuchungsgegenstand nicht nur zu erforschen, sondern auch zugleich konkrete Vorschläge zur Verbesserung von Unterricht zu machen habe (vgl. KRUMMHEUER & NAUJOK 1999, S. 13f). Die Kooperationsbereitschaft der Lehrenden wird beeinflusst durch die Art und Weise, wie sie im Forschungsprozess wahrgenommen und eingebunden werden. Entscheidend ist, dass die Lehrerinnen und Lehrer als Experten für Lehren und Lernen betrachtet und behandelt werden, und nicht etwa lediglich als Probanden bzw. Datenlieferanten (vgl. AGUADO 2000, S. 125 ff.).

Drittens ist der Forschungsprozess im Wesentlichen als ein *Dialog zwischen Forschung und Praxis* zu begreifen. Konkret bedeutet dies, dass Rückmeldungen im Prozess für beide Seiten eine Funktion bekommen:

„Für die Lehrerinnen und Lehrer bieten sie Reflexionsimpulse, Interpretationen und Optionen. Für die Forscher sind es oft mehrperspektivische und kontrastreiche Blicke auf die jeweils zu erforschende Fragestellung und die Ergebnisse" (ebd., S. 32).

Von der Handlungsforschung (vgl. PRENGEL, HEINZEL & CARLE 2004) grenzt sich der Ansatz der Schulbegleitforschung unter anderem dadurch ab, dass nicht von einer Symmetrie zwischen Lehrenden und Forschenden ausgegangen wird. Der zentrale Unterschied zur Aktionsforschung besteht darin, dass Lehrende und Forschende nicht identisch sind (zur Aktionsforschung vgl. ALTRICHTER & POSCH 1998). Vielmehr nehmen beide Gruppen unterschiedliche, arbeitsteilig konzipierte Rollen im Forschungsprozess ein. Die Lehrkraft führt den Unterricht durch und muss dabei permanent Handlungsentscheidungen treffen, die Forscherrolle erlaubt mehr Distanz und bietet Raum zur systematischen Reflexion. COMBE (2002, S. 31) weist in diesem Zusammenhang darauf hin, dass die funktionale Differenz zwischen Wissenschaft und Praxis nicht aufgehoben werden darf. Die Rollen sind arbeitsteilig angelegt und lassen sich nicht integrieren.

4.2 Workshops

An dem Projekt „Feedback im Unterricht" haben neben zwei Professoren und drei Doktoranden insgesamt acht Lehrerinnen und Lehrer von drei verschiedenen Schulen teilgenommen; neben Lehrkräften der gymnasialen

Oberstufe, die in dieser Arbeit im Fokus stehen, waren Lehrerinnen und Lehrer einer Gesamtschule mit Sekundarstufe I und II sowie eines Gymnasiums mit der Sekundarstufe I vertreten.

Im Laufe des Jahres, in dem die wissenschaftliche Begleitung des Projektes „Feedback im Unterricht" stattfand, wurden drei vierstündige Workshops für die beteiligten Lehrerinnen und Lehrer ausgerichtet, welche die Entwicklung und Implementation von jeweils individuellen Feedbackmethoden im Unterricht inspirieren, unterstützen und evaluieren sollten. Die Workshops wurden von der wissenschaftlichen Begleitung konzipiert und durchgeführt. Im Folgenden werden die drei Workshops mit ihren jeweiligen Zielen und Methoden knapp skizziert.

Erster Workshop: Selbstklärung und Entwicklungsimpulse

Der erste Workshop fand im April 2003 statt. Ziel dieser Auftaktveranstaltung war es, den Lehrer(inne)n bei der Konzeption und Entwicklung einer Feedbackmethode zu unterstützen, die sie in absehbarer Zeit in ihrem Unterricht einsetzen wollen. Dazu war es nötig, bei den Lehrer(inne)n eine Selbstklärungsphase zu initiieren, in der sie sich über ihre Vorstellungen von Feedback, ihre Vorerfahrungen und ihre Erwartungen bewusst werden konnten. In Kleingruppen wurden folgende Aspekte bearbeitet:

- Welche Feedbackmethoden wurden bisher im Unterricht praktiziert?
- Welche Ziele sollen mit dem Einsatz von Feedback erreicht werden?
- Welche Fragen stehen im Vordergrund?

Der erste Workshop lieferte für alle beteiligten Lehrer(innen) eine Selbstklärung der Ausgangslage und der Zielvorstellung in Bezug auf die Arbeit mit systematischem Feedback im Unterricht.

Zweiter Workshop: Kollegiale Beratung im laufenden Entwicklungsprozess

Der zweite Workshop fand im August 2003 statt. Ziel des Workshops war es, die begonnenen Feedback-Projekte der Lehrer(innen) voranzubringen. Um dies für alle konstruktiv und effektiv gestalten zu können, wurden die Lehrerinnen und Lehrer gebeten, im Vorfeld den Stand ihrer jeweiligen Feedbackaktivitäten seit dem letzten Workshop zu dokumentieren sowie die eigenen Bedürfnisse bezüglich einer Beratung zu identifizieren. In Kleingruppen fand eine kollegiale Beratung von allen Beteiligten statt, die anknüpfend an der Ausgangslage und den Beratungsinteressen der Lehrer(innen) neue Impulse für die weitere Feedbackarbeit setzen sollte.

Im zweiten Workshop wurden Handlungsansätze und Lösungsschritte entwickelt, mit denen die Lehrer(innen) in ihren skizzierten Problemfeldern weiter arbeiten können.

Dritter Workshop: Diskussion der Erfahrungen

Der dritte Workshop fand im Februar 2004 statt. Ziel war es, aus der bisherigen Feedbackarbeit der Lehrerinnen und Lehrer gemeinsam Schlüsse ziehen. Entlang von zentralen Aspekten der Feedbackarbeit wurden die gemachten Erfahrungen mit dem Einsatz von Feedbackmethoden diskutiert:

- Die Bedeutung von Feedback für die Selbst- und Fremdbewertung
- Die Bedeutung von Feedback für fachliches Lernen
- Die Bedeutung von Feedback für die Entwicklung von Arbeitsformen / Sozialverhalten

In Bezug auf den Teilnahmemodus wurde die Unterscheidung von „Postervorstellung" und „kollegialer Beratung" vorgenommen. Eine Postervorstellung bereiteten diejenigen Lehrer(innen) vor, die ihre Arbeit und Fragen in einer Kleingruppe zur intensiven Diskussion stellen wollten; die anderen Lehrer(innen) nahmen an einer Kleingruppe als kollegiale Berater teil und konnten dort auch eigene Fragen einbringen.

Der dritte Workshop ermöglichte allen beteiligten Lehrer(inne)n ausgehend von den eigenen Erfahrungen mit systematischem Feedback im Unterricht vertiefte Einsichten in Zusammenhänge, Problemzonen und Potenziale von Feedback.

Im Rahmen der Schulbegleitforschung sollen die Workshops Raum und Möglichkeit bieten, sowohl die Entwicklungsimpulse als auch den Erfahrungskrisen der Lehrer(innen) zu analysieren und zu diskutieren. Der wissenschaftlichen Begleitung kommt dabei die Rolle zu, die Reflexion der Lehrer(innen) zu unterstützen, d.h. zu moderieren und zugleich theoretisch fundierte Impulse für die Reflexion zu setzen. Es geht in den Workshops darum, die individuellen Entwicklungswünsche und -Potenziale der Lehrer(innen) zu fördern und diese mit den theoretischen und konzeptionellen Überlegungen zu systematischem Feedback zu vermitteln.

Welche Impulse und Entwicklungsschritte die Workshops bei den betreffenden Lehrkräften, die in dieser Arbeit im Fokus stehen, initiiert haben, wird in den Abschnitten 5.2 und 6.2 erläutert, in denen die Entwicklung und Durchführung der jeweiligen Feedbackmethode dargestellt wird. Dabei wird insbesondere auf die jeweiligen Ziele der Lehrkräfte eingegangen.

Für die Wissenschaftler erfüllen die Workshops die Funktion, Einblick in Entwicklungsvorstellungen und -dynamiken, Reflexionen und konstruktive Lösungsansätze auf Lehrerseite zu bekommen.

4.3 Rückmeldung im Prozess

Neben den Workshops, deren vorrangiges Ziel es war, die Arbeit der Lehrerinnen und Lehrer systematisch zu unterstützen, fanden im weiteren Entwicklungs- und Forschungsprozess Rückmeldungen der wissenschaftlichen Begleitung an die Lehrerinnen und Lehrer statt. Hierbei ging es um das Einspielen wissenschaftlich erhobener Daten in die Arbeits- und Reflexionsprozesse der Lehrerinnen und Lehrer, die für beide Seiten im Forschungsprozess eine Funktion bekommen:

„Für die Lehrerinnen und Lehrer bieten sie Reflexionsimpulse, Interpretationen und Optionen. Für die Forscher sind es oft mehrperspektivische und kontrastreiche Blicke auf die jeweils zu erforschende Fragestellung und die Ergebnisse" (COMBE 2002, S. 32).

Im Rahmen dieses Forschungsprojektes fanden jeweils eine Rückmeldung an die Lehrerin bzw. an den Lehrer statt sowie Rückmeldungen an die Schülerinnen und Schüler in den beteiligten Kursen. Konkret bedeutete dies, dass erste Rekonstruktionen der erhobenen Daten den betreffenden Lehrer(inne)n im Rahmen eines Treffens mit der wissenschaftlichen Begleitung zunächst in schriftlicher Form übermittelt wurden. Wie in einem Brief wurde die jeweilige Lehrerin bzw. der jeweilige Lehrer direkt und persönlich angesprochen. Die schriftliche Rückmeldung wurde von den Verfasser(inne)n vorgelesen und bildete die Grundlage für ein nachfolgendes Gespräch. Die Gespräche mit den Lehrer(inne)n wurden dabei auf Tonband aufgenommen und für die weitere Auswertung herangezogen.

Die Rückmeldungen an die Schüler(innen) in den Kursen wurden in einem kurzen Vortrag präsentiert und im Anschluss gemeinsam diskutiert.

5 Fragestellung und Methoden für die empirische Untersuchung

In diesem Kapitel werden die Fragestellungen, das Untersuchungsfeld sowie die Methoden zur Datenerhebung und -auswertung der empirischen Untersuchung dargestellt. Abschnitt 5.1 thematisiert die Präzisierung der Forschungsfragen, die in Kapitel 1 auf Basis der identifizierten Forschungslücken entwickelt wurden. Im Zusammenhang damit wird auf die Eingrenzung des Untersuchungsfeldes eingegangen. Daran schließen sich im Abschnitt 5.2 methodologische Vorüberlegungen zur Datenerhebung und -auswertung an. In Abschnitt 5.3 wird das leitfadengestützte Interview als die zentrale Erhebungsmethode dargestellt, die Wahl begründet sowie beschrieben, wie sich der Prozess der Datenerhebung gestaltet hat. In Abschnitt 5.4 werden die Verfahren der Datenauswertung erläutert. Abschließend wird im Abschnitt 5.5 dargelegt, wie die Ergebnisse der Untersuchung präsentiert werden.

5.1 Fragestellung und Eingrenzung des Untersuchungsfeldes

In diesem Abschnitt werden die in Kapitel 1 formulierten großen Forschungsfragen in Teilfragen gegliedert, die für die empirische Untersuchung handhabbar sind. Aus der Auffächerung der Teilfragen ergeben sich Kriterien für die Eingrenzung des Untersuchungsfeldes, welche hier ebenfalls vorgestellt werden soll.

Auffächerung der großen Forschungsfragen in Teilfragen

Die großen Forschungsfragen, die sich aus dem Stand der Diskussion bestimmen lassen, thematisieren im Kern die Ebene individueller Lernprozesse und die Ebene der didaktischen Lernarrangements. Im Folgenden wird die Auffächerung in Teilfragen für jede Ebene vorgenommen.

Ebene der individuellen Lernprozesse

Auf der Ebene der individuellen Lernprozesse fokussiert die vorliegende Arbeit die Rekonstruktion individueller Verhältnisbestimmungen von Selbstregulation und Fremdregulation beim Lernen im Fach sowie die Frage nach der individuellen Entwicklung selbstregulierten Lernens. Die großen diesbezüglichen Forschungsfragen lauten:

- Welche Verhältnisbestimmungen von Selbstregulation und Fremdregulation im Fach lassen sich bei einzelnen Schüler(inne)n rekonstruieren?
- Wie wirkt sich der Einsatz bestimmter Feedbackinstrumente auf die Entwicklung selbstregulierten Lernens im Fach aus?
- Im Einzelnen ergeben sich daraus die folgenden Teilfragen:
- Welches Bild haben einzelne Schüler(innen) von ihrem Mathematiklernen bzw. ihrem Deutschlernen?
- Welche Rolle spielt die eigene Selbsttätigkeit in ihrem Bild vom Mathematiklernen bzw. vom Deutschlernen?
- Welche Rolle spielen der Unterricht und insbesondere die Lehrperson in ihrem Bild vom Mathematiklernen bzw. vom Deutschlernen?
- Welche Funktionen schreiben einzelne Schüler(innen) dem Mathejournal bzw. den Kompetenzrastern für ihr Lernen im Fach zu?
- Inwiefern verweisen die Funktionszuschreibungen der Schüler(innen) an die Instrumente auf eine Entwicklung selbstregulierten Lernens im Fach?

Ebene der Lernarrangements

Auf der Ebene der Lernarrangements stehen die Rekonstruktion der Arbeit mit Feedbackmethoden sowie die Frage nach den Gelegenheiten der Feedbackinstrumente für die Entwicklung selbstregulierten Lernens im Fach im Mittelpunkt. Die großen diesbezüglichen Forschungsfragen lauten:

- Wie hat sich die Arbeit mit den Kompetenzrastern bzw. dem Mathejournal im Einzelfall gestaltet?
- Welche Bedeutung kommt Lerntagebüchern und Kompetenzrastern für die Entwicklung selbstregulierten Lernens zu?
- Im Einzelnen ergeben sich daraus die folgenden Teilfragen:
- Welches Skript liegt dem jeweiligen Unterricht zugrunde, in dem die Arbeit mit dem Mathejournal bzw. Kompetenzrastern integriert wurde?
- Welche Ziele verfolgen die Lehrer(innen) bei der Einführung der Feedbackmethoden?
- Wie gestaltet sich die Arbeit mit den Feedbackmethoden?
- Welche Ebenen selbstregulierten Lernens können durch das Mathejournal bzw. durch die Kompetenzraster bei den Schüler(inne)n der gymnasialen Oberstufe gefördert werden?
- Welche didaktischen Konsequenzen lassen sich für die Arbeit mit dem Mathejournal bzw. den Kompetenzrastern ziehen?

Die im vorangegangenen Abschnitt explizierten Forschungsfragen, die im Kontext der Schulbegleitforschung zu sehen sind, legen ein rekonstruktives Vorgehen nahe, das die Exploration auf der Ebene von Einzelfallstudien einschließt. Aufgrund der Interessen der am Projekt beteiligten Lehrkräfte und der wissenschaftlichen Forschungsinteressen, die für diese Arbeit leitend sind, hat sich ein Arbeitsbündnis mit zwei Lehrkräften der gymnasialen Oberstufe einer Gesamtschule ergeben. Die betreffenden Lehrkräfte unterrichteten einen Deutschgrundkurs und einen Mathematikgrundkurs im zwölften Jahrgang.

Lerngruppen anderer Schulen in die Untersuchung mit einzubeziehen, wäre für den Ansatz dieses Forschungsprogramms zu aufwändig gewesen. Damit war das Untersuchungsfeld klar umrissen.

5.2 Methodologische Vorklärungen zur Datenerhebung und -auswertung

Wie bereits angedeutet, legen die Untersuchungsfragen dieser Arbeit ein exploratives Vorgehen nahe, das den Untersuchungsgegenstand in seiner Tiefe erschließt und das sich an der Rekonstruktion von Einzelfällen orientiert. Da sich der Forschungsstand bezüglich der von den Schüler(inne)n bewusst wahrgenommenen Selbst- und Fremdregulation in den Fächern Deutsch und Mathematik sowie bezüglich der Möglichkeiten einer gezielten Erweiterung der Fähigkeit zur Selbstregulation als lückenhaft und teilweise unsicher erwies, wäre ein Zugang unangemessen, der auf das Prüfen vorab formulierter Hypothesen mittels quantitativer Methoden abzielte. Die Wahl quantitativer Methoden würde auch dem Forschungsgegenstand nicht gerecht, geht es doch bei individuellen Vorstellungen – zumindest in einem ersten Zugriff – um die Kognitionen einzelner Individuen. Es bietet sich von daher ein qualitatives Forschungsparadigma an, denn es

„sind Forschungsstrategien gefragt, die zunächst genaue und dichte Beschreibungen liefern. Und die dabei die Sichtweisen der beteiligten Subjekte, die subjektiven und sozialen Konstruktionen ihrer Welt berücksichtigen" (FLICK ET AL. 2004, S. 17).

Im Folgenden werden die Charakteristika qualitativer Forschung, die für diese Arbeit relevant sind, zusammengestellt und mit Blick auf die vorgestellten Untersuchungsfragen erläutert.

Ziele des Forschungsansatzes der vorliegenden Arbeit: Die Rekonstruktion und Konstruktion subjektiver Sichtweisen

Der Forschungsansatz ist innerhalb der qualitativen Sozialforschung jener Forschungsrichtung zuzuordnen, der es um das *Verstehen* der Sicht der Subjekte geht (FLICK 1991, S. 152), um das *Dokumentieren* des Subjektiven (REICHERTZ 1996, S. 80) bzw. das *Rekonstruieren* der Subjektivität, den „Nachvollzug des subjektiv gemeinten Sinns" (LÜDERS & REICHERTZ 1986, S. 92). Diese Facetten des Forschungsansatzes lassen sich um einen weiteren Aspekt ergänzen: Die Leistung des Forschers bzw. der Forscherin besteht nicht nur darin, die Sicht der Subjekte möglichst angemessen darzustellen, sondern beinhaltet auch, dass der Forscher bzw. die Forscherin sein bzw. ihr Bild von der Sicht der Subjekte *konstruiert*. Der Forscher bzw. die Forscherin ist auf dieses konstruktive Element angewiesen, da die Rekonstruktion der Sicht der anderen immer nur näherungsweise und unvollkommen sein kann. Vor diesem Hintergrund scheint es angemessen, in dieser Arbeit nicht nur eine „Rekonstruktion subjektiver Sichtweisen" anzustreben, sondern die Ergebnisse „als ‚ein Zwischen' von Rekonstruktion und Konstruktion zu bezeichnen" (SCHRÜNDER-LENZEN 1997, S. 112).

Das allgemeine Ziel, das mit der Rekonstruktion und Konstruktion subjektiver Sichtweisen verfolgt wird, ist in qualitativer Forschung das Entdecken und die Theoriebildung.

„In ihrer Zielsetzung ist qualitative Forschung noch immer eine entdeckende Wissenschaft. [...] An die Entdeckung des Neuen in den Daten schließt sich häufig die Entwicklung von Theorien aus der Empirie als Großziel qualitativer Forschung an" (FLICK ET AL. 2004, S. 24).

Um den Anspruch qualitativer Forschung auf die Rekonstruktion und Konstruktion subjektiver Sichtweisen mit dem Ziel der Entdeckung und Theoriebildung erfüllen zu können, sind das *Prinzip der Offenheit im Forschungsprozess* sowie die *Analyse von Einzelfällen und die Bildung von Typen* von zentraler Bedeutung. Auf beide Aspekte wird im Folgenden eingegangen.

Das Prinzip der Offenheit im Forschungsprozess

Das in qualitativer Forschung zentrale Prinzip der Offenheit meint, dass der Forscher während des gesamten Forschungsprozesses sowohl den Untersuchungspersonen selbst als auch der Untersuchungssituation und den im Einzelnen anzuwendenden Methoden offen und flexibel gegenübersteht. Im Falle eines unerwarteten Verlaufs der Untersuchung muss das methodische Instrumentarium an den Untersuchungsgegenstand angepasst werden, nicht umgekehrt (vgl. LAMNEK 2005, S. 258 f.).

Auch wenn qualitative Forschung sich nicht als hypothesenprüfendes, sondern als hypothesengenerierendes Verfahren versteht (vgl. LAMNEK 2005, S. 21), kommt theoretischem Vorverständnis im Forschungsprozess eine Bedeutung zu. Theoretische Positionen spielen sowohl hinsichtlich der verwendeten Methoden zur Datenerhebung als auch in Form von Vorhypothesen und Vermutungen eine Rolle bei der sukzessiven Entwicklung einer Theorie. Das theoretische Vorverständnis ist jedoch stets als vorläufig zu betrachten und darf das Prinzip der Offenheit nicht unterlaufen. Der entdeckende Charakter qualitativer Forschung impliziert, dass sich die Forscher (innen) auf etwas einlassen, sich überraschen lassen können müssen.

Mit dem postulierten Prinzip der Offenheit geht einher, dass der Prozess der Theoriebildung nicht linear verläuft, da die einzelnen Bestandteile des Forschungsprozesses wie zum Beispiel Methoden der Datenerhebung und Analyseverfahren in einer wechselseitigen Abhängigkeit stehen. In der Zirkularität, in der sich der Forschungsprozess vollzieht (vgl. MRUCK, JÄGGI & FAAS 1998), liegt die Stärke des qualitativen Ansatzes, weil das gesamte Forschungsvorgehen und seine Teilschritte permanent reflektiert werden (vgl. FLICK 1998, S. 59). Ausgangspunkt der Entscheidungen für bestimmte Verfahren sind immer die Daten und das Feld, in dem sich der Forscher bzw. die Forscherin bewegt, nicht die theoretischen Vorannahmen des Forschers bzw. der Forscherin.

„Für qualitative Forschung ist typisch, dass der untersuchte Gegenstand und die an ihn herangetragene Fragestellung den Bezugspunkt für die Auswahl und Bewertung von Methoden darstellen" (FLICK ET AL. 2004, S. 22).

Bei der Auswahl der untersuchten Subjekte steht nicht deren Repräsentativität im Vordergrund, sondern deren Relevanz für die Fragestellung (vgl. LAMNEK 2005, S. 183). Die einzelnen Untersuchungsschritte müssen im Forschungsprozess expliziert werden, um den kommunikativen Nachvollzug zu ermöglichen.

In Bezug auf die vorliegende Arbeit wurde das Prinzip der Offenheit sowohl im Rahmen der Datenerhebung gewahrt – so wurde beispielsweise ein Interview mit der sechsten Schülerin erst geführt, als sich im Zuge der Datenanalyse herausstellte, dass dieses für die Fragestellung weiterführende Ergebnisse versprach – als auch im Rahmen der Datenanalyse, in der unterschiedliche Verfahren eingesetzt und erprobt wurden. Für den Forschungsprozess war es insgesamt bedeutsam, Offenheit als eine „Grundhaltung" in Bezug auf die Untersuchungspersonen, die Situation und die Methoden (LAMNEK 2005, S. 21) zu verstehen.

Die Analyse von Einzelfällen und die Bildung von Typen

Die Analyse von Einzelfällen und die Bildung von Typen spielt in qualitativen Studien eine zentrale Rolle. Dabei wird in einem ersten Schritt an der Analyse oder Rekonstruktion von Einzelfällen angesetzt; der zweite Schritt beinhaltet einen Vergleich der Fälle (vgl. FLICK ET AL. 2004, S. 23). Im Verfahren der Fallkontrastierung wird das zum Fall, was „sich vom Gewohnten, Normalen, Durchschnittlichen abhebt" (FATKE 1997, S. 61). Fälle stehen also stets im Spannungsfeld von Besonderem und Allgemeinem; sie stehen für das Einzelne, werden aber erst dadurch zum Fall, dass sie unter einer bestimmten forschungsrelevanten Perspektive analysiert und bewertet werden. Insgesamt stellen Fallstudien ein Verfahren dar,

„das die Komplexität und Ganzheitlichkeit eines Falles durch detaillierte und profunde Analyse erhalten möchte und zugleich Aussagen über Beziehungsstrukturen macht, ohne sich auf einzelne, isolierte Variablen zu beschränken" (REINHOLD 1991, S. 155).

Verfahren des Fallvergleichs, der Fallkontrastierung und der Typenbildung kommt in der qualitativen Forschung eine besondere Bedeutung zu (vgl. KELLE & KLUGE 1999, S. 9).

„Typenbildenden Verfahren können im Forschungsprozeß nämlich sowohl deskriptive als auch hypothesengenerierende Funktionen zukommen (KELLE & KLUGE 1999, S. 9).

Die deskriptive Funktion verweist darauf, dass mit Hilfe einer Typenbildung die Komplexität sozialer Realität durch Strukturierung und Informationsreduktion beschrieben werden kann. Ein Gegenstandsbereich wird übersichtlich und (be-)greifbar, wenn sowohl seine Breite und Tiefe erfasst werden als auch charakteristische Züge, eben das „Typische" seiner Teilbereiche (vgl. a.a.O.).

Die hypothesengenerierende Funktion verweist darauf, dass – im Anschluss an eine strukturierte Beschreibung komplexer Zusammenhänge – Typologien auch als Heuristiken der Theoriebildung dienen können. Die Verdeutlichung zentraler Ähnlichkeiten und Unterschiede im Datenmaterial ist dabei Ausgangspunkt für die Formulierung von Hypothesen über allgemeine Beziehungen (a.a.O.).

Mit der Charakterisierung der gebildeten Typen sind die Prozesse der Einzelfallanalyse und der Typenbildung abgeschlossen. Der umfassenden Beschäftigung mit Einzelfällen kommt also gerade dann ein bedeutender Stellenwert zu, wenn sehr komplexe Sachverhalte erfasst werden sollen wie zum Beispiel die Sichtweisen eines Subjekts zu einem umfassenden Realitätsbereich.

Im Rahmen der vorliegenden Arbeit wird auf die Einzelfallanalyse und die Typenbildung zurückgegriffen, um die Sichtweisen einzelner Schüler(innen) auf ihr Lernen im Fach sowohl in der Breite als auch in der Tiefe angemessen rekonstruieren zu können und Hypothesen über die Bedeutsamkeit von Methoden systematischen Feedbacks für eine Entwicklung selbstregulierten Lernens zu generieren.

5.3 Erhebungsmethoden

In diesem Abschnitt werden die Erhebungsmethoden, die in dieser Untersuchung zur Anwendung gekommen sind, dargestellt. Die zentrale Erhebungsmethode ist das leitfadengestützte Interview; dieses wurde sowohl für die betreffenden Schüler(innen) als für die Lehrer(innen) verwendet. Daneben wurden Unterrichtsbeobachtungen vorgenommen und Gespräche im Rahmen der durchgeführten Workshops aufgezeichnet, in denen die am Projekt beteiligten Lehrer(innen) ihre Erfahrungen, Konzepte und Perspektiven in Bezug auf die Arbeit mit systematischem Feedback im Unterricht diskutieren.

5.3.1 Interviews mit Schüler(inne)n als zentrale Erhebungsmethode

Die Stichprobe

Um einen Vergleich zwischen den Verhältnisbestimmungen der Schüler(innen) von Selbstregulation und Fremdregulation beim Lernen in zwei unterschiedlichen Fächern zu gewährleisten, bot es sich an, diejenigen Schüler(innen) in das Sample aufzunehmen, die sowohl in dem betreffenden Deutschkurs als auch in dem betreffenden Mathematikkurs sind. Es zeigte sich, dass diese Überschneidungsmenge aus vier Schülerinnen und zwei Schülern besteht. Eine weitere Auswahl von Schülerinnen und Schülern in das Sample sollte gewährleisten, dass eine heterogene Gruppe in Bezug auf das Geschlecht und die Leistungen in den Fächern entsteht. Gespräche mit beiden Lehrkräften haben verdeutlicht, dass diese sechs Schüler(innen) bereits eine unter den genannten Gesichtspunkten heterogene Gruppe bilden. Die folgende Tabelle basiert auf den Noten des ersten Halbjahres und den Einschätzungen der betreffenden Lehrkräfte:

Tabelle 1: Noten des ersten Halbjahres und Einschätzungen der betreffenden Lehrkräfte

Name	Geschlecht	Leistung Mathematik		Leistung Deutsch	
		2 Klausuren		2 Klausuren	
		Mündlich		Mündlich	
		Endnote		Endnote	
Eva	weiblich	12, 14	Gut bis sehr gut	10, 11	Gut
		12		12	
		12		12	
Robert	männlich	10, 15	Gut bis sehr gut	5, 10	Gut, mit einer Ausnahme
		11		11	
		12		10	
Anna	weiblich	11, 11	gut	4, 10	Schwach gut, mit einer Ausnahme
		11		10	
		11		9	
Sandra	weiblich	10, 12	Befriedigend bis gut	7, 7	befriedigend
		8		11	
		9		9	
Maya	weiblich	6, 6	Schwach befriedigend	4, 5	Befriedigend bis ausreichend
		8		9	
		7		7	
Ralf	männlich	5, 3	Schwach ausreichend	5, 7	Schwach befriedigend
		6		8	
		4		7	

Es wurden zunächst Interviews mit fünf Schüler(inne)n geführt: Robert, Ralf, Maya, Sandra und Anna. Durch diese fünf Schüler(innen) waren sowohl männliche als auch weibliche Schüler(innen) im Sample als auch unter Leistungsaspekten gute Schüler(innen), mittlere und eher schlechtere: Robert präsentiert einen sowohl in Deutsch als auch in Mathematik guten Schüler, Anna ist ebenfalls gut in Mathematik, Ralf und Maya stehen für in beiden Fächern eher schlechte Schüler(innen) und Sandra erscheint als eine Schülerin mit mittleren Leistungen in beiden Fächern. Im Verlauf des Forschungsprozesses hat sich jedoch im Sinne des sukzessiven theoretischen Samplings der Bedarf ergeben, auch die sechste Schülerin Eva noch zu interviewen, um die Möglichkeiten einer Kontrastierung der Fälle zu erweitern.

Leitfadengestützte Interviews

Für die Erhebung der benötigten Daten bieten sich qualitative Interviewverfahren an. Zahlreiche erfolgreiche Untersuchungen belegen, dass qualitative Interviews ein angemessener und relativ direkter Weg sind, um zur Sicht des

Subjekts, zu subjektiven Sinnzuschreibungen und Sinnwelten vorzudringen (vgl. FLICK 1992, S. 31; FRIEBERTSHÄUSER 1997, S. 371). Leitfadeninterviews gelten dabei als die klassische Methode zur Erforschung subjektiver Theorien (vgl. KÖNIG 1995).

Bevor das für diese Untersuchung gewählte Interviewverfahren weiter beschrieben und begründet wird, sei an dieser Stelle auf die Grenzen der Interviewmethode hingewiesen: Interviews geben keine Informationen darüber, wie das Subjekt gehandelt hat bzw. handelt, sondern darüber, wie es sein Handeln anderen gegenüber darstellt, wie es dieses deutet und begründet und in welche kognitiven, emotionalen und aktionalen Zusammenhänge es das Handeln einordnet. Ob der bzw. die Interviewte seine bzw. ihre Sichtweise wirklich umfassend und ehrlich darlegt, hängt zum Beispiel vom Verhalten des Interviewers bzw. der Interviewerin und der Situation, in der das Interview geführt wird, ab. Zudem besteht bei der Interviewmethode eine Gefahr darin, dass es im Interview und bei seiner Auswertung zu Missverständnissen kommen kann (vgl. FRIEBERTSHÄUSER 1997, S. 371).

Für diese Untersuchung stellt das Interview das beste Instrumentarium dar, um die Forschungsfragen zu bearbeiten. Die Zielperspektive dieser Arbeit ist, wie bereits beschrieben, eine doppelte: einerseits sollen interpretierende und typisierende Einzelfallstudien Aufschluss über individuelle fachbezogene Lernvorstellungen geben, in denen insbesondere die Verhältnisbestimmung von Selbstregulation und Fremdregulation beim Lernen von Bedeutung sind; andererseits sollen Querauswertungen auf der Instrumentenebene Aufschluss darüber geben, inwiefern der Einsatz systematischen Feedbacks in den Fächern eine Veränderung der Schülervorstellungen über die Bedeutung von Selbstregulation und Fremdregulation für ihr Lernen im Fach anbahnen. Es bestand demnach der Anspruch an eine Interview-Methode, die sowohl den individuellen Sichtweisen der Schülerinnen und Schüler einen großen Raum zugesteht als auch eine Vergleichbarkeit der verschiedenen Interviews ermöglicht. Es wurde jeweils ein erstes Interview vor der Arbeit mit systematischem Feedback geführt und ein zweites, nachdem die Schüler(innen) Erfahrungen mit systematischem Feedback gemacht hatten.

Dazu bot sich die Arbeit mit einem Leitfaden an, der aus Vorüberlegungen zum Gegenstandsbereich entwickelt wurde. Der Leitfaden enthält einen Anfangsimpuls, der den Interviewpartner zum Erzählen bringen soll und auch alle weiteren Fragen sind offen formuliert, so dass der Interviewpartner bzw. die -partnerin die Gelegenheit erhält, das Themengebiet selbst zu strukturieren und eigene Schwerpunkte zu setzen. Zugleich stellt der Leitfaden sicher, dass noch nicht behandelte Gegenstände gekennzeichnet und nachgefragt werden können (vgl. LAMNEK 2005, S. 367). Der Leitfaden fungiert also insgesamt als Gedächtnisstütze und Orientierungsrahmen im Interview (vgl. WITZEL 1985, S. 236).

Zum Zeitpunkt der Interviewplanung stand noch nicht fest, dass selbstreguliertes Lernen zum heuristischen Rahmen dieser Untersuchung wird. Fest stand, dass die Sicht von Schüler(inne)n auf ihr Lernen in den Fächern Deutsch und Mathematik erhoben werden soll. Dazu bot es sich an, im ersten Interview für Schüler(innen) relevante Aspekte des Unterrichts zu thematisieren, die in ihrem Alltag eine zentrale Rolle spielen. Die Beschreibungen der Schüler(innen) sollten eine Rekonstruktion der Vorstellungen, die sie vom Lernen im Fach haben, wie sie sich selbst als Lerner konstruieren, ermöglichen. Auf dieser Basis sollten dann im zweiten Interview die Bedeutung der Feedbackinstrumente für ihr Lernen beleuchtet werden. Als zwei zentrale Aspekte, die im Alltag der Schüler(innen) der gymnasialen Oberstufe eine Rolle spielen, wurden der Punkt Klausur (Klausurvorbereitung durch den Lehrer bzw. im Unterricht, eigene Leistung im Zuge der Klausurvorbereitung, Schwierigkeiten bei der Klausurvorbereitung, die Interpretation der Anforderungen von Klausuren etc.) und der Punkt Unterricht (Wie wird der Unterricht wahrgenommen? Welche Rolle spielt der Lehrer bzw. die Unterrichtsgestaltung für das eigene Lernen?) ausgewählt.

Beim Aufbau einer offenen, vertrauensvollen Atmosphäre kommt vor allem der Eingangsphase des Interviews große Bedeutung zu. In ihr werden die Gesprächskultur und der Gegenstand des Interviews festgelegt (vgl. LAMNEK 2005, S. 353). Auch technische Fragen, etwa zum Tonbandmitschnitt oder zur Anonymisierung der Auswertung, können angerissen werden, um Vertrauen und Transparenz herzustellen (vgl. LAMNEK 2005, S. 358). Die Gestaltung der Eingangsphase im ersten Interview mit den Schüler(inne)n hat sich an folgendem Wortlaut orientiert:

„Ich finde es schön, dass du dir die Zeit genommen hast, um mit mir dieses Interview zu führen. Vorweg noch ein paar Bemerkungen zum Ablauf des Ganzen: Das Gespräch wird, denk ich, eine Stunde dauern, wobei wir es nicht abrupt beenden sollten, wenn es gerade um eine spannende Sache geht. Das Entscheidende bei diesem Gespräch ist, dass du wirklich mit dem, was du denkst, zu Wort kommst. Mich interessiert, wie Du als Schüler in Deutsch und Mathe lernst, also, was du machst, wenn du dich zum Beispiel auf eine Klausur vorbereitest, aber auch, wie du das Unterrichtsgeschehen wahrnimmst oder wie du dein Lernverhalten generell einschätzt – also alles, was mit deinem Lernen zu tun hat, um es zusammenzufassen. Es geht dabei nicht um richtig oder falsch, sondern interessant und wichtig ist das, was du zu den einzelnen Punkten sagen kannst und möchtest. Ich werde nichts von dem, was du hier sagst, an die Lehrer weiter geben, ohne dich vorher zu fragen. Das ganze ist streng vertraulich.
Ich schlage vor, wir fangen einfach mal mit Deutsch an und wechseln dann nach einer halben Stunde zu Mathe über. Falls dir irgendwas unklar ist, du nicht genau weißt, was ich meine, einfach fragen, ok?
Hast du noch Fragen soweit? Gut, dann fangen wir mal an."

Bei dem sich anschließenden ‚erzählgenerierenden Stimulus' wurde zunächst auf die Klausur als konkreter Aspekt von Unterricht und Lernen abgezielt:

„Ich habe mir gedacht, dass es am Besten ist, wenn man erst mal über eine konkrete Sache spricht. Ich weiß, dass ihr am 19.5. eine Deutschklausur geschrieben habt. Mich interessiert, wie du dich auf die vorbereitet hast, ob du dich überhaupt vorbereitet hast. Erzähl doch einfach mal alles, was dir dazu so einfällt!"

Es schlossen sich an die Ausführungen Nachfragen an, so dass alle im Vorfeld festgelegten Themen und Fragen hinreichend beantwortet waren. Ein zweiter Impuls betraf den Komplex des Unterrichts:

„Ok, dann kommen wir jetzt mal zu eurem normalen Deutschunterricht. Mich würde interessieren, wie du eine typische Deutschstunde von Herrn Keller beschreiben würdest!"

Ebenfalls schlossen sich weitere Fragen an, sofern diese vom Interviewten noch nicht thematisiert wurden.
Des Weiteren wurden mögliche Konfrontationen bzw. Provokationen im Vorfeld skizziert, die ins laufende Interview eingespielt werden konnten, sofern sie hineinpassten und den Interviewverlauf nicht zu gefährden drohten.

Tabelle 2:   Auszug aus dem Leitfaden des ersten Interviews[7] :

Impulse / Fragen	Anzusprechende Aspekte	Konfrontationen
Ich habe mir gedacht, dass es am Besten ist, wenn man erst mal über eine konkrete Sache spricht. Ich weiß, dass ihr am 19.5. eine Deutschklausur geschrieben habt. Mich interessiert, wie du dich auf die vorbereitet hast, ob du dich überhaupt vorbereitet hast. Erzähl doch einfach mal alles, was dir dazu so einfällt!	Klausuranforderung bekannt? Nutzung der eigenen Aufzeichnungen Nutzung von anderen Unterlagen Schwierigkeiten bei der Vorbereitung Was hilft bei der Vorbereitung? Vergleich mit Mitschülern Inhaltliche Aspekte: Romeo und Julia.... und Effi Briest, Romaninterpretationen	Hältst du deine Vorbereitung für gelungen? Strategie oder Intuition, worauf kommt es an? Worin bist du denn gut, nicht gut in Deutsch?

---

7   Die vollständigen Leitfäden beider Interviews können bei der Verfasserin eingesehen werden.

137

Impulse / Fragen	Anzusprechende Aspekte	Konfrontationen
Was hast du denn für Erfahrungen mit dieser Art der Vorbereitung? Würdest du sagen, dass sich deine Mitschüler genauso vorbereiten? Was für eine Bedeutung hat so eine Klausur für dich? Wie gut kennst du denn deine eigenen Stärken und Schwächen in Deutsch?		

Durchschnittlich dauerten die Interviews ca. 60 Minuten pro Schüler(in). Die Interviews wurden auf Tonband aufgenommen und transkribiert. Zusätzlich wurden nach jedem Interview Gedächtnisprotokolle angefertigt, um erste Eindrücke und Besonderheiten der Interviewsituation festzuhalten.

5.3.2 Unterrichtsbeobachtung

Für die Rekonstruktion der konkreten Unterrichtsarbeit mit den Feedbackmethoden Kompetenzraster und Mathejournal bot es sich an, Unterrichtsbeobachtungen vorzunehmen. Dabei wurde während der Hospitationen im Unterricht sowohl auf die Methode der Videoaufzeichnung als auch auf das Protokollieren zurückgegriffen. Im Fokus standen dabei sowohl „normale" Unterrichtsstunden vor der Einführung der Feedbackarbeit als auch diejenigen Stunden, in denen systematisches Feedback angewendet wurde.

Für die vorliegende Untersuchung erfüllen die Unterrichtsbeobachtungen zum einen die Funktion, eine Basis für die Rekonstruktion des Skriptes des jeweiligen Unterrichts zu stellen, und zum anderen, Kontextwissen über die Arbeit mit den Feedbackmethoden zu liefern.

5.3.3 Die Erhebung von Aussagen der Lehrer(innen)

Aussagen der beteiligten Lehrkräfte wurden auf unterschiedliche Weisen erhoben. Neben einer Aufzeichnung von moderierten Arbeitsgesprächen der Lehrer(innen), wie sie auf den Workshops entstanden, fanden leitfadengestützte Einzelinterviews statt; zudem wurden die Rückmeldegespräche, in denen die wissenschaftliche Begleitung den Lehrer(inne)n Ergebnisse spiegelte, aufgezeichnet. Diese drei Formen der Erhebung von Aussagen der beteiligten Lehrer(innen) werden im Folgenden nach einer Begründung der Stichprobe kurz beschrieben.

Die Stichprobe

Von den insgesamt acht Lehrerinnen und Lehrern, die am Projekt „Feedback im Unterricht" teilnahmen und in ihrer Arbeit wissenschaftliche begleitet wurden, wurden für die vorliegende Untersuchung eine Lehrerin und ein Lehrer mit den betreffenden Kursen ausgewählt. Die Wahl liegt darin begründet, dass auf diese Weise die Arbeit mit zwei unterschiedlichen Feedbackmethoden (Lerntagebücher und Kompetenzraster) in zwei unterschiedlichen Fachkulturen (Mathematik und Deutsch) untersucht werden konnte.

Zugleich stellte die Festlegung auf zwei Parallelkurse der gymnasialen Oberstufe die Vergleichsmöglichkeit sicher, was bei einer Ausweitung der Stichprobe auf Lerngruppen unterschiedlicher Schulen nicht gegeben wäre.

Die betreffenden Lehrkräfte werden im Folgenden Frau Lehmann (Mathematikgrundkurs) und Herr Keller (Deutschgrundkurs) genannt.

Moderierte Arbeitsgespräche der Lehrer(innen)

Die am Projekt „Feedback im Unterricht" beteiligten Lehrer(innen) hatten eine aktive Rolle inne. Sie wurden zu einem Entwicklungsprozess eingeladen, den sie selbst gestalten konnten und der sich in ihrem Unterricht abspielen sollte. Die wissenschaftliche Begleitung übernahm dabei die Rolle von Impulsgebern und Moderatoren dieses Prozesses. Wie in Abschnitt 5.1 dargestellt, arrangierte die wissenschaftliche Begleitung Workshops, um einen Raum für systematische Entwicklungsarbeit bereitzustellen. Auf diesen Workshops arbeiteten die Lehrer(innen) in Kleingruppen an ihren individuellen Ideen, Konzepten, Erfahrungen und Schwierigkeiten in Bezug auf die von ihnen inszenierte Feedbackarbeit. Die Arbeit in den Kleingruppen wurde jeweils von Forschern moderiert. Alle Gespräche in den Kleingruppen wurden parallel auf Tonband aufgezeichnet. Diese moderierten Arbeitsgespräche der Lehrer(innen) wurden anschließend transkribiert und für die Auswertung herangezogen.

Es handelt sich dabei um eine für Schulbegleitforschung spezifische Datenvariante, die in den Kanon üblicher Erhebungsmethoden nicht leicht einzuordnen ist.

Rückmeldegespräche zwischen den Lehrer(inne)n und der wissenschaftlichen Begleitung

Sowohl mit der Lehrerin des Mathematikgrundkurses als auch mit dem Lehrer des Deutschgrundkurses fand je ein Rückmeldegespräch statt. Beide Gespräche wurden auf Tonband aufgezeichnet.

Leitfadengestützte Interviews mit den Lehrer(inne)n

Im Rahmen des Projektes „Feedback im Unterricht" fand auf der Seite der wissenschaftlichen Begleitung die Kooperation mit Studierenden statt, die in der „Forschungswerkstatt Schulentwicklung" im Rahmen von bestehenden größeren Forschungsprojekten ihre Examensarbeit schrieben. Die Kooperation bestand darin, dass die Studierenden die Bearbeitung einer Teilfrage übernahmen, die für das größere Forschungsprojekt von Bedeutung ist. Im vorliegenden Falle widmeten sich die Studierenden der Feedbackarbeit im Deutschgrundkurs. Sie verfolgten dabei die Fragestellung, wie sich die Ziele des Deutschlehrers Herrn Keller zu den Wahrnehmungen der Schüler(innen) in Bezug auf die eingesetzten Methoden verhalten. Dazu führten sie leitfadengestützte Interviews mit Herrn Keller und ausgewählten Schüler(inne)n des Kurses. Von den Daten, die von den Studierenden erhoben wurden, wurden für die vorliegende Arbeit die Interviews mit Herrn Keller herangezogen.

5.4 Auswertungsmethoden

Die Arbeitsschritte der Datenauswertung, wie sie nun vorliegen, sind im Forschungsprozess sukzessive in Auseinandersetzung mit dem empirischen Material entwickelt worden. Sie wurden im Rückblick auf die eigene Vorgehensweise systematisiert und präzisiert. BOHNSACK verweist darauf, dass die Beziehung zwischen methodischen Regeln und Forschungspraxis nicht deduktiv, sondern reflexiv ist (vgl. BOHNSACK 2005, S. 10). Dies bedeutet, dass methodologische Überlegungen im Zuge der Rekonstruktion bereits vollzogener Arbeitsschritte Reflexions-, Artikulations- und Systematisierungshilfe geleistet haben.

In diesem Abschnitt werden die Auswertungen der Schülerinterviews, der Lehreraussagen und der Unterrichtsbeobachtungen expliziert, wobei der Auswertung der Schülerinterviews, der größte Stellenwert zukommt. Die Datenauswertung fand in einer Arbeitsgruppe statt.

5.4.1 Interpretationsverfahren

Auswertung der Schülerinterviews

Mit den Schüler(inne)n wurden jeweils zwei Interviews geführt, wobei das erste vor bzw. zu Beginn der Arbeit mit Lerntagebüchern und Kompetenzrastern im Unterricht geführt wurde, und das zweite nach einem halben Jahr Erfahrung mit den Instrumenten folgte.

Die Auswertung der vorliegenden Schülerinterviews sollte einerseits sicherstellen, dass im Einzelfall die jeweiligen Vorstellungen der einzelnen Schüler(innen) über ihr Lernen in Deutsch und Mathematik zunächst in ihrer Tiefe deutlich werden, und andererseits die Vergleichbarkeit und Kontrastierung der Fälle ermöglichen.

Die Analyse beider Interviews folgte jeweils einem unterschiedlichen Auswertungsinteresse. Bei der Auswertung der ersten Interviews handelt es sich um eine Exploration. Es sollen relevante Kategorien identifiziert werden, in denen die befragten Schüler(innen) über ihr schulisches Lernen in Mathematik und Deutsch reflektieren. Die Auswertung der zweiten Interviews verfolgt das Ziel, die individuellen Bedeutungszuschreibungen für die Instrumente Lerntagebücher und Kompetenzraster zu rekonstruieren. Im Folgenden werden die beiden Ansätze der Interviewauswertungen nacheinander dargestellt.

Auswertung der ersten Schülerinterviews

Zunächst soll für jeden einzelnen Schüler bzw. jede Schülerin herausgearbeitet werden, wie seine bzw. ihre spezifischen Lernvorstellungen in Mathematik und Deutsch zu beschreiben sind. Für jedes Interview hat der gleiche Leitfaden eine Struktur vorgegeben. Alle befragten Schüler(innen) hatten somit die Aufgabe bzw. die Möglichkeit ihre Meinungen, Einstellungen und Erfahrungen zu Eckpunkten ihrer Unterrichtswirklichkeit zu äußern. Das Bezugssystem war somit im Interview vorgegeben und für alle Schüler(innen) gleich. Unterschiede sind demnach in den Einstellungen, den spezifischen Deutungen der jeweiligen Situation oder der jeweiligen Tatbeständen zu suchen und zu finden. In der Vergleichbarkeit der Bezugspunkte zeigen sich also die individuellen Unterschiede.

Die Auswertung der ersten Schülerinterviews lässt sich im Nachhinein als folgende Abfolge von Schritten rekonstruieren:

1. Lesen der Transkripte
Die Interviewtranskripte wurden aufmerksam von der Interpretationsgruppe gelesen. Dabei lenkten das eigene theoretische Vorverständnis und die Fra-

gestellungen die Aufmerksamkeit beim Lesen (vgl. SCHMIDT 1997). Im vorliegenden Fall waren folgende Fragen für die erste Analyse leitend:

- Wie stehen die Schüler(innen) ihren fachlichen Lernprozessen gegenüber?
  - Welches Bild entwerfen die Schüler von sich als Lernenden? Gibt es dabei Unterschiede zwischen Mathematik und Deutsch?
  - Wie schätzen sie sich selbst hinsichtlich ihrer fachlichen Stärken und Schwächen ein?
- Was ist für sie in Bezug auf Deutsch- und Mathelernen von Bedeutung?
- Welche Lernstrategien verwenden sie? Woraus resultieren diese und worauf beziehen sie sich?
- Welche Rolle spielen „Feedback-Komponenten" wie Austausch, Perspektivenvergleich, von einander lernen etc.?

2. Kodierung des Materials und Identifizierung von Themen

Jedes Transkript wurde abschnittsweise durchgegangen und es wurden Kodierungen vorgenommen, die nah am Text liegen; z.T. wurden in-vivo-Codes (vgl. FLICK 2002, S. 263) verwandt. Es wurde versucht, in Textstellen den dahinterliegenden Vorstellungen, Absichten, Ideen etc. des Schülers bzw. der Schülerin nachzuspüren und Begriffe für diese identifizierten Aspekte zu finden. Im Zuge der weiteren Interpretation werden einzelne Interpretationslinien immer wieder aufgegriffen und entweder angereichert durch weitere Textbelege oder zunächst für sich stehen gelassen.

"Das Zauberwort heißt also Kontext: Im Einzelinterview kann ich die Einzeläußerung erst im Gesamtkontext einer Erzählung oder längeren Darstellung adäquat verstehen" (BOHNSACK 2003, S. 21).

Es ging in diesem zweiten Schritt darum, den Text zu erschließen und auf einer Ebene, welche die des konkreten Textes verlässt, aber auch nicht zu abstrakt wird, Formulierungen zu finden, die das Material im Sinne der Fragestellungen der Untersuchung aufbrechen. Es ist in diesem Sinne ein exploratives Vorgehen, nicht nur was den Inhalt der Schüleräußerungen angeht, sondern auch hinsichtlich der Methode der Textanalyse.

"Der Begriff des Zirkulären Dekonstruierens leitet sich aus dem konkreten Vorgehen ab: Unser Ausgangsmaterial ist ein Text, um den herum wir uns in kreativen Gedankenschleifen intuitions- und theoriegeleitet bewegen. Damit 'dekonstruieren' wir zirkulär und rekursiv den Text und setzen ihn anschließend so zusammen, daß implizite Sinngehalte sichtbar werden können. Auf diese Weise findet ein mehrfacher Perspektivenwechsel statt, durch den wir Bausteine für eine Theorie über unseren Forschungsgegenstand finden, die neuartige Erkenntnisse verspricht" (JAEGGI, FASS, MRUCK 1998, S. 6).

Es wurden für den einzelnen Schüler bzw. die einzelne Schülerin Themen formuliert, die für sein bzw. ihr Lernen im Fach von Bedeutung sind.

3. Verfassen eines Auswertungstextes

Es wurde für jedes Interview ein erster Auswertungstext verfasst, der sich an den gebildeten Kategorien orientiert und die spezifischen Themen des Schülers bzw. der Schülerin aufgreift. Die Gedanken, Interpretationslinien und Analyseansätze wurden verschriftlicht. Dabei ging es vor allem darum, die Ansätze in der gebotenen Offenheit darzustellen und mit Textbelegen zu illustrieren bzw. sie an konkreten Interviewpassagen schriftlich zu entwickeln. Diese Darstellungsform erhebt keinen Anspruch auf Vollständigkeit, sondern stellt erste Interpretationslinien dar, die weiter verfolgt werden müssen. Wo es angebracht erscheint, werden bereits Querverweise von einem Interview zum anderen vorgenommen – hier ist es ein erstes Hineindenken in die mögliche Ausgestaltung eines Vergleichshorizonts. BOHNSACK betont die Bedeutung eines solchen Vergleichshorizonts:

"Reflexion setzt Gegen- oder Vergleichshorizonte voraus. Und eine Reflexionsleistung, die empirisch-methodisch kontrolliert vollzogen werden soll, muss sich auf empirisch fundierte und nachvollziehbare Gegenhorizonte stützen" (BOHNSACK 2003, S. 38).

Die Interpretation, d.h. die Rekonstruktion von Bedeutungszusammenhängen und Orientierungsmustern entwickeln sich prozesshaft im Diskursverlauf. Die einzelnen Texte folgen keiner bestimmten, vorher festgelegten Struktur. Vielmehr orientiert sich der Inhalt an den Themen, welche die einzelnen Schüler(innen) im Interviewgespräch eingebracht haben und die in der ersten Analyse identifiziert, beschrieben und am Text belegt werden konnten. Ziel dieser ersten Analyse war es, das jeweils Besondere und Eigene der Schüleraussagen zu fassen – innerhalb des thematischen Rahmens, der durch den Leitfaden der Interviews abgesteckt wurde.

Quasi als Überschrift zu jedem Auswertungstext wurde ein Motto für jede(n) Schüler(in) formuliert, welches das vorläufig rekonstruierte „Typische" seiner Lernvorstellungen griffig und anschaulich auf den Punkt bringt.

4. Entwicklung zentraler Themen und Kategorien

Es wurde für die einzelnen Schüler(innen) eine Aufstellung von Themen vorgenommen, die im Bereich ihrer Lernvorstellung zentrale Bedeutsamkeit besitzen. Auf diese Weise sollte der Vergleichshorizont für individuell unterschiedliche Vorstellungen aufgespannt werden. Anschließend wurden Kategorien ausgearbeitet, die eine Ordnung und Systematisierung in die Auswertung bringen sollte. Dazu wurden solche Kategorien gewählt, die als Vermittler zwischen dem, was die Schüler(innen) im Interview gesagt haben, und dem heuristischen Rahmen (s.u.) dieser Untersuchung – die Verhältnisbestimmung von Selbstregulation und Fremdregulation beim Lernen aus Sicht der Schüler(innen) – vermitteln. Diese Kategorien sind:

- Beliefs der Schüler(innen) über das Wesen und die Bedeutung des Faches sowie
- Beliefs der Schüler(innen) über das Lernen im Fach unter besonderer Berücksichtigung
- der Rolle der Lehrkraft und
- der eigenen Rolle.

Der Auswertungstext jeden Interviews wurde anhand dieser zentralen Kategorien strukturiert.

5. Ausarbeitung unter theoretischen Gesichtspunkten

Die weitere Ausarbeitung der Analyse hatte zum Ziel, die empirischen Erkenntnisse gezielt mit dem theoretischen Auswertungsinteresse dieser Untersuchung zusammenzuführen. Dazu wurden die in Abschnitt 1.1 herauspräparierten Dimensionen selbstregulierten Lernens an das empirische Material angelegt. Für jede der genannten zentralen Auswertungskategorien – Beliefs über das Wesen und die Bedeutung sowie über das Lernen von Mathematik – wurde jeweils die Frage in den Blick genommen, was die Schülervorstellungen zu diesem Aspekt über die Vorstellung über Selbstregulation und Fremdregulation beim Lernen aussagen.

6. Zusammenfassende Fallbeschreibung

Den Abschluss der Auswertung der ersten Schülerinterviews bildeten ausführliche Fallbeschreibungen. Dabei wurde das Motto aufgegriffen, eine detaillierte Beschreibung in Bezug auf die drei Auswertungskategorien vorgenommen sowie die Ausarbeitungen hinsichtlich der rekonstruierten Vorstellungen über die Bedeutung von Selbstregulation und Fremdregulation beim Lernen integriert. Drei Fälle wurden als Langfassungen konzipiert, drei weitere Fälle in verdichteter Form als Kurzfassungen.

Auswertung der zweiten Schülerinterviews

Das Ziel der Auswertung der zweiten Interviews bestand darin, zu rekonstruieren, welche Funktionen die befragten Schüler(innen) den Instrumenten Mathejournal und Kompetenzraster für ihr Lernen im jeweiligen Fach zuschreiben. Diese Funktionszuschreibungen sollten hinsichtlich ihrer Bedeutung für eine Selbstregulation und Fremdregulation des Lernens aus Sicht der Schüler diskutiert und bewertet werden. Die Auswertung vollzog sich in folgenden drei Schritten:

144

1. Kategorisierendes Vorgehen

Die Themen, die Bedeutungen und die Funktionen für das Lernen im Fach, welche die Schüler(innen) mit den Instrumenten in Verbindung bringen, wurden in einem kategorisierenden Verfahren herauspräpariert. Dabei stand zunächst das einzelne Interview im Mittelpunkt, das abschnittweise in der Interpretationsgruppe durchgearbeitet wurde. Für jedes Interview wurden erste Formulierungsversuche hinsichtlich der Funktionszuschreibungen festgehalten.

2. Formulierung übergreifender Funktionszuschreibungen

In einem weiteren Schritt wurden die individuellen Funktionszuschreibungen der Schüler(innen) miteinander verglichen. Die einzelnen Kategorien wurden verdichtet und Funktionszuschreibungen formuliert, die auf einer abstrakteren Ebene lagen, und so eine Oberkategorie bildeten (vgl. STRAUSS & CORBIN 1996, S. 75 ff.).

3. Ausarbeitung unter theoretischen Gesichtspunkten

Wie für die Auswertung der ersten Interviewreihe wurde auch für die Auswertung der zweiten Interviewreihe der heuristische Rahmen herangezogen, um die Ergebnisse des empirischen Materials zu diskutieren und zu bewerten. Dazu wurde jede Funktionszuschreibung in ihrer Bedeutung für die Rolle von Selbstregulation und Fremdregulation beim Lernen beleuchtet.

4. Zusammenfassende Fallbeschreibung

Den Abschluss der Auswertung bildeten zusammenfassende Fallbeschreibungen. Hier lag der Fokus auf den Funktionszuschreibungen, die für jeden Schüler bzw. jede Schülerin gebündelt betrachtet und in ihrer Bedeutung für selbstreguliertes Lernen diskutiert wurden. Es wurde herausgestellt, inwiefern die Instrumente Mathejournal und Kompetenzraster eine Weiterentwicklung selbstregulierten Lernens für die einzelnen Schüler(innen) anbahnen können.

Zusammenführung der Auswertungen der ersten und zweiten Schülerinterviews

Die Zusammenführung der beiden großen Auswertungen bewegt sich zunächst auf der Ebene des Einzelfalls. Für jeden Schüler bzw. jede Schülerin wurde die Rekonstruktion zur „Ausgangslage", d.h. die jeweilige „Positionierung" als Lerner, mit der durch das jeweilige Instrument angebahnten Entwicklung in Richtung selbstregulierten Lernens in ein Verhältnis gesetzt. Dieses wurde in seinen Strukturen und Dimensionen beschrieben.

Auf diesen anschaulichen Fallbeschreibungen, deren Texte immer wieder mit Schülerzitaten illustriert wurden, bauen Fallvergleich und Typenbildung auf, die in den folgenden Abschnitten genauer dargestellt werden.

Auswertung der Lehreraussagen

Die Auswertung der Lehreraussagen orientierte sich im Wesentlichen am Verfahren der Auswertung der Schülerinterviews. An dieser Stelle sind keine Besonderheiten hinzuzufügen.

Auswertung der Unterrichtsbeobachtungen

Die Auswertungen der Unterrichtsbeobachtungen wurden in einem sequenziellen Verfahren vorgenommen, das den Verlauf einer Unterrichtstunde erschließt. Besonderes Augenmerk lag bei der Auswertung auf der Frage, welche Rollen jeweils den Schüler(inne)n und der Lehrkraft im Unterricht zukommen.

5.4.2 Fallrekonstruktionen und Typenbildung

Die Auswertung der Schülerinterviews hatte zunächst zum Ziel, die Einzelfälle in ihrer Eigenheit und Besonderheit zu rekonstruieren und zu verstehen. Um zu Aussagen zu kommen, die sowohl die Eigenlogik des Einzelfalls berücksichtigen als auch über den Einzelfall hinausgehen, wurde durch Fallvergleich und Fallkontrastierung eine Typenbildung vorgenommen. Fallvergleich und Fallkontrastierung ermöglichen es, einen Überblick über Ähnlichkeiten und Unterschiede im Datenmaterial

„sowohl auf Einzelfallebene wie über ein Gesamt zahlreicher Fälle" (GERHARDT 1986, S. 91)

zu bekommen, so dass möglichst ähnliche Fälle zu Gruppen zusammengefasst und von möglichst differenten Fällen getrennt werden können. Es handelt sich bei einer Typisierung also um das Ergebnis eines Gruppierungsprozesses, bei dem ein Objektbereich anhand eines oder mehrerer Merkmale in Gruppen bzw. Typen eingeteilt wird, so dass sich im Sinne einer internen Homogenität die Elemente innerhalb eines Typus möglichst ähnlich sind und sich die Typen im Sinne einer externen Heterogenität voneinander möglichst stark unterscheiden (vgl. KELLE & KLUGE 1999, S. 77f.; KLUGE 1999, S. 26ff.).

146

Eine zentrale Bedeutung kommt bei diesem Vorgehen dem so genannten *Merkmalsraum* zu (vgl. KELLE & KLUGE 1999, S. 77 ff.). Ein Merkmalsraum entsteht, indem die relevanten Kategorien der Untersuchung miteinander kombiniert werden. Die einzelnen Fälle werden dann ihren jeweiligen Merkmalskombinationen zugeordnet, so dass sich eine erste vorläufige Gruppierung der Fälle ergibt, auf der weitere ausführliche Analysen aufbauen können. Zunächst wird jedoch der gesamte Merkmalsraum, d.h. alle möglichen Kombinationen von Subkategorien aufgespannt, der durch die Kombination der Kategorien bzw. Merkmale entsteht.

Für die Bildung der zentralen Kategorien und für die Aufstellung des Merkmalsraums beim Fallvergleich ist ein *heuristischer Rahmen* bedeutsam. Dieser umfasst „wenig informationshaltige, empirisch gehaltlose Konzepte" (KELLE & KLUGE 1999, S. 99).

Für die vorliegende Arbeit wurde als heuristischer Rahmen das Verhältnis von Selbstregulation und Fremdregulation beim Lernen aus Sicht der Schüler(innen) herangezogen. In einem ersten Schritt des Fallvergleichs ließ sich ein zweidimensionaler Merkmalsraum entwickeln, in dem die Kategorien „Bedeutung der Selbstregulation beim Lernen eher hoch" bzw. „Bedeutung der Selbstregulation beim Lernen eher gering" und die Kategorien „Bedeutung der Fremdregulation beim Lernen eher hoch" und „Bedeutung der Fremdregulation beim Lernen eher gering" miteinander kombiniert wurden.

An diese vorläufige Gruppierung der Fälle schloss sich eine verfeinerte Typenbildung an, die aus insgesamt sechs Typen besteht. Diese wurden zum Abschluss charakterisiert.

5.5 Zur Darstellung der Ergebnisse der empirischen Untersuchung

Die Darstellung der Ergebnisse qualitativer empirischer Untersuchungen gilt in mehrfacher Hinsicht als schwierig (vgl. TERHART 1997c, S. 38f.). Ein zentrales Problem liegt in dem Anspruch von Detaillierung auf der einen und Verallgemeinerung auf der anderen Seite. Einerseits wird von einer Forschung, die auf die Rekonstruktion von Einzelfällen abhebt, zu Recht erwartet, dass sie den Details und der Reichhaltigkeit der Fälle einen großen Platz einräumt; andererseits muss dem Forschungsanliegen Rechnung getragen werden, Ergebnisse zu generieren, die über den Einzelfall hinaus bedeutsam sind.

Verknüpft mit dem Problem der Detaillierung und Verallgemeinerung ist das Problem einer Balance zwischen Forschungsprozessdarstellung und Forschungsproduktdarstellung. Einerseits erhebt Forschung den Anspruch, dass der Forschungsprozess potentiellen Lesern gegenüber transparent gemacht wird, d.h. die Generierung der Ergebnisse in ihren einzelnen Schritten nachvollziehbar wird; andererseits wird der Anspruch erhoben, dass die Forschungsergebnisse übersichtlich präsentiert werden.

Angesichts der Forschungslage zur vorliegenden Thematik erscheint es geboten, die Rekonstruktion der Einzelfälle zunächst in all ihren Facetten zu zeigen und nicht die Vielfalt individueller Bedeutungszuschreibungen der Schüler(innen) durch vorschnelle Verallgemeinerung zu verbergen und so den in dieser Hinsicht möglichen Erkenntnisgewinn zu verschenken. Zugleich wird jedoch nicht auf Aussagen verzichtet, die über den Einzelfall hinausgehen.

Für die Darstellung der Ergebnisse wird in den folgenden Kapiteln im Einzelnen folgender Weg beschritten:

Im Mathematikteil der Untersuchung werden drei Fälle ausführlich dargestellt, die einen tiefen Einblick in unterschiedliche „Positionierungen" von Schüler(inne)n im Mathematikunterricht geben und zugleich unterschiedliche durch das Mathejournal initiierte Entwicklungen selbstregulierten Lernens demonstrieren. Diese Fallbeschreibungen sind dicht, detailliert und für den Leser bzw. die Leserin gut nachzuvollziehen. Daneben runden drei Kurzdarstellungen, die sich auf die gleichen Kategorien beziehen, jedoch z.T. auf Zitate verzichten und eine verkürzte, auf das Wesentliche konzentrierte Form der Ausführung abgeben, den Einblick in die individuellen Entwicklungen der Vorstellungen über Selbstregulation und Fremdregulation beim Lernen ab.

Im Deutschteil der Untersuchung wird auf die im Mathematikteil generierte Typenbildung zum Verhältnis von Selbstregulation und Fremdregulation beim Lernen zurückgegriffen und anhand von drei Fällen die deutschspezifische Ausdifferenzierung beschrieben (Ebene der individuellen Lernprozesse).

Für beide Teile der Untersuchung – Deutsch und Mathematik – wird eine Querauswertung der Schülerinterviews präsentiert, die Aussagen über die Funktionszuschreibungen an die Instrumente macht (Ebene der Lernarrangements).

Den Auswertungen auf der individuellen Ebene und auf der Ebene der Lernarrangements werden jeweils Rekonstruktionen der Ausgangslage im jeweiligen Kurs und der konkreten Entwicklung der Feedbackarbeit im Kurs vorangestellt.

Teil III:
Ergebnisse der Untersuchung

In diesem Teil der Arbeit wird die Auswertung des empirischen Materials dokumentiert. Kapitel 1 enthält die Ergebnisse des Mathematikteils und Kapitel 2 die Ergebnisse des Deutschteils der Studie. Dabei handelt es sich jeweils um Analysen des Unterrichtsskripts und der Einführung der Feedbackinstrumente Lerntagebücher und Kompetenzraster, um Einzelfallrekonstruktionen zur Entwicklung selbstregulierten Lernens, um die Typenbildung sowie um eine Auswertung der Bedeutung der Feedbackinstrumente für die Entwicklung selbstregulierten Lernens. Um die Darstellung in ihrem Umfang zu begrenzen, unterscheiden sich Mathematik- und Deutschteil in einzelnen Punkten: die in beiden Fächern entwickelte überfachliche Typisierung von Lernvorstellungen wird im Mathematikteil ausführlich dargestellt, im Deutschteil findet eine Bezugnahme auf die Typisierung statt, indem einzelne Typen deutschspezifisch ausdifferenziert werden. Während es sich im Mathematikteil nur um ein Instrument handelt, wird im Deutschteil auf die drei Kompetenzraster einzeln eingegangen. Die Unterschiede in der Darstellung werden in den einzelnen Unterkapiteln jeweils gekennzeichnet.

6 Die Arbeit mit dem Mathejournal im Mathematikunterricht

In diesem Kapitel werden die Ergebnisse des Mathematikteils der Untersuchung dokumentiert, die sich aus verschiedenen Aspekten zusammensetzen: Im Zentrum stehen erstens – im Längsschnitt der Untersuchung – die Entwicklungen selbstregulierten Lernens, die durch die Arbeit mit dem so genannten Mathejournal initiiert wurden. Anhand von fünf Fallbeispielen wird aufgezeigt, wie bei Schüler(inne)n, die unterschiedliche Lernvorstellungen im Fach Mathematik aufweisen, Weiterentwicklungen der Selbstregulation durch das Mathejournal zu beobachten sind. Den Fallstudien schließt sich als ein zweiter Aspekt eine Typenbildung an, welche die Bandbreite der Beziehungen von Selbst- und Fremdregulation beim Mathematiklernen aus Sicht der Schüler(innen) demonstriert. Der dritte zentrale Aspekt beinhaltet die dem Instrument Mathejournal innewohnenden Gelegenheiten zum selbstregulierten Lernen in Mathematik, wie sie sich aus den Aussagen der Schüler(innen) – im Querschnitt der Untersuchung – rekonstruieren lassen. Für die Interpretation und Diskussion der Ergebnisse ist es unabdingbar, die beiden genannten zentralen Ergebnisdimensionen in einen größeren Zusammenhang zu stellen. Dies erfolgt sowohl durch eine Thematisierung des Mathematikunterrichts, in dem die Arbeit mit einem Mathejournal eingeführt wurde, als auch durch die Beschreibung der Konzeptualisierung, Einführung und Gestaltung der Arbeit mit dem Mathejournal.

Für die Thematisierung des Mathematikunterrichts werden Rekonstruktionen zum Unterrichtsskript betrachtet, die sich aus der Schülersicht auf den Unterricht, aus der Analyse einer ausgewählten Unterrichtsstunde und aus Aussagen der betreffenden Lehrerin ergeben. Für die Beschreibung der Arbeit mit dem Mathejournal werden Aussagen der Lehrerin und Unterrichtsbeobachtungen herangezogen.

Die Logik der Untersuchung eines innovativen Unterrichtssettings, wie es bei der Arbeit mit dem Mathejournal auftritt, legt nahe, zunächst mit der Darstellung der Ausgangslage, d.h. den Rekonstruktionen zum Mathematikunterricht zu beginnen. Dies geschieht in Abschnitt 6.1. Anschließend wird in Abschnitt 6.2 der Einsatz des Mathejournals beschrieben. Der nachfolgende Abschnitt 6.3 beleuchtet die Entwicklungsprozesse selbstregulierten Lernens im Fach Mathematik. Die Typenbildung wird in Abschnitt 6.4 erläutert und in Abschnitt 6.5 werden die Lerngelegenheiten des Mathejournals herausgearbeitet.

6.1 Ausgangslage: Rekonstruktionen zum Skript des Mathematikunterrichts

Die Arbeit mit dem so genannten Mathejournal wurde in einem spezifischen Mathematikunterricht eines Grundkurses der gymnasialen Oberstufe einer ganz bestimmten Schule von einer ganz bestimmten Lehrerin eingeführt. Nicht nur für die angemessene Interpretation der Ergebnisse, sondern auch für die Frage der Generalisierbarkeit der Ergebnisse ist es notwendig, den konkreten Unterricht in seiner Typik zu beschreiben und ihn vor dem Hintergrund abgesicherter Ergebnisse zum Skript des typisch deutschen Mathematikunterrichts einzuordnen, wie sie beispielsweise auf quantitativer Ebene in TIMSS vorliegen (BAUMERT, BOS & LEHMANN 2000) und auf qualitativer Ebene u.a. bei Kaiser nachzulesen sind (KAISER 1999).

Das Konzept der Unterrichtsskripts geht über die bloße Identifizierung von Unterrichtskonzeptionen, -strategien oder -methoden hinaus und blickt auf die „Orchestrierung" verschiedener didaktischer Zugänge und Grundformen, die letztlich für die Qualität von Unterricht verantwortlich ist (vgl. 1.5.2.1). Das Konzept der Unterrichtsskripts ist daher in besonderer Weise geeignet, das Wechselspiel zwischen unterrichtlichen Lehrbedingungen und individuellen Lernprozessen zu untersuchen (vgl. PRENZEL, DUIT, EULER & LEHRKE 1999). Das Skript des Unterrichts ist dabei keine der Lehrerin vorliegende Gebrauchsanweisung für den Unterricht. Vielmehr handelt es sich um die rekonstruierbare Struktur, die dem Unterrichtsgeschehen zugrunde liegt. Diese beinhaltet Zuschreibungen an und Verhaltensmuster der Lehrer- und Schülerrolle, den Einsatz bestimmter Methoden, Ziele des Unterrichts, Kommunikationsformen etc. Dabei kann die Struktur des Unterrichts den Beteiligten sowohl bewusst zugänglich sein als auch latent und unausgesprochen das Unterrichtsgeschehen bestimmen. Die Bezeichnung Skript trägt den Untersuchungen Rechnung, die zeigen, dass es latent wirksame, implizite Muster und Vorstellungen von gelingendem Unterricht auf Seiten der Lehrer(innen) gibt, die das Unterrichtsgeschehen bewusst und unbewusst steuern. In der Literatur findet sich zudem die Bezeichnung von ‚kulturellen Unterrichtsskripts', womit angedeutet ist, dass die Vorstellungen über gelingenden Unterricht nicht nur einzelnen individuellen Lehrern zuzuschreiben sind, sondern eine fachspezifische Berufskultur und außerdem – das zeigen Länder vergleichende Studien -kulturspezifische Vorstellungen von Unterricht ausdrücken (vgl. STIGLER et al. 1999, S. 134 f.).

In dieser Arbeit werden die Skripte des betreffenden Unterrichts aus drei unterschiedlichen Perspektiven beleuchtet: erstens kommt die Forschersicht bei der Analyse von Unterrichtsbeobachtungen zum Tragen, zweitens wird die Sicht von Schüler(inne)n auf ihren Unterricht dargestellt und drittens kommt die betreffende Lehrkraft mit Aussagen über ihren Unterricht zu Wort. Dadurch ergibt sich ein detailliertes, mehrperspektivisches Bild des Unterrichtsskriptes, das sowohl die Außensicht der Forscherin als auch die Innensicht der am Unterricht Beteiligten beinhaltet.

In Abschnitt 6.1.1 wird die Analyse einer ausgewählten Unterrichtsstunde dargestellt, die als typisch für den Unterricht des hier im Fokus stehenden Grundkurses gelten kann. Abschnitt 6.1.2 enthält die Darstellung von Schülersichtweisen auf ihren Mathematikunterricht. Im Abschnitt 6.1.3 kommt die Sichtweise der Lehrerin zur Sprache, die ihre Beschreibung und Deutung des Unterrichts enthält und ihre Gedanken zu einem festgestellten Dilemma hinsichtlich ihrer Unterrichtsgestaltung und dem daraus für sie resultierenden Veränderungsbedarf.

6.1.1 Exemplarische Analyse einer Unterrichtssequenz

An dieser Stelle wird das Ziel verfolgt, den hier untersuchten Mathematikunterricht zu charakterisieren. Die Unterrichtsbeobachtungen sowie Gespräche mit der Lehrerin haben gezeigt, dass die einzelnen Mathematikstunden einander sehr ähneln. Die folgenden Darstellungen stützen sich auf eine Stunde, die von der Lehrerin als „ganz normal" ausgewiesen wurde. Sie wurde Ende April 2003 auf Video aufgezeichnet, transkribiert und analysiert. Im Folgenden wird zunächst die gesamte Unterrichtsstunde beschrieben, aus der eine Sequenz herausgegriffen und analysiert wurde.

Verlaufsbeschreibung der gesamten Unterrichtsstunde

Die Stunde gliederte sich in die Rückgabe einer Klausur, in das entwickelnde Unterrichtsgespräch zur „Lage zweier Geraden im Raum" und in das selbstständige Bearbeiten von Aufgaben durch die Schüler(innen). Nachdem die Klausuren inklusive eines Lösungsblattes verteilt wurden, führte Frau Lehmann das Thema der Stunde ein. Es sollte darum gehen zu bestimmen, wie zwei Geraden im Raum zu einander liegen können. Frau Lehmann beabsichtigte, die vier möglichen Fälle an die vier Tafelseiten zu schreiben, zusammen mit den jeweiligen Rechenverfahren, die für die entsprechende Überprüfung angewendet werden sollten. Sie klärte zunächst die Fälle „parallel" und „nicht parallel", dann wurde der Fall „identisch" eingeführt und schließlich nannte sie den Begriff „windschief". Die letzte Möglichkeit „Schnittpunkt" äußerte Frau Lehmann auch selbst. Daran schloss sich die Bestimmung der Rechenverfahren an, wobei von der Aufgabenstellung ausgegangen wurde, dass bei zwei gegebenen Geraden ihre Lage zueinander bestimmt werden sollte.

Das „Kochrezept" schrieb Frau Lehmann an die Tafel. Sie fasste es noch einmal kurz zusammen: Zunächst werde geklärt, ob die Richtungsvektoren parallel sind. Sei dies der Fall, werde an Hand der Stützvektoren die Unterscheidung zwischen „identisch" und „parallel" getroffen. Sei dies nicht der Fall, werde versucht einen Schnittpunkt auszurechnen.

Nachdem alle Ergebnisse an der Tafel gesichert waren, teilte Frau Lehmann Arbeitsblätter aus. Die Schüler(innen) sollten jeweils die Lagen von zwei Geraden zu einander bestimmen. Hatten sie Fragen, riefen sie Frau Lehmann, die kam und ihnen half.

Im Folgenden wird das Transkript des entwickelnden Unterrichtsgesprächs aufgeführt. Dieses hat im Unterricht von Frau Lehmann neben der Individualarbeit einen zentralen Stellenwert. Die Phase der Individualarbeit ließ sich nicht in der gleichen Weise aufzeichnen und analysieren, so dass diese auf der Basis von Beobachtungen beschrieben wird.

Transkript der ausgewählten Sequenz

Es wird eine etwas längere Sequenz aufgeführt, in der das mathematische Thema der Stunde im Unterrichtsgespräch entwickelt wird. Dabei gelten folgende Transkriptionsregeln:

/.../	parallel gesprochen
[...]	akustisch unverständlich
...	nicht zu Ende geführte Sätze
(...)	Handlungen, die sich auf die Erarbeitung des Themas beziehen
L	Lehrerin

L: Gut. Ja. Dann geht es bei uns hier einfach mal ein bisschen noch weiter. Und die Überschrift dessen, was ich machen möchte heute, steht da oben sogar noch. Es geht nämlich heute darum, wenn ich mir zwei Geraden anschaue im dreidimensionalen Raum, also hier in unserem Klassenraum. Die Frage, wie können diese beiden Geraden zueinander liegen. Das sagt die Überschrift und das haben wir, mein ich, ansatzweise uns schon mal überlegt, so vage am Ende einer Stunde. Können wir aber auch jetzt noch mal uns überlegen. Also, wir haben zwei Geraden, hier durch meine beiden Stifte symbolisiert. Und die Frage ist, wie können diese beiden Geraden überhaupt zueinander liegen, hier im dreidimensionalen Klassenraum. Ralf.
Ralf: Parallel.
L: Kannst du das noch n bisschen...
Ralf: Die Geraden können parallel liegen. /[...]/
L: /Ja, kannst du das / Wie muss ich es halten? Kannst du das vielleicht auch zeigen? Wie liegen zwei parallel? (Ralf zeigt die Lage mit zwei seiner Stifte. L zeigt weitere, windschiefe Fälle.)
L: Ja, wunderbar. Oder so, oder so, oder so oder so. Ok, das ist der eine Fall. Die beiden können parallel sein. Wie noch? Hm? Ali.

Ali: Sie können beide verschiedene Richtungen haben. Dass der eine z. B. so nach rechts unten zeigt, der andere nach links oben oder rechts oben. (Er demonstriert die Lagen mit zwei seiner Stifte.)
L: Ja.
Ali: Also andere Richtungen.
L: Also nicht parallel. Ok. Eva.
Eva: Sie können aufeinander liegen.
L: Aufeinander?
Eva: Ja.
L: Ja, was meinst du damit?
Eva: Dass es der gleiche Vektor ist.
L: Wir sprechen von Geraden.
Eva: Oh, Entschuldigung. Ja.
L: Kannst du das einfach mal übersetzen?
Eva: Dass es die gleiche Gerade ist.
L: Genau. Die beiden können Geraden, die Geraden können in Wirklichkeit die gleiche Gerade sein. Das kann ich jetzt nur so zeigen, indem ich die hier aufeinander setze. Oder so ganz eng aneinander halte. Aber die sollen wirklich die gleiche Gerade sein. Richtig. Das ist n weiterer Fall. Was kann noch passieren? Der Fall von Ali, dass sie nicht parallel sind, der ist noch ein wenig ungenau. Hm? Eva?
Eva: Wenn sie nicht parallel sind, müssen sie sich zwangsläufig kreuzen.
L: Müssen die?
Eva: In irgendeiner Weise müssen sie sich schneiden.
Sm: Nee, /müssen sie nicht./
Sm: /Nee./
Eva: Wenn sie nicht parallel sind und sind Geraden, die ja kein Anfang und kein Ende haben, müssen sie sich irgendwann, auch wenn sie ne ganz... Irgendwann müssen sie sich, in der Unendlichkeit müssen sie sich schneiden.
Sw: Ja?
Eva: Wenn sie nicht parallel sind.
L: War eben ne ganze Menge Widerspruch. Vielleicht könnt ihr den mal formulieren? Norbert war, glaub ich dran.
Norbert: Nee, ich hab nichts gesagt.
L: Ich doch nicht, ich doch nicht. Anna.
Anna: Ist das jetzt egal, wo sie anfangen, oder /[...]/ wenn sie unendlich sind.
L: /Also Geraden sind immer /Also Geraden sind immer unendlich lang.
(Die Schüler(innen) reden durcheinander)
L: Hm? Norbert, jetzt doch.
Norbert: [...]
L: Scht! Hört mal zu!
Norbert: Gehen wir von zweidimensionalen oder vom dreidimensionalen Raum aus?
L: Das ist in dem Fall eine gute Nachfrage. Wir gehen vom dreidimensionalen Raum aus.
(Die Schüler(innen) reden durcheinander)
Norbert: Weil dann, /wenn sie in verschiedenen/ Höhen liegen, dann müssen sie sich ja nicht berühren.

155

L: /Pscht. Lasst mal bitte Norbert.../ Aha. Kannst du mal mit zwei Stiften mal einen Fall zeigen, wo sie sich nicht schneiden? Jetzt fangen alle... Genau. Irgendwie so im Raum. Die können aneinander vorbei gehen irgendwie. Wie du gezeigt hast. So, irgendwie. Müssen sich nicht schneiden. Das nennt man windschief. Keine Ahnung, wer sich diesen Namen ausgedacht hat. Das heißt windschief. Genau. Eva, siehstes ein?

Eva: Ich hatte das verwechselt mit zwei- und dreidimensionalem Raum. /[...]/

L: /Genau. Im Zweidimensionalen zurecht. Da müssen sie sich schneiden./ Genau. Aber im Dreidimensionalen können sie aneinander vorbeigehen. Aber natürlich ist die Sache, dass sie sich schneiden, auch einer der möglichen Fälle. Sie können sich auch schneiden. Dann würden sie eben... Wenn sie so aufeinander liegen, dann haben sie genau einen Schnittpunkt, nämlich da in der Mitte. So, wieviel Fälle hatten wir denn jetzt und welche? Kann das noch mal jemand zusammenfassen? Welche Möglichkeiten hatten wir alle? Hm, Mariam? Willst mal versuchen?

Beschreibung der Lehrer-Schüler-Interaktion

Frau Lehmann führt im Unterricht etwas Neues ein. Dabei folgt sie einer Systematik, indem sie das Wissen in kleine Portionen einteilt und die Schüler(innen) schrittweise durch das zu entwickelnde Thema führt. Sie lenkt das Gespräch, wobei die Schüler(innen) aufgefordert sind, die von ihr gestellten Fragen zu beantworten, aber auch eigene Fragen stellen können. Dabei mobilisiert sie u.a. durch ihre Fragen das, was die Schüler(innen) an Vorstellungskraft in Bezug auf das neue Thema mitbringen.

Insgesamt weist Frau Lehmann unterschiedlich leistungsstarken Schüler(inne)n im Gespräch unterschiedliche Rollen zu: die Leistungsstärkeren entwickeln eigene Gedanken und stellen Zusammenhänge in längeren Redeabschnitten dar, die Schwächeren werden aufgefordert zu reproduzieren bzw. sollen durch Zuhören verstehen. Diese Form der Kompetenzpositionierung wird sowohl von Lehrerseite als auch von Schülerseite genutzt. Das Gespräch lebt davon, dass Frau Lehmann mit Schüler(inne)n diskutieren kann, die etwas wissen. Sie zieht die Besseren heran, um möglichst schnell das Richtige an die Tafel schreiben zu können. Wenn von den Schüler(inne)n nicht die richtige Antwort kommt, kann sie die Frage in kleineren Häppchen auftischen. Gibt ein Schüler bzw. eine Schülerin keine weiterführende Antwort, nimmt sie die nächsten dran.

Frau Lehmann leistet im Dialog mit ihren Schüler(inne)n die entscheidenden Schritte: Sie führt die mathematischen Fachbegriffe ein, fasst zusammen, systematisiert, notiert das Wesentliche an der Tafel etc. Frau Lehmann hat die mathematischen Termini, auf die sie hinaus will, im Kopf. Sie greift zwar Schülerantworten auf, paraphrasiert diese z.T. jedoch so, dass „ihre" Begriffe vorkommen, die sie dann an die Tafel schreibt. Die Rechenverfahren, die Frau Lehmann an der Tafel notieren möchte, sind an einer typischen Aufgabe orientiert (s.o.). Weitere mögliche Aufgabenstellungen, die ein wenig kreativer wären, werden nicht angesprochen; z.b. ‚Finde zu einer gegebenen Gerade eine, die dazu windschief ist, etc.

Die Form, die Frau Lehmann für das Unterrichtsgespräch wählt, liegt zwischen den Polen „Lehrervortrag" und „Schülerbrainstorming". Frau Lehmann simuliert einen Lehrervortrag durch Schülervorträge. Die Schüler(innen) können zuhören und sich auf diese Weise die Inhalte quasi im Mosaik erläutern lassen.

Auf Seiten der Schüler(innen) ist zu beobachten, dass diese sich in die Struktur einfügen, d.h. die Fragen der Lehrerin aufnehmen, assoziieren, Antworten bringen, auf die Aussagen anderer Schüler(innen) reagieren. Dabei sind sie unterschiedlich stark beteiligt - Eva und Norbert z.B. sagen sehr viel; der Großteil der Schüler(innen) taucht im Transkript dagegen gar nicht auf.

Die zur Unterrichtsstunde gehörenden Beobachtungen zeigen, dass die Schüler einen aufmerksamen Eindruck machen. Es lässt sich daher vermuten, dass sie versuchen mitzudenken und dass auch die stillen Schüler versuchen dem Gespräch zu folgen.

Zusammenfassung

Die Unterrichtsbeobachtungen zeigen, dass sich der Unterricht bei Frau Lehmann im Wesentlichen in zwei zentrale Phasen gliedert: in das Gespräch zwischen Schüler(inne)n und Lehrerin, in dem neue mathematische Sachverhalte entwickelt werden, und in die Phase der Individualarbeit durch die Schüler(innen). Das Gespräch wird durch die Lehrerin gelenkt und ist sehr zielorientiert. Die zentralen Inhalte, Aufgaben, Rechenprozeduren und ggf. Zeichnungen werden an der Tafel festgehalten. Die Schüler(innen) werden ihrer Kompetenzen gemäß in das Gespräch einbezogen; dabei kommt leistungsstärkeren Schüler(inne)n die Funktion zu, Gedanken weiterzuentwickeln und Lösungsansätze für gestellte Aufgaben zu präsentieren, während Leistungsschwächere zur Wiederholung einzelner Sachverhalte aufgefordert werden und ansonsten dem Gespräch still folgen. Während der Individualarbeit, in der die Schüler(innen) Aufgaben aus dem Buch oder Arbeitsblättern rechnen, gibt die Lehrerin einzelnen Schüler(inne)n Hilfestellungen und beantwortet individuelle Fragen.

Der Unterricht wird von der Lehrerin geplant. Es war nicht zu beobachten, dass die Schüler(innen) die Auswahl der Themen oder der Arbeitsformen mitbestimmen können. Insgesamt weist der Unterricht eine starke Fremdregulation durch die Lehrerin auf. Die Selbstregulation der Schüler(innen) beschränkt sich auf das Nachvollziehen der neuen Inhalte, ihre Dokumentation und das Üben von neuen Rechenprozeduren; einzelne Schüler(innen) sind an der Entwicklung neuer Inhalte beteiligt.

6.1.2 Aussagen der Schüler(innen) über ihren Mathematikunterricht

Die Schüler(innen) wurden zum Zeitpunkt des ersten Interviews gebeten zu beschreiben, wie der Mathematikunterricht bei ihnen abläuft. Die Analyse dieser Aussagepassagen wird im Folgenden vorgestellt. Ein Zitat von Ralf, in dem sich die Facetten zeigen, die für die befragten Schüler(innen) hinsichtlich ihres Mathematikunterrichts von Bedeutung sind, mag zu Beginn zur Illustration dienen:

„Typische Mathestunde [lachen], ja, das ist ja immer so lustig, also das ist ja schon immer so gewesen halt, dass ich einfach, wie soll ich sagen, das ist so, und das ist, muss man einfach lernen einfach. Da kannst du nicht irgendwie großartig drum herum reden, das ist einfach so und das musst du einfach so hinnehmen. Also das, was du lernst, ist einfach, du gehst in die Mathestunde rein und dann weißt du, ok, jetzt lern ich wieder was Neues. Und das schreib ich mir auf und das ist einfach so. Und deswegen, na ja gut, ich find Mathe nicht so wirklich spannend, also das ist halt meistens, also ok, bei Frau Lehmann ist es nicht wirklich viel anders als so in den letzten Klassen" (RALF 1, Z. 912 ff.).

In diesem Zitat finden sich erstens Hinweise auf *Inhalte und Formen* des Unterrichtsskripts aus Schülersicht und zweitens *Bewertungen und Kommentierungen* dessen, die z.T. auf Zuschreibungen an das Fach basieren. Diese zwei Aspekte werden im Folgenden dargestellt.

Inhalte und Form des Unterrichtsskripts aus Schülersicht

In der Form des Mathematikunterrichts, wie Ralf ihn erlebt hat und im Interview beschreibt, sieht er eine stabile Struktur, die auch bei unterschiedlichen Lehrer(inne)n konstant bleibt. Von Sandra wird diese Sichtweise ergänzt; sie beschreibt einen hohen Grad an Routine, an festen Strukturen, Wiederholung und Vorhersehbarkeit als typisch für ihren Mathematikunterricht:

„Und dementsprechend ist die Stunde halt immer so, dass Frau Lehmann was an die Tafel schreibt, ab und zu mal uns dran nimmt und sagt, ja rechne das doch mal, und dann ist es fertig gerechnet, dann kriegen wir Zettel und dann sollen wir den Rest der Stunde weiter selber weiter rechnen. Wir schreiben keine Tests, ham so gut wie gar keine Hausaufgaben und ab und zu schreiben wir dann halt die Arbeiten. Das ist jetzt eigentlich nicht nur eine typische Mathestunde, sondern jede typische Mathestunde" (SANDRA 1, Z. 1002 ff.).

Konstitutiv für die Inhalte und Formen des Unterrichtsskript sind aus Schülersicht die folgenden Komponenten: Die Lehrerin gibt Aufgaben vor, wobei einige gemeinsam an der Tafel und andere von den Schüler(inne)n allein gerechnet werden. Im ersten Teil des Unterrichts gestalten sich die Rollen von

Lehrerin und Schülern aus Sicht der Schüler(innen) wie folgt: Die Lehrerin gibt eine Aufgabe vor, deren Lösung gemeinsam im Kurs erarbeitet werden soll. Anna konkretisiert:

„Also dann müssen wir halt immer sagen, was wir denken, und dann schreibt sie es halt dran, ob es richtig oder falsch ist" (ANNA 1, Z. 777 ff.).

Beschrieben werden hier die Beiträge der Schüler(innen) zum Lösen der Aufgabe. Die Schüler(innen) werden von der Lehrerin aufgefordert ihre Antworten, Gedanken und Lösungsansätze zu präsentieren. Diese werden von der Lehrerin geprüft, kommentiert und im Falle der Richtigkeit an die Tafel übernommen. Die Schüler(innen) weisen sich in dieser Unterrichtsphase unterschiedliche Aufgaben und Rollen zu. Während Anna beispielsweise davon spricht, dass eigene Ideen und Gedanken geäußert werden sollen, sagt Ralf, dass den Schüler(inne)n in dieser Phase die Aufgabe zukomme, neues Wissen aufzunehmen. In Annas Fall wird die Aufgabe der Schüler(innen) in der Erarbeitung des neuen Wissens gesehen; in Ralfs Fall wird eine rezeptive Haltung deutlich, die den Schüler(inne)n die Aufgabe zuweist, das aufzuschreiben, was als neu und relevant von der Lehrerin gekennzeichnet wird. Diese unterschiedlichen Schülervorstellungen korrespondieren mit der rekonstruierten Struktur und Funktion des fragend-entwickelnden Unterrichtsgesprächs, das unterschiedlich leistungsstarken Schüler(inne)n unterschiedliche Rollen zuweist (vgl. 7.1.1).

Übereinstimmend schreiben die befragten Schüler(innen) den im Unterricht behandelten Aufgaben eine stets eindeutige Lösung zu, die als solche von der Lehrerin ausgewiesen und an der Tafel festgehalten wird. Von offenen oder Problemlöseaufgaben spricht kein Schüler bzw. keine Schülerin. Mit der Geschlossenheit von Aufgaben korrespondieren die von den Schüler(inne)n beschriebenen Unterrichtsmethoden: Die Lehrerin lenkt das Unterrichtsgespräch, das zum Ziel hat, den richtigen Lösungsweg zu entwickeln und an der Tafel festzuhalten. Gruppenarbeit oder Präsentationen kommen den Schüler(inne)n zufolge in ihrem Mathematikunterricht nicht vor.

In der zweiten Phase des Unterrichts, die ebenso wie die erste von den Schüler(inne)n als ein festes Strukturmerkmal des Unterrichts dargestellt wird, bekommen die Schüler(innen) Aufgaben, die sie alleine bearbeiten sollen. Die Lehrerin geht dabei zu einzelnen Schüler(inne)n und beantwortet deren Fragen. Die Schüler(innen) sind sich einig, dass Frau Lehmann auch wirklich immer alle Fragen beantwortet. Anna sagt zum Beispiel:

„Und wenn wir Fragen haben, sollen wir uns melden und dann kommt sie auch wirklich immer" (ANNA 1, Z. 779 f.).

Im Folgenden werden, an die Schüleraussagen über die Inhalte und Methoden ihres Mathematikunterrichts anknüpfend, die Bewertungen und Kommentierungen des Unterrichtsskripts durch die Schüler(innen) aufgezeigt.

Bewertungen und Kommentierungen des Unterrichtsskripts von den Schüler(inne)n

Die genannten Strukturmerkmale, die die Schüler(innen) dem Unterricht zuschreiben, führen bei unterschiedlichen Schüler(inne)n zu verschiedenen Bewertungen. Diese unterscheiden sich im Wesentlichen darin, dass einige Schüler(innen) den Unterricht als „trocken und langweilig" bewerten und andere Spaß am Unterricht haben. Dabei wird interessanter Weise für beide Bewertungen als Begründung herangezogen, dass im Unterricht immer das gleiche passiert. Des Weiteren wird Spaß am Unterricht mit der Rolle und Person der Lehrerin in Zusammenhang gebracht und Langeweile mit Charakteristika des Faches Mathematik an sich. So sagt Sandra zum Beispiel:

„Normalerweise ist es eigentlich so ziemlich trocken, muss ich sagen, aber ich weiß wirk, ich wüsste selber auch nicht, wie ich bei Mathe irgendwie n bisschen Stimmung in die Klasse bringen soll. Mathe ist nun mal nur so, den Kindern das rechnen beibringen sozusagen. Da kann man nicht irgendwie mit „Ja, jetzt machen wir Gruppenarbeit und nutzen den Overheadprojektor" und so. Das geht in Mathe einfach nicht" (SANDRA 1, Z. 998 ff.).

Ebenso wie Ralf akzeptiert Sandra den Mangel an methodischer Vielfalt als typisch für Mathematik als ein langweiliges Fach, das prinzipiell nicht interessant und methodisch abwechslungsreich gestaltet werden kann.

Unabhängig davon, ob die Schüler(innen) Mathematik als ein trockenes Fach charakterisieren, an dem sie keinen Spaß haben, oder als ein Fach, das ihnen Spaß macht: Sie möchten am bestehenden Unterrichtsstil der Lehrerin nichts verändern. Der Unterricht von Frau Lehmann gibt ihnen Hilfestellungen und vermittelt ihnen ein sicheres Gefühl der Mathematik und insbesondere den Klausuren gegenüber. Sie vermissen keine offenen - und damit in der Regel anspruchsvolleren – Aufgaben, sondern möchten die Kleinschrittigkeit des Vorgehens, die Konzentration auf das Verstehen von Rechenprozeduren und das Einüben von Aufgaben beibehalten.

Die befragten Schüler(innen) erleben den Mathematikunterricht als hochgradig strukturiert, in festen Schemata ablaufend und dementsprechend sehr vorhersehbar, was die zum Einsatz kommenden Methoden betrifft. Die Gestaltung des Unterrichts, die sie über die Jahre hinweg als konstant erlebt haben, bringen sie in einen Kausalzusammenhang mit dem Fach Mathematik. Dieses stellt sie für sie ein fertiges Wissensgebäude dar, mit deren Bestandteilen die Lehrerin sie stückweise „füttert".

Zusammenfassung

Zusammenfassend zeichnen sich Inhalte und Form des Mathematikunterrichts aus Schülersicht mit hoher Übereinstimmung durch eine Konzentration auf das Entwickeln und Einüben von Rechenprozeduren aus, die zum Lösen von Aufgaben nötig sind. Der Unterricht gliedert sich stets in zwei Phasen, wobei die erste als fragend-entwickelndes Unterrichtsgespräch angelegt ist, das von der Lehrerin moderiert wird und dessen richtige Ergebnisse von ihr an der Tafel zum Abschreiben für die Schüler(innen) festgehalten werden, und in der zweiten Phase die Schüler(innen) selbstständig Aufgaben rechnen und die Lehrerin dabei zu einzelnen Schüler(innen) hingeht und deren Fragen beantwortet.

Die Bewertungen und Kommentierungen des Unterrichts weisen im Kern darauf hin, dass die Schüler(innen) das kleinschrittige Vorgehen und den Dreischritt aus Erklärung, Üben und Korrektur bzw. Ergebnissicherung begrüßen und beibehalten möchten.

Im Folgenden werden die Aussagen der Lehrerin über ihren Mathematikunterricht vorgestellt.

6.1.3 Aussagen der Lehrerin über ihren Mathematikunterricht

Die Aussagen der Lehrerin sollen zum einen aus einer dritten Perspektive Licht auf den Unterricht werfen, um das Skript angemessen rekonstruieren zu können. Zum anderen sollen sie aber auch die von der Lehrerin gesehenen Probleme aufzeigen. Diese führen zu einem Veränderungsbedarf hinsichtlich der Unterrichtsgestaltung und der Konzeption des so genannten Mathejournals, wie sie in Abschnitt 6.2.1 genauer dargelegt wird.

Zusammenfassend lässt sich das Unterrichtsskript aus Sicht der Lehrerin als „stark lenkend" und „straff führend" beschreiben, mit dem Ziel, bei den Schüler(inne)n Angst gegenüber der Mathematik abzubauen und Erfolgserlebnisse zu ermöglichen. Inhaltlich manifestiert sich dieses Anliegen in eng geführten Aufgabenstellungen, in einer Konzentration auf das Einüben von Rechenprozeduren und im kleinschrittigen Durchsprechen von Rechnungen. Dies soll im Folgenden genauer erläutert werden.

Auf dem ersten Workshop im April 2003 (vgl. Abschnitt 5.2) spricht Frau Lehmann über ihre Sicht des Mathematikkurses. Sie beschreibt den

„Grundkurs Mathe, aus Leute bestehend, die überwiegend denken: och Mathe, konnt ich sowieso noch nicht und kann ich auch nicht und will ich auch gar nicht können eigentlich, muss ich leider machen, weil ich das ja blöderweise ins Abi einbringen muss" (WORKSHOP 1B, Z. 550 ff.).

Frau Lehmann bringt für diese Einstellung ihrer Schülerinnen und Schüler ein gewisses Verständnis auf. Die Motivation der Schüler(innen) ist Frau Lehmann zufolge insbesondere darauf zurückzuführen, dass es sich um einen Grundkurs handelt. Sie sieht sich selbst hinsichtlich ihres Unterrichts in einer Dilemmasituation, aus der sich für sie ein Leidensdruck und ein Veränderungsbedarf ergeben. Ihr Dilemma entfaltet sich nicht auf Grund einer Unzufriedenheit mit den Schüler(inne)n, sondern liegt vielmehr auf der Ebene ihrer Lehrtätigkeit bzw. den Ansprüchen, die sie mit dieser verbindet. Aus ihrer Wahrnehmung der Situation resultiert für sie eine bestimmte Haltung den Schüler(inne)n gegenüber bzw. eine Zielperspektive für ihren Unterricht; sie möchte die Ängste ihrer Schüler(innen) der Mathematik gegenüber abbauen und die Schüler(innen) möglichst gut auf die Abiturprüfungen in Mathematik vorbereiten. Diese Ziele erreicht sie mit ihrem Mathematikunterricht zu ihrer Zufriedenheit:

„Ich finde, dass es in diesem Kurs relativ gut klappt" (WORKSHOP 1B, Z. 558 f.).

Grundlage für diesen Erfolg ist Frau Lehmann zufolge ihre Art des Unterrichtens:

„Es klappt besonders immer dann gut, wenn ich sehr den Lehrer raushängen lasse. [...] Je straffer, desto lieber ist es den Schülern" (WORKSHOP 1B, Z. 559 f.).

Aus Sicht der Schüler(innen) charakterisiert sie ihren Unterricht lapidar mit den Worten „quadratisch, praktisch, gut (WORKSHOP 1B, Z. 604)". Den Wunsch der Schüler(innen) nach Orientierung und Hilfestellung, der sich zum Beispiel darin äußert, dass die Schüler(innen) vor Klausuren am liebsten Übungszettel mit Lösungen hätten, kann Frau Lehmann ebenso nachvollziehen wie deren Motivation in Bezug auf den Mathematikunterricht überhaupt. Dazu kommt, dass nicht nur die Schüler(innen) bei dieser Form des Unterrichts Erfolgserlebnisse haben, sondern auch die Lehrerin.

„Je straffer ich das Ganze mache, desto besser läuft es für alle Beteiligten" (WORKSHOP 1B, Z. 567).

Sie konkretisiert:

„Hab ich auch Erfolgserlebnisse darin, dass man Schüler zum Beispiel von dieser Haltung: 'Ich konnt ja noch nie Mathe und es hat gar keinen Zweck sich anzustrengen', abkriegt, weil sie relativ kleinschrittig dann doch Erfolgserlebnisse hatten" (WORKSHOP 1B, Z. 582 ff.).

Das große Problem mit dieser Form des Unterrichtens sieht Frau Lehmann darin, dass diese ihren Ansprüchen an einen Mathematikunterricht in der gymnasialen Oberstufe nicht gerecht wird. Sie vermutet, dass ihre Schüler(innen) auf diese Weise nicht lernen mathematisch zu denken und Probleme zu lösen.

„Sie lernen für das, was jetzt ist, vielleicht bis zum Abitur hin, aber bestimmt nichts, was ihnen irgendwie darüber hinaus hilft" (WORKSHOP 1B, Z. 596 f.).

Dies resultiert aus der Engführung des Unterrichts, die eigentlich durch offenere Aufgaben und Fragestellungen ersetzt werden müsste. Das jedoch – und hier manifestiert sich das Dilemma für Frau Lehmann – würde bei den Schüler(inne)n sofort Angst und Unsicherheit auslösen, weil offenere Aufgaben einen weitaus höheren Schwierigkeitsgrad besitzen. Frau Lehmann rekurriert dabei auf ihre eigenen Erfahrungen:

„Nur die Erfahrung ist eben: je offener man Fragestellungen formuliert, desto unzufriedener werden die Schüler erst mal, weil sie merken, das kann ich ja gar nicht und das krieg ich ja gar nicht hin und ich weiß ja gar nicht, wie ich anfangen soll. Und dann kommt gleich die große Angst und ich konnte sowieso noch nie Mathe" (WORKSHOP 1B, Z. 578 ff.).

Die beiden Zieldimensionen, die Frau Lehmann in Bezug auf ihren Mathematikunterricht äußert – Abbau von Angst und Unsicherheit bei den Schüler(inne)n und Befähigung zum mathematischen Denken und Problemlösen – lassen sich in ihrem Unterrichtsskript nicht vereinbaren.

Sie führt zwei weitere Aspekte an, die eine Veränderung des Unterrichts hin zu offeneren Problemlöseaufgaben erschweren würden: Zum einen der Zeit- und Stoffdruck, der insbesondere in den Grundkursen der Oberstufe herrscht, und zum anderen die Tatsache, dass die Schüler(innen) bisher nie einen solchen Unterricht in ihrer Schullaufbahn gehabt haben und dementsprechend die dafür nötigen Fähigkeiten erst ausbilden müssten.

Die Überlegungen von Frau Lehmann zu ihrem Unterricht und ihrer Unzufriedenheit münden vorerst in eine Frage:

„Wenn ich's als Frage formulieren sollte, wäre das sozusagen: Welche, mit welcher Methode lernen – ich sag jetzt mal Grundkursschüler, ich find das schon nen Unterschied zu meinem Leistungskurs, den ich jetzt in 13 hab; das ist es n bisschen anders – aber jetzt so mäßig motivierte Grundkursschüler, mit welcher Methode lernen die eigentlich am Besten Mathe?" (WORKSHOP 1B, Z. 573 ff.).

Es lässt sich zusammenfassen, dass die Lehrerin ihren Unterricht als sehr gelenkt und straff geführt empfindet. Auf diese Weise gelingt es ihr, bei den Schüler(inne)n Ängste gegenüber der Mathematik abzubauen und sowohl ihnen als auch sich selbst Erfolgserlebnisse zu verschaffen. Sie gerät jedoch innerlich mit diesem Unterrichtsstil in Konflikte, da dieser ihren Ansprüchen an einen guten Mathematikunterricht in der Oberstufe nicht entspricht.

Für sie stellt sich die Frage, wie sie den Schüler(inne)n weiterhin helfen und Kompetenzerleben ermöglichen und zugleich die eigentätige Auseinandersetzung der Schüler(innen) mit mathematischen Inhalten fördern kann.

6.1.4 Selbst- und Fremdregulation im vorliegenden Unterrichtsskript

Die vorgestellten Rekonstruktionen zum Mathematikunterricht, in dem die vorliegende Untersuchung durchgeführt wurde, weisen deutliche Übereinstimmungen mit den in anderen Studien heraus präparierten Charakteristika deutschen Mathematikunterrichts auf. Dies betrifft ebenso die Rekonstruktion des Unterrichtsskripts wie auch die Schülersichtweisen auf ihren Mathematikunterricht.

So hat KAISER (1999) in einer international vergleichenden Untersuchung idealtypische Beschreibungen des deutschen Mathematikunterrichts herausgearbeitet. Bezüglich der Lehr-Lern-Formen im Unterricht stellt sie folgendes Ergebnis heraus:

„Im deutschen Mathematikunterricht kann idealtypisch das gemeinsam erarbeitende Unterrichtsgespräch mit kürzeren Phasen der Individualarbeit als dominierende Lehr-Lern-Form rekonstruiert werden. Dabei werden im lehrergelenkten, gemeinsam erarbeitenden Unterrichtsgespräch fast ausschließlich alle neuen mathematischen Begriffe und Methoden eingeführt, Individualarbeit nimmt sowohl zeitlich als auch inhaltlich einen geringeren Stellenwert ein. Inhaltlich dient Individualarbeit im wesentlichen der Bearbeitung von Übungsaufgaben, zeitlich ist diese Phase deutlich kürzer als die für Unterrichtsgespräche zur Verfügung stehende Zeit" (KAISER 1999, S. 236).

Damit ist das gemeinsam entwickelnde Unterrichtsgespräch, wie es in diesem Kapitel eingehend betrachtet wurde, als zentrale Lehr-Lern-Form im Mathematikunterricht charakterisiert.

Was die Schülersicht auf Mathematikunterricht betrifft, schließen BAUMERT & KÖLLER im Rahmen von TIMSS III auf der Grundlage einer Befragung von Oberstufenschüler(inne)n über ihren Mathematikunterricht:

„Die Entwicklung von mathematischen Sachverhalten durch die Lehrkraft und die anschließende Übertragung des Tafelanschriebs in das Arbeitsheft scheinen charakteristische Merkmale des Mathematikunterrichts in der Oberstufe zu sein. In der Schülerarbeitsphase korrespondieren damit das Lösen von Gleichungen und die Übung von Rechenfertigkeiten" (BAUMERT & KÖLLER 2000, S. 275 f.).

Sie resümieren die Befunde folgendermaßen:

„Zusammenfassend lässt sich festhalten, dass der Mathematikunterricht der gymnasialen Oberstufe aus Schülersicht bemerkenswert variationsarm ist. Vorherrschend sind zwei miteinander korrespondierende modale Muster: Sobald die Lehrkraft einen mathematischen Gedankengang entwickelt und vorgestellt hat, folgen in der Schülerarbeitsphase das Lösen von Gleichungen und die Übung von Rechenfertigkeiten" (ebd., S. 283).

Was die Sichtweise der Lehrerin auf ihren Unterricht betrifft, lassen sich in der Literatur einzelne Hinweise auf die Schwierigkeiten finden, die deutsche Mathematiklehrer(innen) mit einer Veränderung ihres Unterrichtsskriptes haben, auch wenn sie von der Notwendigkeit von Innovationen wie beispielsweise einer Orientierung am dialogischen Unterricht überzeugt sind (vgl. GALLIN & HUßMANN 2006, S. 1 f.).

Die vorangestellten Befunde bezüglich des Unterrichtsskriptes sowie der Schüler- und Lehrersichtweisen auf ihren Unterricht erlauben folgende Einbettung des hier untersuchten Mathematikunterrichts: Es handelt sich um einen Unterricht, den man als „durchschnittlich" bezeichnen könnte. Er weist große Ähnlichkeiten zu den Ergebnissen von TIMSS III und der Untersuchung von KAISER auf, die den deutschen Mathematikunterricht mehrperspektivisch erforscht haben. Diese Erkenntnis ist für die Diskussion der Ergebnisse insofern bedeutsam, als wir es explizit nicht mit einem innovativen, unkonventionellen, Reform orientierten Unterricht zu tun haben. Die Analyse und Bewertung der Arbeit mit einem Mathejournal verspricht daher Erkenntnisse, die insbesondere für eine Weiterentwicklung des alltäglichen Mathematikunterrichts nutzbar gemacht werden können.

Nach dieser zusammenfassenden Einbettung des Unterrichtsskriptes wird nun dargestellt, wie sich die Fremdregulation durch die Lehrerin und die Selbstregulation beim Lernen durch die Schüler(innen) gestalten. Dabei stehen gemäß der in dieser Arbeit verwendeten Konzeption selbstregulierten Lernens die Aspekte Lernstrategien, Lernprozessüberwachung und Selbstaktivierung im Zentrum.

Selbst- und Fremdregulation hinsichtlich der Lernstrategien

Die Lehrerin entwickelt neue Rechenverfahren unter Einbezug der Schüler(innen) im Gespräch; dabei stellt sie die entscheidenden Fragen, führt

Fachbegriffe ein und schreibt die Algorithmen als „Kochrezepte" an die Tafel. Damit gibt sie sowohl das Verfahren vor, mit dem die Erarbeitung eines neuen Fachinhalts vonstatten geht, nämlich im durch sie gelenkten Unterrichtsgespräch, als auch die zur Lösung entsprechender neuen Aufgaben nötigen Algorithmen: Es gibt *den* Rechenweg, den alle Schüler(innen) anwenden sollen. Es zeigt sich somit im Skript ein hoher Anteil an Fremdregulation.

Möglichkeiten bzw. Aufforderungen zur Selbstregulation bestehen bezüglich des Einsatzes von Lernstrategien darin, neue Rechenverfahren und mathematische Zugänge so aufzunehmen, dass ein vertieftes Verständnis entsteht. Dazu müssen die neuen Inhalte mit bereits Bekanntem verknüpft werden. Die Selbstregulation beschränkt sich demnach in der Rezeption von Wissenselementen im Sinne von Auswendiglernen oder entfaltet sich im Auf-bau eines vernetzten Wissens. Vollkommen frei gewählte Lernstrategien scheinen in diesem Unterricht für die Schüler(innen) wenig nahe liegend.

Selbst- und Fremdregulation hinsichtlich der Lernprozessüberwachung

Bezüglich der Lernprozessüberwachung erfolgt die Fremdregulation dahingehend, dass die Lehrerin insbesondere vor Klausuren den Unterricht sehr transparent und zielorientiert gestaltet. Sie führt die Schüler(innen) auf ein ihr bekanntes Ziel – die Aufgaben in der Klausur – hin, indem sie die notwendigen Rechenprozeduren nacheinander einführt, Übungsaufgaben bereitstellt, zu wiederholende Inhalte explizit kennzeichnet und jederzeit für Fragen zur Verfügung steht, wobei die jeweils letzte Stunde vor einer Klausur explizit als „Frage-Stunde" ausgewiesen ist. Damit organisiert sie für die Schüler(innen) die Möglichkeit, deren eigenes Lernen mit ihrer Unterstützung zu überwachen und zu regulieren, d.h. beispielsweise anhand der Übungsaufgaben festzustellen, wo eigene Defizite liegen und diese bei nächster Gelegenheit als Frage in den Unterricht einzubringen.

Die Selbstregulation ist dabei insofern möglich, als dass die Schüler(innen) ihre Lernprozesse gezielt an den klaren Anforderungen, Vorgaben und Unterstützungsangeboten ausrichten können. Für die Überprüfung ihrer Kenntnisse und Fähigkeiten stehen jederzeit Übungsaufgaben mit Lösungen zur Verfügung. Für regulierende Maßnahmen im Sinne einer Klärung von offenen Fragen und Beseitigung von Verständnisschwierigkeiten können sie jederzeit Fragen an die Lehrerin oder natürlich auch an Mitschüler(innen) stellen.

Was die Selbstaktivierung, also die Motivation und Anstrengungsbereitschaft der Schüler(innen) betrifft, erfolgt eine Fremdregulation dahingehend, dass die Lehrerin einen klaren Möglichkeitsraum für die Zielsetzungen der Schüler(innen) absteckt. Da die Anforderungen einer Klausur im Vorhinein sehr dezidiert durch die Lehrerin vorgegeben werden, werden individuelle und realistische Zielsetzung der Schüler(innen) erleichtert. So können sie beispielsweise den Umfang der Aufgaben festlegen, die sie zur Übung rechnen wollen oder thematische Schwerpunkte setzen, auf die sie sich beim Lernen konzentrieren wollen.

Die Möglichkeit bzw. Aufforderung zur Selbstregulation bezüglich der Selbstaktivierung besteht demnach darin, sich zu den Angeboten und Anforderungen der Lehrerin zu positionieren und das eigene Engagement zu überwachen. Dabei werden Motivation und Anstrengungsbereitschaft für die Schüler(innen) dadurch erhöht, dass eine gezielte Vorbereitung auf die Klausuren auf jedem Leistungsniveau möglich ist.

Zusammenfassung: Selbst- und Fremdregulation im Unterrichtsskript

Zusammenfassend zeigen die im Unterrichtsskript verankerte Fremdregulation und die Notwendigkeit zur Selbstregulation folgendes: Die Fremdregulation ist das dominierende Element des Unterrichts, die Selbstregulation der Schüler(innen) entfaltet sich als Reaktion auf die Vorgaben und Angebote der Lehrerin.

6.2 Einsatz des Mathejournals

Die Art und Weise des konkreten Einsatzes des Mathejournals im Unterricht wurde von der Lehrerin bestimmt und ausgeführt. Ihre diesbezüglichen Vorstellungen – und auch Vorbehalte – sind jedoch im Austausch mit der Forscherin entwickelt und ausgeprägt worden. Um die Intentionen und Gedanken der Lehrerin, die den Prozess gesteuert haben, verstehen zu können, werden im Folgenden ihre Aussagen, die in Gesprächen mit der Forscherin geäußert wurden, dargestellt und analysiert. Von zentraler Bedeutsamkeit für die Planung der Arbeit mit dem Mathejournal waren die Ziele der Lehrerin; diese werden in Abschnitt 6.2.1 dargestellt. Die tatsächlichen Schritte der Arbeit mit dem Mathejournal werden in Abschnitt 6.2.2 nachgezeichnet. Einzelne Aspekte, die den Einsatz des Mathejournals auf subtiler Ebene gesteuert haben und gewissen Vorbehalten der Lehrerin zuzuschreiben sind, werden in beiden Abschnitten angesprochen.

6.2.1 Planung des Mathejournals: Ziele der Lehrerin

Auf dem ersten Workshop, nachdem Frau Lehmann ihr Anliegen in Bezug auf ihren Grundkurs Mathematik geschildert hat, spricht sie das Lerntagebuch an. Es folgt ihre erste längere Redepassage:

> „Fänd das gut eigentlich mit so nem Lerntagebuch. Ich find das klasse, ich weiß, ich hätte nicht die, fürcht ich im Moment, die Disziplin. Und jedes Mal zum Ende zu sagen: und jetzt [...] Aber das, also wenn Schüler das führen würden, das fänd ich total klasse. Dass sie für sich immer sagen, so, was habe ich jetzt heute gelernt, also auch vor allen Dingen das Positive, nicht nur, was habe ich alles wieder nicht verstanden. Ehm, und das so aufzuführen, also ich find das an sich von der Idee her ganz klasse. Ich habe nur im Moment... würde ich mich nicht trauen, das so anzufangen, weil ich denke, oh das hältst du nicht durch, also so... (...) Das nun jedes Mal zu sagen und auch diese Widerstände erst mal da ehm auszuhalten, die bestimmt kommen würden und so... wozu denn? Oder so, was bringt das denn? Und unsere Zeit?" (WORKSHOP 1B, Z. 795 ff.).

In den Äußerungen Frau Lehmanns wird deutlich, dass sie in einem Lerntagebuch die Chance für die Schüler(innen) sieht, sich regelmäßig bewusst zu machen, dass und was sie in Mathematik gelernt haben. Diese fachbezogene Selbstvergewisserung könnte das Selbstbewusstsein der Schüler(innen) stärken, da es das Augenmerk insbesondere auf die Inhalte lenkt, die verstanden wurden. Jeder Schüler bzw. jede Schülerin könnte für sich immer wieder Bilanz des eigenen Wissens und Könnens ziehen und sich so selbst von dem Bild „Mathe konnte ich sowieso noch nie" distanzieren.

Dieser positiven und hoffnungsvollen Funktionsbestimmung eines Lerntagebuchs stellt Frau Lehmann jedoch auch gleich ihre Zweifel an die Seite. Diese begründen sich in der von ihr antizipierten schwierigen Einführung im Kurs, die sie viel Energie und Durchhaltevermögen kosten würde. Frau Lehmann kommt letztlich zu dem Schluss, dass ein Lerntagebuch stark inhaltlich, d.h. konkret auf den Unterricht und die behandelten Themen und Aufgaben ausgerichtet sein müsste. Das würde sie selbst am sinnvollsten finden und ihrer Ansicht nach würden auch die Schüler(innen) den Sinn in einem derartigen Lerntagebuch sehen.

> „Also, man könnt das natürlich doch sehr stark inhaltlich machen. Das würden sie, glaub ich, schon einsehen. [...] Das ist sozusagen ne persönliche Vorbereitung für die nächste Klausur und erst recht fürs Abi. Und dann kann man ja Seiten einführen, die eben unklare Fragen, was weiß ich, beinhalten oder so was" (WORKSHOP 1B, Z. 847 ff.).

Die von der Lehrerin formulierten Zielvorstellungen lassen sich ihrer Wahrnehmung nach nicht einfach so umsetzen. Sie reflektiert in Bezug auf die Frage der Umsetzung die momentane Situation, in der sich der Kurs gerade befindet. Es ist mitten im Halbjahr, bis zu den Sommerferien sind es nur noch wenige Wochen; dieser Umstand hat für Frau Lehmann gegen eine Einführung des Mathejournals im Kurs gesprochen. Ihrer Ansicht nach wären ihre Zielsetzungen besser mit einer Einführung eines Mathejournals zu Beginn der 12. Klasse verträglich gewesen. Ihre Vorbehalte wurden im Gespräch mit der wissenschaftlichen Begleitung deutlich.

6.2.2 Durchführung

Trotz ihrer Skepsis, den Zeitpunkt der Einführung betreffend, hat sich die Lehrerin für den Einsatz eines Lerntagebuchs entschieden. Nachdem in mehreren Gesprächen der Lehrerin mit der wissenschaftlichen Begleitung das Konzept eines „Mathejournals" erarbeitet wurde, wurde ein Merkblatt entwickelt, das für die Schüler(innen) bestimmt war und die wichtigsten Grundgedanken des Mathejournals und die Art und Weise der vorgesehenen Nutzung im Kurs enthielt.

Der Lehrerin war es wichtig, dass das Mathejournal zunächst für alle Schüler(innen) verpflichtend als eine neue Arbeitsform eingeführt wurde. Dabei sollte auf die Bedeutung des Mathejournals für die Abiturvorbereitung explizit hingewiesen werden, um die Akzeptanz der Schüler(innen) für das Instrument zu erhöhen.

Mitte Juni, d.h. einige Wochen vor Beginn der Sommerferien, wurde das Mathejournal im Grundkurs Mathematik offiziell von der Lehrerin eingeführt. Die Lehrerin hat das Merkblatt an die Schüler(innen) verteilt, es von ihnen lesen lassen und Fragen zur Idee des Mathejournals beantwortet. Das Mathejournal wurde zunächst für eine Probephase bis kurz nach den Sommerferien als regelmäßige Hausaufgabe für alle verpflichtend eingeführt. In den darauf folgenden Unterrichtsstunden hat Frau Lehmann jeweils Einträge im Mathejournal, die sich auf den ersten Aspekt beziehen, im Kurs vorlesen lassen.

Mitte November fand eine Rückmeldung zu „Sinn und Unsinn" des Mathejournals im Kurs statt. Ziel dieser Rückmeldung war ein gemeinsamer Austausch über die bisherige Arbeit mit dem Mathejournal und eine Klärung der weiteren Arbeit. Nachdem sich die Schüler(innen) in Kleingruppen darüber ausgetauscht hatten, welche Funktionen sie dem Mathejournal bisher ggf. für ihr Lernen zugeschrieben haben, und wie sich die Arbeit mit dem Mathejournal sinnvoll(er) gestalten ließe, wurden zentrale Aspekte an der Tafel gesammelt und im Plenum diskutiert. Es wurden daraufhin Vorschläge für die weitere Arbeit entwickelt, die letztlich per Abstimmung entschieden wurden. Als Ergebnis dieser Rückmeldung wurde erstens festgehalten, dass die Eintragungen nur einmal pro Woche gemacht werden sollten, zweitens, dass das Mathejournal in Zukunft auf freiwilliger Basis geführt wird und drittens bei Bedarf der Lehrerin zur Korrektur gegeben werden kann.

Die dargestellte Durchführung der Arbeit mit den Mathejournalen lässt sich demnach als pragmatisch, zeitlich begrenzt und Schüler(innen) einbeziehend qualifizieren. Die pragmatische, funktionale Ausrichtung der Journale ergibt sich für die Lehrerin aus dem bevorstehenden Abitur; die Schüler(innen) müssten in einer neu eingeführten Arbeitsmethode den unmittelbaren Gewinn für ihre Abiturvorbereitung erkennen. Dieser Anspruch liegt auch der Rückmeldestunde zugrunde, in der die Schüler(innen) Sinn und Funktion ihrer individuellen Journale diskutiert und Konsequenzen für die weitere Arbeit im Kurs gezogen haben. Des Weiteren ist die Durchführung dadurch zu charakterisieren, dass das Mathejournal als ein neues Element dem Unterricht hinzugefügt wurde, das leichte Veränderungen des Unterrichtsskripts bedeutete. Zum einen wurde auf diese Weise eine regelmäßige Hausaufgabe geschaffen, zum anderen wurden Journaleintragungen von einzelnen Schüler(inne)n zu Beginn der Mathematikstunden vorgelesen. Es handelt sich insgesamt bei den Journalen weniger um eine gravierende Veränderung im Unterrichtsskript, als um eine Erweiterung der individuellen selbsttätigen Auseinandersetzung mit mathematischen Inhalten auf Seiten der Schüler(innen).

6.3 Rekonstruktionen zur Entwicklung selbstregulierten Lernens in Mathematik

Das vorliegende Kapitel enthält die Rekonstruktionen der individuellen Entwicklungen selbstregulierten Lernens, die auf die Arbeit mit dem Mathejournal zurückzuführen sind. Der Auswertung liegen die Daten von fünf Schüler(inne)n des Grundkurses Mathematik zugrunde. Die Einzelfälle sind so gewählt, dass sie einen tiefen Einblick in das empirische Material geben und fundierte Informationen für die nachfolgenden Erörterungen liefern. Mit den Fallrekonstruktionen soll gezeigt werden, welche Entwicklungen selbstregulierten Lernens durch die Arbeit mit dem Mathejournal angestoßen werden, und wie diese mit den Lernvorstellungen der Schüler(innen) im Fach Mathematik verknüpft sind. Dabei sollen am Einzelfall bereits allgemeine Prozessmuster deutlich werden. Zwei Fälle werden ausführlich dargestellt, drei weitere als Kurzfassungen.

Die Darstellung gibt, schon aus Gründen der Lesbarkeit, nicht den Gang der Einzelauswertung wieder (vgl. Abschnitt 5.5), sondern fasst deren Ergebnisse zusammen und expliziert bzw. illustriert diese an Interviewauszügen. Jede Fallstudie beginnt mit der Analyse der Lernvorstellungen des Schülers bzw. der Schülerin im Fach Mathematik, die im ersten Interview erhoben wurde. Diese Konstruktion beinhaltet Beliefs der Schüler(innen) über das *Wesen und die Bedeutung* der Mathematik und über das *Lernen* von Mathematik. Letzterer Belief schließt insbesondere die Frage ein, welche Rollen der Lehrerin und den Schüler(inne)n selbst beim Lernen von Mathematik zukommen. Anschließend werden aus dem jeweils zweiten Interview zum Umgang mit dem Mathejournal die Aspekte herausgearbeitet, die sich vor dem Hintergrund der Lernvorstellungen im Mathematikunterricht als eine Entwicklung selbstregulierten Lernens erweisen. Jedes Fallbeispiel schließt mit einer zusammenfassenden Fallbeschreibung ab.

6.3.1 *Robert: Von einer begrenzten Funktionsbestimmung der Selbstregulation zu einer erweiterten Nutzung der Selbstregulation beim Lernen von Mathematik*

Robert integriert Selbst- und Fremdregulation als klar abgegrenzte Funktionsbereiche in seiner Konzeption des Mathematiklernens. Er steht für den Fall: **Begrenzte Funktionsbestimmung der Selbstregulation beim Mathematiklernen**.

Im Folgenden werden Roberts Beliefs über das Wesen und die Bedeutung der Mathematik und die über das Lernen von Mathematik dargestellt. Daran anknüpfend wird erläutert, welche Rückschlüsse seine Beliefs in Bezug auf seine Verhältnisbestimmung von Selbst- und Fremdregulation beim Mathematiklernen ziehen lassen. Abschließend wird der Fall, den Robert repräsentiert, in einer verdichteten Darstellung beschrieben.

6.3.1.1 Roberts Lernvorstellungen im Fach Mathematik

Roberts Beliefs über das Wesen und die Bedeutung der Mathematik

Mathematik ist für Robert ein anspruchsvolles Fach, für das man viel lernen muss. Die Gründe hierfür liegen Robert zufolge in der großen Zahl der Regeln, die es zu beachten, und in der Fülle der Inhalte, die es zu bewältigen gilt:

„Man hat ein Thema und dieses Thema ist teilweise riesig. Und man geht von Punkt zu Punkt und ganz schnell. Und es sind halt Aufgaben, die andauernd durchgenommen werden. Und es sind tausende, hunderte Aufgaben, die man machen kann" (ROBERT 1, Z. 991 ff.).

In diesem Zitat klingt an, dass Mathematik Robert vornehmlich in einer Ansammlung von zu lernenden Aspekten und zu rechnenden Aufgaben entgegen tritt. Da er sich lediglich in Quantitäten äußert, scheint ihm die Systematik, der innerlogische Aufbau der Themen verborgen zu sein. So bleiben die einzelnen Aufgaben für ihn isoliert stehen und in seiner Wahrnehmung erhöht sich die Stoffmenge im Unterricht zunehmend.

Zwar stellt Robert als ein wesentliches Charakteristikum der Mathematik heraus, dass die Inhalte aufeinander aufbauen. Für ihn ist damit jedoch in erster Linie verbunden, dass der Schwierigkeitsgrad der Aufgaben, mit denen er im Unterricht konfrontiert wird, steigt:

„Die bauen aufeinander auf, finde ich. Weil es geht immer weiter, die Aufgaben werden etwas schwerer" (ROBERT 1, Z. 774 f.).

Er spricht damit keine inhaltlichen Zusammenhänge an, die Bezüge zwischen mathematischen Themen herstellen lassen und zunehmend komplexer werden. Für ihn stellt sich der Aufbau mathematischer Themen als eine sukzessive Erhöhung des Anforderungsprofils von Aufgaben dar. Im folgenden Zitat deutet sich bei Robert die Vorstellung an, dass das Verständnis von elementaren Prinzipien der Mathematik einen befähigen müsste, auf diesen aufbauend Zugänge zu weiteren Inhalten zu bekommen. Er schreibt sich selbst diese Fähigkeit zu, scheint sich ihrer jedoch nicht sicher zu sein, wie die konjunktivische Formulierung und die doppelte Verwendung von „eigentlich" zeigen:

„Wenn man ein Grundprinzip verstanden hat, dann müsste der Rest eigentlich auch zu verstehen sein. Und so ist es eigentlich auch im Moment bei mir" (ROBERT 1, Z. 759 f.).

Mit dieser Vorstellung geht für ihn einher, dass bestimmte Algorithmen, die man bereits gelernt und verinnerlicht hat, auch in neuen Aufgabenkontexten zur Anwendung kommen können. Das Verständnis eines Grundprinzips bezieht sich in seinen Vorstellungen somit auf das Verständnis von Rechenprozeduren.

„Das, was man am Anfang gelernt hat, kann man immer noch anwenden, eigentlich. Und müssen teilweise auch teilweise öfters angewendet werden" (ROBERT 1, Z. 775 f.).

Die zu bearbeitenden Aufgaben im Mathematikunterricht werden zwar über die Zeit zunehmend schwerer; man kann als Schüler jedoch an seinem bisherigen mathematischen Verständnis und an der bisherigen Kenntnis von Algorithmen anknüpfen. Diese Vorstellung korrespondiert mit seiner Biographie als Mathematiklerner; er war schon immer interessiert an Mathematik und erfolgreich im Mathematikunterricht:

„Mathe war immer ein Fach, das ich gerne mochte. Wo ich eigentlich auch immer viel zu gesagt habe. Und es eigentlich auch immer noch tue, denk ich mal. Ich komm eigentlich sehr gut damit klar. Weil es macht mir Spaß, es macht mir Spaß mit Zahlen zu experimentieren, sag ich mal. Und mündlich mach ich eigentlich auch gut mit" (ROBERT 1, Z. 952 ff.).

Die Notwendigkeit, die mathematischen Inhalte zu lernen, sieht Robert alleinig in den Anforderungen des schulischen Lehrplans. Er geht nicht davon aus, dieses Wissen später in seinem (beruflichen) Werdegang anwenden zu können. Entweder hat er nicht den Anspruch, etwas für das Leben Bedeutsames in Mathematik zu lernen, oder er hat noch nie probiert, für sich eine derartige Sinnstiftung zu betreiben. Deutlich wird seine Position an folgendem Zitat:

„Also, das ist halt Zeugs, das man durchnehmen muss. Sagt die Schulbehörde. Und wir tun's. Oder müssen wir tun. Aber, ob es was bringt, glaub ich nicht. Vor allem Mathematik überhaupt nicht, denke ich. Also, es bringt nichts" (ROBERT 1, Z. 981 ff.).

Roberts Beliefs über das Wesen und die Bedeutung der Mathematik zeichnen ein sehr schulbezogenes Bild der Mathematik. Es wird deutlich, dass eine Kalkülorientierung und die Anwendung von Algorithmen zentrale Elemente für ihn sind. Seine Aussage *„In Mathe, da geht's um Zahlen und da rechnet man (ROBERT 1, Z. 1003 f.)"* illustriert dies. Damit ist in Roberts Vorstellungen ein statisches Bild der Mathematik präsent. Mathematik ist für ihn keine Disziplin, mit der offene, realitätsnahe Probleme bearbeitet werden können; vielmehr ist die Mathematik für ihn ein in sich stimmiges Gedankengebäude, das er als „Novize" stückweise verstehen und in dem er bestimmte Algorithmen anzuwenden lernen kann. Die Bedeutung von Mathematik für die Gesellschaft im Allgemeinen oder für sein Leben im Besonderen ist ihm verschlossen.

Roberts Beliefs über das Lernen von Mathematik

Auf die Frage, worauf es seiner Meinung nach ankomme, wenn man Mathematik verstehen möchte, antwortet Robert:

„Es kommt auf jeden Fall auf den Lehrer drauf an, wie er etwas erzählt. Das ist ganz wichtig. Wie er die Aufzeichnungen an die Tafel schreibt oder... Das ist das Wichtigste, weil man muss alles Schritt für Schritt einzeln verstehen. Und bei uns im Mathekurs ist es halt so. Es macht eigentlich Spaß. Wir dürfen auch mal nachfragen. Also, die wichtigste Rolle spielt natürlich der Lehrer oder die Lehrerin. Das ist die Hauptperson und die erzählt dir halt alles. Und das ist das Wichtigste" (ROBERT 1, Z. 912 ff.).

In diesem Zitat kommen zentrale Aspekte von Roberts Vorstellungen über das Lernen von Mathematik zum Ausdruck. Für ihn entfaltet sich das Mathematiklernen vor allem in einem Vermittlungsprozess. Die Lehrerin vermittelt das Wissen an die Schüler(innen). Den Schüler(innen)n kommt dabei die Aufgabe zu, die Inhalte aufzunehmen, zu verstehen und bei Bedarf Nachfragen zu stellen. Je besser die Lehrkraft die Aufgabe des Wissenstransfers bewältigt, so Roberts Vorstellung, desto besser sind die Chancen für die Schüler(innen), die Inhalte aufzunehmen. Mathematiklernen wird von Robert im Wesentlichen als ein Vorgang der Rezeption von Wissen konzipiert, das *Schritt für Schritt einzeln* aufgenommen werden muss.

Im Gespräch liefert Robert Gründe für dieses Vermittlungsmodell des Mathematiklernens:

„Der Schüler weiß ja gar nichts über das Thema. Und der Lehrer führt einen in das Thema ein, macht weiter und die Schüler machen halt die Hausaufgaben und lernen es. Ein Schüler kann das ja nicht selbst alles lernen. Er kann es, aber es würde nicht jeder schaffen. Das wär auch zu schwer. Und der Lehrer spielt halt die wichtigste Rolle" (ROBERT 1, Z. 919 ff.).

Ihm zufolge werden in Mathematik Themen behandelt, über welche die Schüler(innen) kein oder kaum Vorwissen mitbringen. Diese Vorstellung impliziert für Robert, dass der Lehrkraft als Expertin die Rolle zukommt, das Fachwissen an die Novizen, die Schüler(innen) weiterzugeben. Zwar erwähnt Robert die prinzipielle Möglichkeit, dass die Schüler(innen) sich auch in der eigentätigen Auseinandersetzung mit Mathematik, ohne das zu Lernende durch die Lehrkraft präsentiert zu bekommen, Inhalte erarbeiten könnten; er hält ein solches Vorgehen jedoch nicht für realistisch und praktikabel, weil es für viele Schüler(innen) eine Überforderung darstellen würde.

Die Vorstellung von Robert, dass die Lehrkraft beim Lernen von Mathematik die entscheidende Rolle spiele und die Qualität des Lernens von der Qualität der Wissensvermittlung durch die Lehrerin abhänge, korrespondiert mit seinem Belief über das Wesen und die Bedeutung von Mathematik. Da die Mathematik für ihn ein in sich geschlossenes Gebilde darstellt, das für ihn nicht zu überblicken ist, das ihm in Aufgaben und Algorithmen entgegen tritt und das mit seinem außerschulischen Leben nichts zu tun hat, sieht er das Lernen von Mathematik in der schrittweisen Aufnahme von Wissen und dem Einüben von Rechenprozeduren. Er erachtet es für das Lernen von Mathematik als notwendig, dass Lerninhalte sorgsam ausgewählt und strukturiert sein müssen. Die Systematisierung der Lerngegenstände ermöglicht das sukzessive Aufnehmen der Inhalte.

Für die konkrete Wissensvermittlung ist Robert zufolge wichtig, dass die Lehrerin nach einer Einführung in ein neues Thema zunächst Aufgaben gemeinsam im Kurs rechnet und erklärt, die an der Tafel festgehalten werden.

Anschließend können die Schüler(innen) diese mit anderen Zahlen rechnen und üben. Roberts Vorstellungen zufolge ist es bei diesen Prozessen des Erklärens und Übens bedeutsam, nicht nur mit Zahlen zu arbeiten, sondern auch erklärende Texte zum Verständnis zur Verfügung zu haben.

„Bei ihr sind es nicht nur Zahlen, sondern sie schreibt auch nen Text dazu. Und wir können das dann besser nachvollziehen. Und es ist, es fällt uns dann später leichter zu rechnen oder die Hausaufgaben zu machen" (ROBERT 1, Z. 790 ff.).

Roberts Beliefs über das Lernen von Mathematik beinhalten als affektive Komponente den Spaß, den ihm die Beschäftigung mit mathematischen Inhalten bereitet. Ob das Mathematiklernen und der Mathematikunterricht Spaß machen, hängt dabei für Robert stark von der Lehrkraft ab. Wenn diese Freude am Fach hat, auf die Schüler(innen) eingeht und diese merken, dass sie ihnen helfen will, macht der Unterricht Spaß.

„Der Lehrer erzählt einem, ob es Spaß macht, nicht erzählt, sondern, wie soll ich das jetzt er[...] Er macht einem klar, ob der Unterricht Spaß macht oder nicht. Der Lehrer ist die Hauptperson. Wenn er Lust dazu hat, dann haben die Schüler... Also, wie bei Frau Lehmann zum Beispiel, wenn sie alles einzeln durchgeht und es ihr eigentlich auch Spaß macht, sie ist ja nicht genervt oder so, ich, sie ist immer, lächelt immer an der Tafel und alles. Und das macht uns eigentlich auch Spaß und das finde ich auch voll nett von ihr. Sie will uns eigentlich auch helfen. Das sieht man auch. Da macht der Unterricht auch Spaß. Das ist immer lehrergebunden" (ROBERT 1, Z. 825 ff.).

Dass die Bedeutung der Lehrkraft von Robert über die Vermittlung von Inhalten hinaus auf die affektive Seite des Lernens ausgeweitet wird, zeigt das Gefälle von Verantwortung, das er zwischen der Lehrkraft und den Schüler(inne)n bzw. sich selbst aufbaut. Auch in emotionaler Hinsicht ist er an der Lehrkraft orientiert. Nur wenn diese Spaß an der Mathematik und am Unterrichten hat, besteht auch für ihn die Möglichkeit, Spaß am Mathematiklernen zu haben. Entscheidend ist für Robert in diesem Zusammenhang, dass die Lehrerin alles erzählt, nicht die Geduld verliert, Sachverhalte bei Nachfragen zum wiederholten Male erklärt. Mit anderen Worten, wenn die Lehrerin bereit ist, die rezeptive Aufnahme von Wissen für die Schüler(innen) so einfach wie möglich zu gestalten. Analog gilt dieser Zusammenhang für die Umkehrung: Bei einem „schlechten" Lehrer oder einer „schlechten" Lehrerin würde Robert der Unterricht keinen Spaß machen und er würde sich die mathematischen Inhalte nicht wirklich nachhaltig aneignen, weil er lediglich auf eine Klausur hin lernen und das Gelernte anschließend wieder vergessen würde.

„Also, wenn ich irgendwie nen schlechten Lehrer hab, und bei dem ne Klausur schreibe, dann... Und wenn es mir überhaupt keinen Spaß macht, dann vergess ich's auch bestimmt schnell. Weil ich gar nicht darüber denke. Ich denk nur, ich möchte nur die Klausur schreiben, und dann ist sie weg. Abgeschlossen. Das ist halt... Ich denk mal die Form des Unterrichts so spielt ne wichtige Rolle, ob es später noch da ist oder nicht im Kopf" (ROBERT 1, Z. 862 ff.).

Auf die Frage, ob Robert sich Themen auch eigenständig erarbeiten könnte, antwortet er:

„Ich, also auf jeden Fall wär das schon mal nicht leicht. Es wär ne Menge Arbeit, die man da machen müsste. Man müsste sich halt zu Hause noch mal hinsetzen, an Büchern durchlesen oder sonst noch mal zur Hausaufgabenhilfe gehen. Hab ich früher immer gemacht. Ich bin immer zu Hausaufgabenhilfe gegangen und die haben mir das dort noch mal erzählt. Aber das alleine zu bewältigen, ist nicht leicht. Es gibt ja Schüler, die das nicht mal verstehen, wenn das Lehrer erzählen. Wenn das Frau Lehmann erzählt, verstehen das manche Schüler auch nicht. Und das, und wenn man das alleine noch mal zu Hause machen soll, ist das überhaupt nicht leicht" (ROBERT 1, Z. 929 ff.).

In dieser Passage wird deutlich, dass Robert der dezidierten Vermittlung des Wissens durch die Lehrerin keine für ihn denkbare bzw. begrüßenswerte Alternative entgegensetzen kann. Seinen Vorstellungen zufolge wäre es sehr schwierig und würde für den einzelnen Schüler bzw. die einzelne Schülerin sehr viel Arbeit bedeuten, wenn die Lehrerin die Wissensvermittlung, das Vormachen, Anleiten und Kontrollieren des Lernens nur ansatzweise oder gar nicht regulieren würde. Für ihn bestände die Lösung in einem solchen Falle der aufgezwungenen Eigenverantwortung darin, zur Hausaufgabenhilfe zu gehen, um sich dort an Experten zu richten, welche die Aufgabe des Erklärens übernehmen. Die eigenständige Erarbeitung mathematischer Themen scheint demnach für Robert zunächst ein Gefühl der Hilflosigkeit und Überforderung wachzurufen; seine Beliefs über das Lernen von Mathematik schließen es aus, dass er sich Lerninhalte eigenständig erarbeiten könnte bzw. dass er nur bei Problemen beispielsweise auf die Hilfen der Lehrerin zurückgreifen müsste. Stattdessen würde für ihn ein Wegfallen der Lehrerin bedeuten, dass er sich Ersatz suchen muss. Lernen von Mathematik funktioniert für ihn nur unter starker Anleitung und Führung eines Experten.

Rolle der Lehrerin

Vor dem Hintergrund der dargestellten Beliefs von Robert über das Lernen von Mathematik, die das Verstehen und Üben von Rechenprozeduren in den Vordergrund stellen, kommen der Lehrerin im Einzelnen folgende Funktionen zu: Sie nimmt die Auswahl der Themen und Lerngegenstände vor und stellt damit eine Systematik her, die das Verstehen der Inhalte erleichtert. Die Lehrerin hat zudem die Aufgabe, Zusammenhänge darzustellen und Lösungswege für die einzelnen Aufgaben zu erklären. Dabei hat sie die Unterrichtsgestaltung und die Gewährung zusätzlicher Hilfestellungen an die Fähigkeiten der Schüler(innen) anzupassen und muss außerdem die Prüfungsanforderungen im Blick behalten.

Für Robert bestimmen der Grad der Detailliertheit, der Wiederholungen und der Dokumentation von zu Lernendem die Qualität der Wissensvermittlung. Je genauer und kleinschrittiger die Lehrerin etwas erklärt, je mehr Bereitschaft sie zeigt, Erklärungen zu wiederholen, bis sie von allen Schüler(inne)n verstanden worden sind, je genauer sie Lerninhalte an der Tafel festhält und je weniger die Schüler(innen) sich eigenständig und eigenverantwortlich erarbeiten müssen, desto besser gelingt Robert das Verstehen und Üben von Rechenprozeduren. Robert ist im konkreten Fall mit dem Unterricht sehr zufrieden. Die Lehrerin organisiert die Aufnahme von Wissen und die Möglichkeit zu üben und sich auf Klausuren vorzubereiten für die Schüler(innen) sehr detailliert.

„Sie erzählt eigentlich immer alles. Also, ist auch immer bereit, irgendwie nach dem Unterricht oder während der kleinen Pause noch mal zu einem Schüler zu gehen und das noch mal zu erklären. Wir haben in Mathe eigentlich alles durchgenommen, alles noch mal besprochen. Und sie hat uns auch immer, also, sie sagt auch immer eine Woche oder eineinhalb Wochen vorher Bescheid, welche Themen dran kommen. Sie gibt uns die Seitenzahlen, sagt, schreibt uns die Aufgaben auf. Und eine Stunde vor der Klausur dürfen wir dann, also dürfen wir alle noch mal Fragen stellen. Das find ich eigentlich richtig klasse bei ihr" (ROBERT 1, Z. 851 ff.).

Roberts Beliefs über die Rolle der Lehrerin beim Lernen von Mathematik weisen der Lehrerin den Status eines Dreh- und Angelpunktes zu. Die Lehrerin eröffnet den Schüler(inne)n die Möglichkeit, das zu Lernende leicht aufzunehmen oder eben nicht. Die Schüler(innen) sind von der Lehrerin abhängig, wenn sie mathematische Inhalte verstehen wollen. Wie sich im Rahmen dieser Vorstellungen über das Lernen von Mathematik und die Rolle der Lehrerin in diesem Prozess die Rolle der Schüler(innen) bzw. die Rolle von Robert gestaltet, wird im nächsten Abschnitt erläutert.

Eigene Rolle

Wenn die Lehrerin den Prozess der Wissensvermittlung organisiert, strukturiert und kontrolliert, kommt den Schüler(inne)n die Rolle zu, das Wissen aufzunehmen und die entsprechenden Rechenprozeduren zu üben. Für Robert gilt es dabei, das Angebot der Lehrerin optimal für sein Lernen und damit auch für seinen Erfolg bei Klausuren zu nutzen. Dazu gehört für ihn im Rahmen einer Klausurvorbereitung die Aufgaben zu rechnen, die von der Lehrerin aufgeschrieben wurden. Dabei schreibt er sich die Rolle zu, genau zu überprüfen, ob er die Aufgabe lösen kann oder nicht. Ist Letzteres der

Fall, macht er sich eine entsprechende Notiz, um in der folgenden Mathematikstunde die Lehrerin zu fragen. Er muss also seinen Lernstand selbst überwachen, um seine Defizite erkennen und mit Hilfe der Lehrerin beheben zu können.

„Also, sie gibt uns natürlich erst mal Aufgaben, die wir lernen sollen für die Klausur. Und wenn, ich geh die alle einzeln durch. Und wenn ich seh, die kann ich nicht, oder hier gibt's ein Problem, dann mach ich mir ne Notiz auf n Blatt, auf mein Schmierblatt. Und dann stell ich ihr die Fragen einfach in der Klausur, während der Klau- äh, während des Unterrichts. Und sie beantwortet sie mir dann. Also, so läuft das eigentlich, ist es bei den letzten Klausuren immer abgelaufen bei ihr. Und das war auch in Ordnung. Das finde ich eigentlich cool, dass sie das macht. Weil wir dann sicherer in die Klausur reingehen, also besser, sicher schreiben können, denk ich mal. Also, nicht irgendwie in Ungewissheit etwas schreibt" (ROBERT 1, Z. 805 ff.).

Die Wissensvermittlung, das Lernen findet für Robert im Unterricht statt. Damit er als Schüler die Wissensvermittlung durch die Lehrerin optimal nutzen kann, ist es wichtig, im Unterricht aufzupassen. Dazu gehört auch, genaue Tafelabschriften vorzunehmen, denn die Lehrerin schreibt alles zu Lernende genau auf. So kann er durchlesen, was er im Heft stehen hat, und diese Informationen zum Lösen von Übungsaufgaben heranziehen.

Generell sieht Robert es als seine Aufgabe an, zu versuchen zu verstehen, was die Lehrerin erklärt oder an die Tafel schreibt, das Verstandene im Rahmen von Übungsaufgaben anzuwenden und seinen eigenen Lernstand zu überprüfen, um bei Bedarf Hilfestellungen einholen zu können. Seine Beliefs über die eigene Rolle beim Mathematiklernen bestehen damit im Wesentlichen in der Konzentration auf einer Aufnahme dessen, was die Lehrerin erklärt, und in dem Bemühen, das Verstandene anzuwenden und durch Üben und Nachfragen befähigt zu werden, Aufgaben erfolgreich lösen zu können.

Selbst- und Fremdregulation in Roberts Lernvorstellungen: begrenzte Funktionsbestimmung von Selbstregulation

Roberts Vorstellungen, im Fach Mathematik würden immer neue Themen behandelt, von denen die Schüler(innen) noch gar nichts wissen, führen zu seiner Folgerung, dass der Lehrkraft die Rolle zukommt, das Wissen an die „unwissenden" Schüler(inne)n weiterzugeben. Den Schüler(inne)n kommt dabei die Aufgabe des Nachvollziehens, des Verstehens und schließlich des Anwendens von Algorithmen zu. Roberts Beliefs zeigen, dass er die Zielsetzung, die Auswahl von Themen, den Einsatz von Methoden, die Portionierung der Lernschritte etc. als Elemente der Fremdregulation der Lehrerin zuschreibt. Wichtig ist für ihn, dass die Themen von der Lehrerin gut aufbereitet, überschaubar und nicht zu komplex sind, d.h. keine Überforderung für ihn darstellen. Diese Leistungen der Lehrerin sieht er als prinzipielle Notwendigkeit im Fach Mathematik an. Die Notwendigkeit zur Selbstregulation beim Lernen ist für ihn somit aufgrund seiner Beliefs über Mathematik und Mathematiklernen von vornherein begrenzt. Sein eigener Einsatz und seine Initiative werden erst nach der Einführung durch die Lehrerin in ein neues Thema möglich. Wenn es um das Verstehen, Anwenden und Üben von Rechenprozeduren geht, kann er sich einbringen und sich eigene Ziele setzen.

Im schulischen Rahmen und insbesondere durch die Unterrichtsgestaltung seiner Lehrerin kann Robert im Fach Mathematik Erfolgserlebnisse verzeichnen. Es gibt für ihnen keinen Grund von diesem erfolgreichen Konzept des Lernens abzuweichen.

Roberts Strategie, sich ausnahmslos an den Ansagen und Hilfestellungen der Lehrerin zu orientieren, vermittelt ihm ein Gefühl von Sicherheit und Erfolg. Die Lehrerin organisiert die laufenden Mitschriften im Unterricht ebenso wie die Klausurvorbereitung für Robert. Damit übernimmt sie Überlegungen zum Einsatz angemessener Lernstrategien insofern, als dass sie die Aufgaben vorgibt und zugleich die notwenigen Algorithmen bereitstellt; sie übernimmt die Lernprozessüberwachung, indem sie vorgibt, was, wann und wie gelernt wird, und die Schülerinnen und Schüler auf ein ihr bekanntes Ziel hinführt. Im Rahmen dieser Fremdregulation durch die Lehrerin steckt Robert sich eigene Ziele: Er möchte die Inhalte verstehen und in der Lage sein, Aufgaben selbstständig zu lösen. Dazu schreibt er alles Relevante von der Tafel ab, versucht, die Erklärungen der Lehrerin nachzuvollziehen und übt selbstständig Aufgaben. Stellt er fest, dass er eine Rechenprozedur nicht zu Ende bringen kann, bittet er die Lehrerin um weitere Erklärungen. Mathematiklernen ohne eine klare Führung der Lehrerin ist für Robert nicht denkbar. Für die Nutzung von Arbeitsformen, die ein größeres Maß an Eigenleistung und Verantwortung mit sich bringen würden, hätte er keine Strategien zur Verfügung; er lehnt sie als Überforderung ab.

Angepasst an das Handeln der Lehrerin zeigt Robert Selbstregulation beim Lernen auf allen drei Teilebenen: Er setzt sich Ziele wie das Verstehen von mathematischen Inhalten und Rechenprozeduren und die Fähigkeit zu ihrer Anwendung (Selbstaktivierung). Seine Ziele erreicht er, indem er sich um das Verständnis der Inhalte bemüht und Rechenprozeduren selbstständig übt und im Bedarfsfall auf die Hilfe der Lehrerin zurückgreift (Lernstrategien). Die Planung und Kontrolle seines Lernprozesses übernimmt er, indem er seine Fähigkeiten, Aufgaben eigenständig zu lösen, überprüft (Lernprozessüberwachung).

Robert zeigt eine klare Vorstellung in Bezug auf das Mathematiklernen und nimmt eine sehr deutliche Zuweisung der Rollen von Lehrerin und Schüler(inne)n vor. Er stellt in seinen Beliefs dezidiert heraus, was beim Mathematiklernen nur von der Lehrerin und was von ihm selbst geleistet werden muss. Insgesamt wird in seinen Lernvorstellungen eine **begrenzte Funktionsbestimmung der Selbstregulation** deutlich.

6.3.1.2 Roberts Funktionsbestimmungen für sein Mathejournal

Aus Roberts Aussagen lassen sich drei zentrale Funktionszuschreibungen für das Mathejournal rekonstruieren:

1. Übersicht über behandelte mathematische Inhalte
2. Unterstützung von mathematischen Verstehensprozessen
3. Stetigkeit der Selbstüberwachung beim Mathematiklernen

Diese drei Funktionen werden im Folgenden dargestellt und mit entsprechenden Aussagen Roberts illustriert. Dabei wird für jede Funktionszuschreibung ihre Bedeutung für selbstreguliertes Lernen in Mathematik beschrieben.

1. Übersicht über behandelte mathematische Inhalte

Für Robert erfüllen die Journaleintragungen eine Orientierungsfunktion in seinem Mathematikheft. Seine bisherigen Mitschriften, die zum größten Teil aus gerechneten Aufgaben bestanden, werden von den Journaleintragungen ergänzt. Diese können auch als Index genutzt werden; für Robert stellen sie eine Art Inhaltsverzeichnis dar. Er erklärt:

„In der Mathematik ist es ja so, man... Also, bei uns ist es so, dass wir ganz viele Aufgaben rechnen und in einem Monat kriegt man da schon locker 20, 30 Seiten also vollgeschriebene Seiten mit Zahlen und alles. Und wenn ich dann jede Woche ein Journal mache und mir aufschreibe, was ich dort hatte, da fällt es mir vielleicht viel leichter nachzuvollziehen: Ah ja, hier ging es darum" (ROBERT 2, Z. 124 ff.).

Während Robert beim Betrachten durchgerechneter Aufgaben nicht sofort einfällt, welche mathematischen Fragestellungen und Prozeduren in ihnen zum Ausdruck kommen, ermöglichen ihm die Journaleintragungen sich schnell wieder zu orientieren und zu erinnern. Dies ist ein Hinweis darauf, dass für Robert Erinnern und Nachvollziehen mathematischer Inhalte durch sprachliche Formulierungen unterstützt werden können.

Aufgaben in der Mathematik können Robert zufolge sehr komplex sein und ihre Lösungen die Anwendung einer Vielzahl von Regeln verlangen. Robert sagt:

„Das sind andauernd Zahlen und es gibt andauernd neue Regeln, die man beachten muss und die kann man natürlich ins Journal gut reinschreiben und dann daraus lernen" (ROBERT 2, Z. 205 ff.).

Um die Komplexität mathematischer Regeln geistig bewältigen zu können, ist es für Robert sinnvoll, die einzelnen Rechenprozeduren schriftlich zu kommentieren. Dabei kann Robert die Rechenschritte benennen und so seinem späteren Nachvollzug zugänglich machen; es können auch Begründungen für Rechenwege aufgeschrieben werden, um das inhaltliche Verständnis zu unterstützen.

In dieser Funktionsbestimmung zeigt sich, dass Robert stärker als bisher Verantwortung für seine Mitschriften und Eintragungen im Mathematikheft übernimmt. Er sieht einen Gewinn darin, selbst zu seiner Übersicht über die behandelten Inhalte beizutragen und dies nicht nur der Lehrerin zu überlassen. Es zeigt sich eine Aktivierung des selbstregulierten Lernens auf der Ebene der Lernprozessüberwachung: Robert bringt in die zu lernenden Fachinhalte eine Übersicht, die den Zugriff auf diese erleichtert und die Auseinandersetzung mit diesen für ihn optimiert.

2. Unterstützung von mathematischen Verstehensprozessen
Diese Funktionszuschreibung umfasst fünf Unterpunkte:

- Verschriftlichung und Nachvollzug von schwierigen mathematischen Inhalten
- Identifizierung von eigenen mathematischen Verständnisschwierigkeiten
- Explikation eigener mathematischer Vorstellungen und ggf. Korrektur durch die Lehrerin
- Vorbereitung von mathematischen Fragen an die Lehrerin
- Lernen aus eigenen mathematischen Fehlern

Verschriftlichung und Nachvollzug von schwierigen mathematischen Inhalten

Roberts Eintragungen in seinem Mathejournal liegen auf unterschiedlichen Ebenen. Zum einen beschreiben sie Prozeduren, die zum Lösen bestimmter Aufgaben anzuwenden sind. Dabei verknüpft er sprachlich die Anforderungen einer Aufgabe mit den entsprechenden Rechenschritten durch „*um ...,* *muss man...*". Hier wird ein Mittel-Ziel-Verhältnis angesprochen, das sich auf die Anwendung von Rechenprozeduren bezieht. Zum anderen benennt er die Inhalte, die im Unterricht behandelt wurden wie beispielsweise die Integralrechnung. Des Weiteren schreibt er mathematische Werkzeuge in Form von Formeln bzw. Gleichungen auf, die bei der Lösung bestimmter Aufgaben heranzuziehen sind wie beispielsweise die Tangentengleichung. Robert äußert sich zum Prinzip, nach dem er seine Eintragungen vornimmt:

„Vor allem die Punkte hab ich aufgeschrieben, die mir etwas schwer gefallen, die etwas schwer waren. Damit ich die noch mal besser nachvollziehen kann" (ROBERT 2, Z. 34 f.).

Das Aufschreiben erfüllt dabei die Funktion, schwierige Sachverhalte zu Hause noch einmal nachvollziehen zu können bzw. – wenn ihm das allein nicht gelingt – Frau Lehmann in der nächsten Stunde zu fragen.

Hier zeigt sich eine Aktivierung der Selbstregulation dahingehend, dass Robert sich der Herausforderung stellt, sich aktiv und selbstständig mit für ihn schwierigen Inhalten im Mathejournal auseinander zu setzen.

Identifizierung von eigenen mathematischen Verständnisschwierigkeiten

Entscheidend bei der Nutzung des Journals ist für Robert, dass die Eintragungen über die bloße Nennung der behandelten Inhalte hinausgehen. Eine reine Aufzählung behandelter Inhalte macht für Robert keinen Sinn. Im Journal soll vielmehr abgebildet werden, wo der jeweilige Schüler Schwierigkeiten hat und welche Fragen er formulieren möchte, um sie ggf. der Lehrerin stellen zu können. Robert betont:

„Das ist auch meiner Meinung nach überflüssig, wenn man Sachen wiederholt, die man schon gut versteht. [...]Der Schüler schreibt noch mal alles selbst auf, was er nicht verstanden hat und eine Lehrerin kann ja nicht sagen, was ein Schüler verstanden hat oder nicht. Daher ist es besser, wenn der Schüler das macht als die Lehrerin" (ROBERT 2, Z. 106 ff.).

Insofern setzen die Eintragungen eine individuelle Beschäftigung mit den Inhalten voraus. Der Mehrwert der Eintragungen, die im Journal vorgenommen werden, besteht für Robert gerade in dem individuellen Durcharbeiten des Stoffes, aus dem sowohl die Sicherheit über das eigene Verstehen und Wissen resultiert als auch formulierte Fragen, die es ermöglichen festgestellte Wissenslücken zu schließen. Die jeweils individuell vorgenommenen Eintragungen der Schüler in ihre Mathejournale unterscheiden sich somit von den Tafelanschriften der Lehrerin. Dies liegt Robert zufolge darin begründet, dass die Schüler(innen) ihren jeweiligen Bedürfnissen entsprechend Eintragungen vornehmen. Dies impliziert, dass Inhalte, Sprachwahl, der Grad der Ausführlichkeit, die Häufigkeit von Fragen etc. individuell verschieden ausfallen können. Das, was die Lehrerin an die Tafel schreibt, ist dem gegenüber zwar fachlich korrekt, aber nicht immer für alle Schüler(innen) gleich verständlich. In dem Instrument des Mathejournals liegt dagegen die Chance, der Individualität der Lerner Rechnung zu tragen. Robert empfindet dies als hilfreich.

Hier zeigt sich, dass Robert die individualisierende Funktion des Mathejournals sieht und für seinen Lernprozess nutzen möchte. Während ihm vorher das Verhalten der Lehrerin, das auf alle Schülerinnen und Schüler gleichermaßen gerichtet ist, ausreichend schien, wird ihm nun der Wert der Identifizierung seiner eigenen individuellen Verständnisschwierigkeiten für sein

Lernen in Mathematik deutlich. Robert nutzt die gezielte Klärung seiner Verständnislücken als eine neue Lernstrategie beim Mathematiklernen.

Explikation eigener mathematischer Vorstellungen und ggf. Korrektur durch die Lehrerin

Robert stellt fest, dass es eine Diskrepanz geben kann zwischen einer von ihm korrekt durchgeführten Rechenprozedur und seinem dahinter liegenden Verständnis. Im folgenden Zitat illustriert er diesen Gedanken an einem Beispiel:

„Weil man kann ja auch was völlig Falsches hinschreiben und die Aufgabe auch richtig haben. Es gibt ja manchmal mathematische Begriffe, wo man sich täuschen kann. Wenn es jetzt zum Beispiel um die Y-Achse geht, um den Schnittpunkt, dass man da gleich Null setzen soll, dass man das nicht mit der Nullstelle verwechseln soll oder so, weil man da auch die erste, die Ursprungsfunktion da gleich Null setzt" (ROBERT 2, Z. 86 ff.).

Die hier angesprochene Diskrepanz fällt auf, sobald Robert sein Verständnis einer Aufgabe und deren Lösung expliziert, d.h. in Worten formuliert und es demzufolge thematisiert werden kann. So kann er beispielsweise den Schnittpunkt einer Funktion mit der y-Achse korrekt ausgerechnet haben, in der dazugehörigen Erklärung jedoch schreiben, man müsse die Gleichung gleich Null setzen, was nicht stimmt; es ist so, dass Null in die Gleichung eingesetzt wird. Es liegen also zunächst ähnlich klingende Prozeduren vor – *die Gleichung gleich Null setzen* und *Null in die Gleichung einsetzen* – die sich jedoch inhaltlich und rechnerisch stark voneinander unterscheiden. Es handelt sich demnach nicht um ein kleines Missverständnis kommunikativer Natur, sondern um ein tatsächliches Missverständnis mathematischer Natur. Dieses aufzudecken bzw. durch eine Korrektur der Lehrerin aufdecken zu lassen, stellt für Robert einen entscheidenden Aspekt beim Lernen dar. Der Umgang mit dem Mathejournal hilft ihm dabei.

Diese Funktionsbestimmung veranschaulicht Roberts Weiterentwicklung der Selbstregulation. Er agiert nicht länger als nur als Rezipient von Wissen, sondern wird durch das Führen eines Mathejournals zu einer Form der eigenen aktiven Auseinandersetzung mit seinen Verstehensprozessen motiviert. Er erfährt eine effektive Möglichkeit zur Selbstregulation, was den Einsatz von Lernstrategien betrifft, die auf das mathematische Verständnis ausgerichtet sind.

Vorbereitung von mathematischen Fragen an die Lehrerin

Robert demonstriert die Vorteile des Mathejournals gegenüber der bisherigen Heftführung. In das Mathejournal werden jede Woche Eintragungen vorgenommen, die sich auf den Inhalt von drei Mathematikstunden beziehen. Das beinhaltet, dass Inhalte rekapituliert und unter der Fragestellung reflektiert werden, was verstanden wurde und was nicht. Es ergibt sich eine strukturierte, kompakte Eintragung, die mathematische Inhalte auf Basis eigener Bedürfnisse zusammenfasst und in eigenen Worten benennt. Die Orientierung an den individuellen Fragen sorgt dafür, dass das Heft für Robert übersichtlicher wird. Er findet schnell die Stellen, zu denen er Fragen hat und auch Zusammenfassungen jener Stellen, die er gut durchgearbeitet hat. Ein solches Durcharbeiten der Inhalte und das Formulieren von Schwierigkeiten ermöglichen ihm, der Lehrerin im Unterricht konkrete Fragen zu stellen, deren Antworten ihm weiterhelfen. Er spricht dabei von einer wichtigen Funktion für sein Lernen:

„Weil ich hatte auch zum Beispiel immer Fehler gemacht und die konnte ich irgendwie nicht Frau Lehmann zeigen, weil ich kein Journal hatte. Ich konnte ja nicht sagen: ‚Ja, diese Aufgabe, schauen Sie sich das mal an!' oder so. Im Journal ist ja alles viel kompakter und man schreibt ja jedes Wochenende über drei Stunden Mathematik, die man hatte. Das hat schon eine wichtige Funktion fürs Lernen" (ROBERT 2, Z. 74 ff.).

Durch das Mathejournal werden für Robert seine Auseinandersetzungsprozesse mit mathematischen Inhalten greifbar und kommunizierbar. Als Erweiterung seiner Lernstrategien, für die Klärung eigener Schwierigkeiten und für das Vorbereiten von Fragen ist für Robert eine Dokumentation seiner Verstehensbemühungen notwendig. Das Mathejournal ermöglicht dies für ihn.

Lernen aus eigenen mathematischen Fehlern

Durch die Eintragungen in seinem Journal stellt Robert regelmäßig Transparenz über seinen Wissens- und Könnensstand her. Dass seine Eintragungen von der Lehrerin korrigiert werden, ermöglicht für Robert eine individuelle und zeitnahe Rückmeldung zu seinen Verstehensprozessen in Mathematik. Er sagt:

„Ich schreib natürlich, wie schon gesagt, im Mathejournal auch manchmal Sachen auf, die für mich wichtig sind oder die ich nicht verstehe, und wenn Frau Lehmann mein Journal dann vor der Klausur, sagen wir mal, einsammelt und das mal korrigiert, dann sehe ich, ob ich Fehler hab oder nicht und aus diesen Fehlern kann ich natürlich lernen" (ROBERT 2, Z. 116 ff.).

Es ist plausibel, dass er durch dieses Vorgehen seine Vorbereitung auf Klausuren optimiert sieht. Das Vorgehen ist sehr prozessorientiert und ermöglicht ihm, dass Fehlvorstellungen, Wissenslücken und Könnensdefizite frühzeitig erkannt werden können. Robert kann aus seinen Fehlern lernen, was seine Verstehensprozesse mathematischer Sachverhalte fördert.

Zudem zeigt sich für Robert ein weiterer positiver Aspekt: Die Kontinuität seiner Journalführung gibt ihm ein gutes Gefühl vor einer Klausur, weil er zum Einen weiß, dass er gelernt hat – dies illustrieren die regelmäßigen Eintragungen – und sich zum Anderen auf sein Heft als Übungsgrundlage verlassen kann, da alle Eintragungen von der Lehrerin überprüft wurden.

Hier zeigt sich eine weitere selbstregulative Handlung in Bezug auf den Einsatz von Lernstrategien, die Robert mithilfe des Mathejournals vornimmt. Er formuliert sein Verständnis der gegenwärtig behandelten mathematischen Inhalte und stellt dieses der Lehrerin gegenüber zur Diskussion. Je nachdem, wie die Rückmeldung der Lehrerin ausfällt, erfährt Robert eine (Selbst-)Bestätigung oder die Möglichkeit, Verständnislücken gezielt zu bearbeiten.

3. Verstetigung der Selbstüberwachung beim Mathematiklernen
Für Robert besteht eine entscheidende Funktion des Mathejournals in der regelmäßigen Aufforderung, sich mit den Unterrichtsinhalten auseinanderzusetzen. Auf diese Weise wird er angehalten, sich mit dem bereits behandelten Stoff wiederholt und aktiv zu beschäftigen. Er sagt:

„Es ist auf jeden Fall ne gute Methode, um noch mal, um auf jeden Fall besser und effektiver zu lernen, wo man auch noch mal etwas wiederholt und man sagt ja eh: Wiederholung ist die Mutter der Weißheit oder so was" (ROBERT 2, Z. 53 ff.).

Wiederholung, so seine Erfahrung, steigert die Qualität und die Effizienz des Lernens. In diesem Sinne begreift er das Mathejournal als ein Instrument, das ihn anregt diese für das Lernen förderlichen Schritte regelmäßig und von der Lehrerin kontrolliert zu gehen. Wiederholen macht für ihn auch dann Sinn, wenn er mathematische Themen bereits verstanden hat; in diesem Fall fungiert die Wiederholung als eine Festigung, Bestätigung oder Erweiterung des Wissens.

Hier zeigt sich, dass Robert das Mathejournal für die Selbstregulation seines Lernprozesses nutzt, indem er die Kontinuität der Beschäftigung mit Mathematik, die regelmäßigen Wiederholungen für die Kontrolle seines Lernens nutzt.

6.3.1.3 Roberts Entwicklung durch das Mathejournal

Wie anhand seiner Beliefs über das Wesen, die Bedeutung und das Lernen von Mathematik rekonstruiert werden konnte, nimmt Robert klare Funktionszuschreibungen für die Selbstregulation und für die Fremdregulation beim Mathematiklernen vor. Die Lehrerin stellt für ihn eine unverzichtbare Instanz beim Lernen dar und übernimmt wesentliche Aspekte des Lernens als Fremdregulation. Dazu gehört, den Lernstoff auszuwählen, aufzubereiten, zu erklären, Rechenalgorithmen einzuführen, Aufgaben zu stellen, Hilfestellungen zu geben, zu kontrollieren, Ergebnisse zu sichern, den Schüler(inne)n klare Anweisungen für die Klausurvorbereitung zu geben etc. Mit diesen Tätigkeiten der Fremdregulation steckt die Lehrerin den Rahmen ab, in dem Robert selbstregulativ handeln kann. Seine Selbstregulation, die sich im eigenständigen Rechnen von Aufgaben, im Versuch, die mathematischen Inhalte zu ver-stehen, und in der Dokumentation der Unterrichtsinhalte zeigt, erfüllt beim Lernen eine zentrale Funktion, die jedoch in Roberts Vorstellungen von der Fremdregulation begrenzt wird. Seine Beliefs über Mathematik verdeutlichen, dass er einen hohen Anteil an Fremdregulation und einen begrenzten Anteil von Selbstregulation beim Mathematiklernen als zwingend notwendig erachtet. Er kann als Schüler nicht mehr machen, als die Inhalte nachzuvollziehen und die korrekte Anwendung von Prozeduren zu verinnerlichen und zu üben. Die Mathematik ist für ihn zu komplex und zu weit von seiner Lebenswelt entfernt, als dass er an eigenes Wissen und Erfahrungen anknüpfen und sich Inhalte selbst erschließen könnte. Im Unterricht von Frau Lehmann hat Robert Erfolg mit dieser klar abgegrenzten Funktionsbestimmung von Selbst- und Fremdregulation beim Mathematiklernen; ein Unterricht, der ein größeres Maß an Selbstregulation beim Lernen einfordern würde, würde vermutlich eine Überforderung für ihn darstellen. Vor dem Hintergrund einer Verhältnisbestimmung von Selbst- und Fremdregulation beim Mathematiklernen wurden seine Lernvorstellungen vor der Arbeit mit dem Mathejournal auf die Formel gebracht: **Begrenzte Funktionsbestimmung von Selbstregulation**.

Die Funktionen, die Robert dem Mathejournal für sein Mathematiklernen zuschreibt, deuten darauf hin, dass sich die Grenzen seiner Selbstregulation beim Lernen durch das Instrument verschoben haben. Besonders offensichtlich wird dies an den Funktionen des Mathejournals, die auf eine Unterstützung mathematischer Verstehensprozesse abzielen. Rechenprozeduren anhand schriftlicher Kommentare zu erklären, war bislang einzig Aufgabe der Lehrerin. Im Journal nimmt Robert jedoch eine Verschriftlichung von für ihn schwierigen Inhalten vor, um diese besser nachvollziehen und verstehen zu können. Auf ein vertieftes Verständnis mathematischer Sachverhalte weist auch die Explikation eigener mathematischer Vorstellungen hin, die er der

Lehrerin zur Korrektur gibt. Eine korrekte Anwendung mathematischer Algorithmen kann auch erfolgen, ohne dass die dahinter liegenden Überlegungen und Zusammenhänge wirklich verstanden worden sind. Robert sieht im Mathejournal jedoch die Möglichkeit, die mathematischen Zusammenhänge, um die es bei einer Aufgabe geht, für sich zu erschließen. Er nutzt das Mittel des Schreibens, um sein eigenes (Vor-)Verständnis bezüglich eines hinter einer mathematischen Prozedur stehenden mathematischen Konzepts zu explizieren. Durch die Korrektur der Lehrerin können eigene Fehlvorstellungen aufgedeckt und das mathematische Verständnis gefördert werden. Dieses Vorgehen zeigt eine an wirklichem Fachverständnis ausrichtete Lernmotivation und Selbstaktivierung und zugleich eine neue Lernstrategie. Es offenbart zudem eine anspruchsvolle Form der Lernprozessüberwachung.

In seinen Funktionszuschreibungen für das Mathejournal werden insgesamt Aspekte deutlich, die einen erweiterten Nutzen der Selbstregulation beim Mathematiklernen demonstrieren. Robert übernimmt durch das Mathejournal in gesteigerter Form Verantwortung für seinen Lernprozess, indem er zum Beispiel eigene mathematischen Verständnisschwierigkeiten identifiziert, seine Fragen an die Lehrerin zu Hause genau vorbereitet und das Lernprinzip, aus seinen Fehlern zu lernen, durch das Journal optimiert.

Es lässt sich zusammenfassen, dass die eigene aktive Auseinandersetzung mit mathematischen Inhalten für Robert an Bedeutung gewonnen hat. Mit dem Mathejournal hat er die Erfahrung gemacht, dass es für ihn Gewinn bringend ist, d.h. die Übersicht und das Verständnis fördert, wenn er selbst erklärende und kommentierende Eintragungen vornimmt. Das Mathejournal fungiert für Robert als ein Impulsgeber, was selbstreguliertes Lernen betrifft. Durch das Mathejournal erfährt Robert den Sinn von Selbstregulation beim Mathematiklernen, ohne auf die Fremdregulation zu verzichten. Der Fall Robert wird auf die Formel gebracht: **Vom begrenzten Verständnis der Selbstregulation zur erweiterten Nutzung der Selbstregulation beim Lernen von Mathematik**.

6.3.2 *Maya: Von der Abhängigkeit von Fremdregulation zur aktiven Nutzung der Fremdregulation beim Lernen von Mathematik*

Für Maya stellt die Fremdregulation beim Mathematiklernen eine unverzichtbare Instanz dar. Sie steht für den Fall: **Abhängigkeit von Fremdregulation**.

Im Folgenden werden ebenso wie im Falle Roberts sowohl Mayas Beliefs über das Wesen und die Bedeutung der Mathematik als auch die über das Lernen von Mathematik dargestellt. Daran anknüpfend wird erläutert, welche Rückschlüsse ihre Beliefs in Bezug auf ihre Verhältnisbestimmung von Selbst- und Fremdregulation beim Mathematiklernen ziehen lassen. Abschließend wird der Fall, den Maya repräsentiert, in einer verdichteten Darstellung beschrieben.

6.3.2.1 Mayas Lernvorstellungen im Fach Mathematik

Beliefs über das Wesen und die Bedeutung von Mathematik

Mathematik ist für Maya ein Fach, das für Schüler(innen) sehr schwierig sein, geradezu zum „Horror-Fach" werden kann. Sie selbst gehörte jedoch nie zu den Schüler(inne)n, die Angst davor haben; ihr macht Mathematik Spaß. Diese Selbstzuschreibung sieht sie in einem engen Zusammenhang mit der betreffenden Lehrkraft, die sie jeweils unterrichtet. So spricht sie von einer Lehrerin, die sie in der Mittelstufe hatte:

„Bei ihr war Mathe ein Horror-Fach, wirklich. Aber ich hatte keine Angst davor, hä hä. Aber die meisten eigentlich. Ich mag ja Mathe eigentlich gerne. Mathe ist eines von meinen Lieblingsfächern. […] Also es bringt mir Spaß Mathe zu machen. Ich glaub, es liegt immer am Lehrer. Wie sie den Unterricht machen oder den Unterricht gestalten" (MAYA 1, Z. 803 ff.).

Mathematik stellt für Maya im Wesentlichen eine strukturierte Ansammlung von Rechenprozeduren dar. Sie spricht über Mathematik lediglich in einem schulbezogenen Kontext. Mathematik ist für sie das Schulfach Mathematik. Mit dem Fach hat sie gute Erfahrungen gemacht, auch wenn viele andere Schüler(innen) Schwierigkeiten mit Mathematik haben. Sie macht keine weiteren Aussagen über die Bedeutung von Mathematik in einem außerschulischen Kontext.

Beliefs über das Lernen von Mathematik

In Bezug auf das Lernen von Mathematik gibt es für Maya drei Typen von Mitschüler(inne)n: erstens die, die es einfach können, auch ohne zu lernen, zweitens die, welche es nicht verstehen, auch wenn man es ihnen erklärt, und drittens die, welche es verstehen, wenn man es ihnen erklärt. Sie selbst ordnet sich der dritten Kategorie zu.

„Ähm, ich glaub', dass man, wenn man Mathe kann, dann kann man das auch irgendwie. Es gibt ja die Schüler, die einfach nicht lernen, aber die können einfach das. Die können, die ham das einfach drauf. Die können das. Und es gibt Schüler, die einfach nicht drauf kommen. Die sagen, oh, ich weiß nicht, wie das geht. Obwohl es einfach so einfach ist. Also, es gibt natürlich auch die Schüler, die mich fragen, wie hast du das gemacht, und es gibt auch Sachen, die ich, ähm, die andere frage, wie hast du das gemacht, verstehe ich nicht. Und, ähm, es gibt immer eine, die einfach besser versteht als die andere. Und dann kann man natürlich auch nachfragen und die erklären auch alle" (MAYA 1, Z. 1081 ff.).

Die Zuschreibung an Mathematik als ein Horror-Fach könnte demnach für Maya darin begründet liegen, dass manche Schüler(innen) keinen Zugang zum mathematischen Verständnis finden, auch wenn ihnen die Inhalte wiederholt erklärt werden. Diese Vorstellung erklärt auch, warum für sie die Lehrkraft die entscheidende Instanz ist: Deren Unterricht ermöglicht das erfolgreiche Umgehen mit Rechenprozeduren oder eben nicht.

Für das Lernen von Mathematik ist Maya zufolge eine Übersicht über Themen und Unterthemen wichtig, die ihr eine Orientierung ermöglichen. Zudem ist für sie ausreichend Zeit bedeutsam, um die Inhalte verstehen zu können.

„Bei mir ist das Problem, ich komm' meistens nicht so schnell mit. Das ist ja bei den meisten Fächern ist das so bei mir. Ich brauch' da ein bisschen Zeit abzuschreiben und einfach nachzudenken ähm damit ich das verstehe" (MAYA 1, Z. 1036 ff.).

Die Vorstellung Mayas, dass sie Mathematik lernen kann, wenn man es ihr erklärt und sie genug Zeit hat, sich mit den Inhalten auseinanderzusetzen, geht einher mit ihrer Vorstellung, dass man sich anstrengen muss, wenn man etwas nicht mehr weiß. Mit dem Erfolg kommt ihr zufolge der Spaß an Mathematik. In diesem Zusammenhang schildert Maya eine Episode aus einer Unterrichtsstunde:

„Ich war so am Anfang verzweifelt. Uups, warum ist das so und ich nachgucken, nachgucken und nachschlagen noch mal, damit ich wieder drin bin. Aber danach, am Ende, ich war dabei einfach. Ich hab' mich gemeldet und ich hatte auch Spaß am Unterricht" (MAYA 1, Z. 833 ff.).

Diese Episode verdeutlicht eine situationsspezifische Strategie Mayas, um das Mitkommen im Unterricht zu gewährleisten. Sie blättert eigenständig in ihren Heftnotizen nach, um dem Unterricht folgen und sich einbringen zu können. Dabei versucht sie nicht, auf fremde Hilfe zurückzugreifen.

Im Rahmen von Mayas Beliefs über das Lernen von Mathematik kommt dem Konzept „aus eigenen Fehlern lernen" ein zentraler Stellenwert zu. Dazu gehört für sie, sich selbst an Aufgaben zu versuchen, um dann zu überprüfen, wo Fehler sind, um diese gezielt zu beheben.

„Und jetzt weiß ich, jetzt Aufgabe a, b und wie hab' ich das gemacht. Und wenn ich für eine Klausur jetzt übe, dann mach ich erstmal die Aufgaben und gucke dann, ob die richtig sind. Was ich im Heft schon gemacht habe. Weil man vergisst ja, wie man das gemacht hat. Und man kommt auch leicht durcheinander, mit einzelnen Aufgaben. Und wenn ich nicht mehr weiter weiß, dann muss ich nachgucken. Hä, hä. Weil dann hilft mir das auch. Mach ich den Fehler nicht mehr. Also nicht wieder" (MAYA 1, Z. 867 ff.).

Dabei wird ein trainingsähnliches Vorgehen von Maya offenbar. Ihre Strategien sind auf das Rechnen einzelner Aufgaben ausgerichtet, die im Unterricht oder von ihr selbst bereits gelöst wurden. Sie vergleicht die Ergebnisse miteinander und übt so die Rechenprozeduren korrekt auszuführen.

Zum Mathematiklernen gehört Mayas Vorstellungen zufolge, dass die Schüler(innen) sich im Unterricht selbst an Aufgaben erproben dürfen. Dazu gehört aber auch, dass anschließend im Kurs die Ergebnisse verglichen werden, das richtige Ergebnis von der Lehrerin als solches ausgewiesen und an der Tafel festgehalten wird.

„Sie gibt uns meistens zum Beispiel… Sie zeichnet ein Beispiel, wie wir die Aufgabe lösen sollen, und dann schreibt sie die Aufgaben auf, und dann sagt sie, jetzt rechnet ihr. Also wir müssen jetzt selbstständig nach diesem Beispiel, was sie gemacht hat, so genau diese anderen Aufgaben, eine andere Aufgabe ausrechnen. Das find' ich auch interessant, was sie jetzt macht, also dass sie uns nicht die ganze Zeit selber das ausrechnet, sondern uns selber die Aufgabe zum Ausrechnen gibt, und dann haben wir halt ne halbe Stunde Zeit, um drei oder vier Aufgaben auszurechnen und am Ende der Stunde vergleichen wir das. Diese Vergleichung schreibt sie immer auf, das find ich auch immer gut, weil sie macht das nicht mündlich, sie schreibt immer an der Tafel auf die Aufgaben und dann die Lösung noch dazu, damit wir die richtige Lösung abschreiben, falls wir das falsch haben" (MAYA 1, Z. 1059 ff.).

Mayas Vorstellung über das Lernen von Mathematik lässt sich mit dem Dreischritt beschreiben: die Lehrerin macht in einem ersten Schritt vor, wie eine Aufgabe zu lösen ist, die Schüler(innen) versuchen in einem zweiten Schritt selbstständig neue Aufgaben in der Art der vorgestellten zu bearbeiten und die Ergebnisse werden in einem dritten Schritt verglichen, wobei eine Sicherung des richtigen Ergebnisses an der Tafel stattfindet.

Für Maya ist es beim Lernen von Mathematik prinzipiell bedeutsam, dass sich die Schüler(innen) selbst mit den Aufgaben beschäftigen und nicht nur zuhören:

„Ich meine, man lernt ja mehr, wenn man selbständig mit der Aufgabe beschäftigt" (MAYA 1, Z. 1105 f.).

Mit „lernen" meint Maya das Üben der nötigen Rechenschritte, die zum Lösen eines bestimmten Aufgabentyps vollzogen werden müssen. Ihr geht es beim Mathematiklernen also nicht primär um das Verstehen der Prozeduren und Zusammenhänge, sondern um die Beherrschung der korrekten Rechenoperationen, die zur Bearbeitung von Aufgaben vollzogen werden müssen.

Es ist für Maya hilfreich, wenn ihr jemand etwas erklärt. Dabei ist es für sie sinnvoll, den genauen Rechenweg zu dokumentieren, so dass sie sich daran orientieren kann. Hinweise auf die Bedeutsamkeit, sich beispielsweise von besseren Mitschüler(inne)n etwas erklären zu lassen, gibt die folgende Schilderung Mayas:

„Und ich kam, ich komm immer mit Plus und Minus… Wenn man das Mal nimmt, minus minus mal plus und dann plus und minus, dann ist es minus, wenn man einfach…Sie [eine Mitschülerin; PM] kommt nicht durcheinander. Sie sagt, schreib' dir auf, und so mach das. Und so schreibt sie mir einfach im Heft auf, wie man das macht. Das find' ich auch nett von ihr. Wenn sie Zeit hat, dann zeigt sie mir das auch, wie das geht" (MAYA 1, Z. 1096 ff.).

Mayas Beliefs über das Lernen von Mathematik sind vornehmlich auf das Einüben von Rechenprozeduren ausgerichtet. Sie hält Mathematik prinzipiell für lernbar, wenn entsprechende Rahmenbedingungen gegeben sind. Welche Rolle sie der Lehrerin dabei zuschreibt, wird im Folgenden erläutert.

Rolle der Lehrerin

Im Rahmen Mayas Beliefs über das Lernen von Mathematik, welche die Bedeutung spezifischer Rahmenbedingungen für das Lernen herausstellen, kommen der Lehrerin im Einzelnen folgende Funktionen zu: Sie kann durch eine bestimmte Form der Klausurvorbereitung dafür sorgen, dass Maya weiß, welche Aufgaben sie üben muss, und wie sie ihr Üben am Besten organisiert. Dazu gehören dezidierte Informationen der Lehrerin über den Inhalt der Klausur und entsprechende Hinweise, welche Aufgaben im Einzelnen dafür geübt werden sollten. Auf diese Weise wird für Maya der nötige Überblick im Rahmen der Klausurvorbereitung hergestellt.

„Ich kann eigentlich in Mathe mich ganz gut vorbereiten. Weil Frau Lehmann, unsere Mathelehrerin, uns vor der Klausur alles, all' die Punkte, die wir machen sollen, zum Beispiel Geradengleichungen, zeichnen, alles was wir vorhin gemacht haben, sie schreibt uns noch mal auf und die Seiten noch dazu, natürlich. Die Seiten, die wir gemacht haben als Beispiel schreibt sie uns dazu, damit wir ein Überblick haben wie das geht einfach" (MAYA 1, Z. 724 ff.).

Für ihren Übungsprozess ist es wichtig, dass die Lehrerin ein Beispiel einer korrekt angewandten Rechenprozedur mitliefert, an dem Maya ihr Üben dann ausrichten kann. So kann sie sich zunächst selbst an der Aufgabe versuchen und anschließend ihr Ergebnis mit dem von der Lehrerin bereitgestellten überprüfen und ggf. aus ihren Fehlern lernen.

Die Möglichkeit, sich angemessen auf eine Mathematikklausur vorbereiten können, wird für Maya demnach durch die Lehrerin geschaffen. Die Lehrerin sorgt mit ihren Ansagen und ihren Unterstützungsangeboten dafür, dass Maya sich gezielt und direkt vorbereiten kann, da klar herausgestellt ist, was zu lernen ist. Ohne die orientierende Leistung der Lehrerin würde Maya mit der Aufgabe überfordert sein, die wesentlichen Inhalte selbst zu identifizieren.

„Dass man halt einen Überblick hatte und wusste, was man lernen sollte. Sonst konnte man einfach ganz durcheinander kommen mit so viel Themen und Unterthemen. Die da vorhanden waren" (MAYA 1, Z. 735 ff.).

Mayas Beliefs über die Rolle der Lehrerin beim Mathematiklernen schreiben dieser die Aufgabe zu, den Lernstoff, d.h. die zu rechnenden Aufgaben, quantitativ zu begrenzen, um so zu einer Übersicht für die Schüler(innen) beizutragen. Zugleich ist es Aufgabe der Lehrerin, die zu lernenden mathematischen Rechenprozeduren möglichst kleinschrittig vorzustellen und zu erklären und zudem anzugeben, wann diese wo angewendet werden.

Die Lehrerin spielt eine zentrale Rolle in Mayas Vorstellung vom Mathematiklernen. Ohne die Hilfe und Strukturierung der Lehrerin könnte sie ihr Mathematiklernen nicht organisieren und gezielt auf die Bewältigung einer Klausur ausrichten.

Eigene Rolle

Die eigene Rolle beim Lernen von Mathematik besteht für Maya darin, dass sie versucht, im Unterricht mitzukommen und sich bestmöglich der Strukturierungshilfen der Lehrerin zu bedienen. Dazu gehört, dass sie Tafelabschriften vornimmt und ordnet, so dass sie beim Üben jederzeit auf diese zurückgreifen kann. Dabei erscheint es Maya sinnvoll, die Strukturierung der Lehrerin zu übernehmen:

„Alles, was ich aufschreibe, mach ich jetzt Seiten dazu, weil ich muss immer wissen, welche Aufgabe, welche Seite ist das. Weil ich weiß, Frau Lehmann macht das so, dass wenn wir Klausuren vorbereiten, dass sie auch die Seiten dazu schreibt und die Aufgaben. [...] Also, bevor sie das anfängt mit diesen Themen, mit diesen Unterthemen, sagt sie uns, schreibt sie an der Tafel und das schreib ich mir auf und wenn ich dann jetzt für die Klausur lernen muss, dann schlag ich zum Beispiel, wo ist jetzt, wo hab' ich P auf Geraden aufgeschrieben, dann schlag' ich vor und sehe ich P auf Geraden steht das und die Seiten noch dazu, hab' ich auch aufgeschrieben" (MAYA 1, Z. 854 ff.).

Es ist für Maya wichtig, dass sie im Heft eine Ordnung hält, die es ihr ermöglicht, jederzeit nachschlagen zu können, bei welchem Aufgabentyp welcher

Rechenalgorithmus anzuwenden ist. Ihre Heftführung ist damit nicht auf das Verstehen inhaltlicher Zusammenhänge ausgerichtet, sondern verfolgt das Ziel, die angemessenen Rechenoperationen auf eine vorgegebene Aufgabe anwenden zu können. Für Maya ist es bedeutsam, nicht von den Tafelabschriften der Lehrerin abzuweichen bzw. diese um eigene Notizen zu ergänzen. Sie hat im Gegenteil ihre eigene Heftführung so optimiert, dass diese der Strukturierung, die Frau Lehmann durch ihre Tafelanschriften vorgibt, gleicht. In dieser Vorgehensweise zeigt sich Mayas Vorstellung, dass sie im Unterricht und beim Lernen am Besten mitkommt, wenn sie sich genau daran hält, was die Lehrerin als Unterstützung anbietet. Das Heft erfüllt dabei eine zentrale Funktion, da es all das enthält, worauf es beim Lernen ankommt.

„Und weil ich muss auch Mathe als viertes Prüfungsfach nehmen und irgendwann muss ich auch wieder darauf zurückkommen und damit ich nicht durcheinander komme, muss ich meine Sachen jetzt ausführlicher machen und die Mappe ordentlich führen" (MAYA 1, Z. 901 ff.).

Das Heft ermöglicht auch, selbst zu üben und die eigenen Ergebnisse zu überprüfen, indem diese mit richtigen Ergebnissen, die bereits in ihm stehen, verglichen werden. So können eigene Fehler aufgedeckt und bearbeitet werden.

Dass es in Mayas Vorstellung zentral ist, sich darum bemühen, im Unterricht mitzukommen, wird zudem daran deutlich, dass sie zur Not von der Nachbarin abschreibt, wenn es dieser besser gelingt, relevante Unterrichtsinhalte festzuhalten.

Maya sieht es außerdem als ihre Rolle beim Mathematiklernen an, im Unterricht Fragen zu stellen, wenn sie etwas nicht verstanden hat, und sich die betreffenden Inhalte von der Lehrerin im Unterricht oder in der Pause erklären zu lassen.

Selbst- und Fremdregulation in Mayas Lernvorstellungen: Abhängigkeit von Fremdregulation

Mayas Beliefs über das Mathematiklernen zufolge ist die Lehrerin im Wesentlichen für ihren Lernprozess verantwortlich. Diese setzt die Bedingungen, unter denen Maya lernen kann, macht Vorgaben darüber, was Maya lernen sollte, und strukturiert das Lernen in Teilschritten für Maya. Maya scheint demnach auf die Fremdregulation durch die Lehrerin sehr angewiesen.

Eine wichtige Lernstrategie ist für Maya in diesem Zusammenhang ihre organisierte und durchdachte Heftführung. Als Ziel hat sie dabei vor Augen,

Ordnung zu halten, so dass sie die Hinweise von Frau Lehmann, welche Aufgaben für die Klausur geübt werden sollten, nutzen kann. Das von ihr gesteckte Ziel orientiert sich somit an ihrem Bedürfnis, im Unterricht mitzukommen, die Übersicht zu behalten.

Maya formuliert als weiteres Ziel, Aufgaben alleine bewältigen zu können. Die Strategie, die sie zu diesem Zweck entwickelt hat (alte Aufgaben rechnen und die Lösungen zu überprüfen), ist auf Rückmeldungen der Lehrerin ausgerichtet, d.h. an die Mitbeteiligung der Lehrerin geknüpft. Mayas Selbstregulation zielt damit auf eigenes Probieren und die Nutzung des Expertenwissens der Lehrerin bzw. ihrer Mitschülerinnen und Mitschüler ab. Kann Maya die Lehrerin nicht kontinuierlich beim Lernen beanspruchen und für ihr Lernen nutzen, verliert sie die Kontrolle. Die Lehrpläne, die sie für sich alleine aufstellt und die einen größeren Zeitraum überspannen, kann sie nicht einhalten. Sie ist nicht in der Lage, sich alleine zu disziplinieren und Aufgaben ohne Rückmeldung der Lehrerin zu rechnen. Ablenkungen werden ohne permanente Rückkopplungen an die Lehrerin zu groß und sie verliert den Überblick und das Ziel vor Augen. Die Fremdregulation durch die Lehrerin beim Lernen von Mathematik ist für Maya entscheidend dafür, ob das Fach für sie überschaubar und lernbar wird, ob sie die Anforderungen bewältigen kann. Selbstregulation beim Lernen ist für sie momentan nicht erstrebenswert; vielmehr befürwortet sie die Fremdregulation durch die Lehrerin und ist von ihr abhängig.

Ihre Strategien sind insgesamt darauf ausgerichtet, die Fremdregulation durch die Lehrerin bestmöglich für sich zu nutzen. Selbstregulative Anteile sind dahingehend festzustellen, dass sie ein klares Ziel vor Augen hat und systematisch Maßnahmen ergreift, die in Richtung Ziel führen. Das Geführtwerden durch die Lehrerin, das sie selbst durch den Einsatz von Strategien unterstützt, ist für sie im Mathematikunterricht ein hohes Gut. Weiter reichende Möglichkeiten zur Selbstregulation sieht sie als solche nicht und lehnt größere Freiräume als Überforderung ab.

Abhängig von der Fremdregulation durch die Lehrerin gestaltet sich Mayas Selbstregulation beim Lernen auf den drei Teilebenen folgendermaßen: Sie kann sich Ziele setzen, die alle insgesamt darauf ausgerichtet sind, im Unterricht mitzukommen und das Beherrschen von vorgegebenen Rechenprozeduren zu üben (Selbstaktivierung). In Bezug auf das Anwenden fachlicher Lernstrategien folgt sie der Fremdregulation durch die Lehrerin, rechnet vorgegebene Aufgaben, wenn sie weiß, welchen Algorithmus sie anwenden muss, ohne den Anspruch zu haben, die Inhalte wirklich zu verstehen (Lernstrategien). Was die Planung und Überwachung ihres Lernprozesses angeht, so richtet sie ihr Vorgehen strategisch daran aus, die Orientierung und Hilfestellung der Lehrerin zu nutzen (Lernprozessüberwachung).

Maya ist mit dem momentanen Mathematikunterricht sehr zufrieden; die starke Lenkung, Begleitung und Betreuung durch die Lehrerin beschert ihr ein großes Sicherheitsgefühl, gibt ihr Orientierung und stellt ihr viele Hilfestellungen zur Verfügung. Mathematik wird auf diese Weise für sie überschaubar und lernbar. Ein höheres Maß an Selbstregulation wäre eine Überforderung für sie. Insgesamt zeigt sich in ihrer Lernvorstellungen eine **Abhängigkeit von Fremdregulation**.

6.3.2.2   Mayas Funktionsbestimmungen für ihr Mathejournal

Aus Mayas Aussagen lassen sich drei zentrale Funktionszuschreibungen für das Mathejournal rekonstruieren:

1. Übersicht über behandelte mathematische Inhalte
2. Unterstützung von mathematischen Verstehensprozessen
3. Verbesserung der mündlichen Leistung in Mathematik

Diese drei Funktionen werden im Folgenden dargestellt und mit entsprechenden Aussagen Mayas illustriert. Dabei wird für jede Funktionszuschreibung die Bedeutung für selbstreguliertes Lernen in Mathematik beschrieben.

1. Übersicht über behandelte mathematische Inhalte
Ein Mathejournal erfüllt für Maya dann eine wichtige Funktion, wenn es die relevanten Dinge der im Unterricht durchgenommenen Inhalte enthält. Die Unterscheidung von wichtig und unwichtig ist für Maya beim Umgang mit Mathematik von entscheidender Bedeutung. Zu viele Notizen fördern ihren Lernprozess nicht, sondern wirken sich vielmehr negativ aus, weil sie Orientierung und Überblick entgegenstehen:

„Dann wird das zuviel und dann weißt du nicht nachher, was wichtig und was unwichtig ist, wenn du jede Kleinigkeit da reinschreibst" (MAYA 2, Z.188 f.).

Sie hatte Schwierigkeiten eine Priorisierung ihrer Eintragungen vorzunehmen, als sie aufgefordert war, dies nach jeder Mathematikstunde zu tun. Sie sagt:

„Diese Wichtigkeit, was daran so wichtig war, verlor seinen Wert, weil ich immer andere Punkte auch noch dazu hingeschrieben hab, die halt nicht so wichtig waren" (MAYA 2, Z. 37 f.).

Von daher gefällt es ihr besser, die Eintragungen jeweils einmal pro Woche – d.h. nach insgesamt drei Mathematikstunden – vorzunehmen. Auf diese Weise ist sie angehalten, eine Zusammenfassung durchzuführen; sie versucht knapp die wesentlichen Punkte aufzuschreiben. Nimmt sie nach jeder einzelnen Stunde Eintragungen vor, notiert sie zu viele Kleinigkeiten, die nicht wirklich wichtig sind und sie letztlich verwirren. Dies ist keine Hilfe für sie, denn Maya ist daran gelegen, genau zu wissen, was sie zu lernen hat:

„Also, man wusste nicht auf jeden Fall, was man wissen wollte, musste. Also, was muss man denn wissen? Das oder das?" (MAYA 2, Z. 194 f.).

Es bleibt festzuhalten, dass Maya sich der expliziten Aufgabe einer Zusammenfassung stellen muss, um die Inhalte auszuwählen, zu gewichten und sich um prägnante Formulierungen zu bemühen.

Die Funktionsbestimmung „Übersicht über behandelte mathematische Inhalte" zeigt, dass Maya in Bezug auf die Regulation ihres Lernprozesses weiterhin auf die Fremdregulation der Lehrerin angewiesen ist. Dies wird daran deutlich, dass eine Übersicht für Maya erst dann herzustellen ist, wenn die von der Lehrerin gestellte Aufgabe explizit lautet, die Eintragungen nur einmal pro Woche – und nicht nach jeder Mathematikstunde – vorzunehmen. Zugleich wird sichtbar, dass Maya die Aufgabenstellung der Lehrerin für die Regulation ihres Lernprozesses aktiv nutzen kann und will, d.h. die Fremdregulation für ihr Lernen produktiv macht.

2. Unterstützung von mathematischen Verstehensprozessen
Diese Funktionszuschreibung umfasst drei Unterpunkte:

- Verstehen durch das selbstständige Formulieren mathematischer Zusammenhänge
- Aneignung der Fachsprache durch das Formulieren mathematischer Zusammenhänge
- Identifizierung von eigenen mathematischen Verständnisschwierigkeiten

Verstehen durch das selbstständige Formulieren mathematischer Zusammenhänge

Im Unterricht selbstständig Stichwörter zu notieren, hat sich Maya seit Beginn ihrer Schulzeit zur Aufgabe gemacht. Eigene Stichwörter sind insbesondere dann für sie wichtig, wenn die Lehrer(innen) keine detaillierten Tafelanschriften vornehmen. Dies ist in der Oberstufe vorwiegend der Fall. Ziel und Zweck selbst formulierter Stichwörter ist für Maya, dass sie die Inhalte besser versteht, sie sich besser zu eigen machen kann. Maya erläutert:

„Die Stichwörter finde ich ganz wichtig, weil, dadurch, dass man selber formuliert, ist es auch gut, dass man selber das versteht" (MAYA 2, Z. 125 ff.).

Das Schreiben und Versprachlichen fördert Maya zufolge ihren Verstehensprozess.

Weiter ist für Maya wichtig, dass alle im Unterricht von den Schüler(inne)n gerechneten Aufgaben verglichen werden, so dass eine Ergebnissicherung stattfindet und ihre eigenen Rechnungen im Heft gegebenenfalls korrigiert werden können; letztlich entsteht für Maya so die Möglichkeit, alle Aufgaben inklusive fehlerfreier Rechnungen vorliegen zu haben. Zusätzlich nimmt sie eigene Notizen vor – und zwar notiert sie Informationen, die sie für wichtig hält. Sie nennt im Gespräch ein Beispiel für eine solche Eintragung:

„Zum Beispiel jetzt, warum muss man ein Betrag setzen? Wenn man die Fläche berechnen muss, dann muss man einen Betrag oder damit das nicht in positiven Bereich geht also... nee, im negativen Bereich geht, in positiven Bereich, also, deswegen setzt man immer n Betrag da oder ne Zahl" (MAYA 2, Z. 93 ff.).

Wenn es (bei der Integralrechnung) um die Berechnung einer Fläche geht, müssen Betragsstriche um das entsprechende Integral gesetzt werden, damit man eine positive Zahl erhält (eine Fläche kann nicht negativ sein). Maya erläutert dies ansatzweise. Wenn sie auch im Gespräch ad hoc keine scharfe und korrekte Formulierung findet, so erinnert sie sich doch an die Zusammenhänge, die sie einmal verstanden und im Mathejournal selbst formuliert hat. Durch das Schreiben findet sie einen Zugang zum fachlichen Verständnis.

Hier zeigt sich, wie Maya das Mathejournal als Medium für ihre mathematischen Verstehensprozesse nutzt. Sie notiert eigenständig mathematische Zusammenhänge, die im Kurs herausgearbeitet wurden. Diese selbstregulative Handlung des selbstständigen Formulierens ist jedoch von der Fremdregulation der Lehrerin abhängig, da diese die entsprechenden Ergebnisse und Fakten im Unterricht als gesichertes Wissen ausweist.

Aneignung der Fachsprache durch Formulieren mathematischer Zusammenhänge

Maya verzeichnet als weitere wichtige Funktion des Mathejournals, dass sie auf ihre eigenen Aufzeichnungen besser zurückgreifen und sich so behandelte Inhalte wieder vergegenwärtigen kann:

„Man formuliert das mit eigener Sprache und so, das ist ja auch wichtig, dass ich nachher mir das angucken kann und weiß, was ich da geschrieben hab, und weiß, was gemeint ist" (MAYA 2, Z. 127 ff.).

Dabei liegt der Wert der eigenen Formulierungen gerade darin, dass diese eine an individuellen Bedürfnissen und Fähigkeiten orientierte Übersetzungsleistung von fachlichen Inhalten und fachlichen Ausdrücken beinhalten.

Maya stellt die Potenziale der Verschriftlichung mathematischer Inhalte auch in einen lerntheoretischen Zusammenhang, indem sie darauf hinweist, dass unterschiedliche Lerntypen auf verschiedene Arten Inhalte aufnehmen, z.B. durch Hören, Lesen oder Handeln. Für sie selbst sei es wichtig, Inhalte nicht nur zu hören, sondern auch selbst aufzuschreiben und zu lesen.

Maya deutet darauf hin, dass jedes Fach seine eigene Fachsprache hat, die sie wie eine Fremdsprache lernen muss.

„Und ich glaub, jedes Fach hat sein eigene Sprache so. [...]Wenn ich mir da Stichwörter mache, dann weiß ich ja halt, wann und wie ich es ausdrücken kann" (MAYA 2, Z. 261 ff.).

Eigene Stichwörter helfen Maya dabei, sich die jeweilige Sprache anzueignen, d.h. zu lernen, was sie wie ausdrücken muss.

Hier zeigt sich, dass Maya das Mathejournal für die Selbstregulation ihres Verarbeitungsmodus nutzt, indem sie eigenständig immer wieder Formulierungen vornimmt, um sich sukzessive die Fachsprache der Mathematik anzueignen.

Identifizierung von eigenen mathematischen Verständnisschwierigkeiten

Eigenständig Eintragungen im Mathejournal vorzunehmen, stellt für Maya Ansprüche an das mathematische Verständnis. Maya beschreibt den Fall, dass sie eine erklärende Eintragung zu einem Sachverhalt vorgenommen hat, jedoch hinterher feststellen musste, dass diese nicht zu ihrem Verständnis beigetragen hat.

„Ich wusste nicht, ob das, was ich geschrieben hab, ob das richtig war" (MAYA 2, Z. 157).

Daraufhin hat sie noch einmal die Lehrerin gefragt. Deutlich wird, dass die eigenständig und allein vorgenommenen Eintragungen im Mathejournal das individuelle Verständnis des Gegenstands widerspiegeln und demzufolge nicht immer fachlich korrekt sein müssen. Sie sind im Gegenteil der Versuch einer Annäherung, die von individuellen Fähigkeiten zu einem bestimmten Zeitpunkt abhängt und keine Garantie auf Richtigkeit beansprucht. Diese ist letztlich für Maya nur durch direktes Nachfragen bei der Lehrerin herzustellen.

Für Maya ergibt sich jedoch durch das Mathejournal die Möglichkeit, ihre individuellen Verständnisschwierigkeiten genau zu identifizieren.

Hier zeigt sich, dass Maya im Mathejournal eigenständig Formulierungsversuche, die sich auf mathematische Sachverhalte beziehen, macht. Sie bleibt dabei zwar auf die Rückmeldung der Lehrerin angewiesen, kann diese jedoch optimal nutzen, weil sie sich mit einem Formulierungsversuch positioniert und ihr Verständnis expliziert hat und so eine direkte und sehr konkrete Rückmeldung bekommen kann.

3. Verbesserung der mündlichen Leistung in Mathematik

Maya hat die Erfahrung gemacht, dass Frau Lehmann im Unterricht Fragen stellt, die sich auf Inhalte vorangegangener Stunden beziehen.

„Also, sie wiederholt ja jede Stunde, was wir letzte Stunde gemacht haben. Und sie fragt nach: ‚Was habt ihr gelernt? Und was sind diese Begriffe? Und kannst du mir erklären?'" (MAYA 2, Z. 136 ff.).

Damit ist sowohl eine Erinnerungsleistung als auch eine Verstehensleistung angesprochen. Für Maya stellen ihre im Mathejournal formulierten Stichworte eine gute Grundlage dar, auf welcher sie die Fragen der Lehrerin beantworten kann.

„Also, dass halt man sich aufschreibt und wenn halt sie so ne Frage stellt, man guckt sich Stichwörter an, was das heißt und dann meldet man sich" (MAYA 2, Z. 140 ff.).

Wenn sie sich ihre Stichwörter anguckt, kann sie sich melden. Dies sorgt für eine Verbesserung ihrer mündlichen Mitarbeit. Maya stellt demnach ihr Mathejournal in einen unmittelbaren notenbezogenen Verwertungszusammenhang. Dies ist insbesondere deshalb von Gewinn, da ihrer Erfahrung nach die Lehrerin bei ihren Fragen nicht viel Zeit zum Nachdenken gibt, bzw. dass sich stets nach kurzer Zeit jemand meldet, der die Frage beantworten kann:

„In Mathe ist es auch ganz schnell, dass sich jeder sofort meldet, und wenn man das n bisschen so nachdenkt, dann ist es ja halt, die Frage ist es ja vorbei und dann ist die nächste Frage schon da" (MAYA 2, Z. 234 ff.).

Entscheidend für ihre Reaktions- und Beteiligungsmöglichkeit im Unterricht ist die Tatsache, dass sie die Stichwörter selbst formuliert hat und deshalb auf Anhieb deren Inhalt erfassen kann.

Maya hat Mathematik als Prüfungsfach und bereits einer mündlichen Prüfung als Zuschauerin beigewohnt. Dabei hat sie beobachtet, dass der Prüfungskandidat die zu einer Aufgabe nötigen Rechenschritte erklären und begründen muss, dass es also nicht ausreicht, eine gestellte Aufgabe lediglich korrekt zu rechnen. Diese geistige Vorwegnahme einer auf sie zukommenden Ernstsituation motiviert Maya, bereits jetzt im Unterricht eigene Stichwörter in ihrem Heft zu formulieren, um die relevanten Informationen schnell parat zu haben. Sie möchte auf die Prüfungssituation so gut wie möglich vorbereitet sein und hat sich entschlossen, schon Vorkehrungen zu treffen. Für die Entscheidung, welche Inhalte im Rahmen der Prüfungsvorbereitung gelernt werden sollten, sind Maya zufolge die Äußerungen ihrer Lehrerin notwendig. Diese weist darauf hin, was prüfungsrelevant ist, und Maya notiert sich diese Punkte in ihrem Heft.

Da Maya nicht alle Themen intensiv lernen kann, geben ihr die Hilfestellungen der Lehrerin Anhaltspunkte, auf welche spezifischen Sachverhalte sie sich konzentrieren muss. Ihr alleine würde es schwer fallen, eine solche Priorisierung der Themen und Inhalte vorzunehmen und sie orientiert sich gern an der Lehrerin.

Hier zeigt sich, dass Maya ihr Mathejournal nutzt, um ihre mündliche Leistung zu verbessern. Sie bleibt bei diesem Vorhaben auf die Fremdregulation durch die Lehrerin angewiesen; der Impuls geht jedoch von ihr aus, so dass sie die Fremdregulation der Lehrerin mit Hilfe des Mathejournals aktiv nutzt.

6.3.2.3 Mayas Entwicklung durch das Mathejournal

Wie anhand ihrer Beliefs über das Wesen, die Bedeutung und das Lernen von Mathematik rekonstruiert werden konnte, wird bei Maya eine Abhängigkeit von Fremdregulation beim Mathematiklernen deutlich. Die Lehrerin stellt für sie eine unverzichtbare Instanz beim Lernen dar und übernimmt die entscheidenden Aspekte des Lernens als Fremdregulation. Dazu gehört, den Lernstoff auszuwählen, aufzubereiten, zu erklären, Rechenalgorithmen einzuführen, Aufgaben zu stellen, Hilfestellungen zu geben, zu kontrollieren, Ergebnisse zu sichern, den Schüler(inne)n klare Anweisungen für die Klausurvorbereitung zu geben etc. Diese Tätigkeiten der Fremdregulation sorgen dafür, dass Maya das Fach Mathematik überhaupt als lernbar erfährt. Ohne eine solch stringente Führung und Hilfestellungen der Lehrerin wäre Maya überfordert, die mathematischen Anforderungen zu bewältigen. Ihre Lernstrategien sind darauf ausgerichtet, die Fremdregulation bestmöglich auszuschöpfen. Dazu schreibt sie alles auf, was von der Lehrerin als wichtig herausgestellt wird und orientiert ihre Heftführung an der Strukturierung der Lehrerin. Sie versucht, aus den Ansagen der Lehrerin Lernpläne für sich abzuleiten und beim eigenständigen Rechnen von Aufgaben immer wieder die Lehrerin als Expertin zu konsultieren. Ein Rückzug der Lehrerin aus Mayas Lernprozess wäre für sie mit einem Gefühl der Hilflosigkeit und Überforderung verbunden. Mathematiklernen ist für sie nur im engen Geführtwerden durch die Lehrerin denkbar. Vor dem Hintergrund einer Verhältnisbestimmung von Selbst- und Fremdregulation beim Mathematiklernen wurden ihre Lernvorstellungen vor der Arbeit mit dem Mathejournal auf die Formel gebracht: **Abhängigkeit von Fremdregulation**.

In ihren Funktionszuschreibungen für das Mathejournal werden insgesamt Aspekte deutlich, die eine aktive Nutzung der Fremdregulation beim

Mathematiklernen demonstrieren. Maya übernimmt eigenständige Versuche, die Eintragungen im Mathejournal so zu strukturieren, dass sie die Übersicht herzustellen, die ihr beim Lernen so wichtig ist. Dazu gehört in einem ersten Schritt das wirklich Wichtige, d.h. inhaltlich Zentrale und Klausurrelevante zu kennzeichnen und damit als Lerngegenstand klar zu definieren. Damit ist gewährleistet, dass sie in einem zweiten Schritt anhand ihrer Eintragungen das Wichtige „richtig lernen" kann, wie sie sagt. Für das Gelingen dieses Unterfangens ist die Vorgabe durch die Lehrerin entscheidend: Einmal pro Woche das Wesentliche zusammenzufassen, ist für sie aus zwei Gründen ein sinnvoller Arbeitsauftrag: Erstens ist das Ergebnis – eine Darstellung der relevanten Lerngegenstände – für sie wichtig. Dabei kann sie einen eigenen Versuch starten und ihre eigenen Versuche der Zusammenfassung ggf. durch das, was ihre Mitschüler(innen) im Kurs vortragen, ergänzen. Zweitens ist der Prozess des Zusammenfassens ein wichtiges Übungsfeld für sie, auf dem sie notwendige Kompetenzen erproben und weiter entwickeln kann. Dabei ist das entscheidende Charakteristikum des Instruments, das es Zwischenstadien des Verständnisses und der Formulierungen nicht nur erlaubt, sondern explizit einfordert. Es gibt in dem Sinne nicht nur Richtig und Falsch, sondern viele denkbare, unterschiedlich elaborierte Fassungen subjektiven Verstehens, die im Kurs zur Verhandlung gestellt und der Lehrerin zur Korrektur gegeben werden können.

Zusammenfassend lässt sich sagen, dass Maya bei der Auseinandersetzung mit mathematischen Inhalten sehr auf die Lehrerin angewiesen ist und bleibt. Maya fehlen einige der Voraussetzungen und Kompetenzen, die für selbstreguliertes Lernen zentral sind. Das Mathejournal eröffnet Maya jedoch neue Chancen, die ihr wichtigen Kompetenzen auszubauen und zugleich eine starke Fremdregulation für ihr Lernen zu nutzen. Von Woche zu Woche kann sie üben, das Wesentliche aufzuschreiben und ihre Versionen ggf. mit besseren, d.h. fachlich korrekten zu vergleichen, um daraus zu lernen. Dieses Vorgehen entspricht ihrer Lernvorstellung, ihrem Wunsch nach Verbesserung ihrer Leistungen und ihren bisher entwickelten Kompetenzen und Strategien. Der Fall Maya wird auf die Formel gebracht: **Von der Abhängigkeit von Fremdregulation zur aktiven Nutzung der Fremdregulation beim Lernen von Mathematik**.

Im Folgenden werden drei Fälle als Kurzfassungen dargestellt, in denen auf Schülerzitate verzichtet wird.

6.3.3 Sandra: Vom „eigensinnigen" Streben nach Selbstregulation zur Stabilisierung der Selbstregulation beim Lernen von Mathematik

Sandra weist der Selbstregulation beim Mathematiklernen einen besonders großen Stellenwert zu. Sie steht für den Fall: **„Eigensinniges" Streben nach Selbstregulation.** Im Folgenden werden zunächst Sandras Lernvorstellungen im Mathematikunterricht zusammenfassend dargestellt. Daran anschließend werden ihre Vorstellungen über Selbst- und Fremdregulation beim Lernen von Mathematik beschrieben. Ihre Funktionszuschreibungen für das Mathejournal werden in verdichteter Form aufgeführt und den Abschluss bildet die Fallbeschreibung.

6.3.3.1 Sandras Lernvorstellungen im Fach Mathematik

Sandras Beliefs weisen auf eine ambivalente Haltung dem Fach Mathematik gegenüber hin. Auf der einen Seite machen die vielen Zahlen und Formeln das Fach lebens- und weltfremd für Sandra und sorgen für das geringe Interesse an ihm. Die eingeschränkte Attraktivität von Mathematik ist Sandra zufolge darüber hinaus im Schwierigkeitsgrad der Inhalte begründet, so dass Mathematik lediglich eine Angelegenheit für „Experten" ist. Auf der anderen Seite bietet Mathematik Sandra die Möglichkeit zu Erfolgerlebnissen; das System, welches hinter allem Mathematischen steht, fasziniert sie und sorgt dafür, dass sie sich Inhalte erarbeiten kann und diese ihr mental zur Verfügung stehen, wenn sie diese einmal verstanden hat.

Sandras Beliefs über das Lernen von Mathematik verweisen auf die prinzipielle Lernbarkeit, die sie im Fach Mathematik ausmacht. Sie selbst zählt sich weder zu den „Überfliegern", die eine Begabung für Mathematik haben und alles sofort verstehen, noch zu den hoffnungslosen Fällen, wie sie sagt. Sie sei der Typ, der sich anstrengen muss, so aber auch Erfolge erzielen kann.

Sandra führt bewusst und zuversichtlich Regie bei ihrem Mathematiklernen. Ihre Beliefs über die eigene Rolle beim Mathematiklernen zeigen, dass sie zielgerichtet Expertenwissen nutzt, um die Inhalte zu verstehen, und diese dann in eigenen Worten formuliert, womit sie sicherstellt, diese jederzeit wieder nachvollziehen zu können. Sie hat klare Ansprüche an ihr Mathematiklernen, möchte die Inhalte verstehen und fähig sein, Aufgaben allein rechnen zu können. Aus einem solchen souveränen und erfolgreichen Umgang mit gestellten Aufgaben resultiert für sie der Spaß am Rechnen.

Sandra formuliert Erfahrungen mit einem stets nach dem gleichen Muster ablaufenden Mathematikunterricht. Diese Erfahrungen korrespondieren mit ihrer Vorstellung von Mathematik als einem sehr trockenen Fach, das gar nicht methodisch abwechslungsreich vermittelt werden kann. Eine für Sandra in emotionaler Hinsicht bedeutsame Rolle im Unterricht spielt ihre Beziehung zur Lehrerin. Diese ist von Skepsis und Vorbehalten geprägt, die auf Sandras Prüfungsangst, ihr Ungerechtigkeitsempfinden bezüglich ihrer mündlichen Note und ihren allgemeinen Eindruck von der Lehrerin zurückgeht. Die Rolle der Lehrerin für ihr Mathematiklernen stellt Sandra als begrenzt da. Sie empfindet deren Unterricht als wenig hilfreich und hat die Vorstellung, dass sie sich alles allein erarbeiten muss, wenn sie es wirklich verstehen möchte.

Selbst- und Fremdregulation in Sandras Lernvorstellungen: Das „eigensinnige" Streben nach Selbstregulation

Die Überzeugung Sandras, dass Mathematik für sie lernbar ist, wenn sie sich anstrengt, fördert ihre Selbstaktivierung in Bezug auf das Lernen. Die Ziele, welche sie sich steckt, zeigen ihren Wunsch nach Unabhängigkeit von der Lehrerin und von Mitschüler(inne)n. Sie möchte Aufgaben alleine rechnen können, ohne auf Hilfe angewiesen zu sein, die sie von der Lehrerin auch nicht ausreichend bekommt. Hat sie dies erreicht, kann sie sich auf sich selbst verlassen und auf das, was sie sich selbst erarbeitet hat. Ihre Fähigkeit, sich eigene Ziele zu setzen, ist groß (Selbstaktivierung).

Unzufriedenheiten mit den Verhaltensweisen der Lehrerin haben bei Sandra einerseits Unsicherheiten ausgelöst andererseits aber ihr Bestreben vergrößert, von dieser unabhängig zu sein. Die Anteile der Fremdregulation im Unterricht, d.h. die Lenkung durch die Lehrerin, die sich für sie in einem sehr starren und z.T. langweiligen Unterrichtsskript ausdrücken, schätzt Sandra nicht besonders. Eine ihrer zentralen Strategien, so lange nachzufragen, bis sie die Dinge verstanden hat und sie in eigenen Worten für sich aufschreiben kann, weist auf ihr großes Selbstbewusstsein und auf eine souveräne Haltung dem Unterricht gegenüber hin. Ebenso ihr Anspruch, Rechenprozeduren so lange zu üben, bis sie die Aufgaben alleine bewältigen kann. Sie weiß, was sie zum Lernen und Verstehen von Mathematik braucht, und fordert diese Informationen ein; sie kann ihren Lernstand eigenständig überprüfen, ohne auf Rückmeldungen der Lehrerin angewiesen zu sein. Sie ist durchaus in der Lage ihren Lernprozess eigenständig zu kontrollieren (Lernprozessüberwachung).

Ihre Lernstrategien beziehen sich zum Einen auf das Verstehen der mathematischen Rechenprozeduren und zum Anderen auf die Fähigkeit zu ihrer korrekten Ausführung. Ihr Ziel ist dabei der souveräne Umgang mit

Aufgaben und die Bewältigung der unterrichtlichen Anforderungen. Ihre Strategien sind anspruchsvoll, zielorientiert und für sie erfolgreich, so dass sie ihre Ziele erreicht (Lernstrategien).

Insgesamt zeigt sich, dass Sandra ein hohes Maß an Selbstregulation beim Mathematiklernen anstrebt. Dieses Anliegen wird zum Teil durch Unzufriedenheiten mit der Lehrerin verstärkt, zum Teil durch die Einsicht, dass nicht immer jemand da ist, der ihr bei der Bewältigung mathematischer Anforderungen helfen kann und sie letztlich auf sich allein gestellt ist. Ihr Streben nach Selbstregulation ist als „eigensinnig" zu bezeichnen, da es sich zum Teil gegen die Lehrerin richtet (nach dem Motto: Wenn du mir nicht hilfst, helfe ich mir eben alleine), so dass es etwas trotzig wirkt und den Anschein erweckt, als mache Sandra aus der Not eine Tugend. Insgesamt wird in ihren Lernvorstellungen ein **„eigensinniges" Streben nach Selbstregulation** deutlich.

6.3.3.2   Sandras Funktionsbestimmungen für ihr Mathejournal

Sandras Funktionsbestimmungen für ihr Mathejournal beziehen sich im Kern auf die Unterstützung von Verstehensprozessen. Dabei ist für sie generell die **Entwicklung einer an den eigenen Bedürfnissen orientierten Heftführung** von Bedeutung, wobei der **Versprachlichung von Rechenprozeduren** dabei eine Schlüsselrolle zukommt.

Entwicklung einer an den eigenen Bedürfnissen orientierten Heftführung

Für Sandra ist es wichtig, eine eigene Form der Heftführung zu entwickeln bzw. ihre bereits entwickelte Form beizubehalten. Da diese Form beinhaltet, dass je nach Bedarf Inhalte im Mathematikheft lediglich umrandet oder kurze Kommentare gemacht werden, kann und will Sandra keine Eintragungen im Unterricht vorlesen, was von der Lehrerin ursprünglich geplant war. Zudem profitiert sie auch nicht davon, dass andere im Kurs ihre Eintragungen vornehmen und vorlesen. Für sie ist das Mathejournal eine sehr individuelle, wenn nicht sogar private Angelegenheit. Letztlich hat die Lehrerin ihre Form akzeptiert und gutgeheißen.

Sandra hat selbst die Erfahrung gemacht, dass sie mit ihren eigenen Aufzeichnungen im Nachhinein nicht immer etwas anfangen kann, diese also fürs Lernen unbrauchbar sind. Inzwischen hat sie ihren eigenen Stil gefunden, mit dem sie zurechtkommt und den sie als Lerngrundlage verwenden kann. Für Sandra ist es wichtiger, dass ihre Eintragungen ihr selbst helfen, als dass sie mit ihren Eintragungen die Lehrerin zufrieden stellt. Es geht Sandra nicht darum, der Lehrerin gegenüber zu demonstrieren, dass sie eine angemessene Heftführung hat, sondern eine für sich selbst sinnvolle Art der

Heftführung zu finden. Es macht ihr nichts aus, wenn sie keine Einträge im Unterricht vorlesen kann, wie Frau Lehmann das gerne möchte, weil sie beispielsweise keinen zusammenhängenden Eintrag vorgenommen hat. Sie trägt für ihr Mathejournal allein die Verantwortung und findet dies auch vernünftig. Den Anspruch, die damit verbundene Arbeit in eine notenrelevante Leistung zu transformieren, hat sie nicht. Ihr geht es darum, sich selbst eine Unterstützung dabei zu verschaffen, die mathematischen Inhalte besser zu verstehen und nachzuvollziehen. Es geht demnach um die Verknüpfung von Fachinhalten und individuellen Verstehensprozessen.

Versprachlichung von Rechenprozeduren

Sandra hält es für sinnvoll und notwendig, bei Rechnungen Erklärungen und Begründungen für die einzelnen Rechenschritte zu notieren. Entscheidend ist dabei die Überführung von mathematischen Prozeduren in Sprache, die für Sandra viel eingängiger ist als die Formelsprache der Mathematik. Für sie wird durch die Versprachlichung gewährleistet, dass sie die Aufgaben schneller wieder nachvollziehen kann; ihr Erinnerungsprozess wird durch schriftliche Kommentare unterstützt. Hätte sie lediglich die Zahlen, Buchstaben und mathematischen Symbole im Heft stehen, bräuchte sie mehr Zeit, um sich die Rechnungen wieder zu vergegenwärtigen. Sie müsste quasi die Rechnung Schritt für Schritt noch einmal durchgehen, einzelne Größen verfolgen und sich so die Aufgabe von Neuem erschließen.

Sandra erläutert, wie wichtig es für sie ist, dass sie versteht, was sie eigentlich genau bei bestimmten Aufgaben berechnet. Ihr reicht es nicht, lediglich Formeln und Prozeduren zu lernen, ohne zu verstehen, was dabei mathematisch passiert. Dahinter liegende Konzepte und Absichten zu kennen, erleichtert für Sandra nicht nur das Verstehen mathematischer Inhalte, sondern fördert auch ihre Motivation, sich mit ihnen auseinander zu setzen.

In ihr Mathejournal notiert Sandra kurze Informationen, welche Rechenschritte wie auszuführen sind. Sie optimiert damit ihren Zugang zu mathematischen Rechenprozeduren. Letztlich nutzt sie also ihr Mathejournal, um die Seite des Wie mathematischer Prozeduren zu klären und für sich selbst zugänglicher zu gestalten. Ihr Ziel ist, das Rechnen von Aufgaben möglichst zielgerichtet und effizient zu gestalten.

Durch das Mathejournal wird die Wie-Seite mathematischer Prozeduren von Sandra selbst eingängiger formuliert, so dass sie weiß, wie Rechenprozeduren funktionieren. Was bei Aufgaben mathematisch passiert oder warum bestimmte Rechenschritte vorgenommen werden, kann sie nicht immer ohne Hilfe formulieren, hält es jedoch für Verstehen und Motivation von Bedeutung.

6.3.3.3 Sandras Entwicklung durch das Mathejournal

Wie anhand ihrer Beliefs über das Wesen, die Bedeutung und das Lernen von Mathematik rekonstruiert werden konnte, zeigt Sandra ein eigensinniges Streben nach Selbstregulation beim Mathematiklernen. Die Fremdregulation durch die Lehrerin erachtet sie für ihr Lernen als wenig hilfreich; bedeutsamer ist für sie, sich die Inhalte selbst in Eigenregie anzueignen. So ist sie in allen Situationen gewappnet, die mathematischen Herausforderungen allein zu bewältigen.

Das Mathejournal unterstützt Sandra in ihrem Bestreben, sich mit den zu lernenden mathematischen Sachverhalten auf die für sie angemessene Art und Weise auseinander zu setzen. Dabei spielt die Versprachlichung von Rechenprozeduren eine entscheidende Rolle. Durch die Versprachlichung im Mathejournal gelingt es ihr, den individualisierenden Schritt zu vollziehen, der für sie Verstehen von Mathematik ausmacht. Sie nutzt die in ihren Augen – im Gegensatz zu Formeln – flexiblere Sprache, um Formeln und Prozeduren zu übersetzen, zu erklären und zu erinnern. Das Mathejournal optimiert ihren individuellen, Ziel gerichteten, reflektierten Zugang zur Mathematik. Es stellt eine Stabilisierung ihres Zugangs dar, indem es ihre Bedürfnisse nach Unabhängigkeit hinsichtlich Verstehen und dem Rückgriff auf Verstandenes aufgreift. Das Mathejournal passt als Instrument gut zu ihren bereits entwickelten Vorstellungen und Strategien selbstregulierten Lernens. Verstehens- und Lernprozesse, die durch das Mathejournal angestoßen bzw. ermöglicht werden, liegen dabei auf zwei Ebenen: Erstens werden mathematische Inhalte durch das Aufschreiben verinnerlicht bzw. das bereits Verstandene fixiert und dokumentiert, was Sandra hilft, den Anschluss bei der Bewältigung des Lernstoffs zu halten. Zweitens stellt das Aufschreiben selbst ein Lernfeld dar, in dem es darum geht, einen Stil zu entwickeln, d.h. eine Form von Sprache, Notizen, Anmerkungen etc., die ihr dabei helfen, von den eigenen Eintragungen auch zu einem späteren Zeitpunkt zu profitieren. Hierin zeigt sich ein Element selbstregulierten Lernens, das den Lerner zum kompetenten „Unternehmer" seiner Lernprozesse macht.

Insgesamt wird Sandra durch die Einführung des Mathejournals in ihrem Streben nach Selbstregulation bestärkt. Hinzu kommt, dass ihre eigene Heftführung, die sie allein für ihre selbstgesteckten Ziele entwickelt hat und die dem Mathejournal-Gedanken genau entspricht, durch die Einführung des Mathejournals im Kurs eine Stabilisierung erfährt. Der Fall Sandra wird somit auf die Formel gebracht: **Vom eigensinnigen Streben nach Selbstregulation zur Stabilisierung der Selbstregulation beim Lernen von Mathematik.**

6.3.4 Ralf: Vom Versagen der Selbstregulation zur Unterstützung der Selbstregulation beim Lernen von Mathematik

Ralf ist nicht in der Lage, seine Vorstellungen bezüglich einer Selbstregulation beim Mathematiklernen umzusetzen. Er steht für den Fall: **Versagen der Selbstregulation**.

Im Folgenden werden zunächst Ralfs Lernvorstellungen im Mathematikunterricht zusammenfassend dargestellt. Daran anschließend werden seine Vorstellungen über Selbst- und Fremdregulation beim Lernen von Mathematik beschrieben. Seine Funktionszuschreibungen für das Mathejournal werden in verdichteter Form aufgeführt und den Abschluss bildet die Fallbeschreibung.

6.3.4.1 Ralfs Lernvorstellungen im Fach Mathematik

Mathematik ist für Ralf ein Fach, das im Wesentlichen aus einer Sammlung von Rechenprozeduren besteht, welche von der Lehrerin erklärt und von den Schüler(inne)n nachvollzogen und geübt werden müssen. Mathematische Sachverhalte lassen sich nicht diskutieren, sondern werden von der Tafel abgeschrieben und müssen gelernt werden. Es handelt sich insgesamt um ein langweiliges Fach, das nicht methodisch abwechslungsreich unterrichtet werden kann.

Ralf präsentiert sich selbst als einen leistungsschwachen Schüler in Mathematik, der sich sehr anstrengen und viel lernen muss. Dabei stellt er keine hohen Ansprüche an sich, sondern setzt sich das Ziel, mit Dingen zu „punkten", die eher Fleiß erfordern als tatsächliches Verstehen von Mathematik. Er ist bestrebt, der Lehrerin zu zeigen, dass er sich Mühe gibt – wenn er auch sonst keine guten Fachleistungen erbringt. Dabei geht Ralf sehr pragmatisch vor, d.h. er versucht nur minimalen Aufwand zu betreiben. Am liebsten würde er nach jeder Stunde Hausaufgaben bekommen, um so der Lehrerin seine kontinuierliche Lernarbeit zu demonstrieren.

Seine Lernmotivation ist ausschließlich auf Noten ausgerichtet; den Gegenständen des Faches Mathematik misst er außerhalb des Unterrichts keine weitere Bedeutung bei.

Das Mathematiklernen besteht für Ralf aus einem Dreischritt: Die entsprechenden mathematischen Rechenprozeduren erklärt bekommen, diese verstehen und schließlich selbst üben, um befähigt zu sein, Aufgaben allein rechnen zu können. Damit ist sowohl eine Person, die ihm etwas erklärt, ein zentrales Moment für ihn als auch die Möglichkeit zu üben, die von der Lehrerin durch Hausaufgaben gegeben wird.

Ralf formuliert Ansprüche an sein Lernen für eine Mathematikklausur: Eigentlich will er zwei Tage vorher mit der Klausurvorbereitung anfangen, den behandelten Stoff durchgehen, sich erinnern und wichtige Formeln und Rechnungen einprägen. Er kann seine eigenen Ansprüche jedoch nicht immer erfüllen. Der Kern des Mathematikunterrichts besteht für Ralf darin, dass die Lehrerin den Schüler(inne)n Fakten vermittelt. Die Tatsache, dass die Lehrerin keine Hausaufgaben gibt, erschwert es Ralf, der Lehrerin seine Anstrengungen nachzuweisen.

Selbst- und Fremdregulation in Ralfs Lernvorstellungen: Versagen der Selbstregulation

Ralfs Einsicht, dass ihm Mathematik nicht „zufliegt", dass er sich stattdessen sehr anstrengen muss, um keine ganz schlechten Leistungen zu erbringen, fördert seine Lernmotivation. Seine Zielsetzung ist auf das Erreichen bestimmter Punkte konzentriert. Dabei hat er vor allem das Ziel vor Augen, der Lehrerin zu demonstrieren, dass er sich Mühe gibt. Er hofft auf diese Weise seine schlechten Fachleistungen kompensieren zu können. Diese zentrale Möglichkeit sieht er im Unterricht jedoch für sich nicht gegeben, so dass sich in Ralfs Wahrnehmung seine Zielvorstellungen nicht realisieren lassen (Selbstaktivierung).

Ralf weiß, dass es für seinen Lernprozess gut wäre, regelmäßig zu üben und nicht erst vor einer Klausur. Er vertritt jedoch die Auffassung, dass er dieser Strategie nicht folgen kann, da die Lehrerin keine Hausaufgaben aufgibt. Auf die Idee, sich selbst Übungsaufgaben zu suchen oder im Unterricht gerechnete Aufgaben nachzubereiten, kommt er nicht. Er fühlt sich in seinem Bestreben, seinen Lernprozess selbst zu überwachen, durch die Lehrerin gebremst und kommt durch ihre Unterrichtsgestaltung nicht richtig zum Zug. Seine Ansätze zur Selbstregulation, die hinsichtlich der Gestaltung seines Lernprozesses zu erkennen sind, können von Ralf nicht alleine in die Tat umgesetzt werden und funktionieren demnach nicht (Lernprozessüberwachung).

Ralf kann Lernstrategien formulieren, diese jedoch nicht immer für ihn zufriedenstellend in die Tat umsetzen. Was das Verstehen von mathematischen Inhalten angeht, so ist er darauf angewiesen, dass ihm diese jemand erklärt. Obwohl er hin und wieder mathematische Erkenntnisse gewinnt und das selbstständige Lösen von Aufgaben übt, bleiben seine Leistungen auf einem sehr niedrigen Niveau. Seine Fähigkeit, mathematische Lernstrategien erfolgreich auszuführen, ist sehr begrenzt (Lernstrategien).

Insgesamt zeigt sich, dass Ralf Vorstellungen von einer Selbstregulation beim Mathematiklernen entwickelt hat, eigene Ziele formuliert und den Anspruch hat, die Verfolgung seiner Ziele in die Hand zu nehmen. Für ihn ist die Selbstregulation beim Mathematiklernen demnach ein Thema. Seine Strategien scheitern jedoch. Zum einen gibt er dafür der Lehrerin die Schuld, da ihm diese keine Möglichkeit zum regelmäßigen Üben bietet und ihm so nicht genügend Gelegenheiten gibt, sein Bemühen zu präsentieren und sich honorieren zu lassen. Zum anderen werden seine Lernstrategien von ihm nicht immer in die Tat umgesetzt oder wirken sich letztlich nicht positiv auf seine Leistungen aus. Insgesamt wird in seinen Lernvorstellungen ein Versagen seiner Selbstregulation deutlich.

6.3.4.2   Ralfs Funktionsbestimmungen für sein Mathejournal

Aus Ralfs Aussagen lassen sich vier zentrale Funktionszuschreibungen für das Mathejournal rekonstruieren:

1. Übersicht über behandelte mathematische Inhalte
2. Unterstützung von mathematischen Verstehensprozessen
3. Verstetigung der Selbstüberwachung beim Mathematiklernen
4. Verbesserung der mündlichen Leistung in Mathematik

1.   Die Übersicht über behandelte mathematische Inhalte
Ralf notiert in seinem Mathejournal, was im Unterricht behandelt wurde. Diese Eintragungen ermöglichen es ihm, sich in jeder Mathematikstunde schneller das aktuelle Thema wieder zu vergegenwärtigen, d.h. den inhaltlichen Anschluss an die jeweils davor liegende Stunde herzustellen. Auf diese Weise kann er der Mathematikstunde gedanklich folgen und mitarbeiten. Ohne das Mathejournal würde ihn der Prozess der Vergegenwärtigung des aktuellen Themas im Unterricht Zeit kosten, die er dann parallel zum Unterrichtsgeschehen aufbringen müsste, so dass er dem aktuellen Stoff der Stunde nicht hundertprozentig folgen könnte.
    Das Mathejournal ist für Ralf explizit ein Erinnerungsinstrument. Im Journal hält er fest, was im Unterricht behandelt wurde – ohne dies näher zu erläutern, quasi nur als Gedächtnisstütze. Dadurch soll es ihm möglich werden, dem aktuellen Unterrichtsgeschehen zu folgen und sich einbringen zu können. Er sieht die Möglichkeit dazu gegeben, wenn er sich an den Stoff der letzten Stunde erinnern kann, wenn er diesen gedanklich parat, geistig verfügbar hat. Dieses Verfügbarsein muss sich in kurzer Zeit einstellen, so dass er sich im Unterricht sofort dem neuen Stoff widmen kann. Für ihn bedeutet dies erstens, dass er sich im Mathejournal Stichwörter notiert. Diese ermöglichen das Wesentliche in knapper Form festzuhalten und damit auch einen schnellen Zugriff auf den beschriebenen Inhalt im Nachhinein. Die Übersicht, die Ralf in seinem Mathejournal erzielen möchte, dient primär dem Erinnern.

2. Die Unterstützung von mathematischen Verstehensprozessen
Diese Funktionszuschreibung umfasst zwei Unterpunkte:
- Gebrauch der eigenen Sprache für mathematische Inhalte
- Kontrolle des eigenen Wissensstandes in Mathematik

Gebrauch der eigenen Sprache für mathematische Inhalte

Damit für Ralf ein schneller und direkter Zugriff auf die behandelten Inhalte gewährleistet ist, nimmt er seine Eintragungen und Formulierungen so vor, dass er sie später sofort wieder versteht. Seine Notation unterscheidet sich ihm zufolge von der der Lehrerin, die er mit „super Sätze" umschreibt. Seine Formulierungen sind dagegen einfacher. Dies meint, dass es sich um eine Verminderung von Abstraktion und den Verzicht auf fachspezifische Formulierungen handelt. Für Ralf bedeutet diese Vereinfachung, dass er beim Lesen schneller wieder weiß, worum es geht. Er hat sie seinen individuellen Bedürfnissen und Kompetenzen angepasst. Ralfs Sprache beinhaltet demnach eine Übersetzungsleistung.

Für Ralf stellt das Mathejournal ein Instrument dar, welches es ihm ermöglicht, seinen individuellen Zugang zur Mathematik zu finden. Er sagt explizit, dass er das Journal für sich führt und nicht für andere. Hier zeigt sich zum ersten Mal, dass er Verantwortung für sein Lernen übernimmt.

Kontrolle des eigenen Wissensstandes

Ralf erwähnt, dass die inhaltliche Komponente der Eintragungen in erster Linie eine Funktion für den Schüler hat, der sie vornimmt. Er kann zunächst seine Eintragungen individuell auf Basis seines momentanen Wissensstandes und Verständnisses vornehmen und diese dann der Lehrerin abgeben. Die Korrektur durch die Lehrerin dient dabei der Beurteilung, ob etwas im Journal richtig oder falsch wiedergegeben ist. Dadurch findet eine Kontrolle seiner im Mathejournal explizierten Wissensbestände statt.

3. Verstetigung der Selbstüberwachung beim Mathematiklernen
Ralf spricht eine quasi erzieherische Funktion des Mathejournals an. Die Führung des Journals fordert eine Regelmäßigkeit, mit der die im Unterricht behandelten Inhalte schriftlich festgehalten werden. Auf diese Weise wird Ralf gezwungen, sich regelmäßig mit Mathematik außerhalb der Unterrichtsstunden zu beschäftigen. Dies ist offenkundig etwas, das Ralf vorher nicht gemacht hat, das er aber durchaus für sinnvoll bzw. notwenig erachtet. Bisher hat er sich lediglich auf die Vorbereitung von Klausuren konzentriert. So wird das Mathejournal für ihn zu einem Selbstdisziplinierungs- und einem Übungsinstrument.

4. Die Verbesserung der mündlichen Leistung in Mathematik

Ralf betont eine Funktion des Mathejournals, die unmittelbare Auswirkungen auf seine Note hat: Durch die vorgenommenen Eintragungen wird es ihm erleichtert, dem Unterricht zu folgen und sich einzubringen. Er kommentiert, dass er auf diese Weise der Lehrerin zeigen kann, dass er sich Mühe gibt. Er instrumentalisiert das Mathejournal im Sinne seiner bereits zuvor verfolgten, aber unter den Bedingungen des Unterrichts nicht umsetzbaren Strategie, sich um gute Noten zu bemühen.

6.3.4.3   Ralfs Entwicklung durch das Mathejournal

Wie anhand seiner Beliefs über das Wesen, die Bedeutung und das Lernen von Mathematik rekonstruiert werden konnte, sieht Ralf sich nicht in der Lage, seine Vorstellungen von einer Selbstregulation beim Mathematiklernen in die Tat umzusetzen. Das Unterrichtsskript wirkt dabei für ihn ebenso erschwerend wie der Mangel an eigenen Kompetenzen.

Die Funktionen, die Ralf dem Mathejournal für sein Mathematiklernen zuschreibt, deuten darauf hin, dass er in diesem Instrument eine Unterstützung für seine Selbstregulation beim Lernen findet. Die Tatsache, dass er sich selbst für einen leistungsschwachen Schüler hält, impliziert für ihn eine bestimmte Strategie in Bezug auf die Nutzung seines Mathejournals. Er nutzt das Instrument, um besseren Anschluss an das jeweilige Thema in den einzelnen Mathematikstunden zu finden. Die dafür notwendige Gedächtnisstütze verschafft er sich mit Hilfe seines Journals, in das er nach den Stunden die wichtigsten Inhalte notiert und so in der aktuellen Stunde leicht auf sie zugreifen kann. Dies ermöglicht ihm eine bessere Beteiligung in den Stunden und somit eine Aufbesserung seiner Mitarbeitsnote. Er kann auf diesem Wege der Lehrerin zeigen, dass er sich Mühe gibt und sich zu Hause auf die Mathematikstunden vorbereitet. Seine Strategie des Punktesammelns ist durch die Arbeit mit dem Mathejournal ausdifferenziert und ergänzt worden. Für ihn stellt das Mathejournal ein Selbstdisziplinierungsinstrument dar, das er als Hilfestellung erlebt.

Gleichzeitig stellt er deutlich heraus, dass das Mathejournal für ihn kein Lerninstrument darstellt, sondern lediglich eine Gedächtnisstütze. Dies ist darauf zurückzuführen, dass Ralf bereits seine Lernstrategie entwickelt hat. Er übt für Klausuren, indem er sich die behandelten Aufgaben anguckt bzw. noch mal rechnet. An einem tieferen Verständnis der Mathematik hat er kein Interesse und kommt daher auch nicht auf die Idee, dass Mathejournal in diesem Sinne als Instrument heranzuziehen. Dennoch erweitert sich sein Umgang mit mathematischen Inhalten dahingehend, dass er sich traut, fachliche Inhalte in seine eigene, ganz individuelle Sprache umzusetzen. Er bezeichnet diese zwar als billig und kindisch, macht aber gute Erfahrungen mit dieser

Art der Individualisierung. Er ist auf dem Weg seinem eigenen Zugang zur Mathematik Raum zu verschaffen und nimmt eine Überbrückung von seiner eigenen Sprache zur Fachsprache vor. Der Fall Ralf lässt sich auf die Formel bringen: **Vom Versagen der Selbstregulation zur Unterstützung der Selbstregulation beim Lernen von Mathematik.**

6.3.5 Anna: Erfolgreiches Zusammenspiel von Selbstregulation und Fremdregulation beim Lernen von Mathematik

Anna konzipiert Selbst- und Fremdregulation beim Mathematiklernen in einem ausbalancierten Wechselverhältnis. Sie steht für den Fall: **Erfolgreiches Zusammenspiel von Selbstregulation und Fremdregulation.**

Im Folgenden werden zunächst Annas Lernvorstellungen im Mathematikunterricht zusammenfassend dargestellt. Daran anschließend werden ihre Vorstellungen über Selbst- und Fremdregulation beim Lernen von Mathematik beschrieben. Ihre Funktionszuschreibungen für das Mathejournal werden in verdichteter Form aufgeführt und den Abschluss bildet die Fallbeschreibung.

6.3.5.1   Annas Lernvorstellungen im Fach Mathematik

Annas ursprüngliche Beliefs über das Lernen von Mathematik beinhalten, dass man Mathematik entweder könne, weil man ein Gespür für Zahlen habe, oder eben nicht. Bei Frau Lehmann macht Anna zum ersten Mal die Erfahrung, dass sie in Mathematik gut sein kann. Dieser überraschende Erfolg korrigiert ihre bisherige Vorstellung; sie hat die Lernbarkeit des Faches Mathematik für sich selbst erfahren. Bei Frau Lehmann schreibt sie nur gute Noten; daraus resultiert für sie eine große Sicherheit. Sie hat ein gutes Gedächtnis, welches sie für das Mathematiklernen effektiv einsetzen kann. Zudem sieht sie, dass sich ihr Lernen stets lohnt und grenzt sich damit von Mitschülerinnen und Mitschülern ab, die viel lernen, aber nichts verstehen. Was die korrekte Anwendung von Rechenprozeduren betrifft, so ist für Anna vor allem entscheidend, dass sie erkennt, was genau bei einer Aufgabe gefragt ist. Wie man an ein mathematisches Problem herangeht und welcher Lösungsweg sich anbietet, ist Anna zufolge das Wichtigste. Ihre Beliefs über das Lernen von Mathematik betonen damit nicht nur das Anwenden von Rechenprozeduren, sondern auch das dahinter liegende Verständnis. Ihre Erfahrung mit Klausuren bei Frau Lehmann ist, dass nur Aufgaben dran kommen, auf die sich vorbereitet hat, und die keine neuen Herausforderungen beinhalten.

Anna führt bewusst und zuversichtlich Regie bei ihrem Mathematiklernen. Sie hat Routinen entwickelt, die ihr Erfolg und somit auch Sicherheit verschaffen. Dazu gehört eine saubere, strukturierte Heftführung, die ihr Ordnung und Übersicht gewährleistet und verhindert, dass sie die Orientierung verliert; dies sei speziell im Fach Mathematik wichtig. Das Heft nutzt sie zum Nachblättern und Auffrischen. Das erfüllt für sie die Funktion, Inhalte zu behalten. Vor allem aber hilft es ihr bei der Klausurvorbereitung, weil sie Aufgaben erneut rechnen und dann die Lösungsschritte und Ergebnisse vergleichen kann. Hier zeigt sich als Funktion des Matheheftes für Anna, den eigenen Kenntnisstand selbst zu überprüfen.

Mit dem Unterrichtsstil von Frau Lehmann ist Anna sehr zufrieden. Frau Lehmann würde schön einfach erklären, wie sie sagt, alle Fragen beantworten, einfache Klausuraufgaben stellen und jederzeit Hilfestellungen geben. Die Intention von Frau Lehmann sieht Anna darin, dass diese den Schüler(inne)n „Mathe so näher ans Herz bringen" und den Schüler(inne)n möglichst wenig Probleme mit Mathe bereiten möchte. Anna empfindet Frau Lehmann als nicht so streng, diese würde nicht so „reinpowern" wie andere Lehrer. Für sich selbst zieht Anna das Fazit, dass dies der Grund ist, warum sie ihre mathematischen Leistungen verbessern konnte.

Selbst- und Fremdregulation in Annas Lernvorstellungen: Erfolgreiches Zusammenspiel aus Selbstregulation und Fremdregulation

In Annas Aussagen wird deutlich, dass es für sie selbstverständlich ist, für Mathematikklausuren zu lernen, immer wieder Übungsaufgaben zu rechnen, in ihrem Heft Ordnung zu halten und individuelle Fragen zu klären. Ihre Zielvorstellungen, gute Leistungen zu erbringen und sich dafür einzusetzen, werden implizit deutlich. Sie kann sich im Unterricht von Frau Lehmann diese Ziele setzen, weil diese ihr Anforderungen stellt, die sie mit dem ihr zur Verfügung stehenden Ressourcen stets gut bewältigen kann. Ihre Ziele beinhalten die Stabilisierung des erreichten Status quo, sie hat keine Ambitionen, die darüber hinausgehen, d.h. zum Beispiel Leistungen im sehr guten Bereich zu erbringen (Selbstaktivierung).

In Bezug auf die Gestaltung ihres Lernprozesses zeigt sie sich fleißig und aktiv um Verständnis und Können bemüht. Sie hält kontinuierlich und durchdacht Ordnung in ihrem Heft, stellt ihre Fragen der Lehrerin und rechnet Aufgaben immer wieder durch, um sie wirklich zu verstehen und zu beherrschen. Die Lehrerin sorgt mit ihrer Unterrichtsgestaltung und ihren Ansprüchen dafür, dass Anna sich nicht überfordert fühlt. Im Gegenteil bekommt sie zu ihren Eigenleistungen immer wieder auch die nötige Orientierung und Hilfestellung. Letztlich hat sie ein großes Sicherheitsgefühl und große Zuversicht, was ihren Lernprozess betrifft (Lernprozessüberwachung).

Ihre Lernstrategien zielen auf das Verständnis und das Beherrschen mathematischer Rechenprozeduren. Wichtig ist für sie, dass sie erkennt, wie sie an eine Aufgabe herangehen muss. Hier zeigt sich, dass sie nicht nur auf Auswendiglernen setzt, sondern auf Transferwissen und Verständnis. Zugleich übt sie Rechenbeispiele immer wieder, um sich quasi das Handwerkszeug anzutrainieren. Ihre Lernstrategien ermöglichen die vollständige Erreichung ihrer Ziele (Lernstrategien).

Insgesamt zeigt sich, dass Anna auf allen Regulationsebenen Fähigkeiten zur Selbstregulation besitzt. Diese wirken sich deshalb auf ihre Leistungen so positiv aus, weil die Lehrerin ihr mit ihrer Unterrichtsgestaltung sehr entgegenkommt, ihr viel Unterstützung anbietet und ihr so die Erfolgserlebnisse ermöglicht. Die Lehrerin gibt Anna durch ihren Unterricht große Chancen und diese werden von Anna unter großem Einsatz von Eigenleistung voll genutzt. Es kann demnach von einem **erfolgreichen Zusammenspiel von Selbstregulation und Fremdregulation** gesprochen werden.

6.3.5.2   Annas Funktionsbestimmungen für ihr Mathejournal

Aus Annas Aussagen lassen sich zwei zentrale Funktionszuschreibungen für das Mathejournal rekonstruieren.

1.   Die Übersicht über behandelte mathematische Inhalte
2.   Die Unterstützung von mathematischen Verstehensprozessen

Beide Funktionen sieht sie bereits durch ihre selbst entwickelte Form der Heftführung erfüllt, so dass die Einführung eines Mathejournals im Kurs für sie keinen Gewinn darstellt und keine Weiterentwicklung in Bezug auf ihre Selbstregulation beim Lernen von Mathematik anbahnt.

1.   Die Übersicht über behandelte mathematische Inhalte

Das Wesentliche an ihrer eigenen Heftführung besteht für Anna darin, alles, was im Unterricht behandelt wird, hintereinander aufzuschreiben. Dabei sorgt sie für Übersichtlichkeit, indem sie die einzelnen gerechneten Aufgaben genau kennzeichnet und so eine Zuordnung zu den entsprechenden Übungszetteln ermöglicht. Das chronologische Festhalten von Aufgaben und Rechnungen, so wie sie im Unterricht bearbeitet werden, hilft ihr dabei, nicht durcheinander zu kommen, wie sie sagt.

Für Anna scheint das Führen eines Mathejournals, so wie es von Frau Lehmann intendiert ist, eine Redundanz zu beinhalten. Auch ohne Journal kennzeichnet sie die wesentlichen Inhalte in ihrem Heft, hebt sie durch Umrandungen hervor; des Weiteren markiert sie Unklarheiten durch Fragezeichen und schreibt sich bei Bedarf Erklärungen in eigenen Worten auf. Diese Handhabung scheint ihr angemessen und ausreichend. Das Mathejournal würde für sie lediglich zusätzliche Arbeit ohne einen weiteren Gewinn bedeuten. Wiederholt betont sie, dass sie ihre eigene Form der Heftführung bereits gefunden habe.

Anna interpretiert das Mathejournal vorrangig als Erinnerungshilfe, als ein Instrument, das sie als Schülerin dabei unterstützen könnte, in Mathematik bereits behandelte Inhalte im aktuellen Unterricht geistig verfügbar zu haben. Das beinhaltet das schriftliche Festhalten von mathematischen Inhalten, die neu bzw. unbekannt sind. Diese Funktionsbestimmung führt für sie im Umkehrschluss dazu, dass ihr selbst das Führen eines Mathejournals nichts bringen würde, da sie den geforderten Stoff durch ihre bereits sehr ausführliche Unterrichtsdokumentation parat hat. Ihr erscheint es dabei unnötig, eigene Eintragungen vorzunehmen, ebenso birgt es keinen Erkenntnisgewinn für sie, wenn sie die Eintragungen anderer vorgelesen bekommt. Ihre Entscheidung, kein Mathejournal zu führen, ist für sie dadurch legitimiert, dass die Lehrerin explizit gesagt hat, jeder solle in seinem Heft seine eigene Form finden. Zudem ist die Abgabe des Journals an die Lehrerin freiwillig.

Anna zufolge bedarf die Heftführung lediglich eines Minimums an Eigenleistung. Schreibt man als Schüler alles, was Frau Lehmann an die Tafel schreibt, in sein Heft, behält man den roten Faden automatisch und hat alles Wichtige parat. In diesem Sinne entspricht für Anna ihre persönliche Heftführung dem Konzept des Mathejournals. Sie würde zugleich insbesondere schwächeren Schülerinnen und Schülern raten, sich ebenso eine derartige Heftführung anzueignen – ob diese nun als Mathejournal bezeichnet würde, spiele keine Rolle. Zentral ist für Anna aber letztlich, dass jeder seinen eigenen Weg der Heftführung finden muss und jeder für seinen eigenen Weg verantwortlich ist.

2. Die Unterstützung von mathematischen Verstehensprozessen

Diese Funktionszuschreibung bezieht sich konkret auf den Aspekt: **Vorbereitung von mathematischen Fragen an die Lehrerin**.

Für den Fall, dass sie etwas nicht versteht, hat Anna eine Strategie entwickelt, die sie im Unterricht von Frau Lehmann problemlos einsetzen kann: In ihrem Heft markiert sie zunächst die entsprechende Stelle mit einem Fragezeichen. Im Unterricht selbst nutzt sie vorrangig Arbeitsphasen, in denen die Schülerinnen und Schüler Aufgaben rechnen und Frau Lehmann zu einzelnen Schülerinnen und Schülern geht, um Hilfestellungen zu leisten und Fragen zu beantworten. Dann stellt auch Anna ihre Fragen, also quasi in direkter persönlicher Kommunikation mit der Lehrerin. Im unterrichtsöffentlichen Gespräch bringt sie sich mit ihren Fragen nur dann ein, wenn die entsprechende Aufgabe gerade explizit im Kurs thematisiert wird, d.h. mit anderen Worten, wenn auch andere Schülerinnen und Schüler ihre Fragen zur Aufgabe stellen. Anna begründet diese Vorgehensweise damit, dass sie andere im Unterricht durch ihre Fragen nicht stören möchte. Die Antworten, die sie erhält und die ihr wichtig erscheinen, schreibt sie sich mit eigenen Worten unter die Aufgabe. So stellt sie sicher, das neu erworbene Wissen zu behalten.

6.3.5.3 Annas Entwicklung durch das Mathejournal

Anna hat eine in ihren Augen optimale Heftführung entwickelt. Sie schreibt alles von der Tafel ab, behält die Übersicht, kann sich Fragen markieren, schreibt Erklärungen in eigenen Worten auf und kann ihr Heft zur Vorbereitung auf Klausuren gut nutzen. Damit stellt ihr Heft für sie das zentrale Organ ihrer Selbstregulation beim Mathematiklernen dar; darin bildet sich ihre eigentätige Auseinandersetzung mit mathematischen Inhalten ab. Auf diese Weise kann sie zugleich entscheiden, wo sie beim Lernen Hilfe benötigt, und somit die Fremdregulation durch die Lehrerin gezielt einfordern.

Bei Anna zeigt sich demnach bezüglich ihrer Heftführung bereits eine produktive Integration von Selbst- und Fremdregulation beim Mathematiklernen, wie sie bei Robert beispielsweise erst durch die Arbeit mit dem Mathejournal angebahnt wird. Für Anna hat das erfolgreiche Zusammenspiel von Selbst- und Fremdregulation nicht erst mit der Einführung des Mathejournals im Kurs begonnen, sondern offenbar in dem Moment, als sie Frau Lehmann als Lehrerin bekam.

Was nun die offizielle Einführung des Mathejournals betrifft, so wird am Fall von Anna deutlich, dass das Mathejournal für sie keine neuen Entwicklungsperspektiven enthält. Da ihre Ziele auf eine Stabilisierung des Status quo ausgerichtet sind und sie keine weiteren Ambitionen zeigt, nutzt sie das Mathejournal auch nicht zur Steigerung ihrer Leistungen oder zur Intensivierung ihres Verständnisses. So wie sie das Mathejournal versteht, bahnt es für sie keine Weiterentwicklung in Bezug auf ihr Mathematiklernen an. Die Funktionsbestimmungen, die sie in Bezug auf das Instrument vornimmt – Übersicht zu ermöglichen und das Erinnern zu fördern sowie Fragen an die Lehrern vorzubereiten – erfüllt ihr Mathematikheft auch jetzt schon. Zudem profitiert sie auch nicht davon, dass andere Schülerinnen und Schüler nun auch ein Mathejournal führen und Einträge im Kurs vorgelesen werden.

Bedenkt man, dass Anna bereits eine eigene, der Intention des Mathejournals gleichende Form der Heftführung entwickelt hat, ist es nicht verwunderlich, dass sie sich dazu entscheidet, kein zusätzliches Journal zu führen. Die Einführung eines solchen Instruments lässt sie daher für sich ungenutzt, so dass sich ihre Vorstellungen über die Selbst- und Fremdregulation beim Mathematiklernen nicht ändern. Der Fall Anna wird somit auf die Formel gebracht: **Erfolgreiches Zusammenspiel von Selbstregulation und Fremdregulation beim Lernen von Mathematik.**

6.3.6 Zusammenfassung der Falldarstellungen

Robert: Vom begrenzten Verständnis der Selbstregulation zur erweiterten Nutzung der Selbstregulation

Dieser Fall zeigt, wie durch die Arbeit mit einem Mathejournal das Verständnis von der Bedeutung der Selbstregulation beim Mathematiklernen erweitert werden kann. Das Mathejournal fordert zur eigentätigen Auseinandersetzung mit dem eigenen Mathematiklernen auf und bietet neue Wege an, die Fremdregulation der Lehrkraft durch eigene Lernhandlungen zu ergänzen.

Maya: Von der Abhängigkeit von Fremdregulation zur aktiven Nutzung der Fremdregulation

Hier wird deutlich, wie durch die Arbeit mit einem Mathejournal die eigene Aktivität beim Mathematiklernen gestärkt wird, so dass die Fremdregulation durch die Lehrkraft optimal genutzt werden kann. Das Mathejournal bietet eine Möglichkeit, sich den Angeboten und Hilfestellungen der Lehrkraft flexibler anzupassen.

Sandra: Vom eigensinnigen Streben nach Selbstregulation zur Stabilisierung der Selbstregulation

An diesem Beispiel wird erkennbar, wie durch die Arbeit mit einem Mathejournal die Selbstregulation als systematischer Bestandteil des Mathematiklernens erfahrbar wird. Das Mathejournal hebt die Bemühungen der Schüler(innen) um Eigenständigkeit in einen sichtbaren und methodisch kontrollierbaren Bereich schulischen Lernens.

Ralf: Vom Versagen der Selbstregulation zur Unterstützung der Selbstregulation

Dieser Fall zeigt, wie durch die Arbeit mit einem Mathejournal den Schüler(inne)n Hilfestellungen für den Einsatz von Selbstregulation beim Mathematiklernen gegeben werden. Das Mathejournal stellt eine Methodisierung einer eigentätigen Auseinandersetzung mit mathematischen Inhalten dar und ermöglicht Erfolgserlebnisse im Bereich der Selbstregulation.

Anna: Erfolgreiches Zusammenspiel von Selbstregulation und
Fremdregulation

Hier wird sichtbar, dass die Arbeit mit einem Mathejournal keine Weiterentwicklung selbstregulierten Lernens anbahnt, wenn dieses sich schon auf einem hohen Niveau befindet und für die Schüler(innen) kein Mehrwert des Einsatzes erkennbar ist.

Im folgenden Abschnitt wird ausgehend von diesen Einzelfällen die Typenbildung dargestellt.

6.4 Von den Einzelfällen zur Typenbildung

In diesem Abschnitt wird ausgehend von den fünf rekonstruierten Fällen in Mathematik die Typenbildung dargestellt. Dabei werden die Schritte des Fallvergleichs und der Fallkontrastierung vollzogen, um eine Gruppierung der Fälle zu ermöglichen und die Analyse empirischer Regelmäßigkeiten vorzunehmen (vgl. 5.4.2). Die Typisierung bezieht sich in einem ersten Schritt auf die Vorstellungen der Schüler(innen) über Selbst- und Fremdregulation beim Lernen, wie sie im Rahmen der Lernvorstellungen herausgearbeitet wurden. In einem zweiten Schritt werden die Entwicklungen im Bereich der Selbstregulation, die sich in den Fällen zeigen, in ihrem typischen Verlauf beschrieben. Die Typenbildung liefert also zum einen Erkenntnisse darüber, welche Vorstellungen es über die Bedeutung von Selbstregulation und Fremdregulation bei Schüler(inne)n gibt, und zum anderen Hinweise auf mögliche Entwicklungen, die durch die Arbeit mit Lerntagebüchern angebahnt werden können.

6.4.1 Typische Schülervorstellungen über Selbst- und Fremdregulation im Fach Mathematik

Die Darstellung eines zweidimensionalen Merkmalraums, der die Anteile von Selbst- und Fremdregulation aus Sicht der Schüler(innen) berücksichtigt, dient zunächst als eine grobe Beschreibung von vier Typen, die in einem zweiten Schritt zu einer feineren Auffächerung von sechs Typen ausgeweitet wird. An die Analyse inhaltlicher Sinnzusammenhänge schließt sich die Charakterisierung der gebildeten Typen an.

218

Fallvergleich und Fallkontrastierung

Wie im Methodenteil dieser Untersuchung beschrieben wurde, können durch Fallvergleich und Fallkontrastierung die Fälle auf eine Weise gruppiert werden, die eine maximale interne Homogenität auf der Ebene der Typen und eine maximale externe Heterogenität auf der Ebene der Typologie aufweist. Die Merkmale bzw. Vergleichsdimensionen, welche die Basis für die Typenbildung bilden, sind zum einen die *Rolle der Selbstregulation* und zum anderen die *Rolle der Fremdregulation*, die die befragten Schüler(innen) für ihr Mathematiklernen bestimmen. Im Folgenden wird der Fallvergleich hinsichtlich dieser Merkmale vorgenommen und eine Kontrastierung der Fälle dokumentiert.

Die Rolle der Selbstregulation beim Mathematiklernen aus Sicht der befragten Schüler(innen)

Die Falldarstellungen haben gezeigt, dass die Schüler(innen) der Selbstregulation beim Mathematiklernen unterschiedliche Bedeutung beimessen und – damit zusammenhängend – unterschiedliche Bereitschaft und Fähigkeiten zur Selbstregulation an den Tag legen.
Zunächst einmal zeigt ein Vergleich der Fälle, dass es Schüler(innen) gibt, die einer Selbstregulation beim Mathematiklernen prinzipiell ablehnend gegenüberstehen, und solche, die prinzipiell eine positive Vorstellung von Selbstregulation haben. So wird zum Beispiel bei Maya deutlich, wie Selbstregulation als etwas angesehen wird, das es aus Angst vor Orientierungslosigkeit zu vermeiden gilt. Dagegen zeigen die Fälle von Anna, Sandra und Ralf, wie Selbstregulation als für das Lernen von Mathematik notwendig angesehen wird. Unterschiede lassen sich bei diesen drei Fällen dahingehend ausmachen, dass Anna ihre selbstregulativen Handlungen als selbstverständliche Beiträge zum Mathematiklernen begreift, die in einem produktiven und strukturierten Zusammenspiel mit der Fremdregulation durch die Lehrerin stehen, während Sandras Motivation zur Selbstregulation sich zum Teil aus Trotz und Eigensinn speist, indem sie der Fremdregulation durch die Lehrerin bewusst eine Absage erteilt. Der Fall Ralf ist in diesem Zusammenhang so gelagert, dass er sich der Bedeutung von selbstregulativen Aktivitäten für das eigene Mathematiklernen durchaus bewusst ist und auch dementsprechende Forderungen an sich selbst stellt; es gelingt ihm jedoch nicht, selbstregulativ zu arbeiten und seine eigenen Maßstäbe zu erfüllen. Am Fall Robert wird deutlich, dass Selbstregulation zwar als notwendig und sinnvoll angesehen wird, jedoch nur in Abhängigkeit von starker Fremdregulation in untergeordneter Funktion für das Lernen eingesetzt werden kann.

Zusammenfassend lässt sich festhalten, dass die Rolle der Selbstregulation beim Mathematiklernen aus Sicht der befragten Schüler(innen) eine Kategorie darstellt, hinsichtlich der sich die rekonstruierten Fälle unterscheiden.

Die Rolle der Fremdregulation beim Mathematiklernen aus Sicht der befragten Schüler(innen)

Die Falldarstellungen haben gezeigt, dass die Schüler(innen) neben der Selbstregulation auch der Fremdregulation beim Mathematiklernen unterschiedliche Bedeutungen beimessen.

Ein Vergleich der Fälle zeigt, dass es erstens Schüler(innen) gibt, für die ein Mathematiklernen, das nicht hauptsächlich aus Fremdregulation durch die Lehrerin besteht, gar nicht denkbar ist, zweitens Schüler(innen), die Fremdregulation für notwendig und zentral, jedoch auch Anteile von Selbstregulation für wichtig erachten und drittens Schüler(innen), die die Fremdregulation der Lehrerin als unzureichend und letztlich als nicht hilfreich für ihr Lernen ansehen.

Die Beispiele Maya, Ralf und Robert machen deutlich, dass die Lehrerin als die entscheidende Instanz bei ihrem Mathematiklernen wahrgenommen wird. Im Fall Maya zeigt sich eine Abhängigkeit von der Lehrerin dahingehend, dass Maya sich ausnahmslos an der Fremdregulation durch diese orientiert und hilflos und ängstlich reagiert, sobald sie das Gefühl hat, von der Lehrerin „verlassen" zu werden. Im Fall Robert zeigt sich ebenso die Vorstellung, dass die Lehrerin die wichtigste Person bei seinem Mathematiklernen ist. Sein Erfolg im Unterricht resultiert für ihn daraus, dass die Lehrerin durch ihre Fremdregulation das Mathematiklernen stark strukturiert und er seine Selbstregulation in einem klar abgesteckten Funktionsfeld zum Einsatz bringen kann. Für Ralf hat die Fremdregulation große Bedeutung, da seine selbstregulativen Ansätze versagen; den Grund hierfür bestimmt er selbst darin, dass er nicht die „richtige" Form von Fremdregulation durch die Lehrerin bekommt. Die Abhängigkeit von Fremdregulation zeigt sich also hier nicht in einem Nutzen der Fremdregulation, sondern in einer starken Anspruchshaltung. Diese Form der Abhängigkeit von Fremdregulation grenzt sich von einer die Selbstregulation ergänzenden, also komplementären und flexiblen Funktionsbestimmung für die Fremdregulation ab, wie es sich im Fall von Anna zeigt. Für sie ist Fremdregulation durch die Lehrerin bedeutsam, jedoch nur im gleichwertigen Zusammenspiel mit eigenen selbstregulativen Handlungen. Die dritte Variante zeigt sich im Fall von Sandra, welche die Fremdregulation der Lehrerin für ihr Lernen nicht besonders gut nutzen kann. Hemmend wirken in diesem Fall eine Unzufriedenheit mit dem Unterrichtsstil der Lehrerin und die Erfahrung, letztlich nur auf sich selbst gestellt zu sein.

Zweidimensionaler Merkmalsraum: Anteile von Selbstregulation und Fremdregulation beim Mathematiklernen aus Sicht der Schüler(innen)

Die dargestellten Vergleiche und Kontrastierungen deuten an, dass sich die Vorstellungen der Schüler(innen) über Selbstregulation und Fremdregulation beim Mathematiklernen verschränken lassen. Selbstregulation und Fremdregulation treten in ein Verhältnis zueinander. Diese Verhältnisbestimmung bildet den heuristischen Rahmen, der für die nun folgende Typenbildung in Anspruch genommen wird.

Mit Rückgriff auf die beiden Vergleichsdimensionen „Rolle der Selbstregulation beim Mathematiklernen" und „Rolle der Fremdregulation beim Mathematiklernen" lässt sich als ein erster Schritt der Typenbildung eine Tabelle erstellen, die jeweils die Ausprägung der Selbstregulation und Fremdregulation aus Sicht der Schüler(innen) beschreibt:

Tabelle 3: Ausprägung der Selbstregulation und Fremdregulation aus Sicht der Schüler(innen)

Selbstregulation	Fremdregulation	
	Eher hoch	Eher niedrig
Eher hoch	Anna: Erfolgreiches Zusammenspiel von Selbstregulation und Fremdregulation	Sandra: „Eigensinniges" Streben nach Selbstregulation
Eher niedrig	Maya: Abhängigkeit von Fremdregulation	
	Ralf: Versagen der Selbstregulation	
	Robert: Begrenztes Verständnis von Selbstregulation	

Eine Typisierung der Fälle, die eine tiefe Einsicht in das Verhältnis von Selbstregulation und Fremdregulation beim Mathematiklernen aus Sicht der Schüler(innen) ermöglicht, muss nicht nur eine quantitative Verhältnisbestimmung im Sinne eines Mehr oder Weniger von Selbstregulation bzw. Fremdregulation aufgreifen, sondern das Wechselverhältnis von Selbstregulation und Fremdregulation in seiner jeweiligen Struktur charakterisieren. Der erste Schritt zur Typisierung, der in der Tabelle ausgedrückt ist, zeigt, dass Schüler(innen) für ihr individuelles Lernen der Selbstregulation und der Fremdregulation unterschiedliches Gewicht beimessen. Der zweite Schritt der Typisierung setzt an dieser Erkenntnis an und führt sie weiter in Richtung einer inhaltlichen Ausdifferenzierung des Zusammenspiels von Selbstregulation und Fremdregulation.

Es lassen sich vor diesem Hintergrund sechs Typen bilden:

- Typ 1: Abhängigkeit von Fremdregulation
- Typ 2: Flexible Anpassung an Fremdregulation
- Typ 3: Dominanz der Selbstregulation unter Verweigerung der Fremdregulation
- Typ 4: Ungeplantes Zusammenspiel von Selbstregulation und Fremdregulation
- Typ 5: Strukturiertes Zusammenspiel von Selbstregulation und Fremdregulation
- Typ 6: Reflexives Zusammenspiel von Selbstregulation und Fremdregulation

Die Typisierung offenbart, dass es sich einerseits um „extreme" Zuschreibungen hinsichtlich der Bedeutung von Selbst- und Fremdregulation handelt, die jeweils eine Seite deutlich stärker betonen als die andere: So gibt es Typen, die von der Fremdregulation beim Mathematiklernen abhängig sind und weder Bereitschaft noch Fähigkeit zur Selbstregulation an den Tag legen, und Typen, für die die Selbstregulation beim Lernen dominant ist und die weder die Bereitschaft noch die Fähigkeit zur Nutzung von Fremdregulation zeigen. Andererseits handelt es sich um verschiedene Formen des Zusammenspiels von Selbst- und Fremdregulation. Dabei zeigen sich drei Qualitätsstufen dieses Zusammenspiels: Auf der untersten Ebene lässt sich dieses als „ungeplant" bezeichnen, die nächsthöhere Stufe bedeutet ein „strukturiertes" und die höchste ein „reflexives" Zusammenspiel.

Im Folgenden werden die Typen charakterisiert. Dabei werden die für selbstreguliertes Lernen bedeutsamen Aspekte der Lernstrategien, der Lernprozessüberwachung und der Selbstaktivierung berücksichtigt. Für vier Typen lassen sich Fälle aus dem empirischen Material heranziehen, zwei Typen sind idealer Weise ergänzt, weil sie mit Blick auf den gewählten heuristischen Rahmen theoretisch denkbar sind, obschon sie nicht im empirischen Material auftauchen.

Typ 1: Abhängigkeit von Fremdregulation

Für diesen Typ ist eine Fremdregulation beim Mathematiklernen unverzichtbar, um im Unterricht mitzukommen und bei Klausuren bestimmte Leistungen erbringen zu können. Bereiche des Lernens, die sich der Kontrolle der Lehrkraft entziehen, wie zum Beispiel die eigenständige Bearbeitung von Hausaufgaben, werden von diesem Typ abgelehnt. Ohne Fremdregulation macht sich bei diesem Typ eine Hilflosigkeit bemerkbar; die Selbstregulation beim Mathematiklernen ist nicht ausgebildet und stellt für diesen Typ keine Ressource dar.

Die **Lernstrategien** bzw. die Methodenkompetenz dieses Typus beschränken sich auf das Erfüllen von Anforderungen, wenn diese klar vorgegeben und ihre Erreichung von der Lehrkraft unterstützend begleitet wird. Selbstständiges Arbeiten, selbstregulative Kompetenzen sind nicht ausgebildet. Die Lernstrategien sind vor allem darauf ausgerichtet, im Unterricht mitzukommen; ein Interesse daran, die Inhalte wirklich zu verstehen, besteht nicht.

Die **Lernprozessüberwachung** ist daran ausgerichtet, die Orientierung und Hilfestellung der Lehrkraft bestmöglich zu nutzen. Dieser Typus ist abhängig von der Unterrichtsgestaltung, was seinen eigenen Lernprozess betrifft. Ohne Rückgriff auf Vorgaben der Lehrkraft, welche festlegen, was wann wie gelernt wird, wann eine Überprüfung des Lernprozesses stattfindet und welches Vorgehen sich daran anschließt, kann dieser Typus keine eigene Lernprozessüberwachung gestalten.

Die **Selbstaktivierung** dieses Typus ist im Wesentlichen darauf ausgerichtet, im Unterricht mitzukommen und möglichst gute Punkte zu erzielen. Bezüglich des Lernens dominiert eine extrinsische Motivation. Die Anstrengungsbereitschaft dieses Typs hängt davon ab, ob ihm die Lehrerin mit ihrer Unterrichtsgestaltung und Hilfestellung Erfolgerlebnisse ermöglicht.

Typ 2: Flexible Anpassung an Fremdregulation

Die Fremdregulation hat für diesen Typ eine große Bedeutung. Mathematiklernen heißt für ihn, sich an der Fremdregulation bestmöglich zu orientieren, und diese für das eigene Lernen zu nutzen. Es handelt sich dabei um ein Lernverständnis, das zu sehr guten Leistungen führen kann, wie am Fall von Robert zu beobachten ist. Selbst- und Fremdregulation werden klare Rollen zugeschrieben. Durch Fremdregulation werden die Lerninhalte herauspräpariert und die Aufgaben gestellt, durch Selbstregulation werden die Aufgaben geübt. Fremdregulation steckt den Rahmen ab, in dem Selbstregulation zum Einsatz kommt.

Die **Lernstrategien** bzw. die Methodenkompetenz dieses Typus entfalten sich im Bereich der flexiblen Nutzung der Fremdregulation durch die Lehrkraft. Die Angebote des Unterrichts werden von diesem Typ gut erkannt und genutzt. Dabei kann die geschickte Anpassung zu sehr gutem Erfolg führen, solange die Lehrkraft eine starke Strukturierung des Lernens als Fremdregulation übernimmt.

Eine **Lernprozessüberwachung** erfolgt durch die selbsttätige Überprüfung des eigenen Kenntnisstandes, um festzustellen, wo eigene Stärken und Defizite liegen, um das weitere Lernen daran auszurichten und die Fremdregulation für Hilfestellungen zu nutzen.

Die **Selbstaktivierung** zeigt sich in der Motivation, die mathematischen Themen und Rechenprozeduren verstehen und anwenden zu können, wenn durch ausreichend Fremdregulation die Möglichkeit zu Erfolgserlebnissen besteht. Die Anstrengungsbereitschaft dieses Typs ist hoch, wenn die Lehrerin das Lernen klar strukturiert, Ziele setzt, Vorgaben macht und Unterstützung anbietet. Ist dies nicht der Fall, neigt dieser Typ zur Resignation.

Typ 3: Dominanz der Selbstregulation unter Verweigerung der Fremdregulation

Der Fokus der Überlegungen dieses Typs über sein Lernen liegt auf der Selbstregulation. Selbstregulation scheint als der einzige Weg, Inhalte wirklich zu verstehen und sich nachhaltig anzueignen. Die Fremdregulation durch die Unterrichtsgestaltung und das Handeln der Lehrerkraft, werden mitunter als Störvariablen erlebt, die es selbst auszugleichen gilt. Die positiven Potenziale der Selbstregulation werden z.T. dadurch überlagert, dass sie die Möglichkeiten der Fremdregulation außer Acht lassen, wie im Fall Sandra zu beobachten ist. Es wäre auch denkbar, dass Vertreter dieses Typs sich nicht so bewusst wie Sandra gegen die Fremdregulation stellen, sondern lediglich aus einer zu starken Konzentration auf die selbstbestimmten Anteile des Lernens die Fremdregulation unterbewerten. Dies könnte insbesondere im schulischen Setting zu Problemen führen.

Die **Lernstrategien** dieses Typs zielen darauf ab, sich nicht auf das zu verlassen, was die Lehrerin vorgibt, sondern selbst aktiv zu werden. Dazu werden die Inhalte jeweils in eigenen Worten formuliert, die sich nicht an der Fachsprache orientieren. Die Lernstrategien sind sehr auf den Lerner zentriert, die Unterstützungsangebote von Lehrerin und Unterrichtsmedien werden nicht wertgeschätzt und nicht in ihrer Funktion für das Lernen erkannt und genutzt.

Die **Lernprozessüberwachung** wird von diesem Typ selbst nach eigenen Prinzipien und eigenen Methoden vorgenommen. Klausuren etc. als externe und objektive Bewertungen geben diesem Typ kaum hilfreiche Hinweise auf seinen tatsächlichen Lernstand.

Die **Selbstaktivierung** dieses Typs verfolgt das Ziel, sich die Inhalte selbst zu erarbeiten. Was er sich selbst, zur Not auch gegen Widerstände, erarbeitet hat, zählt für ihn mehr als das, was die Lehrkraft ihm beigebracht hat.

Typ 4: Ungeplantes Zusammenspiel von Selbstregulation und Fremdregulation

Weder Fremdregulation noch Selbstregulation werden von diesem Typ bevorzugt; beide Seiten tragen zum Gelingen des Lernprozesses bei. Es ist für diesen Typ jedoch nicht klar, wie das Zusammenspiel genau aussehen soll. Mal funktioniert die selbst gestaltete Rollenaufteilung, mal nicht. Der Typ versucht vieles in Selbstregulation zu erarbeiten und rekurriert beim Lernen auch auf Fremdregulation. In welchen Situationen er was macht bzw. in welchen Situationen was angemessen ist, kann er nicht beurteilen. Der Erfolg bleibt ungeplant.

Die **Lernstrategien** dieses Typs bleiben partikular. Sie werden nicht zu einem systematischen Wechselspiel von Selbst- und Fremdregulation integriert. Was die Verhältnisbestimmung von eigenen Aktivitäten und Steuerung von außen wie Unterrichtsgestaltung und Lehrerhandeln betrifft, so ist diese im Wesentlichen unbewusst und unreflektiert.

Die **Lernprozessüberwachung** wird dem Zufall bzw. der Intuition überlassen. Mal gibt es Einsicht in eigene Stärken und Schwächen und die Planung und Kontrolle des Lernens gelingt; mal nicht. Es werden keine metakognitiven Aktivitäten gezielt für die Planung, Überwachung und Kontrolle des eigenen Lernens eingesetzt.

Die **Selbstaktivierung** ist insoweit vorhanden, dass eigene Ziele gesteckt werden; Motivation zu lernen ist da. Unzufriedenheit kann bei Misserfolgen auftreten, wenn unklar bleibt, warum die eigene Leistung unzureichend war.

Typ 5: Strukturiertes Zusammenspiel von Selbstregulation und Fremdregulation

Das Zusammenspiel und Zusammenwirken von Fremdregulation und Selbstregulation wird von diesem Typ als zentrales Merkmal fruchtbarer Lernprozesse betrachtet. Das Zusammenwirken wird gezielt und bewusst gestaltet, indem bestimmte Instrumente und Methoden eingesetzt werden, um einerseits selbstregulative Aktivitäten im Lernprozess auszuführen und diese andererseits immer wieder der Fremdregulation im Sinne einer Kontrolle, einer Anregung, eines Impulsgebens etc. zu unterlegen. Dieser Typ zeigt eine sehr kontrollierte Haltung zum eigenen Lernen.

Die **Lernstrategien** dieses Typs liegen auf einem hohen Niveau, werden flexibel ausgewählt, kombiniert und modifiziert. Dabei wird unterschieden, welche Lernstrategie in den Bereich der Selbstregulation fällt und welche auf die Nutzung von Fremdregulation abzielt. Beide Bereiche werden gezielt in den Dienst der eigenen Lernprozesse gestellt.

Für die **Lernprozessüberwachung** werden sowohl eigene Maßstäbe herangezogen, eigene Ziele gesetzt, auf eigene Weise Stärken und Schwächen analysiert als auch Rückmeldung von außen eingeholt. Beides wird für die Planung und Kontrolle des Lernprozesses fruchtbar gemacht. Die einzelnen Vorgänge werden durch Instrumente dokumentiert und unterstützt.

Die **Selbstaktivierung** wird gezielt und methodisch kontrolliert beeinflusst. Dabei werden intrinsische Motivationen mit äußeren Anforderungen in Einklang gebracht. Die Anstrengungsbereitschaft ist hoch, weil für diesen Typ erkennbar ist, wie er sein Lernen gezielt beeinflussen kann.

Typ 6: Reflexives Zusammenspiel von Selbstregulation und Fremdregulation

Das Zusammenspiel und Zusammenwirken von Fremdregulation und Selbstregulation beim Lernen wird als Selbstverständlichkeit betrachtet, die es nicht weiter zu explizieren gilt. Der Typ braucht keine Methoden, um das Zusammenspiel strukturieren zu können. Er hat die Abläufe und die Verzahnung von Selbstregulation und Fremdregulation beim Lernen verinnerlicht und greift jederzeit flexibel und reflektiert auf Routinen zurück.

Seine **Lernstrategien** werden flexibel, gezielt und souverän eingesetzt.

Die **Lernprozessüberwachung** ist für diesen Typ selbstverständlicher Bestandteil des Lernens, der auf unterschiedlichen Wegen erfüllt werden kann.

Seine **Selbstaktivierung** ist ebenso selbstverständlicher Bestandteil des Lernens; verschiedene Methoden stehen zur Verfügung, die flexibel eingesetzt werden können.

6.4.2 Typische Entwicklungen der Schülervorstellungen durch die Lerntagebücher

In diesem Abschnitt werden die typischen Entwicklungen in Bezug auf das Verhältnis von Selbst- und Fremdregulation in den Vorstellungen der Schüler(innen) nachgezeichnet. Zur Veranschaulichung mag folgendes Schaubild dienen, das eine Stufenfolge selbstregulierten Lernens in Mathematik zeigt, wobei unten die niedrigste und oben die höchste Stufe steht:

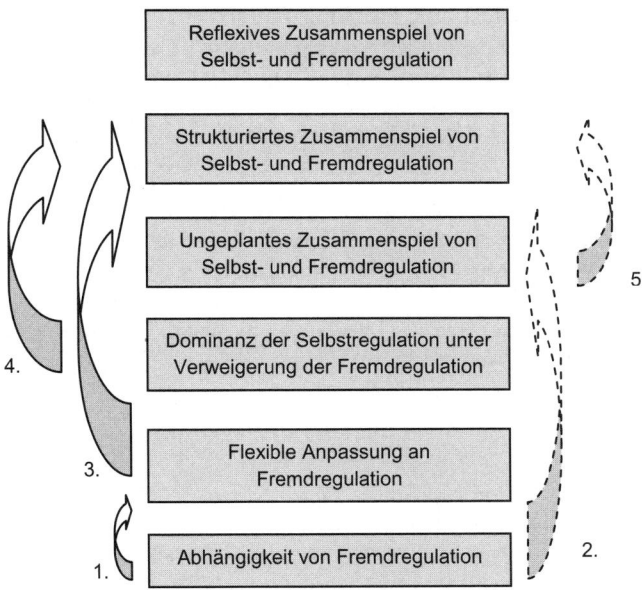

Abbildung 1: Stufenfolge selbstregulierten Lernens in Mathematik

Ein erster Blick auf die Darstellung zeigt, dass die durch das Mathejournal initiierten Entwicklungen einen Sprung auf eine jeweils höhere Stufe selbstregulierten Lernens markieren. Dabei werden die Typen „flexible Anpassung an Fremdregulation", „ungeplantes Zusammenspiel von Selbst- und Fremdregulation" sowie „strukturiertes Zusammenspiel von Selbst- und Fremdregulation" angesteuert. Die durchgehenden Pfeile weisen auf Typen hin, die im empirischen Material zu finden sind, bei den gestrichelten Pfeilen handelt es sich um theoretisch denkbare Ergänzungen, die jedoch im Material nicht vorkommen.

Auf der Basis der sechs Typen lassen sich also fünf Entwicklungsverläufe nachzeichnen:

1. Von einer „Abhängigkeit von Fremdregulation" zur „flexiblen Anpassung an Fremdregulation"

Ausgehend von einer Abhängigkeit von Fremdregulation werden selbstregulative Anteile im Sinne einer erweiterten Nutzung der Fremdregulation für das eigene Lernen gestärkt. Fremd- und Selbstregulation bleiben in einem hierarchischen Verhältnis.

2. Von einer „Abhängigkeit von Fremdregulation" zum „ungeplanten Zu-
    sammenspiel von Selbst- und Fremdregulation"
    Ausgehend von einer Abhängigkeit von Fremdregulation werden Anzeichen
    eines Zusammenspiels von Fremd- und Selbstregulation deutlich. Der Selbst-
    regulation wird ein größerer Raum im Lernprozess zugestanden; wie sich
    diese jedoch optimal zur Fremdregulation verhalten kann, bleibt ungeplant
    und damit unklar.

3. Von einer „flexiblen Anpassung an Fremdregulation" zum „strukturier-
    ten Zusammenspiel von Selbst- und Fremdregulation"
    Ausgehend von einem Anpassungsmuster, das Fremd- und Selbstregulation
    in ein hierarchisches Verhältnis stellt, werden die selbstregulativen Anteile
    beim Mathematiklernen durch das Lerntagebuch gestärkt, ohne dass auf die
    Fremdregulation verzichtet wird.

4. Von einer „Dominanz der Selbstregulation unter Verweigerung der
    Fremdregulation" zum „strukturierten Zusammenspiel von Selbst- und
    Fremdregulation"
    Ausgehend vom eigenständigen Streben nach Selbstregulation, das Potenzia-
    le der Fremdregulation verschenkt, werden die angebotenen fremdregulati-
    ven Anteile gezielter für das Lernen genutzt, so dass sich ein strukturiertes
    Zusammenspiel von Selbst- und Fremdregulation ergibt.

5. Vom „ungeplanten Zusammenspiel von Selbst- und Fremdregulation"
    zum „strukturierten Zusammenspiel von Selbst- und Fremdregulation"
    Ausgehend von einem ungeplanten Zusammenspiel, das sowohl der Selbst-
    als auch der Fremdregulation für das Lernen einen eigenen Wert beimisst,
    ohne beides bewusst zu integrieren, werden Selbst- und Fremdregulation me-
    thodisch gezielt in ein Verhältnis zueinander gebracht.
    Der Verlauf von einer „Abhängigkeit von Fremdregulation" zum „struk-
    turierten Zusammenspiel von Selbst- und Fremdregulation" wäre zwar theo-
    retisch denkbar, da es sich bei ihm ebenfalls um eine aufsteigende Bewegung
    handeln würde. Die Befunde dieser Arbeit reichen jedoch nicht aus, um eine
    solch starke Entwicklung durch das Lerntagebuch als realistisch einstufen zu
    können. Ebenfalls unwahrscheinlich wäre die Entwicklung von einer „flexib-
    len Anpassung an Fremdregulation" zu einem „ungeplanten Zusammenspiel
    von Selbst- und Fremdregulation", da jemand, der bereits der Selbstregulati-
    on einen hohen Stellenwert beimisst, wenn auch in Abhängigkeit von Fremd-
    regulation, durch ein Mathejournal seine funktionale Anpassung an Fremd-
    regulation nicht aufgeben würde. Für einen solchen Typ kann die Entwick-
    lung selbstregulierten Lernens nur in Richtung eines „strukturierten Zusam-
    menspiels von Selbst- und Fremdregulation" gehen. Ähnlich verhält es sich
    mit der Entwicklung von einer „Dominanz der Selbstregulation unter Ver-

weigerung der Fremdregulation" zu einem „ungeplanten Zusammenspiel von Selbst- und Fremdregulation". Jemand, der die Selbstregulation über die Fremdregulation stellt, würde durch das Mathejournal nicht beide Seiten zusammenhanglos nebeneinander stellen. Entwicklungen von einer „Abhängigkeit von Fremdregulation" und von einer „flexiblen Anpassung an Fremdregulation" zu einer „Dominanz der Selbstregulation unter Verweigerung der Fremdregulation" durch ein Mathejournal sind unrealistisch, weil eine starke Orientierung an Fremdregulation kaum in eine Überbewertung der Selbstregulation und eine Ablehnung der Fremdregulation umschlagen würde.

Die Tatsache, dass durch das Lerntagebuch keine Entwicklung zum „reflexiven Zusammenspiel von Selbst- und Fremdregulation" zu rekonstruieren ist, lässt sich darauf zurückführen, dass sich die Vorstellungen der Schüler(innen) über das produktive Zusammenspiel von Selbst- und Fremdregulation beim Mathematiklernen als eher begrenzt erwiesen haben und das Lerntagebuch gerade auf eine methodisierte, d.h. instrumentengestützte Form setzt, Schüler(inne)n das Zusammenspiel von Selbst- und Fremdregulation zu ermöglichen. Das „reflexive Zusammenspiel" würde über die Nutzung des Mathejournals weit hinausgehen und steht damit nicht im Fokus dieser Untersuchung.

6.5 Bandbreite der Funktionszuschreibungen für das Mathejournal durch die Schüler(innen)

In diesem Kapitel wird auf der Grundlage aller Fallstudien dargestellt, wie das Mathejournal zur Entwicklung selbstregulierten Lernens in Mathematik beitragen kann. Dazu werden die drei zentralen Aspekte selbstregulierten Lernens, nämlich Lernstrategien, Lernprozessüberwachung und Selbstaktivierung, einzeln betrachtet.

Folgende Tabelle mag zu Beginn der Übersicht dienen:

Tabelle 4: Unterstützung selbstregulierten Lernens durch das Mathejournal

Lernstrategien	Lernprozessüberwachung	Selbstaktivierung
Übersicht über behandelte mathematische Inhalte	Übersicht über behandelte mathematische Inhalte	Verbesserung der mündlichen Leistung in Mathematik
Verschriftlichung und Nachvollzug von schwierigen mathematischen Inhalten	Verschriftlichung und Nachvollzug von schwierigen mathematischen Inhalten	Übersicht über behandelte mathematische Inhalte
Identifizierung von eigenen mathematischen Verständnisschwierigkeiten	Identifizierung von eigenen mathematischen Verständnisschwierigkeiten	Verschriftlichung und Nachvollzug von schwierigen mathematischen Inhalten
Explikation eigener mathematischer Vorstellungen und ggf. Korrektur durch die Lehrerin	Lernen aus eigenen mathematischen Fehlern	Identifizierung von eigenen mathematischen Verständnisschwierigkeiten
Vorbereitung von mathematischen Fragen an die Lehrerin	Verstetigung der Selbstüberwachung beim Mathematiklernen	Explikation eigener mathematischer Vorstellungen und ggf. Korrektur durch die Lehrerin
Lernen aus eigenen mathematischen Fehlern	Entwicklung einer an den eigenen Bedürfnissen orientierten Heftführung	Vorbereitung von mathematischen Fragen an die Lehrerin
Verstehen durch das selbstständige Formulieren mathematischer Zusammenhänge	Kontrolle des eigenen Wissensstandes in Mathematik	Lernen aus eigenen mathematischen Fehlern
Aneignung der mathematischen Fachsprache durch Formulieren		Mathematisches Verstehen durch Formulieren
Versprachlichung von Rechenprozeduren		Aneignung der mathematischen Fachsprache durch Formulieren
Entwicklung einer an den eigenen Bedürfnissen orientierte Heftführung		Versprachlichung von Rechenprozeduren
Gebrauch der eigenen Sprache für mathematische Inhalte		Entwicklung einer an den eigenen Bedürfnissen orientierten Heftführung
		Gebrauch der eigenen Sprache für mathematische Inhalte

Funktionen des Mathejournals für die Entwicklung selbstregulierten Lernens in Mathematik.

6.5.1 Entwicklung der Lernstrategien durch das Mathejournal

Die Aussagen der Schüler(innen) zeigen, dass die Arbeit mit einem Mathejournal ihnen Anregungen bietet, neue bzw. elaboriertere Strategien für den Umgang mit mathematischen Sachverhalten und Aufgaben eigenständig zu entwerfen und zu erproben. Das besondere Potenzial liegt dabei für die Schüler(innen) in der Herausforderung, die Tafelanschriften der Lehrerin um eigene Eintragungen zu ergänzen. Diese Eintragungen sind individuell und stellen eine Verknüpfungsanstrengung zwischen mathematischen Inhalten und dem eigenen Verständnis von diesen dar.

Dabei können von den Schüler(inne)n eigene Schwerpunkte bei der Auseinandersetzung mit mathematischen Inhalten gesetzt werden; zum Beispiel können das Trainieren von Rechenprozeduren oder das Verständnis von mathematischen Zusammenhängen angestrebt werden. Im ersten Fall zielen die Eintragungen darauf ab, die zur Lösung einer Aufgabe notwendigen Rechenschritte schriftlich zu kommentieren, um so leichter nachvollziehen zu können, warum und wie die einzelnen Operationen durchgeführt werden müssen. Im zweiten Fall wird das eigene Verständnis mathematischer Sachverhalte expliziert, um darüber mit der Lehrerin ins Gespräch zu kommen.

Die Schüler(innen) können ihre Eintragungen nicht nur eigenen Lernzielen anpassen und somit unterschiedliche Lernstrategien verfolgen, sie können auch ihr Niveau in Mathematik berücksichtigen, d.h. gezielt an eigenen Schwächen arbeiten. Während die Tafelanschriften der Lehrerin für alle Schüler(innen) gleich und im Wesentlichen an der Fachsystematik orientiert sind, kann die Nutzung des Mathejournals an den individuellen Lernprozessen und -bedürfnissen der Schüler(innen) ausgerichtet werden. In diesem Sinne regt es die Schüler(innen) an, eine aktive Gestaltung der Aufnahme mathematischer Inhalte vorzunehmen, die über das Abschreiben von der Tafel, den Versuch des Nachvollziehens von Erklärungen der Lehrerin und das Üben von Aufgaben hinausgeht.

Zusammenfassend lässt sich festhalten, dass die Schüler(innen) durch das Mathejournal zu einer Entwicklung von Lernstrategien inspiriert werden, die den individuellen Lernweg in Mathematik unterstützen. Für manche Schüler(innen) ist es in diesem Zusammenhang wichtig, durch eine gesteigerte Strukturierung der behandelten Inhalte ihren Zugang zu optimieren, andere versuchen, ihr mathematisches Verständnis zu vertiefen oder sich die spezifische Formelsprache der Mathematik anzueignen.

Die theoretische Reflexion der Potenziale von Lerntagebüchern für die Entwicklung von Lernstrategien rückte zwei Aspekte in den Blick: eine explizite *Anleitung zur Verwendung von Lernstrategien* und die *Unterstützung der Entwicklung von Lernstrategien durch gezielte Rückmeldungen der Lehrkraft*. Der erste Punkt spricht eine durch die Lehrkraft festgelegte Strukturierung der Schülereintragungen an, die Hinweise auf Lernstrategien beinhaltet (vgl. WAYWOOD 1992; RUF & GALLIN 1999a). Punkt zwei betrifft individuelle Rückmeldungen der Lehrkraft, in denen die Schüler(innen) bezüglich ihrer Lernstrategien, die in den Lerntagebüchern sichtbar werden, Verbesserungshinweise und Unterstützungsangebote erhalten (vgl. WAYWOOD 1992).

Ein Vergleich der empirischen Befunde mit dem Diskussionsstand zeigt, dass im vorliegenden Fall nicht von einer expliziten Anleitung zur Verwendung von Lernstrategien gesprochen werden kann. Die Vorgabe der Lehrerin, aufzuschreiben, was von den Schüler(inne)n verstanden wurde und welche Fragen sie haben, und die Einführung einer offenen Kategorie, die von den Schüler(inne)n selbst ausgestaltet werden konnte, weist auf ein Minimum an Strukturierung hin. Damit zielt das Mathejournal auf die individuelle Nutzung durch die Schüler(innen) ab, wobei es auf deren Eigenaktivitäten ankommt. Die Schüleraussagen deuten darauf hin, dass der gewährte Freiraum zur eigenständigen Auseinandersetzung mit dem eigenen Mathematiklernen individuell genutzt wurde. Dabei wurden keine von der Lehrerin vorgegebenen Lernstrategien eingeübt, sondern eigene entworfen.

Die Rückmeldung der Lehrkraft, die in der Literatur zu Lerntagebüchern als gewinnbringend für die Entwicklung von Lernstrategien ausgewiesen wird, erfolgt im vorliegenden Fall nur für diejenigen Schüler(innen), die ihr Journal der Lehrerin freiwillig abgeben. Auf diese Weise kann sich zwischen diesen Schüler(inne)n und der Lehrerin ein Dialog über die Lernstrategien, die sich in den Journaleintragungen abbilden, entwickeln.

Es lässt sich zusammenfassen, dass das Mathejournal einen Freiraum für die Entwicklung der Lernstrategien bereitstellt, der von den Schüler(inne)n eigentätig genutzt werden muss und auch genutzt wird. Dadurch wird den Schüler(inne)n ermöglicht, selbstbestimmt Strategien zu erproben, die sie für ihr Mathematiklernen als hilfreich erachten. Die Grenzen dieses Freiraums sind darin zu sehen, dass die Lehrkraft nicht gezielt neue Lernstrategien einführen und damit mathematisches Denken anstoßen kann.

6.5.2 Entwicklung der Lernprozessüberwachung durch das Mathejournal

Die Schüler(innen) schreiben dem Mathejournal die Funktion zu, eine Unterstützung bei der Planung, Gestaltung und Kontrolle des eigenen Lernens zu ermöglichen. Dafür ist entscheidend, dass die Schüler(innen) durch das Mathejournal stärker zu einer eigenen Regieführung bei ihrem Lernen aufgefordert sind. Diese bezieht sich auf das Identifizieren und Explizieren der Inhalte, welche sie verstanden haben, die Benennung von Fragen, Problemen und Schwierigkeiten und darüber hinaus auf weitere Eintragungen, die ihnen beim Lernen helfen. Die Regelmäßigkeit der Eintragungen führt zu einer

Verstetigung der Selbstüberwachung beim Mathematiklernen; jede Woche stellt das Mathejournal die Schüler(innen) vor die genannten Reflexionsaufgaben.

Zusammenfassend lässt sich festhalten, dass durch die Arbeit mit dem Mathejournal eine Metaperspektive auf das eigene Lernen systematisch eingefordert und methodisiert an die Schüler(innen) herangetragen wird.

Die theoretische Reflexion der Potenziale von Lerntagebüchern für die Entwicklung der Lernprozessüberwachung ergab, dass vor allem metakognitive Prozesse in Bezug auf das Mathematiklernen durch den Einsatz von Lerntagebüchern systematisiert und moderiert werden, wenn im Lerntagebuch Fragen vorgegeben sind, die den Blick der Schüler(innen) immer wieder auf die entscheidenden Stellen des Lernprozesses lenken (vgl. RUF & GALLIN 1999). Des Weiteren sieht WAYWOOD bei der Arbeit mit Lerntagebüchern einen Anlass für Lehrer(innen), Möglichkeiten der Lernprozessüberwachung im Unterricht zu thematisieren, da Lernprozesse verstärkt in den Blick rücken (vgl. WAYWOOD 1992).

Ein Vergleich der empirischen Befunde mit dem Diskussionsstand zeigt eine Übereinstimmung dahingehend, dass die Schüler(innen) die Struktur des Mathejournals für die Überwachung ihres Lernprozesses nutzen. Dazu gehören die vorgegebenen Punkte und die eingeforderte Regelmäßigkeit der Eintragungen. Während jedoch die Fragen bei RUF & GALLIN den Lernprozess sehr differenziert in den Blick nehmen, zielt das Mathejournal auf eine Übersicht, den „roten Faden" im Unterricht ab. Dies kommt den Grundkursschüler(inne)n kurz vor dem Abitur offenbar entgegen. Die individuelle Nutzung der Mathejournale durch die Schüler(innen) wurde im vorliegenden Fall durch ein Rückmeldestunde im Kurs thematisiert, die sich an die Probephase anschloss. Eine kontinuierliche und regelmäßige Besprechung der Lernprozesse der Schüler(innen) ist durch das Mathejournal nicht initiiert worden.

Es lässt sich zusammenfassen, dass das Mathejournal die Schüler(innen) regelmäßig dazu bringt, sich mit ihrem Mathematiklernen auseinanderzusetzen. Die Schüler(innen) nutzen diese Aufforderung zur Reflexion und profitieren dabei insbesondere von den vorgegebenen Fragen. Diese Form der Lernprozessüberwachung bleibt dabei individuell und wird nicht im Kurs thematisiert.

6.5.3 *Entwicklung der Selbstaktivierung durch das Mathejournal*

Für die Schüler(innen) haben die eigenen aktiven Anteile der Auseinandersetzung mit Mathematik durch das Mathejournal an Bedeutung gewonnen. Sie haben dabei konkret Erfahrungen gemacht, wie ein Zusammenspiel von Selbst- und Fremdregulation beim Mathematiklernen aussehen kann. Dazu gehört das selbstständige Strukturieren der im Unterricht behandelten Inhalte als eine Ergänzung zum Abschreiben von der Tafel, das selbstständige Anwenden mathematischer Sprache – sowohl auf der Ebene von Formeln als auch auf der Ebene von Beschreibungen von Zusammenhängen, das selbstständige Identifizieren von Schwierigkeiten im Gegensatz zur fremdregulierten Überprüfung in Form von Klausuren, die Übertragungen mathematischer Prozeduren in die eigene Sprache etc. Dabei wird insbesondere die Anstrengungsbereitschaft der Schüler(innen) begünstigt, weil sie ihre Bemühungen um eine eigenständige Strukturierung und Verinnerlichung der mathematischen Inhalte in den Unterricht einfließen lassen können und ihren Lernprozess verbessern können, indem sie gezielt an ihren Verständnisschwierigkeiten und Wissenslücken arbeiten können.

Zusammenfassend lässt sich sagen, dass zum einen der Reflexion des eigenen Lernens durch das Journal eine Wertschätzung entgegengebracht wird, zum anderen, dass die Selbstaktivierung in Mathematik durch das Instrument gefördert wird.

Die theoretische Reflexion der Potenziale von Lerntagebüchern für die Entwicklung der Selbstaktivierung zeigte, dass diese in den didaktischen Programmatiken nur implizit angedeutet werden. RUF & GALLIN nehmen diese Ebene am stärksten auf. Sie weisen dem „Ich" beim Lernen von Mathematik eine fundamentale Rolle zu. Die Tatsache, dass die individuellen Standortbestimmungen im Reisetagebuch immer wieder eingefordert werden, zeigt, wie ernst das genommen wird, was die Lerner den Lerngegenständen an (Vor-) Wissen und Vorstellungen, aber auch an Emotionen entgegenbringen. Damit ist das Selbst beim Mathematiklernen hinsichtlich seiner Ziele und Motivationen, seiner Bedürfnisse und Blockaden etc. immer schon involviert. Die Lerntagebücher vermitteln den Schüler(inne)n damit nicht nur die Bedeutsamkeit eines eigenen Bezuges zum Fach Mathematik, sondern zeigen auch auf, wie das „Ich" des Lerners beim Mathematiklernen produktiv, konstruktiv und methodisch kontrolliert in den Lernprozess integriert werden kann.

Ein Vergleich der empirischen Befunde mit dem Diskussionsstand weist auf Übereinstimmungen hin. Die Selbstaktivierung beim Mathematiklernen kann mithilfe von Lerntagebüchern gefördert werden. Für die Schüler(innen) ist dabei entscheidend, mehr Regieführung bei ihrem Lernen zu übernehmen.

Zusammenfassend lässt sich sagen, dass das Mathejournal den Schüler(innen) einen aktiveren Part beim Mathematiklernen ermöglicht, den sie selbst auf der Basis von strukturierten Vorgaben gestalten können.

7 Die Arbeit mit den Kompetenzrastern im Deutschunterricht

In diesem Kapitel werden die Ergebnisse des Deutschteils der Untersuchung dargestellt. Wie im vorangegangenen Kapitel zum Mathejournal im Mathematikunterricht werden in Abschnitt 7.1 zunächst Rekonstruktionen zum Skript des betreffenden Deutschunterrichts vorgestellt, die auf Basis von Unterrichtsbeobachtungen, Schüleraussagen und Lehreraussagen gewonnen wurden. Es wird daran anschließend in Abschnitt 7.2 nachgezeichnet, wie sich die Planung und Durchführung der Arbeit mit den Kompetenzrastern im Einzelnen gestaltet hat. In Abschnitt 7.3 werden intensive Falldarstellungen von zwei Schülerinnen und einem Schüler präsentiert, in denen am Beispiel des Kompetenzrasters zu Präsentationen ausgeführt wird, welche Bedeutung dieses Instrument für die Entwicklung selbstregulierten Lernens in Deutsch vor dem Hintergrund unterschiedlicher Lernvorstellungen im Deutschunterricht hat. Abschnitt 7.4 enthält die Funktionszuschreibungen der Schüler(innen) für die beiden weiteren Kompetenzraster zur Kursmitarbeit und zum Unterricht. Für alle drei Kompetenzraster erfolgt in Abschnitt 7.5 eine Querauswertung der Schüleraussagen hinsichtlich der Fragestellung, welche Gelegenheiten die Kompetenzraster für die Entwicklung selbstregulierten Lernens in Deutsch aufweisen.

7.1 Ausgangslage: Rekonstruktionen zum Skript des Deutschunterrichts

Die folgenden Darstellungen zum Unterrichtsskript, die sich auf „typische" Unterrichtsstunden beziehen, basieren auf protokollierten Unterrichtsbeobachtungen. Aussagen der Schüler(innen) und des Lehrers sind – ebenso wie im Mathematikteil – Interviews und Gruppendiskussionen entnommen.

7.1.1 Merkmale der Unterrichtsgestaltung

Der Deutschunterricht im Grundkurs bei Herrn Keller weist einen hohen Anteil an selbstständigem Arbeiten durch die Schüler(innen) auf. Eine typische Unterrichtssequenz ist die Erarbeitung eines Themenkomplexes (zum Beispiel Gedichte unterschiedlicher Epochen) durch Schülervorträge, die unterschiedliche Bereiche des Themas abdecken und in den Stunden in Gruppenarbeit vorbereitet werden. Dabei ist es Aufgabe der Schüler(innen), arbeitsteilig Literatur und Materialien zu organisieren, zu rezipieren und eine geeignete Form der Präsentation zu erarbeiten (DEUTSCH 1, Z. 18ff.).

Der Lehrer übernimmt in solchen Erarbeitungsphasen zum einen die Rolle eines Beraters, zum anderen hilft er bei der Literaturrecherche und der inhaltlichen Erschließung des Themas. Für alle Gruppen relevante Fragestellungen werden im Kursplenum erläutert.

Wie es üblicherweise zur Aufstellung der Themenbereiche kommt, die von einzelnen Gruppen bearbeitet werden, ließ sich am Beispiel der Lektüre „Romeo und Julia auf dem Dorfe" beobachten (vgl. Deutsch 2). Nachdem alle Schüler(innen) das Buch zu Hause gelesen haben, wurden sie in der ersten Stunde der Unterrichtseinheit nach ihren Leseeindrücken gefragt. Nach dieser offenen Gesprächsrunde sammelte der Lehrer Aspekte an der Tafel, welche die Schüler(innen) für eine intensive Bearbeitung des Buches vorschlugen. Auf Basis dieser Sammlung wurden die Themenbereiche bestimmt und die Schüler(innen) konnten sich nach ihren Interessen unterschiedlichen Gruppen zuordnen, die jeweils ein Thema bearbeiteten. (DEUTSCH 2, Z. 37ff.). Typisch an dieser Verfahrensweise ist der hohe Anteil der Beteiligung der Schüler(innen) hinsichtlich der Themenwahl und der Arbeitsorganisation.

Neben Unterrichtsphasen, in denen hauptsächlich Gruppenarbeit gemacht wurde bzw. die Gruppen ihre Ergebnisse präsentierten und anschließend eine Rückmeldung von ihren Mitschüler(inne)n erhielten, ließen sich Phasen beobachten, in denen ein Lerngegenstand im gelenkten Unterrichtsgespräch entwickelt wurde. Dabei gestaltete der Lehrer zum einen die Moderation, so dass Schüler(innen)aussagen auf einander folgten, ohne dass diese jeweils vom Lehrer inhaltlich kommentiert wurden. Zum anderen übernahm der Lehrer streckenweise die Rolle des Experten, der in längeren Redeabschnitten Zusammenhänge erläuterte (DEUTSCH 1, Z. 60ff.).

Im Kurs ließen sich drei Varianten systematischer Rückmeldung beobachten:

- Erstens die Rückmeldung von Schüler(inne)n an die Präsentanten im Anschluss an Gruppenvorträge (DEUTSCH 1, Z. 29ff.; DEUTSCH 3, Z. 33ff.);
- zweitens die Rückmeldung von den Schüler(inne)n an den Lehrer zu dessen Unterrichtsgestaltung (DEUTSCH 4, Z. 14ff.) und
- drittens im Rahmen der Verhandlung der Noten zur Kursmitarbeit Rückmeldungen vom Lehrer an die Schüler(innen) als Ergänzung zu den Selbsteinschätzungen der Schüler(innen) (vgl. die Transkripte von Notenbesprechung 1 und 2).

Alle drei Formen systematischer Rückmeldung basierten auf Kompetenzrastern bzw. „Rubrics", wie sie von dem Lehrer zu dem Zeitpunkt noch genannt wurden. Auf die Arbeit mit den Kompetenzrastern wird in diesem Kapitel noch ausführlich eingegangen.

Zusammenfassung

Zusammenfassend weisen die Beobachtungen auf einen hohen Anteil an eigenständigem und selbstverantwortlichem Arbeiten durch die Schüler(innen) hin. In diesem Deutschunterricht sind die Schüler(innen) in Bezug auf die Themenwahl, während der inhaltlichen Erarbeitung in Gruppen und bei der Präsentation ihrer Ergebnisse zur Entscheidung, Mitgestaltung, Planung und Evaluation im Rahmen ihrer Lernprozesse aufgefordert. Zugleich sind themenbezogene Diskussionen im Kursplenum zu beobachten, die vom Lehrer moderiert werden. Die Mitbestimmung der Schüler(innen) wird u.a. dadurch begrenzt, dass der Lehrer die Arbeitsformen und Ziele für die einzelnen Stunden festlegt.

7.1.2   Aussagen der Schüler(innen)

Analog zum Mathematikteil dieser Untersuchung wurden die Schüler(innen) zum Zeitpunkt des ersten Interviews gebeten zu beschreiben, wie der Deutschunterricht bei ihnen abläuft. Die Analyse dieser Aussagepassagen wird im Folgenden vorgestellt. Zunächst geht es dabei um Inhalte und Methoden des Unterrichts, wie sie von den Schüler(inne)n erlebt werden; des Weiteren werden bewertende Aspekte der Schüler(innen) dargestellt. Die Sicht der Schüler(innen) bezogen auf den Einsatz der Kompetenzraster im Unterricht, der sich zum Zeitpunkt des Interviews in den Anfängen befand, wird in diesem Kapitel nicht berücksichtigt, sondern in den Abschnitten 7.3 und 7.4 ausführlich dargestellt.

Inhalte und Form des Unterrichtsskripts aus Schülersicht

Der Unterricht bei Herrn Keller ist den befragten Schüler(inne)n zufolge von methodischer Vielfalt geprägt. So sagt Sandra beispielsweise:

„Bei Herrn Keller ist einfach eine typische Deutschstunde, dass er ständig mit irgendwas anderem kommt. Man weiß eigentlich nie wirklich, was man macht, außer wenn er es vorher schon gesagt hatte. Er steht ja unglaublich auf Gruppenarbeit, das hab' ich inzwischen mitgekriegt, aber dann macht er auch teilweise einfach was Schriftliches oder einfach, dass wir uns mündlich beteiligen müssen, was ich sehr lustig fand, waren diese Spiele, die wir da einmal gemacht haben. [...] Da ist ein bisschen Abwechslung im Unterricht" (SANDRA 1, Z. 317 ff.).

Die Aussage legt nahe, dass der Lehrer ein großes Methodenrepertoire in den Unterricht einfließen lässt. Für Sandra kommt dadurch ein gewisses Überraschungsinstrument ins Spiel, da der Lehrer seine Vorhaben nicht immer im Voraus ankündigt. Mit der Zeit wurde für sie jedoch deutlich, dass Gruppenarbeit in der Unterrichtsgestaltung einen zentralen Platz einnimmt.

Für die Schüler(innen) ist ein Merkmal der Unterrichtsgestaltung, dass Herr Keller gut vorbereitet in den Unterricht kommt und stets eine genaue Vorstellung davon hat, welche Ziele für die Unterrichtsstunde im Vordergrund stehen. Ralf sagt dazu:

„Dann find ich den Herrn Keller besser vorbereitet, den Unterricht, auf jeden Fall. Er hat halt ne Struktur. Wenn er in den Unterricht kommt, dann weiß er, was er machen will mit uns. Und er verlangt auch, dass wir das machen und [...] dass wir was schaffen in der Stunde" (RALF 1, Z. 410 ff.).

Der von Sandra beschriebene große Anteil von Gruppenarbeit wird auch von den anderen Schüler(inne)n thematisiert. In den Gruppen wird über einen längeren Zeitraum selbstständig gearbeitet; dabei ist es auch möglich, den Raum zu wechseln, wenn es zu unruhig wird, oder in den Computerraum zu gehen, wenn eine Internetrecherche notwendig ist. Anna beschreibt die Rolle des Lehrers während der Gruppenarbeit folgendermaßen:

„Wenn wir in Gruppen arbeiten, sagt er halt, setzt euch mal in den Gruppen zusammen und ich komm dann rum und wenn ihr Fragen habt, könnt ihr mich immer fragen. Und dann sitzen wir in Gruppen, arbeiten, und er kommt halt rum. Sagt so oder fragt, was wir so gemacht haben und liest sich mal was durch und gibt dann noch n bisschen Hilfestellung und, was weiß ich, wenn das Rechtschreibfehler drin sind, korrigiert er sie auch. Und dann am Ende sagt er, ja, ihr sollt euch jeder ne Hausaufgabe geben. Dass ihr halt das und das schafft bis zum nächsten Mal" (ANNA 1, Z. 225 ff.).

Die Gruppenarbeit weist demnach einen hohen Grad an Selbstständigkeit und Eigenverantwortung durch die Schüler(innen) auf. Der Lehrer gibt dabei Hilfestellungen und Rückmeldungen im Prozess. Die Eigentätigkeit und die Übernahme von Verantwortung für den Arbeitsprozess setzen den Schüler(inne)n zufolge bereits zu Beginn der Gruppenarbeitsphase ein. Die Schüler(innen) sind maßgeblich an der Themenaufstellung und der Zuordnung zu den Gruppen beteiligt. Maya stellt dies so dar:

„Wir haben uns selber die Themen ausgesucht. Der hat uns gefragt, was wir wissen wollen gerne und wir haben es alle auf eine Karteikarte geschrieben und an der Tafel alles aufgehängt. Und der hat das in einzelne Tabellen…, nach Themen klassifiziert und dann haben wir uns gemeldet, wer was macht" (MAYA 1, Z. 538 ff.).

Die Schüler(innen) stellen heraus, dass im Unterricht von Herrn Keller nur wenige von ihm gelenkte Gespräche über ein Thema stattfinden. Damit ist

238

für die Schüler(innen) verbunden, dass Inhalte nicht sehr vertieft werden. So sagt Ralf:

„Irgendwie haben wir in Effi Briest nur wirklich sehr, ich glaub nur eine Stunde oder so haben wir darüber gesprochen so, so n bisschen über die Zeit da, in der das Buch geschrieben wurde. Haben wir so n bisschen analysiert so wie die Rolle der Frau, also was wir jetzt grad machen. Wie so die Rolle der Frau ist, aber ich fand das echt schade, dass wir nicht wirklich über das Buch gesprochen haben, um was es da geht und welche Konflikte da so vorkamen" (RALF 1, Z. 316 ff.).

Robert ergänzt die Aussage über die Intensität der Auseinandersetzung um den Aspekt des Tempos und die Form, in der die Themen behandelt werden:

„Aber bei uns lief das so, dass wir halt alles ganz schnell gemacht haben und alles in Vorträgen abläuft (ROBERT 1, Z. 212 f.)."

Vor dem Hintergrund ihrer bisherigen Erfahrungen mit Deutschunterricht stellt die Vorgehensweise von Herrn Keller ein Novum für die Schüler(innen) dar. Sie sind offensichtlich einen Unterricht gewohnt, in dem das vom Lehrer gelenkte Unterrichtsgespräch einen weit größeren Platz einnimmt als bei Herrn Keller. Dies wird beispielsweise an einer Äußerung Annas deutlich:

„Bei Herrn Keller, weiß ich nicht, kann man sich nicht so melden und sagen, ja, wie man das eigentlich so macht, sich meldet und was sagt, wenn der Lehrer einen gefragt hat. Das kann man bei Herrn Keller nicht so" (ANNA 1, Z. 254 ff.).

Dass Diskussionen im Kurs von den Schüler(inne)n begrüßt werden, weil sie eine direkte Beteiligung der Schüler(innen) am Unterrichtsgeschehen ermöglichen, wird an einer Aussage Roberts deutlich:

„Sie lesen das Buch, verstehen das Buch und das macht ihnen auch Spaß, darüber zu sprechen, hab ich bemerkt in den letzten Wochen. Und Herr Keller ist halt auch ein Mensch, also er lässt gerne die Schüler auch sprechen, hab ich bemerkt. Ganz viele melden sich und er nimmt sie auch immer dran" (ROBERT 1, Z. 373 ff.).

Des Weiteren sehen die Schülerinnen und Schüler als ein Merkmal der Unterrichtsgestaltung von Herrn Keller an, dass er die Tafel nicht benutzt, um gesichertes Wissen für alle sichtlich festzuhalten. Sandra sagt dazu:

„Bei Herrn Keller hab' ich noch gar nichts aufgeschrieben. Aber er schreibt auch nie was an die Tafel. Eigentlich machen wir immer alles mündlich oder er gibt uns halt Zettel (SANDRA 1, Z. 420 ff.)."

239

Die befragten Schüler(innen) sehen im Unterricht bei Herrn Keller keine gezielte Vorbereitung auf eine Klausur. Es findet ihnen zufolge keine thematische Wiederholung statt und das für die Klausur zu Lernende wird nicht klar herausgestellt. In Bezug auf diesen Aspekt wird auch der Vergleich zu vorherigen Lehrern gezogen, die den Schüler(inne)n vor einer Klausur Material zum Lernen an die Hand gegeben haben. Sandra sagt:

„Wir haben diese Vorträge für diese Gruppenarbeit von den Frauen im 19. Jahrhundert gemacht, bis zur letzten Stunde vor der Arbeit und er hat kein bisschen Wiederholung gemacht, er hat kein bisschen was dazu gesagt, er hat nur gesagt ihr müsst das Flusssymbol wissen. [...]Alles, was man im Unterricht gemacht hat ist eigentlich für nichts gewesen. Weil wir in der Arbeit was ganz anderes drangenommen haben. So dann brachte eigentlich der ganze Unterricht nichts, weil man das in der Arbeit dann nicht drannehmen konnte" (SANDRA 1, Z. 133 ff.).

Die Schüler(innen) sehen eine Diskrepanz zwischen den Inhalten des Unterrichts und den Anforderungen in einer Klausur. Verantwortlich für diese große Kluft, durch die eine Vorbereitung für die Klausur erschwert wird, ist den Schüler(inne)n zufolge der hohe Anteil an Gruppenarbeit im Unterricht und der Mangel an gemeinsamen Diskussionen, in denen das relevante Wissen klar herausgearbeitet, als solches identifiziert und festgehalten wird.

Bewertungen und Kommentierungen des Unterrichtsskripts von den Schülern

Die Äußerungen der Schüler(innen) lassen drei zentrale Tendenzen erkennen. Erstens begrüßen sie die methodische Abwechslung im Unterricht und heben positiv hervor, dass Herr Keller stets weiß, was er im Unterricht erreichen will, und dafür sorgt, dass die Schüler(innen) die gesteckten Ziele erreichen. Gruppenarbeit wird unter den Gesichtspunkten der Beteiligungsmöglichkeit begrüßt. Zweitens halten sie gleichzeitig den Anteil an Gruppenarbeit im Unterricht für zu hoch. Sandra kommentiert:

„Das ist jetzt schon das zweite Mal, das wir einfach ständig nur in der Gruppe arbeiten und dann darüber Vorträge machen müssen und ich finde Gruppenarbeit ist ab und zu mal lustig, aber es ist dann auch nervig, weil man immer nur Gruppenarbeit macht" (SANDRA 1, Z. 338 ff.).

Für Anna bedeutet Gruppenarbeit für den Lehrer weniger Arbeit, so dass es zu folgender Äußerung kommt:

„Keller ist ein bisschen lockerer und er macht mehr Gruppenarbeit und redet selbst nicht so viel. Also er macht es sich so ein bisschen einfach, finde ich" (ANNA 1, Z. 85 ff.).

240

Drittens bemängeln die Schülerinnen und Schüler, dass zu wenig vom Lehrer gelenkte Unterrichtsgespräche stattfinden, in denen ein Thema differenziert diskutiert wird und unterschiedliche Deutungen zur Sprache kommen, so dass letztlich angemessene Interpretationen herausgestellt und übernommen werden können. Damit korrespondiert der Unmut der Schüler(innen) darüber, dass keine gezielte Klausurvorbereitung für sie durch den Lehrer geleistet wird. Es scheint für sie oft unklar zu bleiben, was „richtig" und was „falsch" ist.

Zusammenfassung

Zusammenfassend stellen die Schüler(innen) den Unterricht bei Herrn Keller als methodisch abwechslungsreich, klar strukturiert und zielorientiert dar. Selbstständiges Arbeiten, Eigenverantwortung und Mitbestimmung werden als zentrale Elemente ausgewiesen. Sie beziehen sich auf die Themenfindung, auf das Arbeiten in Gruppen, auf das Vornehmen eigener Mitschriften während Plenumsdiskussionen und die Vorbereitung auf eine Klausur.

Die Bewertungen und Kommentierungen der Schüler(innen) lassen sich dahingehend zusammenfassen, dass sie die Selbstständigkeit beispielsweise im Rahmen von Gruppenarbeit prinzipiell begrüßen, sich jedoch in stärkerem Maße vom Lehrer gelenkte Unterrichtsgespräche wünschen, in denen Inhalte gemeinsam bearbeitet und relevante Sachverhalte festgehalten werden. Zudem deuten einzelne Äußerungen darauf hin, dass die klare Struktur des Unterrichts lediglich dem Lehrer bewusst ist. Damit geht für einige Schüler(innen) eine gewisse Orientierungslosigkeit im Unterricht einher.

7.1.3 Aussagen des Lehrers

Der Lehrer hat den betreffenden Grundkurs neu zum Halbjahr übernommen. In seinen Aussagen werden klare Zielperspektiven deutlich, die er in Bezug auf seinen Unterricht entwickelt hat. Diese beinhalten schwerpunktmäßig überfachliche Aspekte. Weil diese für ihn zum Zeitpunkt der vorliegenden Untersuchung von zentraler Bedeutung sind, werden sie in der folgenden Ausführung in den Mittelpunkt gestellt. Sie machen zudem deutlich, inwiefern die Arbeit mit Kompetenzrastern, welche in den nächsten Abschnitten thematisiert wird, ihre Wurzeln in den didaktischen Überlegungen und Überzeugungen des Lehrers hat.

Ein zentraler Aspekt, den Herr Keller in Bezug auf die Prämissen seiner Unterrichtsgestaltung äußert, betrifft die Nachhaltigkeit und Übertragbarkeit von Lernprozessen. Diese Aspekte sieht er als elementar für das Lernen in der gymnasialen Oberstufe an. Dabei spielen sowohl der Aufbau von Methodenwissen als auch eine bestimmte Haltung gegenüber eigenen Lernprozessen eine entscheidende Rolle.

„Weil ich glaube, dass nachhaltiges Lernen in der Schule weniger stattfindet über das, was man inhaltlich macht mit den Schülern, was ich nicht niedrig schätze, als darüber, dass die Schüler bestimmte Methoden und auch ne bestimmte Haltung zu Lernprozessen gewinnen in der Schule" (KELLER 1, Z. 35 ff.).

Einen Weg zu der angesprochenen Haltung zu Lernprozessen sieht Keller in einem veränderten Umgang mit Bewertungsprozessen. Die Schüler(innen) sollen ihren eigenen Lernprozess zunächst einmal bewusst wahrnehmen, sich Gedanken darüber machen, wie sie eigentlich in der Schule lernen, und die Qualität ihres eigenen Lernprozesses beurteilen können.

„Also erster Schritt überhaupt Bewusstmachung von Lernprozessen, und zweiter Schritt auch ein kriteriengeleitetes Selbstbewusstsein von Qualität ‚was kann ich schon gut, was kann ich noch nicht so gut, wie kann ich mich noch verbessern und wo muss ich mich noch verbessern'. Und das würde, wenn das gelingt, dann auch dazu führen, dass die Schüler sozusagen in die aktive Gestaltung ihrer eigenen Lernprozesse reinge ... nicht nur lernen, was inhaltlich Sache ist, sondern auch eine gewisse Distanz zu ihren eigenen Lernprozessen, produktive Distanz zu ihren Lernprozessen bekommen, das ist die Hoffnung, die damit verbunden ist" (KELLER 1, Z.42 ff.).

Herr Keller spricht somit an, dass er die Schüler(innen) in ihren selbstregulativen Fähigkeiten stärken möchte. Er möchte erreichen, dass die Schüler(innen) eine aktive Haltung zu ihrem eigenen Lernen entwickeln, Verantwortung übernehmen und in der Lage sind, Gütekriterien für ihren Lernprozess produktiv zu nutzen. Für ihn lassen sich diese Ansprüche in der gegenwärtigen Situation am Besten durch eine Stärkung der überfachlichen Kompetenzen erreichen.

„Ich gehe davon aus in einem Deutsch Grundkurs, dass sich ein Bruchteil der Schüler später noch mal mit Effi Briest oder überhaupt mit Deutsch, Germanistikthemen, beschäftigt. Das ist auch nachvollziehbar und insofern wäre es unsinnig, den Schwerpunkt, den alleinigen Schwerpunkt auf die Inhalte zu legen. Man muss immer auch gucken, was lernen sie auch dabei, was ist nützlich fürs spätere Leben" (KELLER 1, Z. 297 ff.).

In diesem Zitat präsentiert der Lehrer eine kritische Einschätzung darüber, inwiefern eine Nachhaltigkeit im Lernen über die Kenntnis von Fachinhalten aufgebaut werden kann. Er kommt zu dem Schluss, dass eine pragmatische Orientierung nahe legt, den Schüler(inne)n Methoden und Kompetenzen zu vermitteln, die auch über die Schule hinaus ihre Wirksamkeit entfalten können. In diesem Zusammenhang hat er positive Beispiele im Blick. So haben sich ehemalige Abiturient(inn)en der Schule positiv über das vermittelte Methodenwissen geäußert, das ihnen im Studium zugute kommt.

242

„Die Ex-Schüler haben da ja sehr positiv berichtet über ihre Erfahrungen an der Universität und fühlten sich sehr gut vorbereitet auf das, was sie dort an Anforderung gestellt bekommen hatten. Das meine ich mit, damit wenn ich sage nachhaltiges Lernen" (KELLER 1, Z. 285 ff.).

Die Arbeit in Gruppen und die Vorbereitung von Präsentationen stellen für Herrn Keller in Deutsch Lernbereiche dar, in denen die Schüler(innen) überfachliches Wissen in Form von Methodenkenntnis erwerben können. Als weiteren Aspekt nennt er das „Schreiben auf Zeile", das im Fach Deutsch gelernt und in anderen Bereichen zur Anwendung kommen kann.

„Und auf Zeile schreiben ist etwas, was man in vielen Berufen können muss, unabhängig davon, ob man Germanistik studiert oder nicht. Außerdem schult es auch wieder davon, unabhängig schult es das Verhältnis zum eigenen Text, wenn man mal daran geht, die eigenen Texte kürzen zu müssen. ... Das ist eine Aufgabe, die in der Schule auch nicht häufig gestellt wird, die im Leben sehr häufig vorkommt, wenn man Texte schreibt" (KELLER 1, Z. 302 ff.).

Zusammenfassung

Herr Keller setzt sich das Ziel, die überfachlichen Kompetenzen seiner Schüler(innen) zu stärken, um sie an die Verantwortungsübernahme für ihre Lernprozesse heranzuführen. Dabei strebt er einen veränderten Umgang mit Bewertungsprozessen im Unterricht als Basis für einen veränderten Umgang mit dem eigenen Lernen an.

In diesem Zusammenhang hat er verschiedene „Rubrics" konzipiert und in seinem Deutschkurs eingesetzt, die auf unterschiedlichen Ebenen kriterienbasierte Rückmeldungen über Leistungen von ihm als Lehrer und seinen Schüler(inne)n initiieren sollen.

7.1.4 Selbst- und Fremdregulation im vorliegenden Unterrichtsskript

Die vorgestellten Rekonstruktionen zum Deutschunterricht, in dem diese Untersuchung durchgeführt wurde, lassen sich kaum mit anderen empirischen Befunden zum Deutschunterricht abgleichen. Untersuchungen im Bereich der Deutschdidaktik fokussieren in der Regel Einzelaspekte des Unterrichts wie beispielsweise die Bedeutung des literarischen Gesprächs im Unterricht (vgl. CHRIST et al. 1995). Insgesamt gibt es nicht genügend Forschungsarbeiten im Bereich der Deutschdidaktik, mit denen sich klären ließe, ob es ein typisches Skript des Deutschunterrichts gibt. Lediglich Aussagen von BAUMERT, ROEDER & WATERMANN (2003) über den Unterricht an Gymnasien allgemein lassen sich als Referenz heranziehen. So weisen die Autoren auf typische Interaktionsmuster hin:

„Die vorherrschende methodische Grundform ist das geleitete Unterrichtsgespräch, seltener in Gestalt kurzschrittiger Frage-und-Antwort-Sequenzen, häufiger in Form des entwickelnden Unterrichtsgesprächs, das gelegentlich auch in Diskussionen einmündet" (BAUMERT, ROEDER & WATERMANN 2003, S. 520).

Dieser Feststellung entsprechen auch die Schüleraussagen, in denen der Unterricht von Herrn Keller mit dem seines Vorgängers Herrn Tietz verglichen wird: Herr Tietz hätte deutlich mehr im gemeinsamen Unterrichtsgespräch mit den Schüler(inne)n entwickelt, was diese als „normal" im Deutschunterricht empfinden würden.

Es lässt sich also an dieser Stelle vorsichtig vermuten, dass der Unterricht von Herrn Keller sich vom herkömmlichen Deutschunterricht aufgrund des hohen Anteils an Gruppenarbeit abhebt. Dafür sprechen weitere Ausführungen von BAUMERT, ROEDER & WATERMANN (2003):

„Stillarbeit und unbetreute Schülertätigkeiten, die wichtige Elemente vor allem des Hauptschulunterrichts darstellen, haben im Gymnasium geringe Bedeutung" (a.a.O.)

In den Aussagen der Schüler(innen) und denen des Lehrers über ihren Unterricht zeigt sich darüber hinaus eine Diskrepanz. Offenbar gibt es zwei ganz unterschiedliche Relevanzsysteme in Bezug auf den Unterricht. Diese lassen sich dahingehend zusammenfassen, dass es den Schüler(inne)n vorrangig um eine intensive Behandlung der Inhalte geht, während der Lehrer stärker überfachliche Lernprozesse seiner Schüler(innen) im Blick hat. Damit orientieren sich die Zielsetzungen des Lehrers für den Unterricht an der Ausbildung von methodischen Kompetenzen, während die Schüler(innen) auf die Bewältigung von Klausuren abzielen, für die sie inhaltliches Wissen als zentral ansehen.

Nach dem Versuch dieser zusammenfassenden Einbettung des Unterrichtsskriptes wird nun dargestellt, wie sich die Fremdregulation durch den Lehrer und die Selbstregulation durch die Schüler(innen) beim Lernen gestalten. Dabei stehen gemäß der in dieser Arbeit verwendeten Konzeption selbstregulierten Lernens die Aspekte Lernstrategien, Lernprozessüberwachung und Selbstaktivierung im Zentrum.

Selbst- und Fremdregulation hinsichtlich der Lernstrategien

Der Lehrer setzt mit seiner Unterrichtsgestaltung stark auf die Selbstregulation der Schüler(innen), was die Auswahl und den Einsatz geeigneter Lernstra-

244

tegien betrifft. Dies wird beispielsweise daran deutlich, dass die Schüler(innen) in Gruppenarbeit Themen eigenständig bearbeiten und eine Präsentation der Inhalte vorbereiten sollen. In diesem Falle werden vom Lehrer keine dezidierten Strategien des Vorgehens vorgegeben. In Bezug auf die Vorbereitung auf Klausuren wird ähnliches deutlich: Der Lehrer zielt auf eine Selbstregulation der Schüler(innen) ab, indem er beispielsweise lediglich das literarische Werk benennt, über das die Klausur geschrieben wird. Es kam auch vor, dass er den Schüler(inne)n das Motiv genannt hat, das in der Arbeit analysiert werden sollte. Die Fremdregulation des Lehrers bezieht sich vor allem auf die Vorgabe sehr globaler Strategien; dazu zählen Gruppenarbeit, Literaturrecherche, bestimmte Formen der Textproduktion etc. Kleinschrittigere Lernstrategien gibt er nicht vor, d.h. er macht beispielsweise keine konkreten Angaben darüber, wie in den Gruppen im Einzelnen gearbeitet werden soll und mit welcher Methode sich Sekundärliteratur am Besten rezipieren lässt.

Möglichkeiten bzw. Aufforderungen zur Selbstregulation bestehen bezüglich des Einsatzes von Lernstrategien darin, diese selbst zu entwickeln und umzusetzen. Während einer Gruppenarbeit muss das Vorgehen beispielsweise geplant und abgestimmt werden, für eine Klausurvorbereitung müssen individuelle Strategien der Vorbereitung eingesetzt werden (wie Internetrecherche und Diskussionen unter Mitschüler(inne)n).

Selbst- und Fremdregulation hinsichtlich der Lernprozessüberwachung

Bezüglich der Lernprozessüberwachung wird eine Fremdregulation durch den Lehrer vor allem durch die Arbeit mit den Kompetenzrastern zur Kursmitarbeit und zu Präsentationen angestrebt. Die vom Lehrer entwickelten Raster lenken den Blick der Schüler(innen) auf ihre Stärken und Schwächen und zeigen Entwicklungshorizonte auf. Ohne die Raster findet sich im Unterrichtsskript nur die übliche Lernprozessüberwachung durch Fremdregulation in der Form von Leistungsbeurteilungen.

Die Selbstregulation der Schüler(innen) ist hinsichtlich ihrer Lernprozessüberwachung insofern gefordert, als sie selbst Standortbestimmungen im Lernprozess vornehmen, eigene Stärken und Schwächen analysieren und Konsequenzen für den weiteren Lernweg ziehen müssen. Dabei liegt eine Herausforderung insbesondere darin, die Analyse der Lehrerrückmeldung zu eigenen Klausurergebnissen für das eigene Lernen fruchtbar zu machen.

Was die Selbstaktivierung, also die Motivation und Anstrengungsbereitschaft der Schüler(innen) betrifft, erfolgt eine Fremdregulation dahingehend, dass der Lehrer den Schüler(innen) Möglichkeiten zur Mitbestimmung und Mitgestaltung im Unterricht einräumt wie beispielsweise die Auswahl von Themen, die Gestaltung der Gruppenarbeit etc.

Für die Schüler(innen) stellen sich damit die Möglichkeit und die Aufforderung zur Selbstregulation dahingehend, mit den Angeboten und Freiräumen, die der Lehrer ihnen zugesteht, produktiv umzugehen, d.h. ihre Interessen einzubringen und eigene Ziele im Unterricht zu verfolgen.

Zusammenfassung: Selbst- und Fremdregulation im Unterrichtsskript

Zusammenfassend zeigen die im Unterrichtsskript verankerte Fremdregulation und die Notwendigkeit zur Selbstregulation folgendes: Der Unterricht zielt stark auf die Selbstregulation durch die Schüler(innen) ab. Durch die Fremdregulation wird das Lernsetting grob vorstrukturiert und die Lernziele formuliert, die Gestaltung einzelner Lernwege bleibt jedoch größtenteils in der Verantwortung der Schüler(innen).

7.2 Einsatz der Kompetenzraster

Der Lehrer Herr Keller hatte bereits vor der Zusammenarbeit mit der wissenschaftlichen Begleitung drei Kompetenzraster konzipiert, die er in dem von ihm zum Halbjahr übernommenen Grundkurs Deutsch einsetzen wollte:

1. Das Kompetenzraster zu Präsentationen
2. Das Kompetenzraster zur Kursmitarbeit
3. Das Kompetenzraster zum Unterricht

In Gesprächen mit der wissenschaftlichen Begleitung und im Rahmen von Interviews hat er seine diesbezüglichen Gedanken und Vorstellungen dargelegt und ausdifferenziert. Von zentraler Bedeutsamkeit für die Planung der Arbeit mit den Kompetenzrastern waren die Ziele des Lehrers; diese werden in Abschnitt 7.2.1 dargestellt. Die tatsächlichen Schritte der Arbeit mit den Kompetenzrastern werden in Abschnitt 7.2.2 nachgezeichnet.

7.2.1 Planung der Kompetenzraster: Ziele des Lehrers

Das zentrale Ziel, das Herr Keller für den Einsatz von Kompetenzrastern in seinem Unterricht bestimmt, besteht darin, über eine veränderte Form des Umgangs mit Prozessen der Leistungsbewertung im Unterricht eine veränderte Haltung der Schüler(innen) zu ihren Lernprozessen herbeizuführen. Entscheidend ist dabei für ihn zunächst, dass die Schüler(innen) in ihrer Kompetenz zur Selbsteinschätzung in Bezug auf die eigene Leistung und in ihrer Kompetenz zur Einschätzung der Leistung anderer gestärkt werden. Es ist sein Anliegen,

„verschiedene Zugänge zum dem Thema Leistungsbewertung zu finden und immer mit dem Ziel, nicht die Leistung an sich in den Mittelpunkt zu rücken, sondern das Verhältnis zum eigenen Lernprozess zu verändern" (KELLER 2, Z. 523 ff.).

Voraussetzung für einen solchen veränderten Umgang mit der Leistungsbewertung ist ihm zufolge, dass den zu erbringenden Leistungen im Unterricht transparente Kriterien zugrunde gelegt werden, an denen sich eine Bewertung orientiert. Für Herrn Keller ist ein Grundproblem von Schule, dass die Kriterien, nach denen beurteilt wird, nicht definiert und transparent sind. Er sagt:

„Im Grunde genommen ist das der Dreh- und Angelpunkt, nämlich die Benennung von Kriterien für die Beurteilung von Unterrichtsgeschehen" (KELLER 1, Z. 184 f.).

Herrn Kellers Aussagen nach ist es entscheidend, dass die jeweiligen Anforderungen im Unterricht operationalisiert werden. Sein Anspruch in diesem Zusammenhang ist, dass man

„Wegkommt von den reinen Kriterien hin zu einem konkreten, beobachtbaren Verhalten" (KELLER 2, Z. 19).

Diesen Anspruch versucht er mit seinen Kompetenzrastern einzulösen. Herr Keller möchte den Schüler(inne)n mithilfe der Raster ermöglichen, ihren eigenen Lernprozess zunächst einmal bewusst wahrzunehmen. Ihm zufolge wäre es ein erster Schritt, wenn sie die Qualität ihres eigenen Lernprozesses beurteilen könnten.

„Also erster Schritt überhaupt Bewusstmachung von Lernprozessen, und ein zweiter Schritt auch ein kriteriengeleitetes Selbstbewusstsein von Qualität ‚was kann ich schon gut, was kann ich noch nicht so gut wie kann ich mich noch verbessern und wo muss ich mich noch verbessern'" (KELLER 1, Z. 42 ff.).

Wünschenswert wäre für ihn weiterhin, wenn eine solche Wahrnehmung in Bezug auf das eigene Lernen letztlich dazu führte, dass die Schüler(innen) die „aktive Gestaltung ihrer Lernprozesse" in die Hand nähmen. Herr Keller spricht in diesem Zusammenhang von einer „produktiven Distanz zu ihren Lernprozessen", die er bei den Schüler(inne)n fördern möchte. Er thematisiert Formen selbstregulierten Lernens, an denen er durch die Verwendung von Kompetenzrastern arbeiten möchte. Ob der Ausbau selbstregulierten Lernens durch die Arbeit mit Kompetenzrastern letztlich Erfolg versprechend ist, wird von Herrn Keller im Rahmen seiner Zielformulierungen explizit als Frage formuliert:

„Meine Hauptfragestellung eigentlich die ist, in wie weit diese Intention, Lernprozesse, selbst Lernprozesse in Gang zu setzten, in wie weit diese Intention eigentlich über diese Methode, sie in die Bewertung mit einzubeziehen und auch Unterricht auf Grundlage solcher Rückmeldungen zu verändern, wie weit das eigentlich tragfähig ist in diesem Kurs" (KELLER 1, Z. 139 ff.)

Herr Keller sieht die Arbeit mit Kompetenzrastern als ein Novum in der bisherigen Schullandschaft an. Ihm zufolge ist es in der Schule bislang nicht üblich, die Kriterien für die Leistungsbewertung in der Weise zu operationalisieren, d. h. in beobachtbares Verhalten zu übersetzen, diese zudem in Niveaustufen zu gliedern und sie für die Schüler(innen) transparent zu machen, wie es durch die Kompetenzraster geschieht. Seiner Wahrnehmung nach neigt Schule manchmal dazu, „entgrenzt" zu bewerten:

„Die Schule neigt ja manchmal dazu, allumfassend zu bewerten, bzw. entgrenzt zu bewerten und nicht deutlich zu sagen, was eigentlich von den Schülern erwartet wird, wenn sie ne bestimmte Note haben wollen. Und ich wollte gerne das Ganze für mich aber auch für die Schüler und Schülerinnen greifbarer machen" (KELLER 2, Z.30 ff.).

Eine Zielperspektive von Herrn Keller, die zum momentanen Entwicklungsstand den Status eines erwünschten Nebeneffekts hat, besteht darin, dass eine Ausweitung der Schülerrolle, wie er sie durch die Arbeit mit Kompetenzrastern anstrebt, zu Veränderungen der Schülererwartungen führen würden, die diese dann auch in anderen Kursen bei anderen Lehrerinnen und Lehrern äußern könnten. Auf diese Weise wären auch andere Lehrer gezwungen, über die Transparenz von Leistungskriterien in ihrem Unterricht nachzudenken.

„Es freut mich dann doch, wenn die Schüler so etwas zum Anlass nehmen, es anderswo möglicherweise auch so einzufordern. Das will ich dann durchaus auch erreichen, ohne dass ich anderen Kollegen da missionarisch tätig sein will. Sondern ich erhoffe mir so eher so eine schleichende Veränderung dahingehend und zwar möglicherweise eben gerade auch über Schülerwartungen, über die Veränderung von Schülererwartungen." (KELLER 2, Z. 87 ff.).

Das Kompetenzraster zur Kursmitarbeit soll im Rahmen des aufgefächerten Zielkatalogs die Funktion übernehmen, die Bewertung der Kursmitarbeit über die Vergabe einer Note hinaus für die Lernprozesse der Schüler(innen) bedeutsam zu machen. Dafür ist Herrn Keller zufolge entscheidend, dass die Note als reine Zahl im Gespräch angereichert wird, und zwar derart, dass die Schüler(innen) ihren eigenen Lernprozess wahrnehmen können.

„Die Chancen der Schüler hab ich im Grunde genommen schon beschrieben, nämlich in ein anderes Verhältnis mit seinem eigenen Lernprozess zu treten. ... und ihn überhaupt erst mal wahrzunehmen und Stärken und Schwächen wahrzunehmen und das an bestimmten Kriterien orientiert" (KELLER 2, Z.238 ff.).

Die Wahrnehmung des eigenen Lernprozesses kann Herrn Keller zufolge gestärkt werden, indem die Eindrücke und Teilbewertungen in einzelnen Bereichen, aus denen sich die Note letztlich ergibt, für die Schüler(innen) transparent gemacht wird.

„Eine Note ist immer ein Destillat aus verschiedenen Eindrücken, die aber oft nicht transparent gemacht werden und ich versuch es ja gerade umgekehrt, ich versuche transparent zu machen, was die Grundlage für das Destillat ist, also sozusagen die Ingredienzien äh für äh die Suppe, die man nachher draus kocht" (KELLER 2, Z. 561 ff.).

Das Kompetenzraster zum Unterricht soll im Rahmen des aufgefächerten Zielkatalogs die Funktion übernehmen, die Schüler(innen) an eine differenzierte, konkrete und direkte Rückmeldung über ihren Unterricht heranzuführen. Ihnen werden damit die Chance und zugleich die Pflicht übertragen, ein Stück Verantwortung für Unterricht anzunehmen. Herr Keller baut darauf, dass Schülerinnen und Schüler ein Urteil über ihren Unterricht haben, dieses jedoch sowohl für Lehrerinnen und Lehrer als auch für Schülerinnen und Schüler im normalen Schulalltag oftmals unterhalb der „Wahrnehmungsgrenze" bleibt.

„Mit einem solchen Verfahren werden sie [die Schülerurteile über Unterricht; PM]auch hier wieder kriterienorientiert an die Oberfläche gebracht und damit werden die Schüler ein Stück weit gezwungen, diese oft undifferenzierte und auch sehr pauschale Kritik zu differenzieren und zu konkretisieren und sie auch so zu transportieren, dass sie verträglich ist" (KELLER 2, Z. 184 ff.).

Für Herrn Keller wäre es dabei wünschenswert, wenn die Rückmeldungen nicht anonym erfolgen würden, sondern offen:

„Ich will ja gerade die Schüler in die Rolle bringen, dazu zu stehen, wenn sie Kritik üben. Sie sollen sozusagen, die Kritik üben sie ja sowieso, aber ich möchte, dass sie das auch geordnet offen verbalisieren" (WORKSHOP 1A, Z. 442 ff.).

Für sich als Lehrer verfolgt Herr Keller mit diesem speziellen Kompetenzraster das Ziel, eine Rückmeldung zu seinem Lehrerverhalten zu bekommen, die ihm bei seiner professionellen Weiterentwicklung hilfreich sein kann. (vgl. KELLER 2, Z. 436 ff.). Dabei sind für ihn diese Impulse von besonderer Bedeutung, weil er noch keine lange Erfahrung als Lehrer mitbringt. Den Potenzialen, die Herr Keller für sich in Rückmeldungen durch seine Schülerinnen und Schüler sieht, stellt er im Gespräch auch die möglichen Risiken an die Seite, die sich für Lehrerinnen und Lehrer ergeben könnten. Diese bestehen darin, dass die Rückmeldungen von Schülerinnen und Schülern auch Kritik enthalten können, mit denen nicht so leicht umzugehen ist.

„Einerseits ist die Chance, tatsächlich eine professionelle, also Schüler sind ja Profis für Unterricht, eine professionelle Rückmeldung zu bekommen zu seinem Unterricht und tatsächlich die Chance, etwas zu verändern und zu verbessern. Und das Risiko ist, dass man Rückmeldungen bekommt, mit denen man nicht umgehen kann oder die verletztend sind und das ist auch das, nach meiner Kenntnis, die Hauptangst von Lehrern vor solchen Prozessen" (KELLER 2, Z. 221 ff.).

Herr Keller hat für sich das Ziel gesteckt, die Potenziale anzuvisieren und hofft, dass das Vertrauen, das er seinen Schüler(inne)n entgegen bringt, und das Vertrauen, das er bei seinen Schülerinnen und Schülern erzeugen will, indem er mit ihren Rückmeldungen konstruktiv umgeht, letztlich eine Verbesserung des Lehrer-Schüler-Verhältnisses zur Folge hat.

Das Kompetenzraster zu Präsentationen soll im Rahmen des aufgefächerten Zielkatalogs die Funktion übernehmen, den Schüler(inne)n die Aneignung übergreifenden Wissens zu ermöglichen. Dabei spielt zum einen die Auflistung der Kriterien für eine gelungene Präsentation eine Rolle, die den Schüler(inne)n als direkte Hilfestellung bei der Erstellung einer Präsentation an die Hand gegeben wird; zum anderen soll die wiederholte Anwendung des Rasters im Rahmen der Rückmeldungen nach jeder Präsentation dafür sorgen,

„dass sich diese Kriterien bei den Schülern einschleifen und dann bei den Schülern verankert werden und dass ein nachhaltiges Lernen stattfindet, weil das eben auch etwas ist, was unabhängig vom fachlichen Inhalt ist, sondern eben Präsentation macht man halt in allen Fächern und auch in anderen Lebenssituationen" (KELLER 2, Z. 138 ff.).

Mit dem Kompetenzraster zu Präsentationen verfolgt Herr Keller zudem das Ziel, Unterricht dahingehend zu verändern, dass Leistungen nicht nur vom Lehrer bewertet werden.

Tabelle 5: Kompetenzraster zur Kursmitarbeit:

	Stufe 1	Stufe 2	Stufe 3	Stufe 4
Grundhaltung				
Pünktlichkeit	Kommt häufig zu spät	Pünktlich	Kommt pünktlich und hat seine Unterlagen auf dem Tisch	Kommt pünktlich und ist arbeitsbereit
Beteiligung am Unterrichtsgespräch	Nimmt nie unaufgefordert am Unterrichtsgespräch teil	Nimmt selten am Unterrichtsgespräch teil	Nimmt regelmäßig am Unterrichtsgespräch teil	Nimmt regelmäßig am Unterrichtsgespräch teil; hat gute Ideen; zeigt Eigeninitiative
Interesse/Neugier	Zeigt wenig Interesse an neuen Themen	Zeigt gelegentlich Interesse an neuen Themen; eher sprunghaft	Zeigt generell Interesse an neuen Themen; hat ausgeprägte Schwerpunkte bzw. Talente	Hat eine aufgeschlossene, neugierige Lernhaltung; ausgeprägte Interessen und Schwerpunkte zu erkennen
Selbständigkeit				
Selbständiges Arbeiten	Hält andere von der Arbeit ab; redet mit anderen statt zu arbeiten; muss häufiger ermahnt werden	Arbeitet nur auf Aufforderung; stört andere nicht bei der Arbeit	Arbeitet auf Aufforderung regelmäßig und ausdauernd; fragt, wenn es notwendig ist	Bleibt ohne Ermahnung ausdauernd bei der Arbeit; arbeitet ruhig und nutzt dabei selbständig Notizen und Arbeitsunterlagen
Eigeninitiative	Hat Schwierigkeiten, mit der Arbeit zu beginnen; fragt nicht um Hilfe; holt Rückstand nach Abwesenheit nicht selbständig auf; nimmt nicht teil	Nimmt selten teil; arbeitet nur auf Aufforderung; fragt nur selten um Hilfe	Nimmt rege teil, wenn er dazu aufgefordert wird; beginnt nach Aufforderung umgehend mit der Arbeit; arbeitet die meiste Zeit ernsthaft	Antwortet freiwillig auf Fragen; fragt nach; hilft anderen; weiß, was zu tun ist und tut es

251

	Stufe 1	Stufe 2	Stufe 3	Stufe 4
Hausaufgaben	Hausaufgaben meistens unvollständig	Hausaufgaben meistens vollständig	Hausaufgaben normalerweise vollständig	Hausaufgaben immer vollständig und gelegentlich weitere Arbeiten zu Hause erledigt
Arbeitsorganisation	Arbeitsmaterialien oft nicht vollständig dabei und/oder in ungeordnetem Zustand	Arbeitsmaterial normalerweise vorhanden, aber in ungeordnetem Zustand	Arbeitsunterlagen in der Regel vorhanden und meistens in ordentlichem Zustand	Arbeitsmaterialien vorhanden und in ordentlichem Zustand
Methodenkompetenz				
Gruppenarbeit	Hält andere oft von der Arbeit ab; schwieriger Partner in Gruppenarbeiten	Bringt sich nur wenig ein; stört andere aber nicht	Arbeitet kooperativ und folgt bereitwillig anderen	Kooperativ und respektvoll; übernimmt Führungsrolle in der Gruppenarbeit
Recherche	weiß nicht, wo er sich Informationen beschaffen kann, braucht umfangreiche Hilfe	kann mit Hilfestellung Informationen beschaffen	weiß meistens, wo er nachschauen kann	kann schnell und zielgerichtet Informationen beschaffen und auswerten
Strukturierung	mündliche und schriftliche Beiträge sowie Arbeitsprozesse sind kaum strukturiert	Braucht deutliche Hilfe, um Inhalte und Arbeitsprozesse zu strukturieren	ist in der Lage, Inhalte und Arbeitsprozesse selbständig zu strukturieren	strukturiert Inhalte und Arbeitsprozesse selbständig und kann andere dabei unterstützen

Tabelle 6: Kompetenzraster zum Unterricht:

Kriterium	Stufe 1	Stufe 2	Stufe 3	Stufe 4
Pünktlichkeit	Kommt häufig zu spät	Ist meistens pünktlich	Ist in der Regel pünktlich	Ist immer pünktlich
Vorbereitung	Ist häufig gar nicht oder schlecht vorbereitet	Ist meistens vorbereitet	Ist meistens gut vorbereitet	Ist immer gut vorbereitet
Unterrichtsthemen und -inhalte	Langweilig und uninteressant	Nur gelegentlich interessant	Oft interessant und anregend	Immer interessant und anregend
Arbeitsformen	Kaum Abwechslung; ermüdend; wenig inspirierend	Zu wenig Abwechslung; insgesamt wenig anregend	Häufige und angemessene Wechsel der Arbeitsformen	Viele unterschiedliche Arbeitsformen, interessant und lehrreich
Hausaufgaben	Zu viele und zu schwierige	Oft zu schwierig, gelegentlich zu viel	Meistens angemessen, gelegentlich zu schwierig	Angemessen in Anspruch und Umfang
Lernergebnis	Ich habe so gut wie gar nichts gelernt	Ich habe nicht viel gelernt	Ich habe eine Menge gelernt	Ich habe sehr viel Neues und Interessantes gelernt
Anregungen	Ich habe keine neuen Anregungen erhalten	Ich habe nur wenige neue Anregungen erhalten	Ich habe viele neue Anregungen, denen ich vielleicht nachgehen werde	Ich habe viele neue Anregungen erhalten, denen ich bestimmt nachgehen werde
Beteiligungsmöglichkeiten	Ich konnte meine Interessen und Vorschläge nicht einbringen	Ich konnte meine Interessen und Vorschläge nur gelegentlich einbringen	Ich konnte meine Interessen und Vorschläge häufig einbringen	Ich konnte Inhalt und Form des Unterrichts an vielen Stellen wesentlich mitgestalten

Tabelle 7: Kompetenzraster zu Präsentationen:

Kriterium	Stufe 1	Stufe 2	Stufe 3	Stufe 4
Aufbau				
Einstieg	Kein Einstieg erkennbar	Führt in das Thema ein	Erregt Aufmerksamkeit	Spannend und Neugier erregend
Übergänge zwischen den Teilen	Keine Übergänge erkennbar	Verbindung mit Worten	Verbindung über Ideen	Spannender Übergang über Ideen
Schluss	Kein Schluss erkennbar	Wenig spannender Schluss	Anknüpfung an Einstieg	Kraftvoll und Aufmerksamkeit erregend
Inhalt				
Richtigkeit	Drei oder mehr inhaltliche Fehler	Zwei inhaltliche Fehler	Ein inhaltlicher Fehler	Alle Informationen sind korrekt
Dokumentation	Keine Quellen genannt	Eine Quelle genannt	Zwei Quellen genannt	Drei oder mehr Quellen genannt
Zitate	Keine Zitate	Ein Zitat, um die Sache zu unterstützen	Zwei Zitate, um die Sache zu unterstützen	Drei oder mehr Zitate, um die Sache zu unterstützen
Vortrag				
Augenkontakt	Der Vortrag wird abgelesen	Gelegentlicher Augenkontakt zum Publikum	Ständiger Augenkontakt zu manchen Leuten	Ständiger Augenkontakt zum gesamten Publikum
Stimme	Kaum zu hören	Nur vom Publikum in den ersten Reihen zu hören	Von fast allen Zuhörern zu hören	Laut und deutlich von allen Zuhörern zu hören
Gesten	Keine vorhanden	Wenige Gesten vorhanden	Benutzt gelegentlich Gesten, um den Inhalt deutlicher zu machen	Benutzt häufig Gesten, um den Inhalt deutlicher zu machen

Kriterium	Stufe 1	Stufe 2	Stufe 3	Stufe 4
Visualisierungen				
Bilder und Graphiken	Keine vorhanden	Nur wenige Bilder und Graphiken eingesetzt	Einige Bilder und Graphiken angemessen eingesetzt	Bilder und Graphiken kreativ eingesetzt, um den Vortrag zu stützen
Optische Wirkung	Keine vorhanden	Nur wenig optische Wirkung vorhanden	Erregt Aufmerksamkeit	Optische Stimulierung des Publikums
Beziehung zum Thema	Keine vorhanden	Nur wenig Beziehung zum Thema erkennbar	Deutliche Beziehung zum Thema	Klare Beziehung zum Thema, stützt den Vortrag

7.2.2   Durchführung

Herr Keller hat den betreffenden Grundkurs Deutsch zum zweiten Halbjahr im 12. Jahrgang übernommen. Gleich zu Beginn hat er den Schüler(inne)n das Kompetenzraster zur Kursmitarbeit ausgeteilt mit dem Hinweis, dieses sei die Basis, auf der die Leistungen der Schüler(innen) im Rahmen der laufenden Kursmitarbeit bewertet werden. Zugleich hat er ihnen das Kompetenzraster zum Unterricht ausgeteilt mit dem Hinweis, er wünsche sich eine Rückmeldung von den Schüler(inne)n zu seinem Lehrerverhalten. Das Kompetenzraster zu Präsentationen wurde im Kurs erst zu dem Zeitpunkt ausgeteilt, an dem eine längere Gruppenarbeitsphase mit anschließenden Präsentationen durch die Schüler(innen) stattfand.

Die Anwendung des **Kompetenzrasters zur Kursmitarbeit** erfolgte jeweils am Ende eines Halbjahres, wenn die Halbjahresnoten für die mündliche Mitarbeit festgelegt werden mussten. Demzufolge fand im Rahmen des Untersuchungszeitraums der erste Durchgang im Juni, der zweite im darauf folgenden Januar statt. Den Schüler(inne)n war einige Tage vor Besprechung der Noten die Hausaufgabe gegeben worden, eine Selbsteinschätzung auf Basis des Kompetenzrasters vorzunehmen. Für jede Kategorie sollten sie sich in einer der vier Stufen verorten und dies mit Kreuzen auf dem Raster kennzeichnen. Die konkrete Anwendung sah so aus, dass Herr Keller während des Unterrichts, in dem die Schüler(innen) in Gruppen arbeiteten, sich mit jeweils zwei Schüler(inne)n zum Gespräch zurückgezogen hat. Im Gespräch wurden die einzelnen Kriterien jeweils nacheinander durchgegangen. Dabei waren die Schüler(innen) zunächst aufgefordert, ihre Selbsteinschätzung zu präsentieren, der dann die Einschätzung des Lehrers folgte. Gab es Übereinstimmungen in der Beurteilung, wurde in der Regel zur nächsten Kategorie gewechselt, gab es Differenzen, wurden Argumente und Begründungen von beiden Seiten geliefert. Dabei war es letztlich möglich, dass der Lehrer seine Einschätzung nach oben hin korrigierte, dass der Schüler bzw. die Schülerin eine bessere Einschätzung des Lehrers für sich angenommen hatte oder dass der Lehrer bei seiner schlechteren Einschätzung blieb. Dem Schüler bzw. der Schülerin, deren Kursmitarbeit gerade nicht Gegenstand des Gesprächs war, wurde im Gespräch die Rolle eines Beobachters bzw. einer Beobachterin zugewiesen, die sich jederzeit zu Wort melden und ihre Sicht der Dinge präsentieren konnte. Am Ende jeden Gesprächs wurde eine Note für die Kursmitarbeit vom Lehrer festgelegt und den Schüler(inne)n mitgeteilt.

Die Anwendung des **Kompetenzrasters zu Präsentationen** sah so aus, dass Herr Keller vor einer Präsentation von einer Schülergruppe die zuhörenden Schüler(innen) in Gruppen eingeteilt hat, die jeweils ein Kriterium des Rasters während des Vortrags besonders beachten sollten, um im Anschluss den Präsentanten eine Rückmeldung zu diesem Aspekt geben zu können. Nach der Präsentation kam jeweils jede Gruppe mit ihren Rückmeldungen zu Wort und anschließend hatten die Präsentanten die Möglichkeit, sich zu ihrem Vortrag und den Rückmeldungen ihrer Mitschüler(innen) zu äußern.

Die Anwendung des **Kompetenzrasters zum Unterricht** fand im Rahmen des Untersuchungszeitraums zweimal statt. Beim ersten Durchgang hatte der Lehrer den Schüler(inne)n an einem Mittwoch die Kompetenzraster verteilt, die als Hausaufgabe bis zum folgenden Freitag anzukreuzen waren. Am Freitag wurden diese vom Lehrer eingesammelt und an zwei Schüler übergeben, die außerhalb des Unterrichts eine Auszählung vornahmen. Am Ende der Doppelstunde nahm der Lehrer spontan, ohne sich die Auswertung in Ruhe vergegenwärtigen zu können, zu den Rückmeldungen der Schüler(innen) Stellung.

Beim zweiten Mal, im November, hatten die Schüler(innen) eine Woche vor der Besprechung der Rückmeldungen im Kurs jeweils ein Kompetenzraster zum Unterricht mit Kreuzen ausgefüllt. Zwei Schüler sammelten alle ausgefüllten und z. T. mit Kommentaren versehenen Raster eingesammelt und machten eine Auswertung. Die Häufigkeit der Kreuze in einem bestimmten Feld wurde als Ziffer in ein neues Raster eingetragen und die Kommentare der Schüler(innen) wurden in der rechten Spalte zusammengestellt; pro Kategorie gab es ein bis zwei Punkte. Die Auswertung wurde auf einer Folie präsentiert, die zu Beginn der Besprechung im Kurs aufgelegt wurde.

Herr Keller ist die Kategorien einzeln durchgegangen: Pünktlichkeit, Vorbereitung, Unterrichtsthemen und -inhalte, Arbeitsformen, Hausaufgaben, Lernergebnis, Anregungen und Beteiligungsmöglichkeiten. Er hat jeweils die Häufigkeit der Kreuzchen bei den einzelnen Stufen genannt, die

Kommentare vorgelesen und anschließend den Kurs um weitere Kommentare gebeten. Es haben jeweils einige Schüler(innen) die Kommentare zu den einzelnen Kriterien ergänzt, zum Teil wurden noch einmal Belege für die einzelnen Bewertungen angeführt. Am Ende bedankte sich Herr Keller bei den Schüler(inne)n für die ehrlichen Rückmeldungen und sagte, dass er diese auch weiterhin zu sich und zu seinem Unterricht haben möchte.

7.3 Rekonstruktionen zur Entwicklung selbstregulierten Lernens in Deutsch

Das vorliegende Kapitel enthält die Rekonstruktionen der individuellen Entwicklungen selbstregulierten Lernens, die durch die Arbeit mit Kompetenzrastern angebahnt werden können. Die Darstellung unterscheidet sich von der Dokumentation der auf Mathematik bezogenen Fallstudien, was wie folgt zu begründen ist: Die Auswertungen der Fälle in Mathematik und Deutsch haben gezeigt, dass die Typisierungen hinsichtlich der Schülervorstellungen über Selbst- und Fremdregulation beim Mathematiklernen auf das Fach Deutsch übertragen werden können. Im Rahmen der auf Deutsch bezogenen Fallstudien wird diese Typisierung daher nicht ein zweites Mal induktiv erschlossen, sondern es wird für die Darstellung in diesem Kapitel ein deduktives Verfahren angewendet: Nachdem die Typen kurz vorgestellt werden, wird für drei der sechs Typen die deutschspezifische Ausdifferenzierung dokumentiert. Auf diese Weise wird zum einen deutlich, in welchen konkreten Beliefs über das Wesen, die Bedeutung und das Lernen des Faches Deutsch sich die Schülervorstellungen über Selbst- und Fremdregulation beim Lernen in Deutsch ausdrücken, und zum anderen kann der Umfang der empirischen Darstellung begrenzt werden. Um die Darstellung möglichst kontrastreich zu gestalten, wurden die Typen „Abhängigkeit von Fremdregulation", „flexible Anpassung an Fremdregulation" und „intuitives Zusammenspiel von Selbst- und Fremdregulation" ausgewählt. Der Typ „Abhängigkeit von Fremdregulation" wird am Fall Maya expliziert, für den Typ „flexible Anpassung an Fremdregulation" wird der Fall Robert herangezogen und der Typ „reflexives Zusammenspiel" wird am Fall Anna erläutert.

In Bezug auf den zweiten Teil der Fallstudien, die Funktionszuschreibungen an die Kompetenzraster, zeigt sich ein weiterer Unterschied zum Mathematikteil. Da die Funktionszuschreibungen der einzelnen Schüler(innen) für die Kompetenzraster einander sehr ähnlich sind, d.h. nicht wie beim Mathejournal große individuelle Schwerpunktsetzungen zu beobachten sind, werden diese in einer fallübergreifenden Beschreibung veranschaulicht. Dabei wird auf das Kompetenzraster zu Präsentationen fokussiert. Die beiden anderen Kompetenzraster zum Unterricht und zur Kursmitarbeit werden im Rahmen einer Querauswertung in Abschnitt 7.5 thematisiert. Die Rekonstruktionen der Entwicklungen selbstregulierten Lernens, die durch die Arbeit mit den Kompetenzrastern angebahnt werden, werden auf der Ebene von Typen vorgenommen; die Illustration auf der Ebene von Fällen entfällt, um eine Begrenzung des Umfanges zu ermöglichen.

Ebenso wie im Mathematikteil gibt die Darstellung der deutschspezifischen Entwicklungen selbstregulierten Lernens nicht den Gang der Einzelauswertung wieder, sondern fasst deren Ergebnisse zusammen und expliziert bzw. illustriert diese an Interviewauszügen.

In Abschnitt 7.3.1 werden die typischen Schülervorstellungen über Selbst- und Fremdregulation im Fach Deutsch dargestellt. In den Abschnitten 7.3.2 bis 7.3.4 werden zunächst die deutschbezogenen Beliefs und die sich daraus ableitenden Vorstellungen von Selbst- und Fremdregulation für das eigene Lernen erläutert. Abschnitt 7.3.5 thematisiert die Funktionsbestimmungen von Maya, Robert und Anna für das Kompetenzraster zu Präsentationen.

7.3.1 Typische Schülervorstellungen über Selbst- und Fremdregulation im Fach Deutsch

In diesem Unterkapitel werden die sechs Typen von Lernvorstellungen bezüglich einer Selbst- und Fremdregulation im Fach Deutsch kurz beschrieben.

Typ 1: Abhängigkeit von Fremdregulation

Dieser Typ ist nicht in der Lage, seinen Lernprozess selbst zu planen, zu überwachen und zu kontrollieren. Er besitzt kaum oder wenige Lernstrategien, die es ihm ermöglichen, sich eigenständig mit den Inhalten auseinanderzusetzen, und kann keine Teilziele formulieren. All dies führt zu seiner Annahme, dass die Lernbarkeit im Fach Deutsch prinzipiell begrenzt ist. Er ist sehr auf die Lehrkraft angewiesen, um die Anforderungen bewältigen zu können.

Typ 2: Flexible Anpassung an Fremdregulation

Dieser Typ stellt Selbst- und Fremdregulation in ein hierarchisches Verhältnis, das Fremdregulation höher bewertet als Selbstregulation. Die eigentätige Auseinandersetzung mit Lerninhalten kann erst und nur dann von ihm

258

selbstreguliert übernommen werden, wenn eine starke Lenkung durch die Lehrkraft gegeben ist. Dies betrifft sowohl die Textrezeption als auch die Textproduktion.

Typ 3: Dominanz der Selbstregulation unter Verweigerung der Fremdregulation

Dieser Typ misst ausschließlich der Selbstregulation eine Bedeutung für sein Lernen bei. Lernen im Fach Deutsch heißt für ihn, sich Inhalte selbst zu erarbeiten, das Lernen unter eigenen Gesichtspunkten zu reflektieren und sich ausnahmslos selbst zu motivieren. Lehrerhandeln und Unterrichtsgeschehen werden in ihren Funktionen für das Lernen nicht erkannt und nicht genutzt.

Typ 4: Ungeplantes Zusammenspiel von Selbst- und Fremdregulation

Dieser Typ schreibt der Selbstregulation eine große Bedeutung zu. Er ist intrinsisch motiviert, sich mit den Inhalten auseinanderzusetzen, verfügt über ein großes Repertoire an Strategien und übernimmt Verantwortung für seinen Lernprozess. Die Fremdregulation betrachtet er ebenfalls als einen wichtigen Bereich schulischen Lernens, stellt sie jedoch in kein strukturiertes Wechselverhältnis zur Selbstregulation. Seine Bezugnahme auf die fremdregulativen Anteile bleibt unbewusst, unreflektiert und damit ungeplant.

Typ 5: Strukturiertes Zusammenspiel von Selbst- und Fremdregulation

Dieser Typ erachtet das Zusammenspiel und Zusammenwirken von Fremdregulation und Selbstregulation als zentrales Merkmal fruchtbarer Lernprozesse. Das Zusammenwirken wird von ihm gezielt und bewusst gestaltet, indem bestimmte Instrumente und Methoden eingesetzt werden, um einerseits selbstregulative Aktivitäten im Lernprozess auszuführen und diese andererseits immer wieder der Fremdregulation im Sinne einer Kontrolle, einer Anregung, eines Impulsgebens etc. zu unterlegen. Dieser Typ zeigt eine sehr kontrollierte Haltung zum eigenen Lernen.

Typ 6: Reflexives Zusammenspiel von Selbst- und Fremdregulation

Dieser Typ betrachtet das Zusammenspiel und Zusammenwirken von Fremdregulation und Selbstregulation beim Lernen als eine Selbstverständlichkeit, die es nicht weiter zu explizieren gilt. Er braucht keine Methoden, um das

Zusammenspiel strukturieren zu können. Er hat die Abläufe und die Verzahnung von Selbstregulation und Fremdregulation beim Lernen verinnerlicht und greift jederzeit flexibel und reflektiert auf Routinen zurück.

7.3.2 Deutschspezifische Ausdifferenzierung des Typs „Abhängigkeit von Fremdregulation" am Fall von Maya

Maya zeigt große Schwierigkeiten, die Selbstregulation, die sie im Fach Deutsch als notwendig erachtet, umzusetzen. Die Komplexität der Anforderungen auf der einen und der Mangel an eigenen Strategien auf der anderen Seite zeigen, dass für Maya die Abhängigkeit von Fremdregulation das zentrale Moment ihrer Vorstellungen ist.

Im Folgenden werden sowohl Mayas Beliefs über das Wesen und die Bedeutung des Faches Deutsch als auch die über das Lernen im Fach Deutsch dargestellt. Daran anknüpfend wird erläutert, inwiefern ihre Beliefs dem ihr zugeordneten Typ entsprechen.

7.3.2.1 Mayas Lernvorstellungen im Fach Deutsch

Mayas Beliefs über das Wesen und die Bedeutung des Faches Deutsch

Deutsch ist für Maya ein wichtiges Fach, dessen hoher Stellenwert für sie insbesondere darin begründet ist, dass es für viele andere Fächer die Basis bildet. Anders ausgedrückt: Schwierigkeiten, die sie in Deutsch hat, führen zu weiteren Schwierigkeiten in anderen Fächern. Deutlich wird diese Vorstellung an folgender Äußerung Mayas:

„Denn wenn man Deutsch nicht kann, dann kann man die anderen Fächer auch nicht, denn man muss ja überall was formulieren und erklären mit dieser Sprache" (MAYA 1, Z. 437 ff.).

Für sie als Nicht-Muttersprachlerin sind die starken Auswirkungen, die sich aus den Schwierigkeiten mit dem Deutschen ergeben, besonders augenfällig. Der hohe Stellenwert, den Maya Deutsch in der Schule zuschreibt, geht einher mit der Wahrnehmung einer komplexen Anforderungsstruktur des Faches, die in Mayas Aussagen immer wieder deutlich wird. Es geht in Deutsch darum, mit Texten umzugehen, das Wesentliche von Texten zu erkennen, Texte zueinander in Beziehung zu setzen und selbst inhaltlich angemessene und strukturierte Texte zu verfassen. Zudem ist ein Mindestmaß an Wissen erforderlich, welche Strukturmerkmale bestimmte Textsorten wie zum Beispiel Erörterung oder Inhaltsangabe – aufweisen und welche Anforderungen dementsprechend an sie als Verfasserin gestellt werden.

260

In Mayas Vorstellung gibt es einerseits Schüler(innen), die mit den anspruchsvollen Anforderungen in Deutsch problemlos umgehen können, und andererseits Schüler(innen), die diesen prinzipiell nicht gewachsen sind und angesichts der Komplexität der Leistungserwartungen scheitern. Sie selbst zählt sich zu der zweiten Kategorie von Schüler(inne)n. Dabei manifestieren sich für sie die Fähigkeiten und der Erfolg im Fach Deutsch in der Gabe, eigenständig lange Texte verfassen zu können, wie folgendes Zitat verdeutlicht:

„Wenn man das drauf hat, dann schreibt man einfach los, und ich hab, glaub' ich, das nicht drauf. Ich wusste von Anfang an, dass ich nicht so ein Typ bin, der einfach anfängt zu schreiben und irgendwann kann er nicht mehr aufhören zu schreiben" (MAYA 1, Z. 414 ff.).

Mayas Beliefs über das Wesen und die Bedeutung des Faches Deutsch stellen dieses als sehr umfassend und vielschichtig und zugleich als sehr zentral für schulisches Lernen dar. Die Anforderungen im Fach sieht sie in der Textrezeption und Textproduktion. Ihrer Vorstellung zufolge können die komplexen Aufgaben in Deutsch nur bewältigt werden, wenn man als Schülerin über die entsprechenden Talente verfügt.

Mayas Beliefs über das Lernen in Deutsch

In Mayas Vorstellungen zeigt sich eine große Orientierungslosigkeit, was ihr Lernen im Fach Deutsch betrifft. Bezüglich der Produktion von Texten wird deutlich, dass Maya die Grenzen ihrer eigenen Fähigkeiten erfährt, jedoch keine Strategien ableiten kann, wie sie ihre Leistungen verbessern kann. Im folgenden Zitat offenbart sich die Kluft zwischen den Anforderungen der Textproduktion und Mayas diesbezüglichen Kompetenzen, wie sie sich in ihrer Vorstellung abbildet:

„Wenn ich anfange und schreibe, dann merk' ich irgendwie ‚oh was soll ich jetzt schreiben. Und irgendwann muss ich, irgendwas muss da rein, das ist zu knapp, das ist nicht so ausführlich. Und wie soll ich das jetzt machen'" (MAYA 1, Z. 418 ff.).

Mayas Vorstellungen zufolge reicht es nicht aus, die eigenen Defizite zu erkennen, wozu sie in der Lage ist, sondern für das Lernen im Fach Deutsch ist es ihr zufolge wichtig zu wissen, wie man an der eigenen Leistung arbeiten kann. Hierzu ist sie nicht in der Lage. Dem Bewusstsein von Deutsch als einem wichtigen Fach mit einer komplexen Anforderungsstruktur kann Maya keine für sie befriedigenden Bewältigungsformen entgegenstellen. Ihr fehlen, wie sie sagt, sowohl Wissen über Textsorten und darüber, welche Anforderungen im Rahmen der Textproduktion konkret verlangt werden, als auch Strategien, wie sie einen guten Text verfassen kann. Einen Zusammenhang zwischen den Anforderungen beispielsweise einer Klausuraufgabe und ihrem Schreibprodukt herzustellen, gelingt ihr nur durch einen Vergleich mit einer besseren Klausur einer Mitschülerin im Nachhinein. So werden ihr die Unterschiede und damit ihre eigenen Fehler und Mängel deutlich.

„Ich muss das vergleichen. Was ich besser machen könnte. Weil ich weiß meistens nicht, was für Fehler ich mache und was ich falsch gemacht habe" (MAYA 1, Z. 283 ff.).

Mayas Beliefs über das Lernen in Deutsch zeigen, dass sie den Schüler(inne)n die Aufgabe zuweist, eigenständig ihre Schwächen, Defizite und Fehler zu identifizieren und an diesen zu arbeiten. Sie selbst hat zu diesem Zweck die Strategie entwickelt, ihre Textproduktionen mit denen besserer Schüler(innen) zu vergleichen. Auch wenn ein solcher Vergleich ihr bestimmte Einsichten liefert und insbesondere ihre vom Lehrer vergebene Note für sie nachvollziehbar macht, wird sie durch diese Erkenntnisse noch nicht in die Lage versetzt, beim nächsten Mal einen ähnlich guten Text schreiben zu können wie ihre bessere Mitschülerin. Ihre Hilflosigkeit wird in folgender Aussage deutlich:

„Ich hab' ja nachgeguckt und verglichen und man konnte deutlich feststellen, dass sie es viel besser gemacht hat als ich. Ich hab's mir angeguckt und ich hab gesagt,' oh, darauf könnt ich auch kommen', aber ich bin halt nicht selber drauf gekommen. Es scheint mir so logisch, was sie alles geschrieben hat und sie hat auch gut geschrieben, aber ich wäre ja selber nicht drauf gekommen so eine Klausur zu schreiben wie sie."

Für Maya bleibt unklar, welche Anforderungen die Textproduktion im Einzelnen stellt und welche Teilaufgaben im Einzelnen bearbeitet und beachtet werden müssen. Ohne Hilfestellung ist sie nicht in der Lage, einen Text eigenständig zu entwerfen und zu schreiben. Sie weiß, dass ihre Leistungen nicht genügen, findet jedoch keinen Ansatz für die Behebung ihrer fachlichen Defizite. Die Lernbarkeit der Inhalte im Fach Deutsch wird in ihrer Vorstellung generell in Zweifel gezogen.

Auf die Frage, ob man sich überhaupt auf eine Deutschklausur vorbereiten könne, äußert Maya einige Ideen. Diese bleiben allerdings vage, wenn es um die detaillierte Umsetzung geht. Für sie gehört zum einen das Wissen über die Anforderungen dazu, die eine bestimmte Aufgabe an sie stellt. Dieses kann man ihr zufolge in Büchern nachschlagen:

„Man kann schon lernen, indem man zum Beispiel in solchen Bücher nachschlägt und guckt zum Beispiel, wie man eine Analysierung macht. Oder wie man eine Erörterung macht, wie das überhaupt geht" (MAYA 1, Z. 392 ff.).

Maya spricht hiermit an, dass das entsprechende operative Wissen zur Textproduktion in Fachbüchern vorhanden ist. Sie müsste sich dieses Wissen eigenständig erschließen, um sich die Fähigkeit der Textproduktion anzueignen. Als zweiten Punkt thematisiert Maya den Einsatz eigener Strategien unter Rückgriff auf eigene Kompetenzen:

„Zweitens dass ich das viel ausführlicher und richtig mache und weiß, wie das geht" (MAYA 1, Z. 395 f.).

In dieser Aussage tritt Mayas Vorstellung zutage, sie müsse über die entscheidenden Fähigkeiten verfügen und das entsprechende gegenstandsbezogene Wissen mitbringen. Sie definiert damit einen angestrebten Zustand, für dessen Erreichung sie jedoch keine Strategien zur Verfügung hat.

Letztlich verweist Maya auf ihre Vorstellung, dass die persönliche Disposition dafür verantwortlich ist, ob jemand in Deutsch gut ist oder nicht. Mit dieser Aussage entkräftet sie den Wert von Strategien für das Verfassen von Texten. Selbst wenn sie sich noch mehr anstrengen würde, könnte sie niemals die Fähigkeiten von jemandem erreichen, der in Deutsch einfach gut ist. Hier zeigt sich eine Begrenztheit der Wirksamkeitserfahrungen und damit der Wirksamkeitsüberzeugungen, was den Einsatz von Strategien betrifft. Dies deutet darauf hin, dass Maya die Lernbarkeit im Fach Deutsch prinzipiell in Frage stellt. Bei der Planung, Gestaltung und Überwachung des Lernprozesses im Fach Deutsch ist Mayas Beliefs zufolge ein großes Maß an Selbstständigkeit gefragt; die Schüler(innen) sind auf sich alleine gestellt, müssen eigene Strategien entwickeln, wie sie sich auf Klausuren vorbereiten, wie sie die Rückmeldungen des Lehrers nach einer Klausur für ihr Lernen nutzen etc.

Rolle des Lehrers

Vor dem Hintergrund der dargestellten Beliefs von Maya über das Lernen im Fach Deutsch, welche der Selbstständigkeit und Eigenverantwortung eine zentrale Bedeutung beimessen und aufgrund fehlender Erfolgserlebnisse die Lernbarkeit des Faches generell anzweifeln, thematisiert Maya die Rolle des Lehrers an folgendem Beispiel: Der Lehrer kann im Rahmen des gelenkten Unterrichtsgespräches das Verständnis eines Textes unterstützen, indem er sowohl den Schüler(inne)n Raum für eigene Gedanken und Interpretationsansätze zugesteht als auch die angemessene Interpretation vorstellt, falls diese von den Schüler(inne)n nicht erkannt wurde:

„Zum Beispiel über ein Motiv in Romeo und Julia hat er uns gefragt „Was für eine Rolle spielt der schwarze Geiger?" Denn einige haben gesagt, der spielt ähm weil der Geiger hat sich immer schwarz angezogen, da haben einige geschrieben bei ähm bei der Analysierung, bei der Ana Analyse, dass ähm er den Tod also spiegelt, also dass er für den Tod steht. Aber der meinte, dass stimmt nicht. Ähm der schwarze Geiger bietet Fredchen und Sali ähm Leben an. Der bietet ihnen nicht Tod, sondern Leben, das leben. [...] Und dann hat er uns geholfen und hat uns mehr auf die Tafel aufgeschrieben, was er eigentlich ähm ja für ne Rolle spielte" (MAYA 1, Z. 507 ff.)

Hier zeigt sich, dass Maya für ihren Lernprozess im Fach Deutsch die Lenkung der Erarbeitung eines Themas und die abschließende Ergebnissicherung an der Tafel durch den Lehrer für sich als geeignete Form der Bearbeitung von Inhalten empfindet. Der Lehrer stellt in ihren Vorstellungen eine entscheidende Instanz dar, die einen Zugang zu den Inhalten ermöglicht und klar herausstellt, was „richtig" ist.

Eigene Rolle

Mayas Beliefs über das Lernen in Deutsch weisen ihr selbst einen großen Verantwortungsbereich zu. Diese Tatsache erlebt sie primär als eine Überforderung. Insbesondere beim Verfassen von Interpretationstexten sind ihrer eigenen Fähigkeit, was die Planung, Gestaltung und Kontrolle ihres Schreibprozesses betrifft, Grenzen gesetzt. Lediglich für die Vorbereitung der Textbearbeitung kann sie eine Strategie nennen:

„Zum Beispiel wenn ich ein Buch lese dann schreibe ich über das Buch und dann muss ich halt ähm erstens ähm einfach mir die wichtigen Stellen jetzt unterstreichen" (MAYA 1, Z. 397 ff.).

Mayas Vorstellungen zufolge besteht jedoch bereits bei diesem ersten Schritt die Schwierigkeit darin, das „Wichtige" zu identifizieren. Letztlich kommt Maya zu dem Schluss, dass es ihr helfen würde, mehr zu üben.

„Ich würd' mal sagen, es würd' mir helfen, mehr zu üben. Jetzt Texte zu schreiben. Vielleicht einen Text zusammenzufassen oder mehr selber ich guck mir so ein Text an und dann sag' ich „och das werd' ich dieses Artikel, in der Zeitung, das werd' ich dann irgendwie zusammenfassen." Je mehr ich zusammenfasse, oder je mehr ich analysiere oder interpretiere, desto mehr fällt mir leicht nächstes Mal es besser zu machen" (MAYA 1, Z. 432 ff.).

In diesem Zitat wird deutlich, dass Maya den einzigen Weg zur Verbesserung ihrer Leistungen in Deutsch im Üben sieht; dabei setzt sie auf einer quantitativen Ebene auf die selbstständige wiederholte Durchführung von Schreibaufgaben. Die konjunktivistische Formulierung weist jedoch darauf hin, dass Maya die erwähnten Schritte nicht unternimmt.

Mayas Vorstellungen über die eigene Rolle beim Lernen im Fach Deutsch zeugen von einer großen Verantwortung, die sie sich selbst aufbürdet und zugleich von einer großen Ohnmacht. Sie ist bestrebt, aus ihren Fehlern zu lernen und die eigenen Leistungen zu verbessern. Ihre Rolle beinhaltet zudem, herauszufinden, welche Anforderungen bei einer Aufgabe wirklich verlangt sind und welche Schritte im Einzelnen gegangen werden müssen.

7.3.2.2 Selbst- und Fremdregulation in Mayas Lernvorstellungen: Abhängigkeit von Fremdregulation

Dass Deutsch für Maya einen hohen Stellenwert hat, fördert ihre Selbstaktivierung. Ihre Zielsetzung lautet, die eigenen Leistungen zu verbessern und an fachlichen Schwächen zu arbeiten.

Die Wahrnehmung einer komplexen Anforderungsstruktur, die den verständnisintensiven Umgang mit Texten und die Produktion von eigenen Texten unter bestimmten formalen Kriterien einschließt, zeigt, dass Maya die (Lern-)Gegenstände des Faches Deutsch auf einer sehr allgemeinen Ebene für sich fassen kann. Es wird ihr so möglich, sich selbst zu den Anforderungen des Faches in Beziehung zu setzen. Ihre Verhältnisbestimmung dem Fach gegenüber bleibt jedoch auf der Ebene des Klagens über Defizite und sehr allgemeinen Zielformulierungen, beispielsweise, dass sie sich verbessern möchte. Entscheidend für die Frage nach der Selbstregulation aber ist die Feststellung, dass dieses Ziel in ihren Vorstellungen nicht operationalisierbar ist. Sie kann ihre Defizite nicht beheben, weil sie keine Vorstellung von einzelnen Teilschritten hat und sie sich zum bloßen Üben ohne dezidierte Vorgaben und entsprechende Rückmeldungen nicht durchringen kann.

Ihr Ausweichen auf das Scheinargument, für das Fach Deutsch müsse man eine spezifische Begabung mitbringen, zeigt Resignation, was die Aussicht auf einen Erfolg ihrer Bemühungen betrifft. Ihre Beliefs über das Lernen in Deutsch demonstrieren, dass sie sich als sehr vom Lehrer und auch von besseren Mitschülerinnen und Mitschülern abhängig wahrnimmt.

Die dargestellten Lernstrategien, über die Maya verfügt bzw. über die sie nachdenkt, sind ihrer Meinung nach nicht ausreichend. Ihre Strategien zur Bearbeitung einer Aufgabe in einer Klausur erweisen sich für Maya als lückenhaft. Maya hat keinen Fahrplan, der bei der Vorbereitung beginnt, über das Durcharbeiten des Textes geht und bis zum Verfassen eines eigenen Interpretationstextes reicht. Es zeigen sich im Prozess zu viele Leerstellen, die Maya nicht schließen kann und die sie hilflos und orientierungslos machen. Ihre Selbstregulation wird aufgrund von fachlichen Defiziten und mangelndem Strategiewissen, d.h. auch einem Mangel an Methodenwissen, behindert, sagt Maya über sich. Ihr fehlen zudem die nötigen metakognitiven

Kompetenzen, um ihren Lernprozess zu planen, zu steuern, zu überwachen und ggf. zu modifizieren. Dies führt zu einem motivationalen Problem. Eine Verunsicherung und Resignation, die sich in ihren Beliefs zeigt, hemmt ihre Selbstwirksamkeitsüberzeugungen.

Sie präferiert als Arbeitsform das vom Lehrer gelenkte Unterrichtsgespräch. Die Fremdregulation verschafft Maya Sicherheit und Orientierung und ermöglicht ihr, Interpretationen von Textpassagen durch das Nachvollziehen der Diskussion unterschiedlicher Deutungsangebote, die mit einer angemessenen Interpretation durch den Lehrer abgeschlossen wird, zu verstehen.

Abhängig von der Fremdregulation durch den Lehrer lässt sich in Bezug auf Mayas Selbstregulation in Deutsch Folgendes sagen: Sie setzt sich das allgemeine Ziel, in Deutsch besser zu werden, kann jedoch keine Teilziele formulieren (Selbstaktivierung). Sie kann sich nicht situations- und zielbezogen zwischen Strategien entscheiden und diese anwenden, weil sie kein ausreichendes Repertoire an Lernstrategien besitzt (Lernstrategien). Sie ist nicht in der Lage, ihren Lernprozess selbstständig zu gestalten, da ihr das Wissen darüber fehlt, worauf es im Einzelnen ankommt und in welche Etappen sie ihren Lernprozess gliedern könnte (Lernprozessüberwachung).

Für Maya kommt es in Deutsch massiv auf die Selbstregulation beim Lernen an, da im Unterricht und in Klausuren bei der Bearbeitung von Texten die einzelnen Arbeitsschritte nicht durch Fremdregulation vorgegeben sind. Sie ist jedoch zur Selbstregulation nicht in dem Maße in der Lage, wie sie es anstrebt. Insgesamt zeigt sich bei ihr eine **Abhängigkeit von Fremdregulation**.

7.3.3 Deutschspezifische Ausdifferenzierung des Typs „flexible Anpassung an Fremdregulation" am Fall von Robert

Robert zeigt die Bereitschaft und Fähigkeit zur Selbstregulation im Fach Deutsch, wenn die für ihn notwendige Strukturierung der Inhalte und Aufgabenstellungen durch den Lehrer gegeben ist. Er stellt Fremd- und Selbstregulation in ein hierarchisches Verhältnis, wobei die Selbstregulation der Fremdregulation nachgeordnet ist. Diese Unterordnung der Selbstregulation zeigt ihn als einen Typ, in dessen Vorstellung die flexible Anpassung an Fremdregulation das zentrale Moment ist.

Im Folgenden werden sowohl Roberts Beliefs über das Wesen und die Bedeutung des Faches Deutsch als auch die über das Lernen im Fach Deutsch dargestellt. Daran anknüpfend wird erläutert, inwiefern seine Beliefs dem ihm zugeordneten Typ entsprechen.

7.3.3.1 Roberts Lernvorstellungen im Fach Deutsch

Roberts Beliefs über das Wesen und die Bedeutung des Faches Deutsch

Deutsch ist für Robert ein Fach, dessen Inhalte viele Berührungspunkte mit seinem Leben haben. Für das Textverständnis als ein zentrales Moment in Deutsch ist beispielsweise das Gespräch mit anderen wichtig. Im Diskurs können Bedeutungen entfaltet und diskutiert werden. Dies ist möglich, weil es in den behandelten Texten prinzipiell um ihm bekannte Inhalte geht, die er sich nicht im Sinne einer Aneignung neuer Wissenselemente durch Lernen erschließen muss (wie es in Mathematik für ihn der Fall ist), sondern in kommunikativer Auseinandersetzung verstehen kann.

„Alles das ist nicht so schwer, das sind keine, halt keine Matheaufgaben, wo man rechnen muss, sondern das sind allgemeine Sachen, die man auch in der Schule besprechen kann so, denke ich" (ROBERT 1, Z. 109 ff.).

Dagegen müssen für die eigene Textproduktion Strategien eingesetzt werden, die über die Diskussion mit anderen hinausgehen. Die detaillierte Textbearbeitung, zu der ein eigener Text geschrieben wird, stellt eine anspruchsvolle Aufgabe dar. Für Robert birgt insbesondere die Bewältigung der inhaltlichen Fülle von längeren Texten eine Herausforderung. Lange Textpassagen zu überblicken und zu bearbeiten, erscheint für ihn als große Anstrengung.

„Es ging halt wieder um ein Buch. Man musste ganz viel lesen, man musste sich ganz viel unterstreichen und es war halt ein bisschen anstrengend. Es waren zwei Aufgaben, aber halt wo man viel nachdenken musste, viel grübeln musste. Das war nicht so leicht" (ROBERT 1, Z. 77 ff.).

Die Aussage von Robert zeigt, dass für ihn die Anforderungen in Deutsch sehr komplex werden können. Neben einer alltagsnahen Form des Gesprächs zur Themenerschließung stellen also auch anspruchsvolle Vorgänge der Textbearbeitung und -produktion einen Kern des Faches Deutsch dar. Diese letztgenannten deutschspezifischen Herausforderungen hält Robert für sein außerschulisches Leben für unbedeutend:

„Oder wozu brauch ich Interpretation? Ich finde, ich sollte lernen, wie man schreibt, wie man richtig schreibt. Was Grammatik ist, das sollte man meiner Meinung nach lernen. Aber von heute auf morgen Interpretation und darüber ne Klausur schreiben. Interpretieren tut man nicht im späteren Leben. Also ok, wenn man irgendwie Autor ist oder was weiß ich, der kann das machen" (ROBERT 1, Z. 974 ff.).

Seine Aussage weist darauf hin, dass er Grammatik und Rechtschreibung eine Bedeutung für sein Leben beimisst. Die Tatsache, dass er das Durchführen von Interpretationen als überflüssig bewertet, zeigt, dass er das Interpretieren von Texten lediglich in einen schulbezogenen Zusammenhang stellen kann. Es klingt auch an, dass eine solche Form des Umgangs mit Texten eine Überforderung für ihn bedeutet.

Roberts Beliefs über das Wesen und die Bedeutung des Faches Deutsch stellen zum einen heraus, dass die Lerngegenstände einen Bezug zu seinem Leben haben und somit in Gesprächen als einer natürlichen Kommunikationsform thematisiert werden können. Zum anderen können insbesondere komplexe Interpretationsaufgaben eine Überforderung für ihn darstellen, die sich nicht nur auf die operative Seite der Durchführung bezieht, sondern auch auf übergeordnete Fragen der Bedeutungszuschreibung und Sinnstiftung.

Roberts Beliefs über das Lernen in Deutsch

Was die Lernbarkeit der Inhalte in Deutsch betrifft, so unterscheidet Robert verschiedene Anforderungen. (Gedicht-)Interpretationen und das Schreiben von Inhaltsangaben nennt er als Beispiele für lernbare Fachgegenstände. Er beschreibt, wie gut er Gedichtinterpretationen anhand eines vorgegebenen Interpretationsschemas schreiben konnte, er sagt, dass ihm Inhaltsangaben Spaß machen, weil er genau weiß, welche Fakten hineingehören und wie er vorgehen muss. Interpretieren von längeren Texten fiele ihm deshalb schwer, weil er es in der Schule nie gelernt habe. Deutlich wird seine Überzeugung von der Lernbarkeit an folgendem Zitat, in dem er sagt, er könnte jetzt keine Doktorarbeit schreiben, das müsste man lernen:

„Aber ich kann halt nicht n Buch schreiben oder ich weiß jetzt nicht, wie deine Doktorarbeit aussehen wird, so was könnt ich jetzt nicht. Das müsste man halt lernen" (ROBERT 1, Z. 325 ff.).

Den Begriff der Interpretation verwendet Robert offenbar in zwei unterschiedlichen Bedeutungen: zum einen spricht er, wie bereits erwähnt, die Interpretation von Gedichten an, die sich ihm zufolge an einem bestimmten Schema orientiert. Im folgenden kommt eine andere Vorstellung von Interpretation zum Ausdruck, die sich auf einen verständnisorientierten Zugang zu einem Text bezieht, für den Robert kein festes Schema vorliegt. Interpretation führt Robert in diesem Fall als ein Beispiel dafür an, dass die Lernbarkeit im Fach Deutsch zwar prinzipiell vorhanden, jedoch begrenzt sei:

„Da muss man zwischen den Zeilen lesen und das ist nicht so leicht. Und es ist auch nicht leicht, einem Schüler das beizubringen. Interpretation kann man meiner Meinung nach

268

nicht hundertprozentig lernen. Das sind eigene Gedanken und jede Interpretation sieht auch anders aus. Also bei Interpretationen bin ich nicht gerade der Beste, sag ich mal" (ROBERT 1, Z. 329 ff.).

Der Spielraum für eigene Gedanken bleibt bei der Interpretation von Texten groß, wenn kein Schema zur Verfügung steht, das abgearbeitet werden kann. Aus dieser aus seiner Sicht eingeschränkten Lernbarkeit leitet Robert ab, dass er in Bezug auf Interpretationen nicht gerade der Beste sei.

Den Begriff der Interpretation verwendet Robert nicht für die Bearbeitung von Romanen im Unterricht. Wird eine Klausur über einen Roman geschrieben, könnte er sich darauf nicht vorbereiten:

„Aber die Frage ist auch, was man ab der zwölften Klasse lernt. Also wir haben über ein Buch geschrieben und da kann man nicht viel zu lernen, finde ich. Man kann über ein Buch reden und dann eine Klausur darüber schreiben. Aber zur Interpretation kann man was lernen oder wenn man ne Inhaltsangabe schreibt, da lernt man was. Aber zu einem Buch kann man halt nicht so viel lernen" (ROBERT 1, Z. 425 ff.).

In dieser Aussage rekurriert Robert auf seine begrenzte Vorstellung von einer Interpretation, der ein festes Schema zugrunde liegt; diese erscheint für ihn als ein spezifisches methodisches Vorgehen im Umgang mit Gedichten, ist ihm zufolge jedoch keine adäquate Form der Bearbeitung von Romanen.

In Bezug auf die Vorbereitung auf eine Klausur wird die Lernbarkeit für Robert besonders wichtig; ohne vorgegebene Dinge zum Lernen, wüsste er nicht, was richtig und was falsch sei.

Für ihn ergibt sich aus der Lernbarkeit in Bezug auf die fachlichen Inhalte, die Möglichkeit und die Erfahrung, Erfolge zu erzielen und daraus wiederum der Spaß an der Auseinandersetzung mit fachlichen Herausforderungen. Anders herum führt eine eingeschränkte Lernbarkeit bei Robert zu einem Gefühl der Überforderung und erzeugt Unlust:

„Und wenn man es kann, dann reizt es einen auch mehr, denke ich. Aber wenn der Lehrer mir jetzt sagt, schreib eine Interpretation über dies Gedicht, nee, hab ich keine Lust drauf, muss ich Ihnen echt sagen. Das wäre zu schwer für mich" (ROBERT 1, Z. 353 ff.).

Selbstständiges Lernen ist für Robert ebenso lernbar. Und wieder gilt auch die Umkehrung für ihn: Wenn man es nicht lernt, ist man als Schüler sich selbst überlassen und dann wird die Herausforderung zur Überforderung. Hilfestellungen können dabei sowohl vom Lehrer als auch von den Eltern kommen, wenn diese dazu in der Lage sind.

„Ja natürlich, selbständiges Lernen ist immer in Ordnung, aber wie lernt man das denn? Der Lehrer muss das ja auch einem zeigen, wie man selbständig lernt. Ich denk nicht, dass das so leicht ist. Ein Schüler kann nicht alles alleine machen" (ROBERT 1, Z. 287 ff.).

Roberts Beliefs über das Lernen in Deutsch offenbaren eine klare Vorstellung darüber, wie das Lernen funktioniert. Für ihn sind Anleitung und Hilfestellung bei der Textproduktion und -rezeption von großer Bedeutung. Wird durch Fremdregulation eine solche Orientierung gegeben, kann er sich selbst aktivieren, eigene Ziele verfolgen, sich auf Klausuren vorbereiten etc. Im anderen Falle zeigt er Unlust und Resignation, weil er seinen Lernprozess dann nicht planen, überwachen und kontrollieren kann.

Rolle des Lehrers

Vor dem Hintergrund der dargestellten Beliefs über das Lernen in Deutsch, die deutlich machen, dass Robert Anteile selbst übernehmen kann, wenn ein bestimmtes Maß an Führung durch den Lehrer gegeben ist, thematisiert er die Rolle des Lehrers zunächst mit Bezug auf seine Lernbedürfnisse. Denn der Lehrer ist seiner Meinung nach für das unterrichtliche Arrangement verantwortlich, das Robert ein Aufnehmen und Verstehen der Inhalte ermöglicht oder eben nicht. Da für ihn das gründliche, zeitintensive und konzentrierte Bearbeiten von Themen im Unterricht wichtig ist, damit er die Inhalte verstehen kann, lehnt er eine schnelle und kurze Bearbeitung von Themen ab.

„Zu Effi Briest würd ich auch noch sagen, dass man es etwas langsamer macht. Und ein bisschen auch die Charaktere bearbeitet. Aber bei uns lief das so, dass wir halt alles ganz schnell gemacht haben" (ROBERT 1, Z. 210 ff.).

Von der Schnelligkeit und der Intensität, mit der ein Roman im Kurs durchgenommen wird, hängt für Robert ab, wie gut er die Inhalte aufnehmen kann. Die Wahl des Tempos und der thematischen Schwerpunktsetzung für die Erarbeitung schreibt er dem Lehrer zu. Zugleich eröffnet bzw. verschließt der Lehrer durch seine Unterrichtsgestaltung für Robert die Möglichkeit, die Hausaufgaben allein bewältigen zu können, wie in folgendem Zitat deutlich wird:

„Also ein bisschen mehr Zeit und ein bisschen intensiver. Es muss nicht unbedingt weniger sein, aber man muss es besser lernen können. Wenn man so etwas nicht gut lernt, dann kann man die Hausaufgabe auch nicht gut machen. Aber wenn man etwas gut lernt, dann denk ich, dass es gehen müsste" (ROBERT 1, Z. 189 ff.).

Die gründliche und intensive Bearbeitung eines Romans im Kurs fördert nicht nur Roberts Verständnis und seine Befähigung, eigenständig Aufgaben in Bezug auf den Text zu bearbeiten, sondern durch die sorgfältige und konzentrierte Thematisierung zentraler Aspekte findet er erst einen Zugang zum Roman, was zur Folge hat, dass dieser für ihn interessant wird:

„Das war, ist kein schlechtes Buch. Aber hätte man es etwas mehr bearbeitet, dann wär es noch interessanter gewesen" (ROBERT 1, Z. 251 ff.).

Eine unterrichtliche Arbeitsform, die Robert das Verstehen der (Lern-) Gegenstände ermöglicht, so dass er Spaß am Unterricht hat, und ihn zur Bewältigung der Hausaufgaben befähigt, ist für ihn das vom Lehrer gelenkte Unterrichtsgespräch, das jeden Aspekt eines Textes nacheinander abarbeitet. Im folgenden Zitat berichtet er vom Unterricht seines vorherigen Lehrers, den Herr Keller abgelöst hat:

„Weil wir haben jedes Kapitel einzeln bearbeitet, langsam durchgegangen, immer besprochen, Diskussion gestartet. Und nach ner Diskussion da ist auch mehr in einem Kopf drinne, so denke ich. Da lernt man auch mehr" (ROBERT 1, Z. 218 ff.).

Der Lehrer stellt eine Frage, auf die Interpretationsansätze der Schülerinnen und Schüler folgen. Die Schülerinnen und Schüler sind also zunächst aufgefordert, ihre eigenen Lösungsansätze zu formulieren und zur Diskussion zu stellen. Alle Schülerinnen und Schüler sind aufgefordert, Antworten zu diskutieren und zu kommentieren. Auf diese Weise werden falsche Ansätze als solche erkannt und den Schülerinnen und Schülern wird deutlich, wo der Fehler liegt und welche alternativen Deutungen angemessen sind.

„Also halt, die Lehrerin oder der Lehrer fragt, um was es, was es, was, also was jetzt in diesem Kapitel geschieht, und der Schüler gibt darauf die Antwort. Antworten sind ja nicht immer richtig. Und darauf wurde dann die Diskussion eröffnet. Und dann hat jeder Schüler etwas dazu gesagt, und somit wurde dem Schüler es klargemacht, dass er etwas Falsches gesagt hat. Somit hat der Schüler, hat der auch einen besseren Lernprozess. Also es wurde ihm halt, wie sagt man, eingeklickert oder verklickert oder wie mans auch immer, weil, dass seine Aussage falsch war. Und somit hat auch jeder Schüler was dazugelernt. Weil an einer Diskussion, da nehmen auch Schüler meiner Meinung nach mehr teil, da haben sie mehr Lust drauf, anstatt dem Lehrer andauernd zuzuhören" (ROBERT 1, Z. 231 ff.).

Im Gespräch werden einzelne Schülerinnen und Schüler auf ihre Fehlvorstellungen aufmerksam gemacht, wovon letztlich alle Schülerinnen und Schüler im Kurs profitieren können. Auf diese Weise werden geradezu Aha-Effekte produziert. Zudem haben die Schülerinnen und Schüler, so Robert, Spaß an diesen Gesprächen, nehmen rege teil, weil es spannender ist, als nur dem Lehrer zuzuhören. Dem Lehrer kommt dabei die Rolle zu, dieses Unterrichtsgespräch zu inszenieren und zu moderieren.

Robert würde des Weiteren Arbeitsformen begrüßen, die ein hohes Maß an Ergebnissicherung im Kurs bringen würden wie beispielsweise das regelmäßige Erstellen von Stundenprotokollen durch die Schülerinnen und Schüler.

„Was ich sehr gut finde, dass jeder Schüler mal ein Protokoll schreibt über die Stunde oder über seine Hausaufgaben. Und das dann jeder Schüler am Ende des Unterrichts oder dann am nächsten Tag kriegt. Das ist meiner Meinung nach eine bessere Lerntheorie. So versteht man auch viel mehr und so kann auch meiner, so kann man meiner Meinung nach auch mehr lernen" (ROBERT 1, Z. 206 ff.).

Eine solche Form der Dokumentation würde Übersicht und Orientierung stiften, eine Erinnerungshilfe darstellen und eine Arbeitsgrundlage für die Klausurvorbereitung schaffen. Was die Klausurvorbereitung betrifft, würde sich Robert wünschen, dass alle relevanten Dinge vor der Klausur noch einmal im Kurs unter der Leitung des Lehrers besprochen werden.

„Worauf das ankommt? Ich denk mal, dass man eine Stunde vor der Klausur mit dem Lehrer alles bespricht. In der Mittelstufe haben wir noch mal alle einzelnen Punkte besprochen und wenn Fragen waren, dann durfte der Schüler sie dem Lehrer stellen" (ROBERT 1, Z. 275 ff.).

Roberts Beliefs über die Rolle des Lehrers beim Lernen in Deutsch weisen diesen als zentrale Instanz aus. Durch das Lernsetting eröffnet oder verschließt er für Robert die Möglichkeit, Inhalte zu verstehen und Fähigkeiten zu erwerben. Insbesondere Arrangements, die auf eine gemeinsame und sorgfältige Erarbeitung von thematischen Schwerpunkten abzielen und vom Lehrer moderiert werden, hält Robert für sinnvoll. Eine Führung und Orientierung durch den Lehrer ermöglicht Robert, sich einzubringen und seinen Teil zum Verstehen und Erwerb von Fähigkeiten beizutragen. Ohne Hilfestellungen des Lehrers erlebt er ein Gefühl der Überforderung und reagiert mit Resignation.

Eigene Rolle

Neben impliziten Rollenzuschreibungen wie beispielsweise die Beteiligung an vom Lehrer gelenkten Unterrichtsgesprächen, das Ausführen von Hausaufgaben etc. thematisiert Robert die eigene Rolle vor allem bei der Bearbeitung fachlicher Anforderungen im Rahmen von Situationen, in denen er auf sich allein gestellt ist. Ein Beispiel dafür ist die Klausurvorbereitung. Er beschreibt diese in folgenden Worten:

„Also ich war im Internet, hab mir dies Motiv mal kurz angeschaut. Also wir machen das meistens in den Klausuren immer so, dass wir uns in den Pausen treffen und alles noch mal besprechen mit den Schülern, was richtig ist, was falsch ist, ob man etwas verstanden hat oder nicht. Und so gehen wir dann in die Klausur rein. Also das ist irgendwie, wir treffen uns nicht alle einen Tag vorher und lernen alle zusammen" (ROBERT 1, Z. 108 ff.).

Für das Textverständnis ist Robert zufolge sowohl die eigene Beschäftigung mit dem Text erforderlich als auch das Gespräch mit anderen darüber. Dabei scheint er die Diskussion höher zu gewichten. Diese kann als simuliertes Unterrichtsgespräch verstanden werden, in dem unterschiedliche Interpretationen aufgefächert und erörtert werden. Im Sinne eines hermeneutischen Vorgehens erschließt sich allen auf diese Weise ein plausibles Verständnis vom Text. Über eine explizite Vorbereitung auf die Textproduktion, die im Rahmen der Klausur zu leisten ist, spricht Robert nicht. Insgesamt erscheint für Robert die Möglichkeiten zur Selbstregulation bei der Vorbereitung sehr begrenzt. Er selbst kann nicht viel mehr machen, als sich den Text noch einmal anzuschauen. Wichtig ist vor allem der Austausch mit anderen für die Generierung von Bedeutung. Die begrenzte Möglichkeit von gezielter Eigenaktivität im Rahmen der Textrezeption und -produktion in Roberts Vorstellungen wird an folgender Aussage deutlich:

„Dann les ich mir noch mal alles durch, ok, bei Büchern kann man sich nicht so gut vorbereiten, da muss man sich einfach nur das Buch durchlesen und noch mal anschauen, was man nicht verstanden hat, oder noch mal mit einem Schüler darüber sprechen, mit einem Freund" (ROBERT 1, Z. 304 ff.).

Es fällt auf, dass Roberts Vorstellungen zufolge die Textrezeption ohne Hilfe des Lehrers unternommen werden kann, nämlich, indem der Text gemeinsam mit anderen besprochen wird. Die Textproduktion dagegen bleibt unthematisiert; Robert nennt keine Strategien dafür. Insgesamt zeigen seine Vorstellungen, dass er als Schüler nicht besonders viel machen kann, um sich auf eine Klausur, in der ein Roman thematisiert wird, vorzubereiten. Die Reichweite seiner selbstregulativen Fähigkeiten bleibt begrenzt.

7.3.3.2 Selbst- und Fremdregulation in Roberts Lernvorstellungen: Flexible Anpassung an Fremdregulation

Prinzipiell ist Robert dem Lernen in Deutsch gegenüber positiv eingestellt. Wenn er Texte versteht (Textrezeption) oder Schemata zum Verfassen von Texten anwenden kann (Textproduktion), hat er Erfolgserlebnisse und es entstehen bei ihm Spaß und Interesse an der Sache. Die Frage, ob er sich in Bezug auf Deutsch selbst aktivieren kann, hängt mit seinen Erfolgserlebnissen zusammen. Da diese entweder durch ihn unterstützende Arbeitsformen im Unterricht ermöglicht werden oder eben nicht, hängt seine Motivation unmittelbar vom Lehrer und dessen Unterrichtsgestaltung ab.

Die Anforderungen, die Robert in Deutsch sieht und als diffus empfindet – wie zum Beispiel die Bearbeitung eines Romans – sind für ihn nur mit Unterstützung bestimmter Bearbeitungsformen im Unterricht zu strukturieren und zu bewältigen. Dem Lehrer als methodischem Gestalter des Unterrichts schreibt er dabei die zentrale Rolle zu. Die Selbstregulation in Bezug auf die Bearbeitung eines komplexen Textes ist für Robert somit nicht gleich zu Beginn möglich. Er benötigt Formen der Operationalisierung von Inhalten und Zielen, zum Beispiel die Besprechung einzelner Kapitel und die Bearbeitung der Charaktere des Romans. Da seine Beliefs über das Lernen im Fach Deutsch im Wesentlichen durch Nachvollziehen gekennzeichnet ist, ist er zu Beginn einer neuen thematischen Bearbeitungsphase auf Fremdregulation durch den Lehrer angewiesen. Wenn für Robert deutlich geworden ist, was er zu lernen hat, übernimmt er selbst Verantwortung für seinen Lernprozess und kann sich zum Beispiel auf Klausuren vorbereiten. Für Roberts Selbstregulation bedeutet dies, dass diese nur in Ergänzung mit starker Fremdregulation durch den Lehrer aktiviert werden kann.

Ob Robert Strategien für die Klausurvorbereitung zur Verfügung hat, aus denen er auswählen und die er anwenden kann, hängt vom Lehrer und dessen Unterrichtsgestaltung ab. Der Zusammenhang ist offensichtlich: Gibt der Lehrer ein Schema vor, so prägt sich Robert dies ein und kann es in der Klausur anwenden. Ist kein Schema vorgegeben, wählt er als Strategie, den Text, auf den sich die Fragen in der Klausur beziehen werden, noch einmal durchzulesen und mit Freunden darüber zu sprechen, um inhaltliche Unklarheiten zu beseitigen. Dass er letzteres Vorgehen nicht wirklich als ein systematisches, zielgerichtetes, d.h. strategisches Vorgehen empfindet, wird an seiner Feststellung deutlich, auf ein Buch könne man sich nicht so gut vorbereiten. Die Möglichkeit zur gezielten Vorbereitung liegt ihm zufolge also nicht in seiner Verantwortung, sondern am (Lern-)Gegenstand.

Was seine Strategien zum Verstehen und Lernen im laufenden Unterrichtsgeschehen betrifft, so nutzt er die Strategie des Nachvollziehens durch das Mitverfolgen und Mitgestalten einer vom Lehrer moderierten Diskussion zum jeweiligen Thema. Für das eigenständige Bearbeiten von Themen in Gruppen nennt er keine Strategien.

Die Frage der Selbstregulation in Bezug auf die Auswahl, die Kombination, die Anwendung und die Modifikation von Lernstrategien ist für Robert eng mit den Vorgaben des Lehrers verknüpft. Entweder der Lehrer legt ihm konkret eine Strategie nahe oder er weicht auf sehr allgemeine, wenig zielorientierte Verfahren aus. Dabei gilt für Robert: Je klarer die Lernstrategie vorgegeben ist (z.B. Auswendiglernen und Anwenden eines Schemas), desto größer ist die Möglichkeit der Aufnahme von Informationen. Je weniger Lernstrategien vorgegeben sind (z.B. Vorbereitung auf Fragen zu einem Roman), desto geringer ist die Möglichkeit der Aufnahme von Informationen und desto größer die Notwendigkeit des Austauschs mit anderen im Gespräch.

Das verständnisintensive Bearbeiten von Texten ist für Robert nur im kollektiven Unterrichtsarrangement möglich. Durch im Kurs geführte, vom

Lehrer gelenkte Diskussionen wird es ihm möglich, Inhalte nachzuvollziehen. Er braucht seine Mitschülerinnen und Mitschüler und den Lehrer, damit unterschiedliche Deutungen einzelner Textpassagen öffentlich und diskutierbar werden und sich letztlich als plausibel erweisen oder als unangemessen verworfen werden können.

Robert formuliert z.T. indirekt eigene Ziele, was das Arbeiten mit Texten angeht. Er möchte diese verstehen, einen Zugang zu ihnen bekommen, sein Interesse wecken lassen und zudem befähigt werden, mit Anforderungen (z.B. Textproduktion in einer Klausur oder bei den Hausaufgaben) kompetent umgehen zu können. Dass er andere für seine Verstehens- und Lernprozesse braucht, zeigt, dass er sich seiner eigenen Bedürfnisse, seiner Stärken und Schwächen in Deutsch bewusst ist. Robert verfügt über die für die Selbstregulation bedeutsame Wahrnehmung, was man selbst zum Lernen benötigt. Dass er vor allem auf ein kommunikatives Setting abzielt, in dem viele andere Personen eine Rolle spielen, ist zunächst kein Zeichen von mangelnder Kompetenz zur Selbstregulation, sondern Ausdruck einer Bewusstheit über das eigene Lernen. Seine Selbstregulation stößt jedoch sofort an Grenzen, wenn das von ihm erwünschte Setting nicht gegeben ist und zum Beispiel Gruppenarbeit gemacht werden soll. Hier könnten sich selbstregulative Kompetenzen entfalten, was von Robert jedoch nicht als Möglichkeit angenommen, sondern als Überforderung abgelehnt wird.

Roberts Selbstregulation beim Lernen ist damit auf die Fremdregulation angewiesen, kann diese jedoch auch gut für das eigene Lernen nutzen, was sich im Einzelnen wie folgt gestaltet: Er kann sich Ziele setzen, wenn für ihn ein Erfolg erreichbar scheint; dies ist dann der Fall, wenn er auf dem Lernweg nicht alleingelassen, sondern durch bestimmte Lernsettings dabei unterstützt wird. Durch Erfolg entsteht bei ihm Freude am Lernen, im gegenteiligen Fall wird Resignation bei ihm wachgerufen (Selbstaktivierung). Was für ihn als lernbare Herausforderung gestaltet wird, kann er sich erarbeiten; ist er nur auf sich gestellt, fehlen ihm fachliche Lernstrategien (Lernstrategien). Robert ist in der Lage, seinen Lernprozess zu planen, zu überwachen und zu gestalten, sofern er ein klares Ziel hat und sieht, welche Teilschritte ihn dorthin bringen (Lernprozessüberwachung).

Robert ist bereit und in der Lage, seinen Lernprozess in Deutsch aktiv mitzugestalten, sofern er ein gewisses Maß an Strukturierungshilfe und Anleitung vom Lehrer bekommt. Insgesamt zeigt sich bei ihm eine **flexible Anpassung an Fremdregulation**.

7.3.4 Deutschspezifische Ausdifferenzierung des Typs „reflexives Zusammenspiel von Selbst- und Fremdregulation" am Fall von Anna

Für Anna ist die Selbstregulation im Fach Deutsch ein selbstverständlicher Bestandteil des Lernens. Sie zeigt ein hohes Maß an intrinsischer Motivation und die Fähigkeit, mit Anforderungen eigenständig umzugehen. Das Wechselverhältnis von Selbst- und Fremdregulation zeigt sich bei ihr als sehr bewusst und durchdacht. Ihre Vorstellungen über Selbst- und Fremdregulation beim Lernen in Deutsch entsprechen dem Typ, der dieses Zusammenspiel reflexiv gestaltet.

Im Folgenden werden sowohl Annas Beliefs über das Wesen und die Bedeutung des Faches Deutsch als auch die über das Lernen im Fach Deutsch dargestellt. Daran anknüpfend wird erläutert, inwiefern ihre Beliefs dem ihr zugeordneten Typ entsprechen.

7.3.4.1 Annas Lernvorstellungen im Fach Deutsch

Annas Beliefs über das Wesen und die Bedeutung des Faches Deutsch

In Annas Vorstellungen ist Deutsch ein Fach, in dem es vorrangig um den verständnisintensiven Umgang mit unterschiedlichen Texten geht. Ziel einer solchen Beschäftigung ist es, das Thema oder ggf. die Problematik des Textes herausstellen und diskutieren zu können. Dabei beschränkt sich Anna zufolge das Sprechen über Texte nicht auf den Deutschunterricht, sondern auch im außerschulischen privaten Bereich wird über literarische Texte gesprochen; in solchen Situationen kann sie überprüfen, ob sie einen Text wirklich verstanden hat und die Hauptaussagen wiedergeben kann.

Deutsch ist für sie ein Fach, das unterschiedliche Arbeitsformen wie Gruppenarbeit, Frontalunterricht und ganz selbstständige Phasen zulässt. Die Anforderungen sind für sie zu bewältigen und sie scheint stets zu wissen, was sie genau zu tun hat.

Annas Beliefs über das Lernen in Deutsch

Annas Vorstellungen zufolge hat das systematische Lernen im Fach Deutsch keinen besonders hohen Stellenwert. Sie weiß offensichtlich, was zu tun ist, tut es und hat Erfolg damit. Das, was sie tut, bezeichnet sie nicht als Lernen im engeren Sinne; ebenso klassifiziert sie das, was sie kann, nicht damit, es gelernt zu haben. Sie spricht von ihren Lernhandlungen in Deutsch, als seien diese Selbstverständlichkeiten, die sie unhinterfragt und unaufgefordert ausführt.

Das, was sie offensichtlich kann (Texte produzieren, Bücher verstehen, Internetrecherche), beschreibt sie nicht als eine erbrachte Leistung. Bestimmte Gegenstände des Faches bzw. des Unterrichts, die sie auf Lernbarkeit überprüft (die Kenntnis von Effi Briest oder von Epochen der Literaturgeschichte), haben für sie keine besonders große Bedeutung, wie sie sagt:

„Aber ich weiß nicht, was man so unbedingt im Deutschunterricht lernen muss. Ja, ok, jetzt weiß ich, worum es bei Effi Briest geht oder so. Das ist schon so n bisschen Allgemeinbildung. Und sonst hab ich auch nicht so wirklich viel ehrlich gesagt gelernt. Es gibt Epochenübersicht, so was vergess ich einfach. Ich finds auch nicht ehrlich gesagt so wichtig, in welcher Epoche so n Gedicht geschrieben ist. Wenn es mir gefällt, dann gefällt es mir und ich interpretier es nicht oder ich interpretier es für mich selbst. Aber ich sag jetzt nicht, es hat das Reimschema oder... Das ist für mich einfach unwichtig" (ANNA 1, Z. 623 ff.).

Sie sagt explizit, dass Deutsch kein Lernfach für sie sei. Gleichzeitig erläutert sie, worauf es ankomme, wenn man ein Buch verstehen möchte. Sie nennt einzelne Schritte auf dem Weg zum Textverständnis, bezeichnet diese jedoch nicht als Lernen. Es klingt so, als seien die von ihr beschriebenen Vorgehensweisen Selbstverständlichkeiten, die gleichsam vom gesunden Menschenverstand nahe gelegt werden. Ihr Anspruch an die Bearbeitung einer Lektüre ist, diese zu verstehen. Wenn ihr dies allein beim Lesen nicht gelingt, zieht sie Sekundärliteratur heran. Auch dies nimmt sie als ein selbstverständliches Vorgehen wahr; mit Lernen (im engeren Sinne) hat das für sie nichts zu tun.

Was Gedichtinterpretationen betrifft, so sieht sie diese in ihrer Bedeutung auf den Unterrichtskontext beschränkt – jedenfalls was die korrekte fachwissenschaftliche Interpretation auf der Ebene der Sprache betrifft (Reimschema etc.) Anna bevorzugt, Gedichte für sich selbst zu interpretieren oder sie lediglich nach ästhetischen Gesichtspunkten zu beurteilen.

„Das ist gar nicht so ein Lernfach. Also wo man so Literatur behandelt, ist das eigentlich nur Buch durchlesen, es zu verstehen, wenn man es nicht versteht, Sekundärliteratur zu holen und vielleicht noch, wenn es erforderlich ist, was über die Zeit, über den Autor rauszufinden und das war's für mich persönlich eigentlich also. Ich finde, das ist nicht so wie in Mathe oder so, wo man das noch lernen muss und wirklich verstehen muss, also Deutsch ist da ja wirklich einfach nur so: Buch kapieren so, also okay, auch n bisschen lernen, aber ich schätz mal nicht so in den Maßen wie in Mathe. Also dass man so den Großteil des Buches weiß und sonst halt Zusammenfassungen aus dem Internet raussuchen. Also das ist wirklich nicht was mit viel lernen zum Glück" (ANNA 2, Z. 396 ff.).

Anna fällt es offensichtlich leicht, sich die Inhalte eines Buches zu erarbeiten, sei es, dass sie es gleich alleine versteht oder sich mithilfe von Sekundärliteratur und Internetrecherche erschließt. Dabei grenzt sie diese Vorgehensweisen von „lernen und wirklich verstehen" ab, wie sie es für das Fach Mathematik beschreibt.

Auf die Frage, wann Anna merkt, dass sie in Deutsch etwas gelernt hat, antwortet sie:

> „Ehm, dass ich darüber nachdenke. Also wenn ich mich wieder daran erinnern kann bei anderen Sachen so. Was weiß ich, so, wenn man drüber redet unter Freunden oder so. Ja, weißt du, Effi Briest und so lesen wir gerade. Und dann sagt ein anderer, ja, ich habs noch nie gelesen. Worum geht es denn da? Da können die nicht mitreden. Aber da ich es ja gelesen hab, kann ich da ja mitreden. So die Problematik herausstellen und so" (ANNA 1, Z. 633 ff.).

Die Beliefs über das Lernen in Deutsch beinhalten einen hohen Anspruch an die eigenen Fähigkeiten bezüglich der Rezeption von Texten. Anna möchte die Inhalte wirklich verstehen, was sich ihr zufolge darin äußert, dass sie selbst darüber nachdenkt, auch wenn der schulische Kontext als Rahmen einer Unterrichtseinheit nicht mehr gegeben ist. Sie stellt ein Gespräch unter Freunden als eine Situation dar, in der sich für sie zeigt, ob sie ein Buch wirklich verstanden hat und ob sie sich daran erinnert. Kann sie sich erinnern und über das Buch sprechen, so hat sie die Inhalte wirklich verinnerlicht. Dabei hat sie den Anspruch, die Problematik des Buches herausstellen zu können, d.h. eine Form der Darstellung zu finden, die über eine bloße Inhaltangabe hinausgeht. Die Problematik eines Buches zu erfassen und diese im Gespräch zu entfalten, bedeutet eine intensive Auseinandersetzung mit den Inhalten, die Wahrnehmung der Komplexität im literarischen Werk.

In Bezug auf die Textproduktion ist es für Anna bedeutsam, eine Vorstellung davon zu haben, welche Art von Text gefordert ist. Eine solche Vorstellung kann sie entwickeln, wenn es um einen ihr bekannten Text geht. Ohne dies im Einzelnen zu begründen, empfindet sie sich dann in der Lage, „drauflos zu schreiben":

> „Aber sonst hab ich nicht so Probleme, wenn ich genau weiß, was ich schreiben soll. Also dann fällts mir eigentlich ziemlich einfach. Vor allem, wenn es um Geschichten geht, wenn wir so was vorgegeben haben, kann ich mich daran auch gut orientieren. […] Und dann kann ich immer so drauflos schreiben. Dann kann ich auch viel schreiben so. Und das war eigentlich auch ganz gut so mit dem Buch. Also konnt ich auch eigentlich gleich losschreiben. Halt nur die erste Zeile, sich so richtig überlegen so als Einführung. Und dann ging es eigentlich. Ist das so geflossen" (ANNA 1, Z. 141 ff.).

Gruppenarbeit zielt Anna zufolge darauf ab, dass die Schülerinnen und Schüler ihre Interessen in die Bearbeitung eines Themas einfließen zu lassen, d.h. die Themenwahl beeinflussen und die Arbeit selbst gestalten können. Für sie ist es in diesem Zusammenhang auch von Bedeutung, dass sich die Schüler(innen) selbstständig für ihre Arbeit motivieren müssen.

278

„Da versucht man natürlich halt, seine Interessen auch mit einzubringen. Und auch das wirklich zu machen, was man auch machen will. Und nicht irgendwie sagen, nee, ich hab darauf keinen Bock. Vielleicht hab ich keine Lust, aber ich muss das halt trotzdem machen" (ANNA 1, Z. 257 ff.).

Gruppenarbeit bietet demnach für Anna bestimmte Möglichkeiten der Mitbestimmung und des selbstständigen Arbeitens, die sie zu nutzen bereit ist, aber auch die Notwendigkeit zum selbstbestimmten Arbeiten, was sich beispielsweise in der Motivierung äußert, die jeder für sich selbst leisten muss. Was die Möglichkeit zur inhaltlichen Auseinandersetzung mit einem Thema betrifft, so sieht sie diese in jeder der beiden Arbeitsformen – Gruppenarbeit und Frontalunterricht – gegeben.

„Es kommt auch immer auf die Themen drauf an, finde ich. Also wenn es ein interessantes Thema ist, dann kann man sich natürlich auch in Gruppenarbeit sehr vertiefen, so ausschweifen und so. Und wenn halt das so typisch Lehrer sagt was und Schüler meldet sich, dann macht's natürlich auch Spaß, wenn man es dann weiß" (ANNA 1, Z. 268 ff.).

Anna zeigt damit eine Motivierung hinsichtlich des Deutschunterrichts, die primär auf die inhaltliche Bearbeitung von Themen abzielt. Sie sieht, dass im Rahmen von Gruppenarbeit die Möglichkeit gegeben ist, Inhalte vertiefend zu bearbeiten, während im Frontalunterricht eher darauf abgezielt wird, Wissen systematisch an die Schülerinnen und Schüler zu vermitteln, wobei im gelenkten Unterrichtsgespräch, als einer Variante des Frontalunterrichts, die Schülerinnen und Schüler Antworten zur Diskussion stellen können, die vom Lehrer oder von Mitschüler(inne)n kommentiert werden.

Annas Beliefs über das Lernen in Deutsch beinhalten einen für sie selbstverständlichen hohen Anteil an eigenverantwortlichem Arbeiten und an selbstgesteckten Zielen. Sie zeigt sich am Verständnis der behandelten Texte interessiert, ist intrinsisch motiviert, sich mit den Gegenständen in Deutsch auseinanderzusetzen und bezieht diese in ihr außerschulisches Leben ein. Verschiedenen Lernsettings wie das vom Lehrer gelenkte Unterrichtsgespräch oder Gruppenarbeit schreibt sie unterschiedliche Funktionen für ihr Lernen zu.

Rolle des Lehrers

Vor dem Hintergrund der dargestellten Beliefs von Anna über das Lernen in Deutsch, welche die eigentätige und eigenverantwortliche Beschäftigung mit den im Unterricht behandelten Themen in den Vordergrund stellt, kommt dem Lehrer folgende Funktion zu: Er legt die methodische Gestaltung des Unterrichts fest, womit er sich selbst bzw. den Schüler(inne)n jeweils unterschiedliche Funktionen und Aufgaben zuschreibt. In Bezug auf den Unterricht von Herrn Keller stellt sie folgendes heraus:

„Also ich komm mit der Fragestellung von Herrn Keller besser klar als von Herrn Tietz. [...] Keller ist ein bisschen lockerer und er macht mehr Gruppenarbeit und redet selbst nicht so viel" (ANNA 1, Z. 83 ff.).

Anna zufolge ist für Herrn Kellers Unterricht charakteristisch, dass er die Schülerinnen und Schüler in Gruppenarbeit viel selbst erarbeiten lässt und nicht so viel Frontalunterricht macht, in dem die Fachinhalte vom Lehrer im Vortragsstil an die Schüler(innen) vermittelt werden. Anna begrüßt diesen hohen Grad an selbstständigem Arbeiten auf der einen Seite. Auf der anderen Seite sieht sie in einem Unterricht, in dem hauptsächlich die Schülerinnen und Schüler in Gruppen arbeiten, die Aufgaben des Lehrers beschränkt.

„Also er macht es sich so ein bisschen einfach, finde ich. Und Herr Tietz hat das hauptsächlich von sich aus gemacht, den Unterricht geleitet und so" (ANNA 1, Z. 86 ff.).

Die Ausgestaltung der Lehrerrolle betrachtet sie vor dem Hintergrund der möglichen Varianten von Handlungen, die zunächst für sich stehen. In einem zweiten Schritt stellt Anna Überlegungen darüber an, welche Konsequenzen das Lehrerhandeln für ihr Lernen hat. Für Anna ist im Unterricht durch eine starke Führung des Lehrers gewährleistet, dass klar herausgestellt wird, was „richtig" und was „falsch" ist. Dies sei im Frontalunterricht gegeben, bei Gruppenarbeit fehle es. Anna stellt somit beide Arbeitsformen im Unterricht gegeneinander, wobei sie die jeweiligen Stärken und Schwächen in Bezug auf ihr Lernen benennen kann.

„Und Herr Keller ist eher so ein Gruppenarbeitsmensch, also der sagt, arbeitet in Gruppen. Was vielleicht gut ist, aber manchmal auch wieder n bisschen doof ist, find ich. Weil man ja wirklich nicht weiß, ob es richtig ist, was man in der Gruppe bespricht und er uns auch nie selber Rückmeldung so gegeben hat, so richtige. Was gut war und was schlecht war. Und bei Herrn Tietz war es halt wirklich, dass er es geleitet hat, dass wir auch wirklich Rückmeldung bekommen haben, was daran gut war und was nicht" (ANNA 1, Z. 190 ff.).

Gruppenarbeit wird von Anna als eine Form des selbstständigen Arbeitens betont, bei der es wenige klare Rückmeldungen durch den Lehrer gibt. Im Frontalunterricht, in dem Schülerinnen und Schüler einzelne Beiträge bringen, werden diese in der Regel sofort vom Lehrer kommentiert. Sie kann sich in Gruppenarbeit einbringen, die thematische Erarbeitung verläuft jedoch ohne das Mitwirken des Lehrers.

In Bezug auf Herrn Kellers Unterricht weiß sie insbesondere zu schätzen, dass dieser die Schülerinnen und Schüler maßgeblich an der Themenauswahl beteiligt und sich die Schülerinnen und Schüler nach Interesse Gruppen zuordneten können. Auch in diesem Punkt zeigt sich, dass Anna im Unterricht ihre Interessen einbringen möchte und an einer inhaltlichen Auseinandersetzung interessiert ist, für die sie sich motivieren kann.

„Insofern ist ganz gut, dass er uns das freigestellt hat. Das müsste eigentlich öfter gemacht werden so in anderen Unterrichtsfächern. [...] Muss natürlich im Rahmenprogramm liegen, was gemacht werden muss. Aber man kann sich Sachen aussuchen. Das find ich eigentlich immer sehr gut. Dass man mit Interesse und Spaß und was lernen will, daran geht. Mit so welchen Einstellungen" (ANNA 1, Z. 363 ff.).

Annas Beliefs über die Rolle des Lehrers schreiben dem Lehrer die Funktion zu, das Setting bereitzustellen, das sie für ihr Lernen nutzen kann. Anna möchte im Unterricht etwas lernen und kann dies für sich fördern, indem sie sich einbringt und versucht, ihre Interessen im Rahmen der vorgegebenen Unterrichtsmethode zu verfolgen. Der Lehrer kann nur in Frontalphasen des Unterrichts unmittelbaren Einfluss auf ihren Lernprozess nehmen; für die Gruppenarbeit wünscht sie sich mehr Feedback von ihrem Lehrer.

Eigene Rolle

In Annas Vorstellungen hat sie selbst eine zentrale Rolle bei der Bewältigung der Anforderungen im Fach Deutsch. Sie gewichtet die Eigenverantwortung sehr hoch und scheint beispielsweise die Aufgaben im Rahmen der Textproduktion problemlos bewältigen zu können, wie folgende Aussage illustriert:

„Also ich hab manchmal auch so Einfälle und so, wenn ich mir die nicht gleich aufschreibe, dann vergess ich sie wieder. Und manchmal sind sie auch wirklich nützlich. Andere Male natürlich vielleicht auch nicht oder so, aber das kommt dann später, wenn ich mich noch mal damit beschäftige oder so. Aber sonst schreibe ich sie eigentlich immer irgendwo auf Kladde-Zettel oder so auf, damit ich sie nicht vergesse. Und sonst, was ich weiß, schreib ich halt erst mal hin. Und was dann auf einmal noch dazukommt, so n Kreuz oder sonst immer noch so irgendwo in ne kleine Lücke reinquetschen oder so. So mach ich das eigentlich immer. Noch mal durchlese oder drüber rüberfliege" (ANNA 1, Z. 153 ff.).

In Annas Äußerungen wird eine große Sicherheit in Bezug auf den Einsatz ihrer Strategien bei der Textproduktion deutlich. Sie spricht davon, dass sie das eigentlich immer so macht. Sie sieht keinen Veränderungsbedarf und keinen Verbesserungsbedarf hinsichtlich ihrer Strategien. Offensichtlich weiß sie, was sie schreiben will. Zudem hat sie Einfälle, die ihr während des Schreibens kommen und die es zunächst festzuhalten und später auf ihre Tauglichkeit zu überprüfen gilt. Diese werden dann ggf. in den Fließtext eingebaut. Am Ende überfliegt sie den Text. Implizit werden ihre Fähigkeiten deutlich, den zu bearbeitenden Text zu verstehen, sich zu orientieren, eine Einführung zu finden, drauflos zu schreiben, den Text zu überarbeiten und am Ende gegenzulesen.

„Und da hatt ich gar keine Zeit so wirklich richtig zu lernen. Aber zum Glück hat uns ja Herr Keller das Thema vorgegeben, dass es halt um den Fluss geht, den halt zu beschreiben, zu erläutern, was der halt in der Novelle Romeo und Julia auf dem Dorfe zu tun hat. Und deswegen konnt man sich auch was aus dem Internet raussuchen. Die ganzen wichtigen Passagen und die ehm ja dazugehörigen ehm ja Bedeutungen. Und außerdem haben wir auch uns alle noch mal in der zweiten großen Pause noch mal getroffen und haben es verglichen. Und haben ins Buch gekritzelt, was wir auch durften. Das war eigentlich meine Vorbereitung (lachen). Also natürlich Buch gelesen, hat man noch mal sich so angeguckt... Aber sonst gar nichts so weiter. Weil es halt wirklich nur um den Fluss ging und sonst nichts.[...] denn ich hab Norbert[ein Mitschüler, PM] auch gefragt, und der meint, ehm, dass halt der Fluss als bedeutendes Motiv vorkommt, Symbol, und das sollen wir halt charakterisieren. Ja, und deswegen wusste ich schon, auf was ich mich vorbereiten soll.Und ich glaub, man hätte auch gar nicht mehr machen können" (ANNA 1, Z. 49 ff.).

Wie selbstverständlich für Anna die nötigen Schritte der Vorbereitung waren, wird in ihrer folgenden Äußerung deutlich:

„Also man musste halt einfach nur im Buch gucken, im Internet das Richtige eingeben und dann auf das Richtige stoßen und das war eigentlich ganz einfach" (ANNA 1, Z. 61 ff.).

Ohne dass sie im Einzelnen sagt, wie man „das Richtige" eingibt oder woran sie erkennt, dass sie auf „das Richtige" gestoßen ist, wird deutlich, dass sie eine klare Vorstellung davon hat. Sie kommentiert diese Verfahrensweise mit „ganz einfach", womit sie nicht nur zum Ausdruck bringt, dass sie keine Schwierigkeiten hatte, sondern auch, dass sie sich nicht wirklich anstrengen musste.

Für Anna liegt der Gewinn der Ansage der Lehrers, in der Klausur würde es um das Flussmotiv gehen, darin, dass sie sich zu Hause soweit vorbereiten konnte, so dass sie sich in der Klausur nur auf das Schreiben konzentrieren konnte. Dies hat die ganze Zeit in Anspruch genommen. Die dafür notwendigen Voraussetzungen, das Buch und insbesondere die Bedeutung des Flusses verstanden zu haben, konnte sich Anna zu Hause erarbeiten.

„Und ich glaub jetzt auch wegen der Klausur war es wirklich ehm auch gut, dass er uns das gesagt hat, dass man sich so drauf vorbereiten konnte. Denn wenn er uns das nicht gesagt hätte und wir davor gesessen haben ehm jetzt mit dem Fluss und so und... Da hätten wir erst mal das Buch noch mal durchlesen müssen, die ganzen Textpassagen rausgesucht... Und das hätte uns, glaub ich, wahnsinnig Zeit gekostet. Und so konnten wir wirklich uns aufs Schreiben nur konzentrieren. Das hat wirklich was gebracht. Obwohl es nur eine Frage war, brauchten wir alle zwei Stunden, wirklich" (ANNA 1, Z. 94 ff.).

In dieser Passage wird deutlich, dass für Anna das Herausarbeiten eines Symbols viel Zeit beansprucht. Es beinhaltet unter anderem das Durchlesen des gesamten Textes, um die entscheidenden Passagen erst einmal herauszufinden. Die Bedeutung einzelner Passagen hätte dann mit Blick auf den gesamten Text interpretiert werden müssen. Diese Schritte konnte Anna bereits vor der Klausur vollziehen – mit erheblicher Unterstützung des Internets. So stand ihr das zu verarbeitende Wissen bereits vor der Klausur zur Verfügung und musste in der Klausur selbst nur noch in eine Textform gebracht werden. Und damit hat Anna ihren Aussagen zufolge keine Schwierigkeiten.

Annas Beliefs über die eigene Rolle beim Lernen in Deutsch beinhalten ein hohes Maß an Eigenverantwortung. Sie sieht sich auf sich selbst gestellt, wenn es darum geht, Texte zu bearbeiten und zu produzieren; zugleich bezeugen ihre Aussagen eine große Selbstsicherheit in Bezug auf die geforderten Leistungen.

7.3.4.2 Selbst- und Fremdregulation in Annas Lernvorstellungen: Reflexives Zusammenspiel von Selbst- und Fremdregulation

Anna setzt sich Ziele in Deutsch, die weit über Verwertungsinteressen im Unterricht hinausgehen. Sie will die behandelten Texte wirklich verstehen, um diese auch außerhalb des Unterrichtskontextes diskutieren zu können. Sie möchte mitreden. Dies zeigt ein hohes Maß an Selbstregulation, was ihre Fähigkeit zu eigenen Zielsetzung betrifft, die intrinsisch motiviert sind. Ihre Beliefs über das Lernen in Deutsch beinhalten zudem, dass man sich das Verständnis eines Textes erarbeiten muss, wenn man diesen nicht sofort beim ersten Lesen versteht.

Im Bezug auf Gedichte hat Anna einen eigenen Standpunkt entwickelt; die im Unterricht bedeutsame fachwissenschaftliche Interpretation, die u.a. die Analyse des Reimschemas beinhaltet, ist für sie weniger bedeutsam, als eine eigene Interpretation eines Gedichts oder die Beurteilung unter ästhetischen Kriterien. Anna hat damit eine aktive, souveräne und selbstständige Haltung den Gegenständen des Faches Deutsch gegenüber entwickelt. Um ihren hohen Anspruch an das wirkliche Verstehen von Texten zu erfüllen, ist sie selbstverständlich bereit zu arbeiten. Sie ist dabei intrinsisch motiviert, Romane zu verstehen.

Im Gegensatz zu Maya beispielsweise ruft die bevorstehende Klausur bei Anna kein Gefühl der Hilflosigkeit hervor. Sie empfindet die Ansage des Lehrers sogar als große Hilfestellung, kann einen Großteil der Vorbereitung der Textproduktion zu Hause erledigen und sich in der Klausur ganz auf das Schreiben konzentrieren. Hier zeigt sich ein großes Maß an selbstregulativen Fähigkeiten, was den Umgang mit offenen Aufgabenstellungen angeht. Für die Textproduktion stehen Anna offenbar ausreichende Strategien zur Verfügung, wobei sie diese nicht im Einzelnen benennt, sondern einfach los schreibt, sobald sie weiß, was sie schreiben will; der Rest kommt quasi von alleine. Ihre selbstregulativen Kompetenzen in Bezug auf die Textproduktion sind für Anna zufriedenstellend. Beleg dafür ist für sie die Tatsache, dass sie viel schreiben kann. Daran überprüft sie quasi den Erfolg ihrer Strategien.

Anna kann Arbeitsformen für ihren Lernprozess nutzen, die ein hohes Maß an Selbstständigkeit und Eigenverantwortung verlangen. Sie nutzt dabei die Möglichkeit, ihre Interessen einzubringen, sich an der Themenauswahl zu beteiligen und ihre Motivation allein aufrecht zu halten. Ihr geht es darum, etwas im Unterricht zu lernen. Sie zeigt damit selbstregulative Fähigkeiten, was das Setzen von eigenen, intrinsisch motivierten Zielen betrifft. Zudem verfügt sie über Strategien des selbstständigen Arbeitens in Gruppen. Zugleich kann Anna auch Formen des gelenkten Unterrichtsgesprächs im Frontalunterricht etwas für ihren Lernprozess abgewinnen. In solchen Phasen besteht für sie die Möglichkeit, sich mit Wissen einzubringen, das vom Lehrer überprüft und kommentiert wird bzw. durch die Beiträge anderer und Rückmeldungen vom Lehrer zu lernen, was „richtig" ist. Ihre Haltung zu unterrichtlichen Arbeitsformen zeigt, dass Anna den Unterricht gezielt und bewusst für ihren Lernprozess nutzen kann.

Annas fachliches Lernverständnis beinhaltet das eigenständige Bearbeiten eines Textes, das unter Rückgriff auf Sekundärliteratur erfolgen kann und zum Ziel hat, dass Anna den Text wirklich versteht. Diese Lernhandlungen sind für sie Selbstverständlichkeiten, die sie nicht als Lernen bezeichnet. Sie thematisiert keine Lernbarkeit, sondern sie kann es einfach. Ihre fachlichen Lernstrategien funktionieren unhinterfragt; sie kann bei einer Recherche auf „das Richtige" stoßen, wenn sie weiß, was sie schreiben will und soll, dann fließt es ihr geradezu aus der Feder, sie hat zum Teil gute Einfälle und versteht längere Texte. Anna zeigt eine differenzierte Haltung den unterschiedlichen unterrichtlichen Arbeitsformen gegenüber, die sie danach beurteilt, wie deren spezifischer Beitrag zu ihren Verstehens- und Auseinandersetzungsprozessen aussieht.

Anna integriert in ihren Vorstellungen Selbst- und Fremdregulation als notwendige Bestandteile des Lernens im Fach Deutsch: Sie setzt sich anspruchsvolle, intrinsisch motivierte Ziele, die behandelten Inhalte in Deutsch wirklich zu verstehen und über diese auch in außerschulischen Kontexten diskutieren zu können (Selbstaktivierung). Sie scheint problemlos in der Lage, die Anforderungen in Deutsch zu bewältigen; dabei greift sie auf ein großes Repertoire fachspezifischer Strategien zurück (Lernstrategien). Anna verfügt zudem über Fähigkeiten, ihren Lernprozess zu planen, zu überwachen und selbstständig zu gestalten, weil sie differenzierte Teilschritte vor Augen hat, verschiedene Unterrichtssettings für ihr Lernen nutzen kann und strategische Ressourcen zur Verfügung hat (Lernprozessüberwachung). Insgesamt wird in ihren Lernvorstellungen ein **reflexives Zusammenspiel von Selbst- und Fremdregulation** deutlich.

Zwischenfazit

Ein Vergleich der drei dargestellten Fälle zeigt folgende Übereinstimmung: Erstens sehen alle Schüler(innen) die Selbstregulation als bedeutsam im Fach Deutsch an; die Anforderungen im Fach müssen von den Schüler(inne)n teilweise selbst erschlossen werden, was beispielsweise daran deutlich wird, wie unterschiedlich die einzelnen Schüler(innen) die Aufgabe beschreiben, im Unterricht einen Roman durchzunehmen. Zweitens stellt der Lehrer für alle Schüler(innen) bezüglich des Lernens in Deutsch eine zentrale Instanz dar; insbesondere wird das von ihm gelenkte Unterrichtsgespräch für den eigenen Lernprozess als wichtig erachtet. Zudem erachten alle Schüler(innen) die Textarbeit, d.h. die Rezeption von Texten und die Produktion – beispielsweise im Sinne der Konstruktion einer Interpretation, als zentrale Anforderung im Fach Deutsch. Unterschiede zeigen sich zwischen den drei Fällen in Bezug auf die Bereitschaft und die Fähigkeit mit den Anforderungen der Textarbeit umzugehen: Robert verfügt im Vergleich zu Maya über mehr Strategien, hat einen sichtbaren Erfolg, der sich in seinen Noten spiegelt, und hält die Gegenstände in Deutsch prinzipiell für lernbar. Dabei ist für ihn entscheidend, dass ihm der Lehrer durch Fremdregulation ausreichend Unterstützung anbietet. Maya hat kaum Strategien zur Verfügung, sie kann keine großen Erfolge verbuchen, zeigt schlechtere Leistungen und hält Talent letztlich für den erfolgreichen Umgang mit Anforderungen in Deutsch entscheidend. Ohne Hilfe des Lehrers ist sie nicht in der Lage, die Anforderungen zu bewältigen. Anna verfügt über ein großes Repertoire an Strategien, die sie selbstverständlich einsetzt; dabei nutzt sie das Lehrerhandeln und unterschiedliche Unterrichtssettings gezielt für ihr Lernen.

Die Falldarstellungen legen die Vermutung nahe, dass den Schüler(inne)n ein Kompetenzraster zur Interpretation und zur Textproduktion helfen und sowohl eine Stärkung der Selbstregulation als auch eine gesteigerte Hilfestellung durch Fremdregulation zur Folge haben könnte. Unterstützt wird diese Annahme auch durch eine Aussage Sandras:

„Bei diesem Flussmotiv ist es dann halt, ok, wenn dir was Gutes dazu einfällt und das gut improvisieren kannst, dann schreibst du ne gute Arbeit, wenn nicht, Pech gehabt!" (SANDRA 1, Z. 210 ff.).

Der Lehrer hat jedoch mit der Entwicklung der drei Kompetenzraster andere Ziele verfolgt (vgl. 7.2.1). An dieser Stelle kann also nicht überprüft werden, welche Funktionen die Schüler(innen) einem solchen Instrument zuschreiben würden und welche Entwicklungen selbstregulierten Lernens sich rekonstruieren ließen. Stattdessen wird das Kompetenzraster zu Präsentationen in den Blick genommen. Präsentationen stellen im Unterricht von Herrn Keller einen wichtigen Bestandteil dar und sind im Rahmen von Gruppenarbeitsphasen anzusiedeln, in denen selbstständiges und selbstbestimmtes Arbeiten eingefordert wird. Es handelt sich bei Präsentationen um eine Aufgabe, die das eigene Setzen von Zielen, die selbstständige Arbeitsorganisation und die selbstständige Überprüfung des Arbeitsprozesses durch die Schüler(innen) beinhaltet, d.h. selbstregulative Fähigkeiten.

An dieser Stelle wird mit der Hypothese gearbeitet, dass die Rekonstruktionen über die Entwicklungen selbstregulierten Lernens, welche anhand der Lernvorstellungen der Schüler(innen) und deren jeweilige Funktionszuschreibungen an das Kompetenzraster zu Präsentationen erarbeitet werden, darüber Aufschluss geben können, welchen Beitrag Kompetenzraster zur Textproduktion bzw. auch zu anderen zentralen Anforderungsbreichen im Deutschunterricht für die Entwicklung der Selbstregulation haben können.

Im Folgenden werden die Funktionszuschreibungen der Schüler(innen) Maya, Robert und Anna für das Kompetenzraster zu Präsentationen erläutert.

7.3.5 Funktionsbestimmungen von Maya, Robert und Anna für das Kompetenzraster zu Präsentationen

Die Funktionszuschreibungen, die Maya, Robert und Anna im Gespräch für das Kompetenzraster zu Präsentationen vornehmen, weisen große Übereinstimmungen auf. Sie nennen im Wesentlichen die gleichen Aspekte mit zum Teil leicht unterschiedlichen Akzentuierungen. Aus diesem Grund ergibt sich für dieses Kapitel folgende Darstellung: Die insgesamt sechs rekonstruierten zentralen Funktionsbestimmungen für das Kompetenzraster werden aufgeführt und jeweils mit Zitaten illustriert. Unterschiedliche Akzentuierungen von Maya, Robert und Anna werden benannt und ausgeführt, sofern sie zu verzeichnen sind. Jeder Aspekt wird in seiner Bedeutung für die Fähigkeit zum selbstregulierten Lernen in Deutsch beschrieben. Anschließend werden die Fälle Maya, Robert und Anna in der Gegenüberstellung von Positionierungen im Deutschunterricht und den Funktionsbestimmungen für das Kompetenzraster zusammengefasst.

Die sechs Funktionszuschreibungen sind:

a) Identifizierbarkeit von Qualität
b) Unterstützung bei der Erstellung von Präsentationen
c) Direkte und konkrete Rückmeldung zur eigenen Leistung
d) Möglichkeit zur gezielten Kompetenzsteigerung
e) Direkte und konkrete Rückmeldung zur Leistung anderer
f) Übertragbarkeit der Qualitätskriterien auf andere Kontexte

a) Identifizierbarkeit von Qualität

Für Maya, Robert und Anna gewährleistet das Kompetenzraster die Identifizierbarkeit von Qualität in Bezug auf Präsentationen. Entscheidend dafür ist die Definition von Qualität, die durch das Kompetenzraster vorgenommen wird. Worauf es bei einer guten Präsentation ankommt, wird für Maya und Robert klar ersichtlich. Dieser Aspekt ist besonders für Maya bedeutsam:

„Denn man macht ja ganz viele Präsentationen und ich finde das auch wichtig, dass man das weiß, wie man das macht. Dass man halt darauf achtet, gezielt, dass ich jetzt Blickkontakte hab oder Zitate mache oder halt diese Punkte jetzt" (MAYA 2, Z. 915 ff.).

Für die Identifizierbarkeit der Qualität ist zudem die Operationalisierung der Kriterien von Bedeutung. Diese ermöglicht einen differenzierten Blick auf die Güte einer Präsentation. Für die Qualitätsbeurteilung werden so eindeutige Aussagen möglich, wie Maya herausstellt:

„Was haben die richtig gemacht und was haben die falsch gemacht? Ob die das gut gemacht haben" (MAYA 1, Z. 599 ff.).

Die Identifizierbarkeit von Qualität ermöglicht es Maya und Robert, die Plausibilität einzelner Kriterien zu erkennen und diese daher auch längerfristig zu verinnerlichen. Robert sagt:

„Ich denke, dass die meisten [Schülerinnen und Schüler; PM] sich vielleicht auch noch an einige Punkte erinnern würden, wie etwas sein sollte. Dass man zum Beispiel Bilder und Grafiken benutzen soll, um etwas besser zu verstehen. Oder Augenkontakt, dass man nicht immer alles vorliest. Solche Sachen vergisst man nicht so schnell, denke ich, weil die ganz wichtig sind. Daher ist das auf jeden Fall hilfreich, auch später fürs Leben" (ROBERT 2, Z. 518 ff.).

Maya spricht in diesem Zusammenhang den Punkt ‚Gliederung' an:

„Bessere Gliederung, dann schreibt man an der Tafel, was man vorhat und deswegen kann man auch gut verstehen. Also das ist auch für die Schüler so. Dadurch wird das Referat…Also ich meine, Referat allgemein finde ich so langweilig, wenn das immer eine Stunde so vorgetragen wird. Irgendwann kann man nicht mehr zuhören oder… Weil man weiß ja nicht, worüber er redet auf einmal oder wo er ist, ne?" (MAYA 2, Z. 796 ff.).

Robert nennt als einen weiteren Punkt, der für ihn auf die Identifizierbarkeit von Qualität zurückzuführen ist, die Qualitätssteigerung:

„Wir hatten jetzt drei Präsentationen und alle drei waren sich sehr ähnlich, weil ich denke, alle drei Gruppen sich diese rubrics angeguckt haben und ihre Präsentation so perfektioniert haben. Das hat ihnen auf jeden Fall dabei geholfen. Vorher als wir diese rubrics noch nicht hatten, gabs ganz viele Kriterien: das hätte man noch besser machen können, dies und jenes" (ROBERT 2, Z. 411 ff.).

Die Qualitätssteigerung ist ihm zufolge auch auf eine erhöhte Motivation zurückzuführen, die er bemerkt:

„Also meistens sind die Feedbacks immer positiv, weil die Schüler sich das auch alles anschauen. Ich denk mal, jeder Schüler will ne gute Präsentation da entwickeln und den Schüler vorstellen" (ROBERT 2, Z. 443 ff.).

Anna konkretisiert in Bezug auf diesen Aspekt die Möglichkeit zu einer gezielten und kriteriengeleiteten Selbstreflexion:

„Und dass man es sich so vor Augen halten kann, ob man das jetzt macht oder nicht" (ANNA 1, Z. 460 f.).

Die Identifizierbarkeit von Qualität sorgt Maya zufolge zudem für eine Transparenz bezüglich der Bewertung:

„Der [Lehrer; PM] hat sich einzelne Punkte überlegt, zum Beispiel Einstieg und Übergang zwischen den Teilen, also die Punkte, die ihm wesentlich wichtig erscheinen. Die Sachen, die er von uns erwartet bei der Präsentation hat er uns jeweils auch in Stufen eingeordnet. Wenn wir es so machen, was wir für eine Note kriegen" (MAYA 1, Z. 580 ff.).

In den Schüleraussagen wird deutlich, dass die Definition von Qualität in Bezug auf spezifische Leistungsbereiche, wie sie durch das Kompetenzraster vorgenommen wird, in mehreren Punkten für sie bedeutsam ist: Es wird herausgestellt, was die Güte einer Präsentation auszeichnet und welche Aspekte im Einzelnen dazu beitragen. Den Schüler(inne)n wird die Möglichkeit gegeben, eine direkte, konkrete und differenzierte Qualitätsbeurteilung für Präsentationen vorzunehmen. Die Gütekriterien für eine Präsentation können sich in der konkreten Unterrichtsarbeit bewähren und von den Schüler(inne)n nachhaltig verinnerlicht werden. Insgesamt kann sich die Qualität der Präsentationen im Kurs steigern, indem das durch die Kompetenzraster vermittelte Wissen über Präsentationen in Kompetenzen überführt wird.

Für die Selbstregulation beim Lernen kann die Definition von Qualität insofern eine Funktion bekommen, als dass die eigene Zielsetzung konkretisiert werden kann, gezielt Lernstrategien für die Optimierung einzelner Gütekriterien entwickelt werden können und die Selbstaktivierung durch die Transparenz der Vorgaben erhöht werden kann.

b) Unterstützung bei der Erstellung von Präsentationen
Die Hilfestellung bei der Vorbereitung einer Präsentation wird besonders von
Robert betont. Er schildert ein Erlebnis seiner Gruppe während der Vorbereitung:

„Und da haben wir gesehen: Oh, mein Gott, ja, lass uns das doch mal alle anschauen, was
wir nicht haben, noch mal einbauen. Dann haben wir gemerkt, dass wir keine Zitate hatten.
Haben uns noch mal das Buch angeguckt, ein paar Zitate rausgeschrieben, die noch mal
aufgezählt, noch mal die APL an die Tafel geschrieben als Visualisierung, damit der Schüler das gut nachvollziehen kann" (ROBERT 2, Z. 394 ff.).

Die Hilfestellung wird von ihm nicht nur als solche bei der Vorbereitung genutzt, sondern sie findet auch im Ergebnis und in der Bewertung ihren Niederschlag:

„Jeder hat ne Folie gemacht oder hat was an die Tafel geschrieben oder hat versucht, nicht
auf das Blatt zu gucken, wenn er etwas zitiert hat oder was halt, was erzählt hat. Und das
war auf jeden Fall ne gute Idee. Und das haben wir auch an unseren Noten gesehen, weil
jede Präsentation war gut. Das war alles im Zweierbereich. Und das hat uns auf jeden Fall
geholfen" (ROBERT 1, Z. 588 ff.).

In den Schüleraussagen wird deutlich, dass die Schüler(innen) das Kompetenzraster als Hilfestellung erfahren und als solche nutzen. Sie machen dabei
die Erfahrung, dass sie ihre Leistungen auf diese Weise auch tatsächlich
verbessern. Für die Selbstregulation beim Lernen ist die unterstützende, anleitende Funktion des Kompetenzrasters insbesondere im Rahmen der Selbstaktivierung von Bedeutung.

c) Direkte und konkrete Rückmeldung zur eigenen Leistung
Maya erwähnt im Gegensatz zu Robert nicht die Funktion des Kompetenzrasters als Hilfestellung bei der Vorbereitung einer Präsentation. Für sie setzt
die unterstützende Funktion ein, wenn sie im Rahmen einer Rückmeldung
durch ihre Mitschüler(innen) zum ersten Mal auf ihre Defizite nach einer
Präsentation aufmerksam gemacht wurde.

„Weil ich weiß, dass dieser Punkt, was ich gemacht hab, das war nicht der richtige. Also
dass ich da halt mich verbessern muss in diesem Punkt. Dass ich nächstes Mal darauf achten soll, wie ich das Zuhören leichter mache, indem ich lauter spreche oder Kontaktblicke
hab und so" (MAYA 2, Z. 856 ff.).

Die Schüleraussage weist darauf hin, dass dem Kompetenzraster die Funktion einer differenzierten Defizitanalyse zugeschrieben wird, aus der sich Konsequenzen für das weitere Vorgehen ableiten lassen. Den Schüler(inne)n
wird gespiegelt, an welchen konkreten Aspekten sie arbeiten müssten, um ih-

re Gesamtleistung zu verbessern. Für die Selbstregulation bedeutet dies eine Unterstützung der Selbstaktivierung und zugleich eine Hilfestellung bezüglich der Lernprozessüberwachung.

d) Möglichkeit zur gezielten Kompetenzsteigerung
Robert, Maya und Anna sprechen die Möglichkeit zur gezielten Kompetenzsteigerung an, die sie durch das Kompetenzraster gegeben sehen. Entscheidend ist für sie dabei, dass die komplexe Anforderungsstruktur einer guten Präsentation in die Summe einzelner zu beachtender Kriterien zerlegt wird. So wird die individuelle Konzentration auf einzelne wenige Kriterien möglich; alles auf einmal zu beherrschen, ist ihnen zufolge nicht sofort möglich.
Maya sagt:

„Aber das finde ich auch immer so schwer, wenn man da vorne steht, man ist auch ein bisschen aufgeregt und ja, man kann halt nicht auf alles achten. Man muss erst mal darauf achten, wie formuliert man einen Satz, damit alle verstehen, und dann lauter reden. Ja, man kann halt nicht alle Punkte, glaub ich, berücksichtigen" (MAYA 2, Z. 862 ff.).

Die Kompetenzsteigerung wird so über eine gezielte Steigerung in Teilkompetenzen möglich.
Auch Anna beschreibt für sich die Möglichkeit zu einer gezielten Kompetenzsteigerung. Dabei nimmt die sich – im Gegensatz zu Maya – eine inhaltlich anspruchsvolle Aufgabe vor:

„Also wenn man sagt: „Der Schluss war son bisschen verschleiert." Also dass man halt das nächste mal so denkt: Ja, ich mach den Schluss jetzt schön, son schönen Übergang so von dem, sag ich, vom Hauptteil so zum Schluss hin. Das denke ich, hat schon was gebracht ja" (ANNA 2, Z. 566 ff.).

Die Schüleraussagen verweisen darauf, dass durch das Raster die Möglichkeit zur gezielten Kompetenzsteigerung gegeben wird. Entscheidend ist dabei, dass die einzelnen Schüler(innen) sowohl individuell entscheiden können, auf welchen Aspekt sie ihre Aufmerksamkeit richten, als auch, auf welchem Niveau sie eine Leistungsverbesserung anstreben. Für die Selbstregulation ist die Möglichkeit zur gezielten Kompetenzsteigerung aus Sicht der Schüler(innen) insofern bedeutsam, als dass die Lernprozessüberwachung optimiert, eine Entwicklung von konkreten, auf Teilbereiche bezogenen Strategien angebahnt und die Selbstaktivierung gefördert werden kann.

e) Direkte und konkrete Rückmeldung zur Leistung anderer
Für Maya, Robert und Anna erfüllt das Kompetenzraster die Funktion, eine direkte und konkrete Rückmeldung zu den Leistungen ihrer Mitschüler(innen) geben zu können. Dafür sind vor allem die klaren Kriterien und die konkreten Beschreibungen verantwortlich.
Robert konstatiert:

„Hier gibt es halt ganz viele Punkte, die man erwähnen kann. Und es fiel uns auf jeden Fall ganz leicht, Schüler danach zu charak-, was heißt charakterisieren, Schüler danach zu bewerten. Das fiel uns viel leichter" (ROBERT 1, Z. 598 ff.).

Robert und Maya äußern sich im Gespräch zu einer Rückmeldung an andere, die nicht auf der Basis eines Kompetenzrasters beruht.
Maya sagt:

„Wenn da zum Beispiel diese Punkte nicht da stünden vielleicht oder man sich das selber überlegen müsste, was da fehlte oder so oder was er halt genau sich unter diesem Schluss oder Einstieg oder Übergang zu den Teilen vorstellt, da könnte man vielleicht nicht so gut darauf kommen oder halt bewerten" (MAYA 1, Z. 610 ff.).

Anna spricht in diesem Zusammenhang davon, dass die Schüler(innen) auf diese Weise das Bewerten lernen. Sie sind während einer Präsentation aufgefordert, auf einen Aspekt im Speziellen zu achten.

„Und vor allem die lernen das auch gleichzeitig. Also so selbst zu bewerten. So ein Thema so selbst drauf zu achten. Bei den anderen natürlich auch mitzuhören, aber halt auf das Eine besonders achten" (ANNA 1, Z. 475 ff.).

Für Robert, Maya und Anna besteht der Wert der Rückmeldungen insbesondere darin, dass Schüler(innen) und der Lehrer eine Rückmeldung zu jeder Präsentation geben.
Robert sagt:

„Das Feedback der Schüler ist auch wichtig, finde ich, weil als erstes hier, weil ich denke, dass jeder daraus lernen kann, was richtig war und was nicht. Und das wichtige ist auch, dass jeder Schüler mit einbezogen ist bei ner Präsentation. Jeder hat eine Funktion und jeder lernt daraus etwas" (ROBERT 2, Z. 495 ff.).

Dabei spricht Robert neben der Funktion für das Lernen der Schüler(innen) auch die Expertenrolle an, die den Schüler(inne)n durch das Kompetenzraster ermöglicht wird:

„In dem Fall spielt der Schüler die Rolle des Lehrers und sagt den Präsentanten, was in Ordnung war und was nicht" (ROBERT 2, Z. 486 ff.).

Anna stärkt – ebenso wie Robert – die Schülerinnen und Schüler in ihrer Expertenrolle. Dabei hebt sie auf den Umstand ab, dass der Lehrer gar nicht auf alle Aspekte gleichzeitig achten könne:

„Ich glaub, weil es so viele Sachen sind, ist es schwierig für Lehrer darauf zu achten dann. Dann achtet er auf die einen Sachen mehr, die gerade schlecht waren, und auf andere weniger, die vielleicht ganz gut waren. Deswegen ist das auch immer ganz gut, wenn auch die Schüler das machen" (ANNA 1, Z. 473 ff.).

Maya stellt die Rückmeldungen von Lehrer und Schüler(inne)n nebeneinander:

„Aber er selbst [der Lehrer; PM] denkt auch darüber nach. Er akzeptiert nicht nur unsers, also was wir gesagt haben. Also ich geh davon aus, dass er auch für sich eine Bewertung macht und dann vergleicht halt mit den anderen seine Meinung" (MAYA 2, Z. 939 ff.).

Die Schüleraussagen verdeutlichen, dass durch das Kompetenzraster der Leistungsbewertung im Unterricht ein zentraler Platz eingeräumt wird. Alle Schüler(innen) sind an Bewertungsprozessen beteiligt und profitieren im Rahmen ihrer eigenen Lernprozesse davon. Der kriteriengeleitete Blick auf die Leistung von Mitschüler(inne)n schärft die Aufmerksamkeit für relevante Teilaspekte im Rahmen einer Präsentation. Für die Selbstregulation kann die direkte und konkrete Rückmeldung zur Leistung anderer eine Förderung der Selbstüberwachungskompetenz bedeuten, da die Evaluation von Leistungen und das Ableiten geeigneter Maßnahmen zur Verbesserung geübt werden.

f) Übertragbarkeit der Qualitätskriterien auf andere Kontexte

Robert und Maya schreiben dem Kompetenzraster die Funktion zu, ihnen auch in anderen Kontexten Qualitätskriterien zur Orientierung bereitzustellen. Maya erkennt zum Beispiel das im Kompetenzraster genannte Kriterium des Zitierens als typisch für das Arbeiten im Fach Deutsch:

„Vor allem zum Beispiel in Deutsch Zitat, das ist erforderlich, wenn man da mit einem Buch arbeitet, dass man das zitiert. Das sagt auch immer so Herr Keller: ‚Das fand ich gut, dass du das zitiert hast.'" (MAYA 2, Z. 918 ff.).

Sie nennt schriftliche Arbeiten als Aufgabenstellungen in Deutsch, auf die einige Kriterien des Kompetenzrasters übertragen werden können:

„Aber Referate zum Beispiel, da muss man auch große Arbeiten schreiben und man weiß ja, worauf man achten muss. Ob man da Einleitung, Schluss oder am Ende halt was aufschreibt oder Bilder hinzufügt. Also nicht bei Referat, das man vorträgt.... Denn es sind immer die gleichen Kriterien, was da verlangt wird" (MAYA 2, Z. 1131 ff.).

Robert bringt in Bezug auf diese Funktionsbestimmung die Perspektive auf andere Fächer und auf das Leben nach der Schule ins Spiel:

„Oder es hilft mir, es muss mir ja nicht nur in Deutsch helfen. Ich denke, dass dieses rubric auch in anderen Fächern helfen kann, in allen anderen Fächern, denke ich. Und es hilft vielleicht auch später, nachdem man die Schule beendet hat" (ROBERT 2, Z. 507 ff.).

Die Schüleraussagen weisen darauf hin, dass das Kompetenzraster für Präsentationen über seinen spezifischen Gegenstandbereich hinaus eine Bedeutung für das Lernen im Fach Deutsch bekommen kann. Einige der Kriterien sind beispielsweise auf den Umgang mit Texten zu übertragen oder auf Anforderungen in anderen Unterrichtsfächern. Für die Selbstregulation ist die Übertragbarkeit der Qualitätskriterien auf andere Kontexte insofern von Bedeutung, als dass von den Schüler(inne)n selbst Möglichkeiten des Transfers erkannt und genutzt werden können. Dies betrifft die Entwicklung von Lernstrategien, die Lernprozessüberwachung und die Selbstaktivierung.

7.3.6 Konstruktion typischer Entwicklungen selbstregulierten Lernens durch die Arbeit mit Kompetenzrastern

In diesem Abschnitt werden auf Basis der vorangestellten Erörterungen typische Entwicklungen in Bezug auf das Verhältnis von Selbst- und Fremdregulation in den Vorstellungen der Schüler(innen) konstruiert. Die Entwicklungen lassen sich analog zum Mathematikteil visuell darstellen:

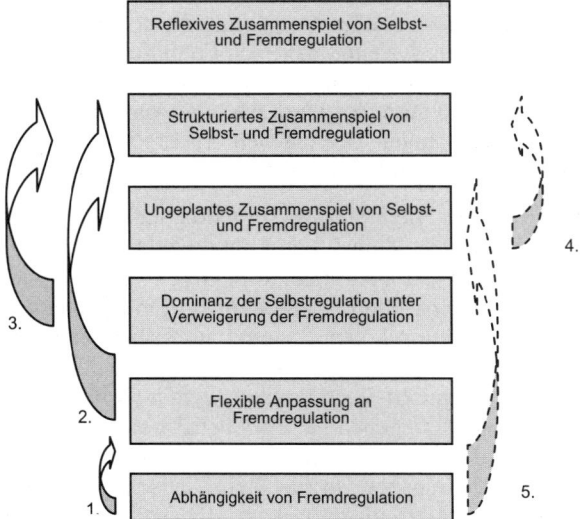

Abbildung 2: Typische Entwicklungen in Bezug auf das Verhältnis von Selbst- und Fremdregulation

293

Im Folgenden werden die fünf Entwicklungstypen beschrieben:

1. Von einer „Abhängigkeit von Fremdregulation" zur „flexiblen Anpassung an Fremdregulation"

Die Abhängigkeit von Fremdregulation zeigt sich im Fach Deutsch daran, dass die betreffenden Schüler(innen) nicht in der Lage sind, ihren Lernprozess selbst zu planen, zu überwachen und zu kontrollieren. Sie besitzen kaum oder wenige Lernstrategien, die es ihnen ermöglichen, sich eigenständig mit den Inhalten auseinanderzusetzen und können keine Teilziele formulieren. All dies führt zu ihrer Annahme, dass die Lernbarkeit im Fach Deutsch prinzipiell begrenzt ist. Sie sind sehr auf die Lehrkraft angewiesen, um die Anforderungen bewältigen zu können. Der Einsatz eines Kompetenzrasters, das für einen zentralen Anforderungsbereich im Fach Deutsch Gütekriterien benennt und diese in Niveaustufen gliedert, kann für solche Schüler(innen) die Gelegenheit eröffnen, ihre Lernhandlungen gezielter zu planen. Sie können sich an den Vorgaben orientieren, weil durch sie die Qualität einer zu erbringenden Leistung definiert ist. Die Beteiligung an Bewertungsprozessen kann die Wahrnehmung für eine Analyse von Stärken und Schwächen schulen, die für selbstreguliertes Lernen bedeutsam ist. Insgesamt könnte durch die Arbeit mit Kompetenzrastern die Abhängigkeit von Fremdregulation in eine flexible Anpassung an Fremdregulation überführt werden, in der das eigene Lernverhalten derart geplant und gesteuert wird, dass die Angebote der Lehrkraft optimal genutzt werden können. Die eigenen Anteile im Lernprozess können gestärkt werden, ohne dass auf eine starke Fremdregulation verzichtet wird.

2. Von einer „flexiblen Anpassung an Fremdregulation" zum „strukturierten Zusammenspiel von Selbst- und Fremdregulation"

Schüler(innen), die im Fach Deutsch eine flexible Anpassung an Fremdregulation zeigen, stellen Selbst- und Fremdregulation in ein hierarchisches Verhältnis, das Fremdregulation höher bewertet als Selbstregulation. Die eigentätige Auseinandersetzung mit Lerninhalten kann erst und nur dann von den Schüler(inne)n selbstreguliert übernommen werden, wenn eine starke Lenkung durch die Lehrkraft gegeben ist. Dies betrifft sowohl die Textrezeption als auch die Textproduktion. Der Einsatz eines Kompetenzrasters, das für einen zentralen Anforderungsbereich im Fach Deutsch Gütekriterien benennt und diese in Niveaustufen gliedert, kann für solche Schüler(innen) die Selbstregulation beim Lernen stärken. Die Schüler(innen) können das Raster nutzen, um sich unabhängig vom Lehrer eigene Ziele zu setzen und das eigene Lernverhalten zu planen, zu überwachen und zu kontrollieren. Das Raster ermöglicht zudem die sukzessive Entwicklung von Strategien in relevanten Teilbereichen. Die Fremdregulation bleibt für das Lernen weiterhin wichtig, die Selbstregulation wird jedoch stärker gewichtet, so dass Selbst- und Fremdregulation ein strukturiertes Zusammenspiel eingehen.

3. Von einer „Dominanz der Selbstregulation unter Verweigerung der Fremdregulation" zum „strukturierten Zusammenspiel von Selbst- und Fremdregulation"

Schüler(innen), die im Fach Deutsch eine Dominanz der Selbstregulation unter Verweigerung von Fremdregulation zeigen, messen ausschließlich der Selbstregulation eine Bedeutung für ihr Lernen bei. Lernen im Fach Deutsch heißt für sie, sich Inhalte selbst zu erarbeiten, das Lernen unter eigenen Gesichtspunkten zu reflektieren und sich ausnahmslos selbst zu motivieren. Lehrerhandeln und Unterrichtsgeschehen werden in ihren Funktionen für das Lernen nicht erkannt und nicht genutzt. Der Einsatz eines Kompetenzrasters, das für einen zentralen Anforderungsbereich im Fach Deutsch Gütekriterien benennt und diese in Niveaustufen gliedert, kann für solche Schüler(innen) den Rückgriff auf die Fremdregulation beim Lernen fördern. Die Fremdregulation wird sichtbar und nutzbar; dies betrifft den Einsatz von Lernstrategien, die Lernprozessüberwachung und die Selbstaktivierung. Die Fremdregulation wird somit aufgewertet und tritt in ein strukturiertes Wechselverhältnis zur Selbstregulation.

4. Vom „ungeplanten Zusammenspiel von Selbst- und Fremdregulation" zum „strukturierten Zusammenspiel von Selbst- und Fremdregulation"

Schüler(innen), bei denen ein intuitives Zusammenspiel von Selbst- und Fremdregulation im Fach Deutsch zu rekonstruieren ist, schreiben der Selbstregulation eine große Bedeutung zu. Sie sind intrinsisch motiviert, sich mit den Inhalten auseinanderzusetzen, verfügen über ein großes Repertoire an Strategien und übernehmen Verantwortung für ihren Lernprozess. Die Fremdregulation betrachten sie ebenfalls als einen wichtigen Bereich schulischen Lernens, stellen sie jedoch in kein strukturiertes Wechselverhältnis zur Selbstregulation. Ihre Bezugnahme auf die fremdregulativen Anteile bleibt intuitiv, d.h. zum Teil unbewusst, unreflektiert und damit ungeplant. Der Einsatz eines Kompetenzrasters, das für einen zentralen Anforderungsbereich im Fach Deutsch Gütekriterien benennt und diese in Niveaustufen gliedert, kann solchen Schüler(inne)n dabei helfen, die selbstregulativen Anteile bewusst, gezielt und direkt auf die fachspezifischen Anforderungen zu beziehen. Zugleich können die fremdregulativen Anteile, die durch das Kompetenzraster Ausdruck finden, planvoll und durchdacht zur Gestaltung der Selbstregulation herangezogen werden, so dass sich ein strukturiertes Zusammenspiel von Selbst- und Fremdregulation entwickelt.

5. Von einer „Abhängigkeit von Fremdregulation" zum „ungeplanten Zusammenspiel von Selbst- und Fremdregulation"

Die Entwicklung von einer „Abhängigkeit von Fremdregulation" zu einem „ungeplanten Zusammenspiel von Selbst- und Fremdregulation", die für die Arbeit mit einem Mathejournal im Fach Mathematik als eine Möglichkeit ausgewiesen wurde, scheint für die Arbeit mit Kompetenzrastern unwahrscheinlich. Denn Schüler(innen), die von einer Fremdregulation im Fach Deutsch abhängig sind, würden die Kompetenzraster als eine Chance zu größerer Selbstregulation begrüßen, gerade weil sich diese dann gezielt auf die Fremdregulation beziehen kann.

7.4 Funktionszuschreibungen der Schüler(innen) für die Kompetenzraster zur Kursmitarbeit und zum Unterricht

In diesem und dem folgenden Kapitel wird analog zum Mathematikteil der Frage nachgegangen, welche Entwicklungen selbstregulierten Lernens in Deutsch mit Kompetenzrastern angebahnt werden können. Bevor die für die Selbstregulation zentralen Aspekte Lernstrategien, Lernprozessüberwachung und Selbstaktivierung einzeln betrachtet werden (7.5.1 – 7.5.3), erfolgt für die beiden Kompetenzraster zur Kursmitarbeit und zum Unterricht eine Querauswertung, in welche die Interpretation aller fünf Interviews eingeht (7.4.1 und 7.4.2). Die einzelnen Funktionszuschreibungen werden unter Rückgriff auf illustrierende Schülerzitate erläutert. Für das Kompetenzraster zu Präsentationen wurden bereits im vorangegangenen Abschnitt im Rahmen der Fallstudien die Funktionszuschreibungen der Schüler(innen) herausgearbeitet.

7.4.1 Das Kompetenzraster zur Kursmitarbeit

Als Ergebnis der Interpretation der Schüleraussagen zum Kompetenzraster Kursmitarbeit lassen sich drei Aspekte markieren, die von allen befragten Schüler(inne)n in Bezug auf die Deutung des Kompetenzrasters in jeweils unterschiedlicher Ausprägung bedeutsam sind:

a) Orientierung an und Auseinandersetzung mit transparenten Fremderwartungen
b) Entwicklung einer kriterienorientierten Selbsteinschätzung
c) Beteiligung an der Leistungsbeurteilung

Im Folgenden werden die drei Aspekte dargestellt.

a) Orientierung an und Auseinandersetzung mit transparenten Fremderwartungen
Eine zentrale Funktion des Kompetenzrasters, welche die befragten Schüler(innen) nennen, besteht darin, dass die Beurteilungskriterien des Lehrers

296

bezüglich der mündlichen Mitarbeit für sie transparent gemacht werden. In Sandras Äußerungen kommt zum Ausdruck, welche Konsequenzen sie aus dieser Transparenz zieht:

„Wenn man weiß, worauf der Lehrer Wert legt in seiner Bewertung, kann man sich ja darauf konzentrieren. Anstatt jetzt seine Energie in Sachen zu verschwenden, wo der Lehrer eigentlich gar nichts von wissen will. [...] Das ist einfach nur, um uns zu sagen, das find' ich auch sehr gut, was er von uns erwartet, das heißt, wenn wir immer hier alles erfüllen, dann können wir eigentlich erwarten, dass wir von ihm ne Eins kriegen" (SANDRA 1, Z. 642 ff.).

Robert spricht in diesem Zusammenhang von

„Normen [...], an die man sich halten kann oder eigentlich muss, wenn man eine gute Note erreichen möchte" (ROBERT 1, Z. 449 ff.).

Ralf differenziert zwischen Kategorien, die letztlich für die Note relevant sind, und solchen, die keine große Auswirkung auf die Note haben. Seine Folgerungen: Es gibt

„so drei, vier Kategorien, die so insgesamt für die Note dann verantwortlich sind" (RALF 2, Z. 891 ff.).

An einem Zitat von Anna wird deutlich, wie eine Orientierung an und Auseinandersetzung der Schülerinnen und Schüler mit den vorgegebenen Kriterien aussehen kann. Sie versucht nicht, ihr Verhalten im Unterricht lediglich an die Anforderungen der höchsten Stufe anzupassen, sondern sie berücksichtigt die konkrete Lernsituation im Unterricht, ihre eigenen Fähigkeiten und auch ihre Stimmung, die sie in den Unterricht mitbringt. Es wird eine Auseinandersetzung mit den vorgegebenen Kriterien dahingehend deutlich, dass diese situationsgebunden, variabel und für sie sinnvoll ihr Verhalten beeinflussen.

„Also ich guck ihn mir nicht immer an und sag, ja, ich muss jetzt mich am Unterrichtsgespräch so immer regelmäßig beteiligen und immer gute Ideen und so. Es kommt immer auch drauf an, was fürn Thema das ist und wie ich gerade drauf bin und ob ich was dazu sagen kann. Also ich sag jetzt nicht, ich muss jetzt unbedingt Stufe drei sein oder Stufe vier" (ANNA 2, Z. 267 ff.).

In den Aussagen der Schüler(innen) kommt die Vorstellung zum Ausdruck, dass die Leistungsbeurteilung im Unterricht stets vorrangig vom Lehrer abhängt – ob sie nun für die Schüler(innen) transparent ist oder nicht. In diesem Sinne wird nicht nur nachvollziehbar, dass das Kompetenzraster für alle interviewten Schüler(innen) eine positive Bedeutung hat, sondern auch, welche weiteren Funktionen sich für sie aus dem Kompetenzraster ergeben. Sie erleben das Kompetenzraster als eine Orientierungshilfe, die es ihnen ermöglicht, sich auf die Erwartungen des Lehrers bestmöglich einzustellen, weil diese transparent gemacht worden sind. Sie können ihre Zeit und Energie zielgerichtet in Leistungen investieren, die vom Lehrer honoriert und in die Beurteilung aufgenommen werden. Das Kompetenzraster hilft ihnen nicht nur dabei, sich in Bezug auf die Leistungsbeurteilung gezielt, ökonomisch und anforderungsbezogen zu verhalten, es motiviert zugleich zu höherer Anstrengungsbereitschaft.

Die Bedeutung dieser Funktionszuschreibung für die Entwicklung selbstregulierten Lernens ist differenziert zu betrachten. Hat die Auseinandersetzung mit transparenten Fremderwartungen zur Folge, dass die Schüler(innen) die Lehrererwartungen unreflektiert übernehmen, d.h. versuchen, ihr Verhalten nach den Kriterien auszurichten ohne einen Sinn in ihnen zu sehen, kann von einer äußeren Übernahme von Fremderwartungen gesprochen werden, die keine Entwicklung selbstregulierten Lernens darstellt. Es würde sich um die Nutzung des Instruments im Sinne eines defensiven Lernens handeln, das auf Noten ausgerichtet ist und nicht an der Ausbildung von Wissen und Fähigkeiten.

Hat die Auseinandersetzung mit transparenten Fremderwartungen zur Folge, dass die Schüler(innen) sich den Erwartungen des Lehrers gegenüber positionieren, diese mit den behandelten Inhalten und ihren eigenen Fähigkeiten in Beziehung setzen, so dass sie eigene Zielsetzungen für sich vornehmen, so kann von einer Weiterentwicklung selbstregulierten Lernens gesprochen werden. Es würde sich dabei um eine Integration von Fremderwartungen in die eigenen Zielsetzungen und das eigene Verhalten handeln, das reflektiert und begründet stattfindet und mit persönlichem Sinn gefüllt wird.

Die Funktionszuschreibung ist letztlich in Bezug auf die Entwicklung selbstregulierten Lernens in einem Spannungsfeld zu betrachten, das von der Intention der Schüler(innen), lediglich eine Anpassung an die Lehrererwartungen im Sinne einer Leistungsverbesserung vorzunehmen, auf der einen Seite und von der Intention der Schüler(innen), an ihren Fähigkeiten zu arbeiten und ihre Wissensbestände zu erweitern im Sinne inhaltlichen Lernens, auf der anderen Seite aufgespannt wird.

b) Entwicklung einer kriterienorientierten Selbsteinschätzung

Für die befragten Schüler(innen) hat das Kompetenzraster einen Aufforderungscharakter; es stellt die Anforderung, eigene Leistungen in Bezug auf vorgegebene Kategorien und Niveaustufen einzuschätzen. Für Sandra hat die Konkretisierung der Leistungseinschätzung eine entscheidende Funktion: Die Einschätzung der eigenen Leistung wird kontrollierbar und damit realitätsnäher. Sie beschreibt im Gespräch die Herausforderung, die eine realistische Selbsteinschätzung an einen stellt:

„Da fällt einem dann doch auf, dass man vielleicht nicht überall auf Stufe vier ist, sondern doch auch mal auf Stufe, bis auf Stufe 2 abrutscht, so ne? Also, man schätzt sich eigentlich immer so, wenn man aus der Vergangenheit so jetzt guckt, besser ein, als man eigentlich wirklich ist, würd' ich mal sagen. Und wenn man dann selber mal drauf achtet so, ,Ok, jetzt in der Zukunft acht ich mal drauf', dann denkt man so ,Hm, vielleicht war's doch nicht ganz so toll.'" (SANDRA 1, Z. 604 ff.).

Für Ralf eröffnet das Kompetenzraster insbesondere die Erfahrung, im Einzelnen zu überlegen, was den tatsächlichen Vorgang einer Reflexion und Selbsteinschätzung ausmacht bzw. worauf es ankommt:

„Also das einzige, was der Anspruch daran ist, dass man sich halt noch mal konzentrieren muss und dass man mal versuchen muss sich genau zu erinnern, wie man sich im, in den, in der, in diesem Halbjahr, wie man aufgetreten ist im Unterricht. Ob man halt auch wirklich was gezeigt hat, sich beteiligt hat, ob man in der Gruppenarbeit auch gute Ergebnisse erzielt hat, dass man versucht halt, sich an diese großen Ereignisse in diesem Halbjahr noch mal zu erinnern" (RALF 2, Z. 949 ff.).

Dabei ist für ihn entscheidend, dass es differenzierte Vorgaben gibt, an denen er sich abarbeiten kann. Für ihn macht es einen erheblichen Unterschied, ob er sich zu seiner „mündlichen Mitarbeit" ganz allgemein äußern soll oder ob er seine Leistungen in den Bereichen Hausaufgaben, Beteiligung am Unterrichtsgespräch, Eigeninitiative, Gruppenarbeit etc. aufgabenorientiert und kriterienorientiert bewerten soll. Die Differenzierung und Operationalisierung der Anforderungen sind eine Hilfe für ihn.

Durch die Arbeit mit dem Kompetenzraster können die Schüler(innen) eine kriterienorientierte Selbsteinschätzung entwickeln. Dieser Punkt lässt sich in drei Aspekten ausdifferenzieren – wobei nicht alle Aspekte in den genannten Zitaten zum Ausdruck kommen, sondern auch anderen Interviewpassagen entnommen sind:

- Adäquatheit ihrer Selbsteinschätzungen
- Außenwirkung ihrer Selbsteinschätzung
- Güte der vom Lehrer aufgestellten Kriterien

Erstens reflektieren die Schüler(innen) die Adäquatheit ihrer Selbsteinschätzungen. Dabei kommen sie zu dem Schluss, dass ein erster Eindruck von ihrer Leistung nicht zwangsläufig zutreffen muss, sondern dass genaues Hinschauen und Erinnern für eine realistische Selbsteinschätzung von Bedeutung sind. Das Kompetenzraster ermöglicht also die Erfahrung, dass es bei einer realistischen Selbsteinschätzung auf Genauigkeit und beobachtete Tatsachen ankommt.

Zweitens reflektieren die Schüler(innen) die Außenwirkung ihrer Selbsteinschätzung. Dabei kommen sie zu dem Schluss, dass es auf andere überheblich wirken kann, wenn sie sich selbst in allen Kategorien als sehr gut einschätzen, dass es jedoch auch Nachteile für sie haben kann, wenn sie sich selbst schlechter einschätzen als es ihrer wirklichen Meinung entspricht. Das Kompetenzraster ermöglicht also die Erfahrung, dass es bei einer Selbsteinschätzung, die vor anderen zu veröffentlichen ist, darauf ankommt, dass man sich realistisch einschätzt und seine Einschätzungen gut begründen kann.

Drittens reflektieren die Schüler(innen) die Güte der vom Lehrer aufgestellten Kriterien. Dabei kommen sie in einigen Fällen zu dem Schluss, dass es ein Passungsproblem gibt zwischen einer Beurteilungskategorie und der Unterrichtsgestaltung. Das Kompetenzraster ermöglicht also die Erfahrung, dass es bei einer gerechten Beurteilung auf die Angemessenheit der Kategorien ankommt.

Der Wert dieser Funktionszuschreibung für die Entwicklung selbstregulierten Lernens liegt auf der Hand: Selbsteinschätzungen, die sich an Kriterien orientieren und sich im Dialog mit Fremdeinschätzungen konfrontieren lassen, sind im Rahmen selbstregulierten Lernens bedeutsam. Für die Planung, Überwachung und Kontrolle des eigenen Lernprozesses ist es unverzichtbar, die eigenen Leistungen realistisch einschätzen und eigene Stärken und Schwächen identifizieren zu können.

c) Beteiligung an der Leistungsbeurteilung

Im Gespräch mit dem Lehrer erleben die Schüler(innen) die Möglichkeit einer Beteiligung an der Leistungsbeurteilung durch begründete Argumente. Dies wird von Sandra explizit formuliert:

„Nur auf leeres Gequatsche lässt er sich natürlich auch nicht ein. Aber wenn man halt Argumente hat, warum man sich meinetwegen vielleicht besser einschätzt als er einen einschätzt, dann lässt er sich durchaus auch überzeugen" (SANDRA 2, Z. 427 ff.).

Durch den Einsatz des Kompetenzrasters können die Schüler(inne)n die Notengenese für die mündliche Mitarbeit nachvollziehen. Sie erfahren die relative Bedeutsamkeit und Gewichtung einzelner vom Lehrer als relevant herausgestellter Kategorien. Auf Grund des Vergleichs von Selbst- und Fremdwahrnehmung und der Diskussion von Differenzen wird dem Kompetenzraster die Funktion zugeschrieben, zu einer gerechtfertigten, weil im Gespräch reflektierten Leistungsbeurteilung beizutragen. Ralf expliziert:

„Also man sucht sich gemeinsam eine Note, würd ich sagen" (RALF 2, Z. 1035).

Die befragten Schüler(innen) nennen drei Punkte, die Bedingungen für eine solche Verständigung zwischen dem Lehrer und den Schülerinnen und Schülern darstellen. Erstens müssen Aushandlungsspielräume strukturell gegeben sein: Zeit und Raum für ein Gespräch zwischen Lehrer und einzelnen Schüler(inne)n. Zweitens muss sowohl bei den Schüler(inne)n als auch beim Lehrer eine Diskussionsbereitschaft vorhanden sein. Drittens müssen im Gespräch Argumente und Belege die Grundlage für Entscheidungen sein. Mit diesen drei Punkten ist die Voraussetzung dafür geschaffen, dass die Schüler(innen) eine Beteiligung an der Leistungsbeurteilung erfahren können. Dass diese Erfahrung für sie eine hohe Bedeutung hat, geht aus allen Äußerungen hervor. Stellvertretend dafür der Hinweis von Anna:

„Und dann hat er mir auch recht gegeben und dann hat er auch gesagt, er weiß auch nicht, warum er es denn so geschrieben hat und hat's dann auch geändert also. Also man kann mit ihm dann auch darüber sprechen so. So wenn man jetzt so geteilter Meinung ist und dass er auch Zeit hat, zu erläutern, zu erklären jetzt, warum man so denkt, dass das so und so ist. Das war ganz gut" (ANNA 2, Z. 285 ff.).

Die Bedeutung einer Beteiligung an der Leistungsbeurteilung für die Entwicklung selbstregulierten Lernens besteht darin, dass die Schüler(innen) eine Selbstwirksamkeitserfahrung im Rahmen schulischer Bewertungsprozesse machen. Sie erleben sich als Akteure im Unterricht, denen nicht nur bestimmte Pflichten und Abhängigkeiten zugeordnet werden, sondern die auch über Rechte und Möglichkeiten der Einflussnahme verfügen. Es handelt sich dabei um eine Aufwertung ihrer Rolle. Die Schüler(innen) empfinden sich als aktiv Beteiligte bei der Notengenese und nicht nur als Rezipienten der vom Lehrer vorgenommenen Bewertungen. Diese Erfahrung kann Selbstregulation insofern unterstützen, als dass durch die Beteiligung an Bewertungsprozessen sowohl die Selbstaktivierung erhöht werden kann als auch die Übernahme von Verantwortung für den eigenen Lernprozess gefördert werden kann, was eine notwendige Bedingung für selbstreguliertes Lernen ist.

Zusammenfassung

Die Arbeit mit dem Kompetenzraster zur Kursmitarbeit scheint für die Schüler(innen) in vier zentralen Punkten bedeutsam zu sein: Zum einen sehen sie in ihm die Möglichkeit zur Orientierung an und Auseinandersetzung mit transparenten Fremderwartungen. Zum zweiten entwickeln sie durch das Instrument eine kriterienorientierte Selbsteinschätzung. Zum dritten erleben sie im Gespräch mit dem Lehrer auf Basis des Kompetenzrasters die Beteiligung an der Leistungsbeurteilung. Viertens erfahren sie die Fremderwartungen, die sich im Kompetenzraster niederschlagen als veränderbar und durch sie selbst beeinflussbar.

Für die Entwicklung selbstregulierten Lernens im Fach Deutsch ist bedeutsam, dass die Schüler(innen) durch das Kompetenzraster die eigene Leistungsentwicklung im Bereich der mündlichen Mitarbeit als plan- und steuerbar erfahren. Die mündliche Mitarbeit nimmt im Deutschunterricht der gymnasialen Oberstufe einen zentralen Platz ein; mit 40% geht die in diesem Bereich vergebene Note in die Gesamtnote ein. Die Bearbeitung von Texten und Themen im Unterrichtsgespräch und das selbstständige Arbeiten in Gruppen als Teilbereiche der mündlichen Mitarbeit sind relevante Aspekte des hier thematisierten Deutschunterrichts.

Die Transparenz von Beurteilungskriterien, die Aufforderung zur Selbsteinschätzung und die Diskussion mit dem Lehrer sowohl über Differenzen in der Einschätzung als auch über die Güte des Kompetenzrasters bilden eine entscheidende Basis für die Entwicklung eines eigenen Leistungsbewusstseins bezüglich der mündlichen Mitarbeit. Zugleich markieren sie damit den Ausgangspunkt für die eigene kriterienorientierte Leistungsentwicklung im Sinne selbstregulierten Lernens.

7.4.2   Das Kompetenzraster zum Unterricht

Im Zuge der Interpretation der Schüleräußerungen ließen sich drei Aspekte identifizieren, die für alle befragten Schüler(innen) in Bezug auf ihre Erfahrungen mit systematischem Feedback an den Lehrer bedeutsam sind:

a) Transparenz von rollenspezifischen Interessen
b) Ausdifferenzierung der Schülerrolle in Feedbackarbeit
c) Ausdifferenzierung der Lehrerrolle in Feedbackarbeit

Im Folgenden werden die Aspekte unter Einbezug illustrierender Schülerzitate dargestellt. Für jeden Aspekt wird herausgestellt, inwiefern er für die Entwicklung selbstregulierten Lernens in Deutsch bedeutsam ist.

a) Transparenz von rollenspezifischen Interessen
Die vom Lehrer eingeforderten Rückmeldungen zum Unterricht stellen für die Schüler(innen) konkrete Fragen dar, die an jeden Einzelnen gerichtet sind und die Neugier und Lernbereitschaft des Lehrers signalisieren. Es geht darum, wie sie die fachlichen Anforderungen im Unterricht, die angelegten Bewertungsmaßstäbe, die Menge an Hausaufgaben, die Vorbereitung auf Klausuren etc einschätzen. Die individuellen Antworten werden aus Sicht der befragten Schüler(innen) nicht in einem Richtig-Falsch-Schema verortet, sondern als wichtige Impulse vom Lehrer ernst genommen. Im Gespräch hat dieser auf die Schülerrückmeldungen reagiert. Dabei handelte es sich um konkrete Nachfragen des Lehrers oder um die Darstellung seiner Position zu einer bestimmten Kategorie des Rasters. Die Schüler(innen) schreiben dem erlebten Rückmeldeprozess die Funktion einer Thematisierung und damit einer Transparenz rollenspezifischer Interessen zu. Dies lässt sich in drei Punkten entfalten:

i.   Transparenz der Schülerinteressen für den Lehrer
ii.   Transparenz der Schülerinteressen für Mitschüler(innen)
iii. Transparenz der Lehrerinteressen für die Schüler(innen)

i.   Transparenz der Schülerinteressen für den Lehrer
Erstens bestimmen die Schüler(innen) als Wirkung der Rückmeldungen, dass einzelne und kollektive Schülerinteressen für den Lehrer transparent gemacht werden. So sagt Ralf beispielsweise:

„Also dadurch sieht er ja auch halt, was die Schüler einfach von ihm denken so, wie sie den Unterricht finden. Und da sieht er halt, was er, wo er dran arbeiten muss und jetzt, da sieht er, ja ok, die Schüler haben nicht wirklich gelernt, da muss ich gucken, was bring ich denen vielleicht anderes bei vielleicht? Oder vielleicht erklär ichs nicht gut genug oder ich muss vielleicht andere Strategie wählen, denen das beizubringen" (RALF 1, Z. 710 ff.).

Dies hat für die Schüler(innen) insbesondere deshalb eine positive Bedeutung, weil ihre bisherigen Erfahrungen gezeigt haben, dass Lehrer(innen) aus den unterschiedlichsten Gründen kein Interesse an Schülerrückmeldungen haben oder aber Probleme in der Lehrer-Schüler-Beziehung einem erfolgreichen Rückmeldeprozess entgegen stehen. Robert spekuliert über die Motive anderer Lehrer wie folgt:

„Vielleicht denken sie [andere Lehrer; PM] ja, dass deren Unterricht, so wie es ist, in Ordnung ist. Vielleicht sind sie der Meinung, dass nichts verbessert werden muss. Das wäre meiner Meinung nach ein Grund. Dass sie von sich und ihrem Unterricht überzeugt sind. Und nicht akzeptieren, etwas besser machen zu können oder vielleicht die Rückmeldung der Schüler halt, nicht denken, dass durch eine Rückmeldung der Schüler vieles ändern würde. Also etwas engstirnig. Die sagen: ‚Das, was ich tu ist richtig.'" (ROBERT 2, Z. 639 ff.).

Sandra erklärt in diesem Zusammenhang, dass mit manchen Lehrer(inne)n die Kommunikation generell nicht möglich ist:

„Also manche Lehrer sind einfach so, mit denen kann man nicht reden" (SANDRA 1, Z. 722 ff.).

ii.   Transparenz der Schülerinteressen für Mitschüler(innen)
Zweitens bestimmen die Schüler(innen) als Wirkung der Rückmeldungen, dass einzelne und kollektive Schülerinteressen für Mitschüler(innen) transparent gemacht werden. Durch die systematische Erhebung und anschließende Veröffentlichung der Einschätzungen aller Schüler(innen) sowie die gemeinsame Diskussion einzelner Aspekte setzen sich die Schüler(innen) untereinander über ihre jeweiligen unterrichtsbezogenen Sichtweisen, Argumente und Wünsche in Kenntnis. Maya beschreibt das Feedback eines Mitschülers,

das ein Mitschüler Herrn Keller gibt, das sich auf die Klausur bezieht und das ihr offenbar deutlich in Erinnerung geblieben ist:

„Und da haben wir natürlich auch Feedback gegeben, warum wir das angekreuzt haben. Da meinte einer, dass zum Beispiel die erste Klausur, die wurde von den Schülern vorbereitet. Der hat uns nicht den Stoff gegeben, das und das sollen wir lernen, sondern einfach jede einzelne Gruppe hat sich mit Lyrik beschäftigt, meinetwegen Romantik oder Realismus und darüber Vorträge gehalten" (MAYA 1, Z. 666 ff.).

Diese als positiv erlebte Erfahrung deutet darauf hin, dass sich Schüler(innen) untereinander nicht per se über die im Kompetenzraster aufgeführten Qualitätsmerkmale von Unterricht austauschen bzw. es nicht auf diese systematische und differenzierte Art und Weise tun. In Mayas Zitat kommt zum Ausdruck, dass den Schüler(inne)n durch die Veröffentlichung von Rückmeldungen die Möglichkeit gegeben wird, Wahrnehmungen, Argumente und Begründungen von Mitschüler(inne)n nachzuvollziehen und auf diesem Weg die eigene Sichtweise auszudifferenzieren.

iii. Transparenz von Lehrerinteressen für die Schüler(innen)
Drittens bestimmen die Schüler(innen) als Wirkung der Rückmeldungen, dass die Lehrerinteressen für die Schüler(innen) transparent gemacht werden. Dass diese im Gespräch formuliert werden, d.h. lebendiger Bestandteil der Kommunikation werden und nicht nur indirekt wie beispielsweise durch Klausuren vermittelt werden, hat für die befragten Schüler(innen) eine positive Bedeutung. Maya sagt in diesem Zusammenhang:

„Man kann hier noch sagen zum Beispiel, dass er nicht erwarten kann, dass wir immer pünktlich sind, obwohl er auch meistens nicht pünktlich ist. Halt solche Sachen und wenn man das anderen Lehrern sagt, dann sagen sie: „Ja, ich bin ein Lehrer, du bist ein Schüler!" Die tun so, als ob sie das nicht annehmen wollen, die wollen das überhaupt gar nicht hören. Aber in diesem Fall sagt er: ‚Ja, es tut mir leid, das kommt vor bei mir und ich hab ja halt andere Verantwortung als ihr.'" (MAYA 2, Z. 449 ff.).

Maya spricht an dieser Stelle an, dass Unzufriedenheiten der Schüler(innen) mit dem Verhalten des Lehrers relativiert werden können, wenn der Lehrer Gründe und Hintergrundinformationen zu seinem Verhalten angibt. In diesem Falle spricht der Lehrer seine Verantwortung (als Lehrer und Oberstufenleiter) an, die ihn manchmal so in Anspruch nimmt, dass er es nicht pünktlich in den Unterricht schafft.

Für die Entwicklung selbstregulierten Lernens in Deutsch ist die „Transparenz rollenspezifischer Interessen" – gegliedert in die Transparenz von Schülerinteressen für Lehrer und Mitschüler(innen) sowie die Transparenz von Lehrerinteressen für die Schüler(innen) – insofern bedeutsam, als dass Möglichkeiten und Bedingungen von Fremd- und Selbstregulation im Unterricht expliziert und thematisiert werden. Im Austausch über die jeweiligen Interessen und Bedürfnisse von Lehrer- und Schülerseite werden Zuständigkeiten geklärt. Die Schüler(innen) können erkennen, welche Bereiche des Unterrichts und des Lernens der Fremdregulation unterliegen und welche Bereiche von ihnen in Selbstregulation zu gestalten sind. Selbst- und Fremdregulation können in ihrem für schulisches Lernen bedeutsamen Wechselverhältnis wahrgenommen werden, welches in den Rückmeldegesprächen zugleich ausgehandelt wird.

b)   Die Ausdifferenzierung der Schülerrolle in Feedbackarbeit
Die Äußerungen der Schüler(innen) lassen erkennen, dass sie sich durch die Rückmeldungen an den Lehrer als Akteure in einem schulischen Bewertungsprozess erfahren. Ihnen kommt die Aufgabe und damit auch die Verantwortung zu, die Leistungen ihres Lehrers hinsichtlich vorgegebener Kriterien zu beurteilen und damit einen Beitrag zu dessen Lernprozess zu leisten. Die Ausdifferenzierung der Schülerrolle in Feedbackarbeit erweist sich als ein weiteres Kernthema. Dabei stehen für die befragten Schüler(innen) zwei Aspekte ihrer Erfahrung im Zentrum:

i.   Gerechtigkeit
ii.   Kompetenzzuschreibung

Zum einen ist für die Schülerinnen und Schüler das Prinzip der Gerechtigkeit, das sie durch die Schülerrückmeldung an den Lehrer eingelöst sehen, von Bedeutung, zum anderen eine Kompetenzzuschreibung, die sie bei der Schülerrückmeldung erleben.

i.   Gerechtigkeit
Mit der durch das Kompetenzraster initiierten Thematisierung des Lehrerhandelns geht für die Schüler(innen) ein Gefühl von Gerechtigkeit einher. Der Lehrer steht mit seinen Leistungen auf dem Prüfstand. Dies hat für die Schüler insbesondere deshalb eine positive Bedeutung, weil im sonstigen Unterrichtsgeschehen vor allem ihre Leistungen der Bewertung ausgesetzt sind. Robert sagt:

„Ja und das gute ist halt hier, dass man nicht immer sich selbst bewerten muss, wie es jetzt nachher der Fall sein wird: Beteiligung am Unterricht oder so, sondern dass der Lehrer mal rangenommen wird und man halt den Lehrer nach Stufen einteilen kann, wie er es später mit uns machen wird oder wie wir es später mit uns selbst machen werden. [...]Dass man nicht nur immer die Schüler sieht, sondern auch die Rolle des Lehrers ganz wichtig ist" (ROBERT 2, Z. 535 ff.).

Bedeutsam für die explizite Reziprozität, die durch das Kompetenzraster zum Unterricht hinsichtlich von Beurteilung erzeugt wird, ist die Tatsache, dass die Schülerinnen und Schüler den Lehrer bewerten – und zwar mithilfe des gleichen Instruments, das auch für die Beurteilungen der Schülerleistungen eingesetzt wird. Auch für den Lehrer sind klare Kriterien definiert und in Niveaustufen gegliedert. Sandra sagt:

„Ich glaub, das sind ungefähr die gleichen Kriterien wie auf dem anderen Zettel ungefähr. Und ja, dann sollen wir halt ihn bewerten. Nicht nur uns, sondern auch ihn. Und er bewertet sich halt, glaub ich auch, hat sich auch, glaub ich, selber bewertet. Also ungefähr genau das gleiche, was er mit uns macht, nur umgekehrt. Find ich sehr fair von ihm" (SANDRA 2, Z. 862 ff.).

Die Schülerinnen und Schüler nehmen im Rahmen dieses Bewertungsprozesses eine ähnliche Rolle ein wie der Lehrer, wenn es um Beurteilungen der Schülerleistungen geht. Es gilt, die Leistungen des Lehrers anhand von vorgegebenen Kriterien der Bewertung auszusetzen. Dabei liegt die Verantwortung bei den Schüler(inne)n, sich konkret, differenziert, begründet und angemessen auf die einzelnen Kriterien zu beziehen. Aus der Wechselseitigkeit und der großen Ähnlichkeit der Bewertungsprozesse resultiert für die Schüler(innen) das Gefühl der Gerechtigkeit.

ii. Kompetenzzuschreibung

Die Leistungen des Lehrers durch das Kompetenzraster einer systematischen Beurteilung unterzogen zu sehen, geht für die Schüler(innen) mit der Vorstellung einher, sie hätten sowohl die notwendigen Kompetenzen als auch die geeignete Position, um dem Lehrer eine adäquate Rückmeldung zu geben. Sie sehen sich als legitimiert und fähig an, eine begründete Bewertung abzugeben. Diese zu beobachtende Kompetenzzuschreibung wird zunächst vom Lehrer initiiert, der das Kompetenzraster entwickelt und an die Schüler(innen) herangetragen hat, dann jedoch von den Schüler(inne)n gleichermaßen angenommen. Es kann demnach davon gesprochen werden, dass die Schüler(innen) die Aufforderung des Lehrers zu Rückmeldung als eine ernst gemeinte Bitte auffassen und sich der Aufgabe verantwortungsbewusst stellen. Deutlich wird diese Wahrnehmung der Schüler(innen) an der folgenden Äußerung Mayas:

„Ich glaub, dass ihn das interessiert, was wir denken, was die Schüler denken. Er sagt auch: „Ihr seid Experten, was den Unterricht angeht." Deswegen-[...] will halt er gucken, was wir über ihn denken. Also wie wir seinen Unterricht beurteilen. Denn wer soll den sonst beurteilen? Normalerweise beurteilt der Lehrer, was wir da gemacht haben. Ob wir das richtig gemacht haben oder so. Aber wer beurteilt den Lehrer, ob er das Falsche gemacht hat oder was er richtig gemacht hat? Also er macht Fehler. Das ist nicht so, dass ein Lehrer ist ein Lehrer und der ist in allen Sachen perfekt" (MAYA 2, Z. 649 ff.).

Die Äußerungen der Schüler(innen) lassen erkennen, dass durch den Rückmeldeprozess eine besondere Rollenzuschreibung für die Schüler(innen) vorgenommen wird: Diese nehmen eigenverantwortlich eine Bewertung der Leistungen des Lehrers vor. Das Kernthema, das sich in den Schüleraussagen identifizieren lässt, besteht darin, dass die Schülerrolle im Unterricht durch den Rückmeldeprozess eine neue Qualität gewinnt. Der bisherigen unhinterfragten und starren Verteilung – Lehrer als Bewerter und Schüler als Bewertete – tritt eine neue, komplementäre Verteilung entgegen. Die Schüler(innen) sind aufgefordert durch ihre individuellen Beurteilungen einen Beitrag zum Lernprozess des Lehrers zu leisten und damit auch ihre eigenen Lernprozesse zu beeinflussen. Auf diese Weise erfahren die Schüler(innen) ihre Rolle im Rahmen eines Bewertungsprozesses als bedeutsam für die Lernentwicklung des Lehrers und für das eigene Lernen.

Für die Entwicklung selbstregulierten Lernens in Deutsch ist die „Ausdifferenzierung der Schülerrolle in Feedbackarbeit" insofern bedeutsam, als dass den Schüler(inne)n erstens eine Verantwortungsübernahme ermöglicht wird, sie zweitens die Erfahrung von Kompetenzzuschreibung machen und drittens den Unterricht als einen von Schüler(inne)n und Lehrer gemeinsam getragenen Prozess erleben. Die Übernahme von Verantwortung ist eine notwendige Voraussetzung für selbstreguliertes Lernen, auch wenn sich diese im Rahmen des Lernprozesses des Lehrers entfaltet und damit nur mittelbar das eigene Lernen thematisiert wird. Kompetenzerleben fördert die Selbstaktivierung, da das eigene Handeln als wirkungsvoll erfahren wird. Für die Gestaltung des eigenen Lernens auch das Lehrerhandeln mit einzubeziehen, bedeutet eine Ausdifferenzierung in Bezug auf die Vorstellungen von Selbstregulation im schulischen Rahmen. Zudem erfahren die Schüler(innen) zentrale Aspekte von Rückmeldung geben und Rückmeldung annehmen in einer neuen Konstellation. Sie erleben ein hinter Lernen und Leistungsentwicklung stehendes Prinzip, welches universal ist und nicht zwangsläufig an die Lehrer- und Schülerrolle im Unterricht gekoppelt ist: Wer lernen möchte, braucht adäquate Rückmeldungen – ob es nun Lehrer(innen) oder Schüler(innen) sind.

c)   Die Ausdifferenzierung der Lehrerrolle in Feedbackarbeit

Alle befragten Schüler(innen) äußern sich im Gespräch zum Auftreten und Verhalten ihres Lehrers und ziehen Schlussfolgerungen zu seiner Intention und Motivation, die er mit dem Einholen der Schülerrückmeldungen verbindet. Der dieser Untersuchung zugrunde liegende Fall stellt – orientiert man sich an den Schülersaussagen – ein positives Beispiel eines Rückmeldeprozesses dar, was die Ausgestaltung der Lehrerrolle angeht. Es erscheint daher lohnenswert, die Faktoren für ein günstiges Lehrerverhalten heraus zu arbeiten, um Gelingensbedingungen des Prozesses erfassen und die Lerngelegenheiten für Schüler(innen) darstellen zu können, insofern sie durch ein gelungenes Lehrerverhalten begünstigt werden.

Die zentrale Dimension dieses Kernthemas ist aus Schülersicht die **Glaubwürdigkeit** des Lehrers. Diese machen die Schüler(innen) zum einen daran fest, dass der Lehrer ihnen gegenüber mit seinem Anliegen authentisch auftritt. Sandra zufolge stellt sich das Anliegen des Lehrers folgendermaßen dar:

„Ich glaub' auch wirklich, dass er daran Interesse hat einfach mit der Rückmeldung von den Schülern seinen Unterricht zu verbessern. [...]Ja, seine Motivation dahinter ist einfach, dass er wohl wirklich Interesse daran hat, irgendwie der beste Lehrer zu werden, der er sein kann, sozusagen" (SANDRA 1, Z. 714 ff.).

Herr Keller hat bei sich einen Lernbedarf, vielleicht sogar ein Lernbedürfnis festgestellt, was die Verbesserung seines Unterrichts betrifft. Diesem Interesse folgend hat er (freiwillig) die Initiative ergriffen, Rückmeldungen von seinen Schüler(inne)n einzuholen. Die befragten Schüler(innen) haben das Gefühl, seine Motivation zu erkennen und begrüßen diese, weil sie ihnen ehrlich erscheint, sie diese als plausibel und sinnvoll erachten und sie für sie selbst keine Nachteile mit sich bringt. Zum anderen machen die Schüler(innen) die Glaubwürdigkeit des Lehrers daran fest, dass dieser die Rückmeldungen annimmt und ernst nimmt. Robert sagt dazu:

„Er akzeptiert alles, was geschrieben wird, nimmt es in Anspruch, liest sich das alles durch, auch vor den Schülern macht er das, er macht das nicht alleine" (ROBERT 2, Z. 630 ff.).

Des Weiteren leiten die Schüler(innen) die Glaubwürdigkeit des Lehrers daraus ab, dass er aus den Rückmeldungen des ersten Durchgangs Konsequenzen gezogen hat. Sie können Resultate ihrer Rückmeldungen feststellen, so dass ihr Vertrauensvorschuss zu Beginn des Prozesses, was die Motivation und Intention des Lehrers angeht, im konkreten Handeln des Lehrers seine Bestätigung erfahren hat. Dazu Ralf:

„Also man sieht, dass er sich schon Mühe gibt und auch, dass er auch bereit ist, Änderungen anzunehmen, dass er Vorschläge gerne annimmt von uns und so was. Verbesserungsvorschläge und Kritiken auch. Mit Kritiken wunderbar umgehen kann und so" (RALF 2, Z. 734 ff.).

Sandra erläutert, welchen Zusammenhang sie zwischen Vertrauen und Ehrlichkeit in Bezug auf die Rückmeldungen an den Lehrer sieht:

„Man lernt halt ehrlich zu sein, wenn man jemandem vertrauen kann" (SANDRA 2, Z. 992 ff.).

Das Handeln und Verhalten des Lehrers lässt sich dahingehend verallgemeinern, dass dieser im Rahmen des Rückmeldeprozesses Machtanteile mit den Schüler(inne)n teilt, ohne seine Verantwortung für den Unterricht abzugeben. Es gelingt ihm, den Schüler(inne)n eine Partizipation an der Gestaltung des Unterrichts zu ermöglichen, ohne die professionell begründeten Anliegen und Interessen aus dem Auge zu verlieren.

Für die Entwicklung selbstregulierten Lernens ist die „Ausdifferenzierung der Lehrerrolle in Feedbackarbeit" insofern bedeutsam, als dass die Schüler(innen) Vertrauen zum Lehrer entwickeln, den Lehrer als „Mit-Lerner" erleben und Einfluss auf die Unterrichtsgestaltung nehmen können. Es zeigt sich also zum einen, dass sich Möglichkeiten der Selbstwirksamkeitserfahrung bieten, die sich positiv auf die für selbstreguliertes Lernen bedeutsame Selbstaktivierung auswirken kann. Zum anderen wird die Ausgestaltung der Selbstregulation in der Schule auf den Bereich der Unterrichtsgestaltung ausgeweitet, so dass selbstreguliertes Lernen für die Schüler(innen) in einen klaren und expliziten Zusammenhang mit Fremdregulation gebracht wird. Zudem bekommen die Schüler(innen) die Möglichkeit zu einem konstruktiven und produktiven Umgang mit Antinomien des schulischen Feldes. Obwohl letztlich der Lehrer für die Gestaltung des Unterrichts verantwortlich bleibt, können die Schüler(innen) als Experten für Unterricht das Lehrerhandeln beurteilen und schließlich auf die Weise auch beeinflussen. Das Spannungsfeld, in dem Unterricht stattfindet, wird nicht zugunsten einer Seite aufgelöst, weil die Schüler(innen) den Lehrer beurteilen. Vielmehr wird durch den Rückmeldeprozess ein Arrangement geschaffen, in dem die Schüler(innen) mit ihren rollenspezifischen Kompetenzen zur Effektivität von Unterricht beitragen können. Die Schüler(innen) auf diese Weise an der Unterrichtsgestaltung und letztlich sogar an der Qualifizierung des Lehrers teilhaben zu lassen, sorgt darüber hinaus für eine Vermeidung von Willkür. Oftmals sind Schüler(innen) dem Handeln des Lehrers schutz- und rechtlos ausgeliefert. Systematische Rückmeldung von Schüler(inne)n an Lehrer(innen), die den Schüler(inne)n mit einer wie oben beschriebenen Haltung begegnen, räumt den Schüler(inne)n Mitspracherecht ein und fordert vom Lehrer Begründungen für seine Unterrichtsgestaltung. Dies kann sich förderlich auf die Entwicklung selbstregulierten Lernens auswirken.

Zusammenfassung

Die Arbeit mit dem Kompetenzraster zum Unterricht scheint für die Schüler(innen) in drei zentralen Punkten bedeutsam zu sein: Zum einen sehen sie in ihm die Möglichkeit eine Transparenz von rollenspezifischen Interessen im Unterricht zu gewährleisten. Im Austausch mit Mitschüler(inne)n und dem Lehrer über Interessen und Bedürfnisse bezüglich der Unterrichtsgestaltung setzen sich die Schüler(innen) gegenseitig über ihre unterrichtsbezogenen Meinungen und Bedürfnisse in Kenntnis und differenzieren so ihre eigenen Sichtweisen aus. Zugleich werden sie als Experten für Unterricht vom Lehrer konsultiert, der von ihren Rückmeldungen etwas für seine Unterrichtsgestaltung lernen möchte, und bekommen im Gespräch die Gelegenheit, etwas über die Anliegen und Interessen des Lehrers zu erfahren. Unterricht als komplexes Geschehen unter Mitwirkung unterschiedlicher Rollenträger und Individuen wird so für Schüler(innen) in seinen spannungsreichen Grundzügen verstehbar. Insgesamt sorgt die Transparenz von rollenspezifischen Interessen dafür, dass die Schüler(innen) etwas über Möglichkeiten und Bedingungen für die Selbstregulation in ihrem Deutschunterricht lernen, indem Aspekte der Fremdregulation – die Unterrichtsgestaltung durch den Lehrer – und der Selbstregulation – die Lernbedürfnisse der Schüler(innen) – thematisiert werden. Die Kompetenzzuschreibung und das Erleben von Gerechtigkeit, was die Praxis schulischer Bewertungsprozesse betrifft, im Rahmen der Arbeit mit dem Kompetenzraster stärken zudem das Gefühl der Selbstwirksamkeit auf Seiten der Schüler(innen) und können die für die Selbstregulation beim Lernen zentrale Selbstaktivierung fördern.

7.5 Bandbreite der Funktionsbestimmungen für die Kompetenzraster durch die Schüler(innen)

In diesem Kapitel wird auf der Grundlage aller Fallstudien dargestellt, wie die Kompetenzraster zur Entwicklung selbstregulierten Lernens in Deutsch beitragen können. Dazu werden die drei zentralen Aspekte selbstregulierten Lernens, nämlich Lernstrategien, Lernprozessüberwachung und Selbstaktivierung, einzeln betrachtet.

Folgende Tabelle mag zu Beginn der Übersicht dienen:

Tabelle 8: Unterstützung selbstregulierten Lernens durch Kompetenzraster

Kompetenzraster	Lernstrategien	Lernprozess-überwachung	Selbstaktivierung
Präsentationen	Identifizierbarkeit von Qualität bei Präsentationen	Identifizierbarkeit von Qualität bei Präsentationen	Identifizierbarkeit von Qualität bei Präsentationen
	Unterstützung bei der Erstellung von Präsentationen	Direkte und konkrete Rückmeldung zur eigenen Präsentationsleistung	Unterstützung bei der Erstellung von Präsentationen
	Direkte und konkrete Rückmeldung zur eigenen Präsentationsleistung	Möglichkeit zur gezielten Kompetenzsteigerung bei Präsentationen	Direkte und konkrete Rückmeldung zur eigenen Präsentationsleistung
	Möglichkeit zur gezielten Kompetenzsteigerung bei Präsentationen	Direkte und konkrete Rückmeldung zu Präsentationen anderer	Möglichkeit zur gezielten Kompetenzsteigerung bei Präsentationen
	Direkte und konkrete Rückmeldung zu Präsentationen anderer	Übertragbarkeit der Qualitätskriterien für Präsentationen auf weitere fachliche und überfachliche Kontexte	Direkte und konkrete Rückmeldung zu Präsentationen anderer
	Übertragbarkeit der Qualitätskriterien für Präsentationen auf weitere fachliche und überfachliche Kontexte		Übertragbarkeit der Qualitätskriterien für Präsentationen auf weitere fachliche und überfachliche Kontexte
Kursmitarbeit	Die Orientierung an und Auseinandersetzung mit transparenten Fremderwartungen	Die Orientierung an und Auseinandersetzung mit transparenten Fremderwartungen	Die Orientierung an und Auseinandersetzung mit transparenten Fremderwartungen
		Die Entwicklung einer kriterienorientierten Selbsteinschätzung	Die Entwicklung einer kriterienorientierten Selbsteinschätzung
		Die Beteiligung an der Leistungsbeurteilung	Die Beteiligung an der Leistungsbeurteilung

Kompetenzraster	Lernstrategien	Lernprozess-überwachung	Selbstaktivierung
Unterricht		Transparenz von rollenspezifischen Interessen	Transparenz von rollenspezifischen Interessen
		Ausdifferenzierung der Schülerrolle in Feedbackarbeit	Ausdifferenzierung der Schülerrolle in Feedbackarbeit
		Ausdifferenzierung der Lehrerrolle in Feedbackarbeit	Ausdifferenzierung der Lehrerrolle in Feedbackarbeit

Funktionen der Kompetenzraster für die Entwicklung selbstregulierten Lernens in Deutsch.

7.5.1 Entwicklung der Lernstrategien durch die Kompetenzraster

Die Aussagen der Schüler(innen) zeigen, dass insbesondere das Kompetenzraster zu Präsentationen Potenziale bereitstellt, neue bereichsbezogene Strategien zu entwickeln bzw. auszubauen. Die Orientierung an und Auseinandersetzung mit Fremderwartungen ist für die Entwicklung von aufgabenbezogenen Strategien insofern bedeutsam, als dass diese durch die Formulierung in den Rasterfeldern direkt abgelesen werden können und zudem Zwischenstadien im Lernprozess durch die unterschiedlichen Niveaustufen aufgezeigt werden. Die Stärken des Rasters liegen darin, dass zwar für alle Schüler(innen) die gleichen Vorgaben bezüglich der Güte von Präsentationen gemacht werden, diese jedoch individuell im Rahmen des eigenen Lernprozesses genutzt werden können. Die Schüler(innen) können eigene Schwerpunkte setzen, an welchen Punkten sie bei einer Präsentation besonders arbeiten möchten. Auf diese Weise kann die Kompetenzentwicklung im Sinne eines Zuwachses an verfügbaren Strategien hinsichtlich des Erstellens und Durchführens von Präsentationen in einzelnen Teilbereichen verwirklicht werden.

Die empirischen Befunde in den Schüleraussagen über den Wert des Kompetenzrasters zu Präsentationen für den eigenen Lernprozess und die eigene Leistungsentwicklung legen die Vermutung nahe, dass auch für andere Bereiche des Deutschunterrichts der Einsatz eines Kompetenzrasters der Entwicklung von Strategien dienlich sein könnte. Vorstellbar wären Raster für unterschiedliche Bereiche der Textproduktion, etwa für Interpretationstexte, für Gedichtanalysen, Personenbeschreibungen etc.

Durch ein Kompetenzraster wird eine bereichsbezogene Leistung nicht nur unter analytischer Perspektive verhandelt; es wird nicht nur im Nachhinein (vom Lehrer bzw. der Lehrerin) überlegt, wie die Leistung im Einzelnen aussah und welche Bewertung sich daraus ergibt. Durch die Kompetenzraster wird Leistung auch unter synthetischer Perspektive verhandelt; es gibt den Schüler(inne)n Baupläne und Orientierungshilfen an die Hand, wie eine bestimmte Leistung kreiert werden kann.

Zusammenfassend lässt sich festhalten, dass die Schüler(innen) durch Kompetenzraster an den Einsatz bereichsbezogener Strategien herangeführt werden können. Das Raster stellt für die Schüler(innen) ein Medium dar, das die Fremdregulation in Form von Erwartungen und Qualitätskriterien ausdrückt. Durch die Explikation dieses Aspekts von Fremdregulation wird es den Schüler(inne)n möglich, ihre selbstregulativen Aktivitäten bezüglich des Einsatzes von Strategien gezielt zu verbessern. Eine Verdeutlichung der fremdregulativen Anteile bewirkt demnach eine Stärkung der individuellen Selbstregulation auf Schülerseite.

Die theoretische Reflexion der Potenziale von Kompetenzrastern für die Entwicklung von Lernstrategien zeigt, dass im Rahmen der Entwicklung von Textproduktionskompetenzen, einem zentralen Bereich der deutschdidaktischen Diskussion, die Notwendigkeit der Operationalisierung von Kriterien im Sinne einer Reduzierung der komplexen Anforderungsstruktur an die Textproduktion betont wird (vgl. MERZ-GRÖTSCH 2003). Im Zusammenhang mit der Entwicklung von Textproduktionskompetenzen wird auch auf die Bedeutung der Reflexivität beim Schreiben und des Sprechens über das Geschriebene in der Deutschdidaktik hingewiesen. Auch hierfür ist eine Operationalisierung von Kriterien erforderlich, um die Güte eines Textes angemessen und konkret bewerten zu können. Neben der Objektivität spielt auch die Strukturierung eines Gesprächs über Texte eine Rolle.

Ein Vergleich der empirischen Befunde mit dem Diskussionsstand zeigt, dass die Potenziale von Kompetenzrastern bezüglich der Textproduktion und des Gesprächs über Texte nicht empirisch belegt werden konnten, dass diese jedoch aufgrund der Untersuchungen des Kompetenzrasters zu Präsentationen weiter hypothetisch gefestigt werden können. Wenn die Raster den Schüler(inne)n ermöglichen, Lernstrategien für die Erstellung und Durchführung einer Präsentation zu entwickeln und gezielt einzusetzen, sollte dies auch in anderen Anforderungsbereichen des Deutschunterrichts möglich sein.

Zusammenfassend lässt sich sagen, dass eine Überprüfung des Einsatzes von Kompetenzrastern für die Entwicklung von Lernstrategien im Bereich der Textproduktion noch aussteht. Die Befunde dieser Arbeit legen jedoch nahe, dass die Ergebnisse für das Kompetenzraster zu Präsentationen auf die Textproduktion übertragen werden können.

7.5.2 Entwicklung der Lernprozessüberwachung durch die Kompetenzraster

Die Schüler(innen) schreiben insbesondere den Kompetenzrastern zu Präsentationen und zur Kursmitarbeit zu, eine Unterstützung bei der Planung, Überwachung und Kontrolle des eigenen Lernens zu ermöglichen. Dafür ist es entscheidend, dass die Schüler(innen) durch die Raster erkennen können, welche Aspekte die Güte ihrer Leistungen im Bereich der Präsentationen und der Kursmitarbeit im Einzelnen ausmachen. Für die Lernprozessüberwachung ist es bedeutsam zu wissen, an welchen Maßstäben die eigene Leistung gemessen wird und an welchen Bereichen und Teilkompetenzen sie gezielt arbeiten müssen, um das Gesamtergebnis zu verbessern. Eine besondere Rolle spielt dabei das Feedback, das die Schüler(innen) von ihren Mitschüler(inne)n und auch vom Lehrer zu ihren erbrachten Leistungen bekommen. Auf diese Weise kann die Selbsteinschätzung um eine Außenperspektive ergänzt und so das Bild der eigenen Kompetenz ausdifferenziert werden.

Zusammenfassend lässt sich festhalten, dass die Arbeit mit Kompetenzrastern durch eine Explizierung der Anforderungen als ein Element von Fremdregulation den Schüler(inne)n eine Orientierung für die eigenständige Überwachung ihres Lernprozesses bereitstellt. Die Metaperspektive auf ihr Lernen und ihre Leistungen wird in einer systematischen Form ermöglicht.

Die theoretische Reflexion der Potenziale von Kompetenzrastern für die Entwicklung der Lernprozessüberwachung wies darauf hin, dass die Lernenden einen distanzierten Blick auf ihre Leistungen werfen können, dass differenzierte Selbst- und Fremdeinschätzungen möglich werden und dass Kompetenzraster neben der sozialen und der absoluten vor allem die individuelle Bezugsnorm in Bewertungsprozessen stärken und damit eine Bewegung vom „Ist-Zustand" zum „Soll-Zustand" inszenieren können.

Ein Vergleich der empirischen Befunde mit dem Diskussionsstand offenbart Übereinstimmungen. Die vorliegende Untersuchung konnte bestätigen, dass die Schüler(innen) durch die Kompetenzraster in die Lage versetzt werden, ihr Lernen gezielt zu überwachen, eigene Stärken und Defizite abzuleiten und Maßnahmen für weitere Schritte im Lernprozess abzuleiten.

7.5.3 Entwicklung der Selbstaktivierung durch die Kompetenzraster

Für die Schüler(innen) geht mit der Explikation von Anforderungen durch den Lehrer sowohl eine Verantwortungsübernahme für das eigene Lernen als auch die Möglichkeit für gezieltes Engagement in Bezug auf das eigene Lernen einher. Wie bestimmte Leistungen beurteilt werden, d.h. welche Anforderungen im Einzelnen gestellt und welche Kriterien angelegt werden, ist den Schüler(inne)n durch das Kompetenzraster vorher bekannt. Dies ermöglicht Selbstwirksamkeitserfahrungen insofern, als der Raum, in dem sich die Schüler(innen) bewähren können, klar abgesteckt ist. Die Willkür, der sich Schüler(innen) im Rahmen von Bewertungsprozessen ausgesetzt sehen können, wird auf diesem Weg entgegengearbeitet. Insbesondere das Kompetenzraster zum Unterricht stellt für die Schüler(innen) einen Beleg dafür dar, dass der Lehrer ihr Expertenwissen in Bezug auf den Unterricht zu schätzen weiß. Der Unterricht kann somit generell zu einem Feld werden, in dem die Schüler(innen) ihre eigenen Interessen artikulieren und verfolgen können. Eine solche Haltung zu schulischem Lernen insgesamt kann sich förderlich auf die Bereitschaft und die Fähigkeit zur Selbstregulation auswirken.

Zusammenfassend lässt sich sagen, dass Kompetenzraster die Handlungsspielräume der Schüler(innen) in Bezug auf die eigene Zielsetzung, die Motivation und eigene Interessen systematisch erweitern. Die Reziprozität von Rückmeldungen fördert die für Selbstregulation notwendige Wahrnehmung, dass eigene Einschätzungen und Bedürfnisse ernst genommen werden.

Die theoretische Reflexion der Potenziale von Kompetenzrastern für die Entwicklung der Selbstaktivierung rückte zwei zentrale Momente in den Blick: Erstens können Kompetenzraster einen Impuls zur Reflexion setzen und zweitens das Kompetenzerleben ermöglichen. Damit können eine Motivationssteigerung und eine größere Anstrengungsbereitschaft verbunden sein (vgl. SCHREMPF 2003). Kompetenzraster können den Blick zudem auch systematisch auf überfachliche Bereiche schulischen Lernens richten, in denen Kompetenzen wie Teamfähigkeit etc. eine Rolle spielen.

Ein Vergleich der empirischen Befunde mit dem Diskussionsstand zeigt, dass die Ergebnisse die vermuteten Wirkungen bestätigen. Das Kompetenzerleben, das durch die Raster systematisch ermöglicht wird, beeinflusst die Selbstaktivierung positiv. Die durch die Raster initiierten Reflexionen des eigenen Lernens und der eigenen Leistung bewirken zudem ein aktiveres Verhältnis zum eigenen Lernen.

Teil IV:
Fazit und Perspektiven der Untersuchung

In den vorangegangenen Kapiteln wurden die empirischen Ergebnisse der Untersuchung dargestellt. Dieser letzte Abschnitt der Arbeit hat das Ziel, auf Basis der gewonnenen Erkenntnisse, den theoretischen Diskurs über die fachspezifische und fachübergreifende Entwicklung selbstregulierten Lernens zu prüfen und ggf. zu ergänzen und für die diesbezüglichen didaktischen Inszenierungen Konsequenzen zu ziehen. Dazu wird in Kapitel 8 ein knappes Resümee des Forschungsstandes vorgenommen. Es wird dargestellt, welche theoretischen Überlegungen an die empirische Untersuchung herangetragen wurden, welche Forschungslücken berücksichtigt und welche konkreten Forschungsfragen gestellt wurden. Kapitel 9 enthält die Zusammenfassung der empirischen Ergebnisse. In Kapitel 10 steht die Verknüpfung der Ergebnisse im Zentrum und in Kapitel 11 werden die empirischen Ergebnisse aus Sicht der Pädagogischen Psychologie, der Schulpädagogik und der Bildungsgangforschung betrachtet. Kapitel 12 öffnet Perspektiven für weitere Forschungsarbeiten.

8 Resümee des Forschungsstandes

Dieses Kapitel fasst die theoretischen Linien und empirischen Befunde zusammen, die für die vorliegende Arbeit von Bedeutung sind. Abschnitt 8.1 konzentriert sich auf selbstreguliertes Lernens in der Schule und Abschnitt 8.2 widmet sich der fachspezifischen Entwicklung selbstregulierten Lernens. Für beide Aspekte werden die für diese Untersuchung zentralen Forschungsfragen abgeleitet.

8.1 Selbstreguliertes Lernen in der Schule

Selbstreguliertes Lernen wird in der Pädagogischen Psychologie als eine komplexe Bündelung von Kenntnissen und Fähigkeiten bestimmt, die im Kern das Wissen über und die Befähigung zum Einsatz von Lernstrategien, Fähigkeiten in Bezug auf die Lernprozessüberwachung und Fähigkeiten zur Selbstaktivierung einschließt (vgl. u.a. BOEKAERTS 1999; SCHIEFELE & PEKRUN 1996). Damit sind kognitive, metakognitive, motivationale und verhaltensbezogene Anforderungen angesprochen. Von selbstregulierten Lernern wird erwartet, dass sie Verantwortung für ihr Lernen übernehmen und diesem Sinn und Bedeutung beimessen können. Die Aktualität der Debatte um selbstreguliertes Lernen begründet sich in gesellschaftsbezogenen Überlegungen, aus denen pädagogische Forderungen an die Schule abgeleitet werden (vgl. u.a. BAUMERT 2003). Für die vorliegende Arbeit wurde das facettenreiche Konstrukt selbstregulierten Lernens auf drei Kernfähigkeiten konzentriert. Es bündelt damit den Einsatz geeigneter Lernstrategien, die Überwachung des Lernprozesses und die Selbstaktivierung. Diese drei Dimensionen bilden das heuristische Instrumentarium, mit dessen Hilfe die empirischen Ergebnisse analysiert und diskutiert werden.

Für die Untersuchung selbstregulierten Lernens im schulpädagogischen Kontext sind insbesondere drei Aspekte zu berücksichtigen:

Erstens ist es notwendig, die Rolle der Fremdregulation im Rahmen selbstregulierten Lernens zu bestimmen, da dieser im Kontext von Unterricht ein zentraler Stellenwert zukommt. Dabei ist ausgehend von der Bestimmung, dass selbstreguliertes Lernen auf einem Kontinuum zwischen Selbst- und Fremdregulation zu verorten ist (vgl. SIMONS 1992), dieses Verhältnis näher zu charakterisieren.

Zweitens ist zu berücksichtigen, dass die Lernvorstellungen der Schüler(innen) die Bereitschaft und Fähigkeit zur Selbstregulation beeinflussen. Dabei sind einerseits allgemeine Vorstellungen darüber, wie Lernen „funktioniert" von Bedeutung (vgl. KAISER 2003) und andererseits spezielle Vorstellungen darüber, welche Rolle den Lehrkräften und welche den Lernenden selbst beim Lernen zukommt (vgl. BOEKAERTS & NIEMIVIRTA 2000). Vorstellungen der Lernenden über ihr Lernen gelten demnach als mentale Voraussetzungen für Lernprozesse allgemein und für die Verhältnisbestimmung von Selbst- und Fremdregulation im Besonderen.

Drittens ist es für die Untersuchung selbstregulierten Lernens im Kontext von Schule notwendig, das Fächerprinzip als ein strukturierendes Element schulischen Lernens (vgl. TERHART 1997; BAUMERT et al. 2003) zu thematisieren. Damit sind die für ein Fach typischen Gegenstandsbereiche, Leistungsanforderungen und Lehr-Lern-Formen im Blick, die auf eine Entwicklung selbstregulierten Lernens Einfluss nehmen. Dem entsprechenden Unterrichtsskript (vgl. STIGLER & KNOLL 1999), das die Lehr-Lern-Formen festlegt, kommt dabei eine besondere Bedeutung zu.

Vor dem Hintergrund der dargestellten Theoriebezüge lässt sich der Forschungsbedarf dahingehend bestimmen, dass es an fachbezogenen, fallbezogenen Informationen über die Lernvorstellungen von Lernenden mangelt, die sich als bedeutsam für die Bereitschaft und die Fähigkeit zur Selbstregulation beim Lernen erweisen (vgl. auch SCHNAITMANN 2004). Zugleich ist das im schulischen Rahmen bedeutsame Spannungsfeld von Selbstregulation und Fremdregulation beim Lernen aus Sicht der Schüler(innen) bislang nicht untersucht worden. Methoden systematischen Feedbacks, die darauf abzielen, bei Schüler(inne)n ein reflexives Verhältnis zum Lernen zu entwickeln, erweisen sich unter theoretischen und konzeptionellen Gesichtspunkten aussichtsreich für die Förderung selbstregulierten Lernens. Sie ermöglichen den Schüler(inne)n, ihr Arbeits- und Lernverhalten genauer zu beobachten und so zu lernen, ihre Lernprozesse eigenverantwortlich zu steuern und zu entwickeln (vgl. BASTIAN, COMBE & LANGER 2005).

Entscheidend sind dabei Prozesse des bewussten Umgangs mit dem Lernen, die ein differenziertes Bild vom eigenen Lernen entstehen lassen (vgl. WINTER 2004). Dazu werden, beispielsweise durch selbstbezogene Feedbackschleifen, Fähigkeiten der (Selbst-)Beurteilung und der Reflexion entwickelt (vgl. KIRK 2004; TERHART 1999; BOHL & GRUNDER 2001). Die Aufgliederung von komplexen Lernvorgängen in einzelne bedeutsame Elemente und die Arbeit mit Referenzwerten, zu denen eigene Leistungen in Beziehung gesetzt werden, ermöglicht das Entstehen von Steuerungswissen in Bezug auf das eigene Lernen (vgl. MÜLLER 2003). Feedbackinstrumente bieten für die Entwicklung selbstregulierten Lernens besondere Potenziale, da sie die Entwicklung eines differenzierten Bildes vom eigenen Lernen, den Erwerb von Reflexions- und (Selbst-) Beurteilungskompetenz sowie von Steuerungswissen in Bezug auf das eigene Lernen unterstützen. Empirische

Untersuchungen, die einzelne Feedbackinstrumente hinsichtlich einer Förderung selbstregulierten Lernens prüfen, liegen nicht vor.

Vor dem Hintergrund dieser Überlegungen lässt sich der Forschungsbedarf dahingehend bestimmen, dass es an empirischen Studien mangelt, welche die Potenziale einzelner Instrumente hinsichtlich ihres Beitrags für die Entwicklung selbstregulierten Lernens untersuchen.

Als Ergebnis der theoretischen Auseinandersetzung kann das Untersuchungsinteresse auf der Ebene der individuellen Lernprozesse in folgende Forschungsfragen überführt werden:

Welche Verhältnisbestimmungen von Selbstregulation und Fremdregulation im Fach lassen sich bei einzelnen Schüler(inne)n rekonstruieren?

Wie wirkt sich der Einsatz bestimmter Feedbackinstrumente auf eine Entwicklung selbstregulierten Lernens aus?

8.2 Fachspezifische Entwicklung selbstregulierten Lernens

Diese Untersuchung fragt nach Strukturmustern der Entwicklung selbstregulierten Lernens, die in den Fächern Deutsch und Mathematik durch den Einsatz spezifischer Feedbackinstrumente angebahnt werden. Der Forschungsstand bezüglich der Förderung selbstregulierten Lernens verweist auf unterschiedliche Ansätze in der Pädagogischen Psychologie, in der Schulpädagogik und in den Fachdidaktiken Deutsch und Mathematik.

Bei der Erforschung des Entstehens und der Entfaltung selbstregulierten Lernens in der Pädagogischen Psychologie steht die Entwicklung von spezifischen Strategien im Vordergrund. Interventionsstudien geben Auskunft darüber, dass sich sowohl ein Training von spezifischen Lernstrategien als auch von Monitoring- bzw. Regulationsstrategien positiv auf den Lernerfolg auswirken kann (vgl. HATTIE et al. 1996). Dies ist insbesondere dann der Fall, wenn dabei Kontextfaktoren sowie motivationale Aspekte berücksichtig werden. LEOPOLD & LEUTNER (2003) zeigen darüber hinaus, dass ein kombiniertes Training von Lern- und Selbstregulationsstrategien einen wesentlichen Einfluss auf den Lernerfolg hat. Der Forschungsstand zeigt, dass für die Entwicklung selbstregulierten Lernens zwar Einzelmaßnahmen im Sinne eines intervenierenden Trainingsprogramms durchgeführt werden können, dass letztlich jedoch die Kontextfaktoren sowie die motivationalen Einstellungen der Lernenden eine starke Rolle spielen.

Im schulpädagogischen Bereich finden sich praxisorientierte Konzepte für die Förderung von Lernkompetenz, die große Ähnlichkeit zum Konzept selbstregulierten Lernens aufweisen (vgl. CZERWANSKI, SOLZBACHER & VOLLSTÄDT 2002). Deren Wirkungen auf die Lernprozesse von Schüler(inne)n sind jedoch noch nicht empirisch überprüft.

Selbstreguliertes Lernen in der Mathematikdidaktik

Die Entwicklung selbstregulierten Lernens im Mathematikunterricht wird auf theoretischer, empirischer und normativer Ebene diskutiert. Die Kompetenz zur Selbstregulation im Lernprozess wird als eine zentrale Anforderung in den Bildungsplänen Mathematik genannt (vgl. FREIE UND HANSESTADT HAMBURG, BBS 2004). In der Mathematikdidaktik wird die Selbstregulation im Rahmen der Metakognition intensiv diskutiert (vgl. u.a. SJUTS 2003). Befunde in der Mathematikdidaktik verweisen darauf, dass auf der Ebene des individuellen Lernens vor allem das Zusammenspiel von Selbstüberwachung, Selbsteinschätzung und kognitiver Komplexität der Aufgabenstellung bedeutsam ist (vgl. SJUTS 2003).

Was den Einsatz von Feedbackinstrumenten betrifft, so finden sich in der mathematikdidaktischen Diskussion Hinweise darauf, dass Lernstrategien, Lernprozessüberwachung und Selbstaktivierung, also die drei zentralen Aspekte selbstregulierten Lernens, durch den Einsatz von Lerntagebüchern gefördert werden können (vgl. u.a. WAYWOOD 1992; RUF & GALLIN 1999). Unklar ist aber bislang, wie individuelle Lerntypen Lerntagebücher für ihr Mathematiklernen nutzen.

Selbstreguliertes Lernen in der Deutschdidaktik

Die Entwicklung selbstregulierten Lernens im Deutschunterricht wird auf theoretischer und normativer Ebene diskutiert; empirische Ergebnisse liegen bislang nicht vor. Wie im Fach Mathematik ist die Anforderung der Selbstregulation im Lernprozess in den Bildungsplänen verankert (vgl. FREIE UND HANSESTADT HAMBURG, BBS 2004). Im Bereich der Deutschdidaktik wird die Selbstregulation in Bezug auf die Textrezeption und -produktion diskutiert (vgl. u.a. MERZ-GRÖTSCH 2000, 2003). Was die empirische Forschung zu selbstreguliertem Lernen betrifft, so zeigt sich ein deutlicher Unterschied zwischen Mathematik- und Deutschdidaktik darin, dass die empirische Lehr-Lern-Forschung in der Deutschdidaktik bisher ein Desiderat darstellt. Zur Entwicklung selbstregulierten Lernens liegen noch keine Arbeiten vor.

In der deutschdidaktischen Diskussion lassen sich Anknüpfungspunkte dafür finden, dass Lernstrategien, Lernprozessüberwachung und Selbstaktivierung durch den Einsatz von Kompetenzrastern gefördert werden können (vgl. u.a. MERZ-GRÖTSCH 2003). Diese stützen sich auf Erfahrungsberichte von Lehrer(inne)n, die jedoch nicht empirisch überprüft sind.

Vor dem Hintergrund der dargestellten Theoriebezüge lässt sich der Forschungsbedarf dahingehend bestimmen, dass es an Untersuchungen der Entwicklung selbstregulierten Lernens mangelt, die das Zusammenspiel von

Kontextfaktoren, wie das Unterrichtsskript bestimmter Fächer und spezifischer Instrumente, und von der Bereitschaft und der Fähigkeit zur Selbstregulation auf Seiten individueller Lerner in den Blick nehmen. Dabei scheinen insbesondere qualitativ angelegte Studien hilfreich, welche die Entwicklung selbstregulierten Lernens im Kontext von Schule aus unterschiedlichen Perspektiven beleuchten.

Als Ergebnis der theoretischen Auseinandersetzung kann das Untersuchungsinteresse in folgende Forschungsfrage überführt werden:

Welche Bedeutung kommt Lerntagebüchern und Kompetenzrastern für die Entwicklung selbstregulierten Lernens zu?

9 Zusammenfassung der empirischen Ergebnisse

Dieses Kapitel resümiert die empirischen Befunde der vorliegenden Untersuchung. Jeder der zentralen Forschungsfragen ist ein Abschnitt gewidmet. So betrachtet Abschnitt 9.1 die Verhältnisbestimmung von Selbst- und Fremdregulation in den individuellen Lernvorstellungen der Schüler(innen). Abschnitt 9.2 widmet sich der Entwicklung selbstregulierten Lernens in den Fächern Mathematik und Deutsch. In Abschnitt 9.3 steht die Bedeutung von Lerntagebüchern und Kompetenzrastern für die Unterstützung selbstregulierten Lernens im Zentrum.

9.1 Selbst- und Fremdregulation in den individuellen Lernvorstellungen der Schüler(innen)

Die erste Forschungsfrage bezieht sich auf die Verhältnisbestimmung von Selbst- und Fremdregulation beim Lernen in den Fächern Deutsch und Mathematik aus Sicht der Schüler(innen). Die vorliegende Untersuchung bringt unterschiedliche Bezugnahmen von Schüler(inne)n auf ihr Lernen ans Licht. Es kann gezeigt werden, welche Bedeutungen die Schüler(innen) der Selbst- und der Fremdregulation für ihr Lernen in den Fächern Mathematik und Deutsch zuschreiben. Diese Zuschreibungen sind in den Beliefs der Schüler(innen) verankert, die sich auf das Lernen im Fach beziehen. Die Analyse der Lernvorstellungen zeigt, wie das Lernen aus Sicht der Schüler(innen) im Fach „funktioniert" und sagt etwas über die Bedeutung von Selbst- und Fremdregulation für das Lernen aus Sicht einzelner Schüler(innen) aus. Die Vorstellung über die Bedeutung von Selbst- und Fremdregulation beim Lernen lässt sich so als eine Teilmenge der Beliefs über das Lernen darstellen.

Auf dieser Grundlage kann eine Typisierung vorgenommen werden, mit der die Bandbreite der Lernvorstellungen hinsichtlich Selbst- und Fremdregulation ausdifferenziert wird. Dabei lassen sich insgesamt sechs Typen voneinander unterscheiden:

- Typ 1: Abhängigkeit von Fremdregulation
- Typ 2: Flexible Anpassung an Fremdregulation
- Typ 3: Dominanz der Selbstregulation unter Verweigerung der Fremdregulation
- Typ 4: Ungeplantes Zusammenspiel von Selbstregulation und Fremdregulation

- Typ 5: Strukturiertes Zusammenspiel von Selbstregulation und Fremdregulation
- Typ 6: Reflexives Zusammenspiel von Selbstregulation und Fremdregulation

Im Folgenden werden diese Typen bezogen auf die zentralen Aspekte selbstregulierten Lernens charakterisiert.

Typ 1: Abhängigkeit von Fremdregulation

Für diesen Typ ist Fremdregulation unverzichtbar, um im Unterricht mitzukommen und bei Klausuren bestimmte Leistungen erbringen zu können. Bereiche des Lernens, die sich der Kontrolle der Lehrkraft entziehen, wie zum Beispiel die eigenständige Bearbeitung von Hausaufgaben oder Gruppenarbeit, werden abgelehnt. Ohne Fremdregulation macht sich Hilflosigkeit bemerkbar; Selbstregulation beim Lernen ist nicht ausgebildet. Sie stellt für diesen Typ keine Ressource dar.

Die **Lernstrategien** beschränken sich bei dieser Fallstruktur auf das Erfüllen von Anforderungen, wenn diese klar vorgegeben und ihre Erreichung von der Lehrkraft unterstützend begleitet wird. Die Lernstrategien sind vor allem darauf ausgerichtet, im Unterricht mitzukommen; ein Interesse daran, die Inhalte wirklich zu verstehen, besteht nicht.

Die **Lernprozessüberwachung** ist daran ausgerichtet, die Orientierung und Hilfestellung der Lehrkraft bestmöglich zu nutzen. Ohne Rückgriff auf Vorgaben der Lehrkraft, die festlegt, was wann wie gelernt wird, wann eine Überprüfung des Lernprozesses stattfindet und welches Vorgehen sich daran anschließt, kann sich dieser Lernertyp nicht orientieren.

Die **Selbstaktivierung** ist in diesem Fall im Wesentlichen darauf ausgerichtet, im Unterricht mitzukommen und möglichst viele Punkte zu erzielen. Bezüglich des Lernens dominiert eine extrinsische Motivation. Die Anstrengungsbereitschaft hängt davon ab, ob die Lehrkraft mit ihrer Unterrichtsgestaltung und Hilfestellung Erfolgerlebnisse ermöglicht.

Typ 2: Flexible Anpassung an Fremdregulation

Die Fremdregulation hat für diesen Typus eine große Bedeutung. Lernen heißt für ihn, eigene Strategien darauf auszurichten, sich bestmöglich an der Fremdregulation zu orientieren, und diese für das eigene Lernen zu nutzen. Selbst- und Fremdregulation werden klare Rollen zugeschrieben. Durch Fremdregulation werden die Lerninhalte vorgegeben, die Aufgaben vorgelegt und das Lernsetting gestaltet, durch Selbstregulation werden die Anforderungen erfüllt. Fremdregulation steckt den Rahmen ab, in dem Selbstregulation zum Einsatz kommt.

Die **Lernstrategien** dieses Typus entfalten sich im Bereich der flexiblen Nutzung der Fremdregulation durch die Lehrkraft. Die Angebote des Unterrichts werden von diesem Typ gut erkannt und genutzt. Dabei kann die geschickte Anpassung zu sehr gutem Erfolg führen, solange die Lehrkraft eine starke Strukturierung des Lernens als Fremdregulation übernimmt.

Eine **Lernprozessüberwachung** erfolgt im Unterschied zu Typ 1 durch die selbsttätige Überprüfung des eigenen Kenntnisstandes. Dabei wird vor allem darauf geachtet, wo eigene Stärken und Defizite liegen, um das weitere Lernen daran auszurichten und die Fremdregulation für Hilfestellungen zu nutzen.

Die **Selbstaktivierung** zeigt sich in der Motivation, die Fachinhalte zu verstehen, wenn durch ausreichend Fremdregulation die Möglichkeit zu Erfolgserlebnissen besteht. Die Anstrengungsbereitschaft dieses Typs ist hoch, wenn die Lehrkraft das Lernen klar strukturiert, Ziele setzt, Vorgaben macht und Unterstützung anbietet. Ist dies nicht der Fall, neigt dieser Typ zu Resignation.

Typ 3: Dominanz der Selbstregulation unter Verweigerung der Fremdregulation

Selbstregulation scheint für diesen Typ der einzige Weg, Inhalte wirklich zu verstehen und sich nachhaltig anzueignen. Die Fremdregulation durch die Unterrichtsgestaltung und das Handeln der Lehrkraft werden mitunter als Störvariablen erlebt, die es selbst auszugleichen gilt. Die positiven Potenziale der Selbstregulation werden z.T. dadurch überlagert, dass dieser Typus die Potenziale der Fremdregulation ignoriert und so für sein Lernen nicht nutzen kann.

Die **Lernstrategien** dieses Typus zielen darauf ab, sich nicht auf das zu verlassen, was die Lehrkraft vorgibt, sondern selbst aktiv zu werden. Die Unterstützungsangebote von Lehrkraft und Unterrichtsmedien werden abgelehnt und in ihrer Funktion für das Lernen nicht genutzt.

Die **Lernprozessüberwachung** wird von diesem Lernertyp selbst nach eigenen Prinzipien und eigenen Methoden vorgenommen. Klausuren etc. als externe und objektive Bewertungen geben diesem Typ kaum hilfreiche Hinweise auf seinen tatsächlichen Lernstand.

Die **Selbstaktivierung** verfolgt bei diesem Lerntyp das Ziel, sich die Inhalte selbst zu erschließen. Für diese Personen zählt vor allem, was sich, zur Not auch gegen Widerstände, selbst erarbeitet haben.

Typ 4: Ungeplantes Zusammenspiel von Selbstregulation und Fremdregulation

Weder Fremdregulation noch Selbstregulation werden von diesem Typus bevorzugt; beide Seiten tragen zum Gelingen des Lernprozesses bei. Es ist für diesen Lerntyp jedoch nicht klar, wie das Zusammenspiel funktioniert. Dieser Lernertyp versucht vieles in Selbstregulation zu erarbeiten, rekurriert beim Lernen aber auch auf Fremdregulation. In welchen Situationen was angemessen ist, kann er nicht beurteilen.

Die **Lernstrategien** dieses Typs bleiben isoliert und werden nicht systematisch kombiniert. Sie werden nicht in ein systematisches Wechselspiel von Selbst- und Fremdregulation integriert. So bleibt die Verhältnisbestimmung von eigenen Aktivitäten und Steuerung von außen im Wesentlichen unreflektiert.

Die **Lernprozessüberwachung** bleibt ungeplant. Es werden keine metakognitiven Aktivitäten gezielt für die methodische Planung, Überwachung und Kontrolle des eigenen Lernens eingesetzt.

Die **Selbstaktivierung** ist insoweit vorhanden, dass eigene Ziele gesteckt werden. Eine Motivation zum Lernen ist vorhanden. Unzufriedenheit kann bei Misserfolgen auftreten, wenn unklar bleibt, warum die eigene Leistung unzureichend war.

Typ 5: Strukturiertes Zusammenspiel von Selbstregulation und Fremdregulation

Das Zusammenwirken von Fremd- und Selbstregulation wird von diesem Lernertyp als Merkmal fruchtbarer Lernprozesse gesehen. Das Zusammenwirken wird gezielt und bewusst gestaltet, indem bestimmte Instrumente und Methoden eingesetzt werden, um einerseits selbstregulative Aktivitäten im Lernprozess auszuführen und diese andererseits immer wieder der Fremdregulation im Sinne einer Kontrolle, einer Anregung, eines Impulsgebens etc. zu unterlegen. Dieser Typ zeigt eine kontrollierte Haltung gegenüber dem eigenen Lernen.

Die **Lernstrategien** dieses Typus werden flexibel ausgewählt, kombiniert und modifiziert. Dabei wird unterschieden, welche Lernstrategie in den Bereich der Selbstregulation fällt und welche auf die Nutzung von Fremdregulation abzielt. Beide Bereiche werden gezielt in den Dienst der eigenen Lernprozesse gestellt.

Für die **Lernprozessüberwachung** werden sowohl eigene Maßstäbe herangezogen, eigene Ziele gesetzt, auf eigene Weise Stärken und Schwächen analysiert als auch Rückmeldung von außen eingeholt. Beides wird für die

Planung und Kontrolle des Lernprozesses fruchtbar gemacht. Die einzelnen Vorgänge werden durch Instrumente dokumentiert und unterstützt.

Die **Selbstaktivierung** wird gezielt und methodisch kontrolliert beeinflusst. Dabei wird intrinsische Motivation mit äußeren Anforderungen in Einklang gebracht. Die Anstrengungsbereitschaft ist hoch, weil für diesen Typus erkennbar ist, wie er sein Lernen gezielt beeinflussen kann.

Typ 6: Reflexives Zusammenspiel von Selbstregulation und Fremdregulation

Das Zusammenwirken von Fremd- und Selbstregulation beim Lernen wird als Selbstverständlichkeit betrachtet. Dieser Typus hat die Abläufe und die Verzahnung von Selbstregulation und Fremdregulation sowie das methodische Verhalten beim Lernen verinnerlicht und greift jederzeit flexibel und reflektiert auf Routinen zurück.

Seine **Lernstrategien** werden flexibel, gezielt und souverän eingesetzt. Dieser Typ zeigt ein methodisches Verhalten gegenüber seinem Lernen, indem er die Funktionen von Selbst- und Fremdregulation für sein Lernen systematisch nutzt.

Die **Lernprozessüberwachung** ist für diesen Typus selbstverständlicher Bestandteil des Lernens, der auf unterschiedlichen Wegen erfüllt werden kann. Die Metaperspektive auf seinen Lernprozess dient der Planung, Kontrolle und Steuerung seines Lernprozesses.

Seine **Selbstaktivierung** ist ebenso selbstverständlicher Bestandteil des Lernens; verschiedene Methoden stehen diesem Typus zur Verfügung, die flexibel eingesetzt werden können. Er kann sich zum Lernen motivieren, ist bereit sich anzustrengen und kann seine Konzentration aufrechterhalten.

9.2 Individuelle Entwicklungen selbstregulierten Lernens im Fach

Die zweite Forschungsfrage fokussiert mögliche Veränderungen in den Lernvorstellungen der Schüler(innen), die eine Entwicklung selbstregulierten Lernens anbahnen. Diese Arbeit kann zeigen, dass eine Entwicklung in den Lernvorstellungen hinsichtlich der Bedeutung von Selbst- und Fremdregulation möglich ist. Dazu werden Strukturmuster individueller Entwicklungen herausgearbeitet. Dies geschieht basierend auf der vorgestellten Typisierung von Lernvorstellungen. Die Entwicklungen, die durch die Analyse der Schüleraussagen sichtbar werden, lassen sich auf die Arbeit mit den Feedbackinstrumenten Lerntagebuch und Kompetenzraster zurückführen. Dies wird in Abschnitt 9.3 genauer beleuchtet.

Entwicklungsstrukturen werden zunächst fachbezogen am Einzelfall rekonstruiert. Durch vergleichende Analysen lässt sich zeigen, dass den Entwicklungen typische Muster unterliegen. So weisen alle Entwicklungen die folgenden typischen Merkmale auf: Es handelt sich in allen Fällen einerseits um eine Aufwertung und Stärkung der jeweils schwächer ausgeprägten Seite von Selbst- und Fremdregulation und andererseits um eine Zunahme der Integration beider Seiten. In Fällen, die der Fremdregulation eine übermäßige Bedeutung zumessen, wird die Selbstregulation gestärkt, und in Fällen, die eine Dominanz der Selbstregulation zeigen, wird die Nutzung von Fremdregulation gestärkt. Diese Muster lassen sich durch die folgenden fünf Entwicklungstypen charakterisieren:

1. Von einer „Abhängigkeit von Fremdregulation" zur „flexiblen Anpassung an Fremdregulation"

Ausgehend von einer Abhängigkeit von Fremdregulation werden selbstregulative Anteile im Sinne einer erweiterten Nutzung der Fremdregulation für das eigene Lernen gestärkt. Fremd- und Selbstregulation bleiben aber in einem hierarchischen Verhältnis.

2. Von einer „Abhängigkeit von Fremdregulation" zum „ungeplanten Zusammenspiel von Selbst- und Fremdregulation"

Ausgehend von einer Abhängigkeit von Fremdregulation werden Anzeichen eines Zusammenspiels von Fremd- und Selbstregulation deutlich. Der Selbstregulation wird ein größerer Raum im Lernprozess zugestanden; wie sich diese jedoch optimal zur Fremdregulation verhalten kann, bleibt ungeplant und damit unklar.

3. Von einer „flexiblen Anpassung an Fremdregulation" zum „strukturierten Zusammenspiel von Selbst- und Fremdregulation"

Ausgehend von einem Anpassungsmuster, das Fremd- und Selbstregulation in ein hierarchisches Verhältnis stellt, werden die selbstregulativen Anteile beim Lernen gestärkt, ohne dass auf die Fremdregulation verzichtet wird. Die Eigenverantwortung wird quasi erst einmal „entdeckt".

4. Von einer „Dominanz der Selbstregulation unter Verweigerung der Fremdregulation" zum „strukturierten Zusammenspiel von Selbst- und Fremdregulation"

Ausgehend vom eigenständigen Streben nach Selbstregulation, das Potenziale der Fremdregulation verschenkt, werden die angebotenen fremdregulativen Anteile gezielter für das Lernen genutzt, so dass sich ein strukturiertes Zusammenspiel von Selbst- und Fremdregulation ergibt. Eine gewisse Hilfe- und Beratungsresistenz wird zurückgedrängt.

5. Vom „ungeplanten Zusammenspiel von Selbst- und Fremdregulation"
zum „strukturierten Zusammenspiel von Selbst- und Fremdregulation"
Ausgehend von einem ungeplanten Zusammenspiel und einem punktuellen
Hin und Her, das sowohl der Selbst- als auch der Fremdregulation für das
Lernen einen eigenen Wert beimisst, ohne beides bewusst zu integrieren,
werden Selbst- und Fremdregulation methodisch gezielter in ein Verhältnis
zueinander gebracht. Die Art und Weise des eigenen Lernens kann aus der
Distanz betrachtet werden. Das Verhältnis zum eigenen Lernen wird reflexi-
ver.

Die Beliefs-Forschung weist darauf hin, dass Beliefs sehr stabile Konstrukte sind, und es einer „Erschütterung" bedarf, diese substanziell zu hin-
terfragen und zu verändern. Dass sie durch neue Aufgabenstellungen im Unterricht verändert werden können, zeigt beispielsweise MAAß (2004). Die
vorliegende Arbeit weist nach, wie eine Teilmenge der Beliefs über das Lernen im Fach, nämlich die Vorstellungen über Selbst- und Fremdregulation,
durch den Einsatz spezifischer Instrumente verändert werden kann.

9.3 Bedeutung von Lerntagebüchern und Kompetenzrastern für die Entwicklung selbstregulierten Lernens

Zur Unterstützung der eben dargestellten Entwicklungen werden Lerntagebücher und Kompetenzraster eingesetzt. Die dritte Forschungsfrage beleuchtet die Funktion dieser Feedbackinstrumente für die Entwicklungen. Es handelt sich um Instrumente, die einen spezifischen Zugriff auf das eigene Lernen ermöglichen und damit Möglichkeiten, aber auch Grenzen aufweisen. Ihre Nutzung kann das eigene Lernen auf jeweils unterschiedliche Art und
Weise begleiten. Durch Lerntagebücher werden die Schüler(innen) aufgefordert, ihren Lernprozess zu dokumentieren und zu reflektieren; Kompetenzraster definieren in Tabellenform Qualitätskriterien für spezifische Leistungsbereiche, gliedern diese in Niveaustufen und bilden die Basis für kriteriengeleitete Selbst- und Fremdeinschätzungen im Lernprozess.

In den folgenden Abschnitten werden die Unterstützungsleistungen des
Mathejournals und der Kompetenzraster in den für selbstreguliertes Lernen
zentralen Bereichen, Lernstrategien, Lernprozessüberwachung und Selbstaktivierung, resümiert. Dabei werden die empirischen Befunde jeweils mit dem
im Theorieteil dargestellten Diskussionsstand verglichen. Anschließend wird
in jedem Abschnitt auf die typenspezifische Nutzung des Mathejournals und
der Kompetenzraster eingegangen.

9.3.1 Unterstützung selbstregulierten Lernens durch das Mathejournal

Unterstützung der Lernstrategien

Für das Mathejournal kann nachgewiesen werden, dass es die Schüler(innen) herausfordert, an eigenen Lernbedürfnissen orientierte Lernstrategien zu erproben. Indem die Schüler(innen) die Tafelabschriften um eigene Aufzeichnungen ergänzen, verfolgen sie beim Lernen eigene Ziele und setzen eigene Schwerpunkte.

Die theoretische Reflexion der Potenziale von Lerntagebüchern für die Entwicklung von Lernstrategien rückt zwei Aspekte in den Blick: eine explizite Anleitung zur Verwendung von Lernstrategien und die Unterstützung der Entwicklung von Lernstrategien durch gezielte Rückmeldungen der Lehrkraft. Der erste Punkt spricht eine durch die Lehrkraft festgelegte Strukturierung der Schülereintragungen an, die Hinweise auf Lernstrategien beinhaltet (vgl. WAYWOOD 1992; RUF & GALLIN 1999a). Punkt zwei betrifft individuelle Rückmeldungen der Lehrkraft, in denen die Schüler(innen) bezüglich ihrer Lernstrategien, die in den Lerntagebüchern sichtbar werden, Hinweise und Unterstützungsangebote erhalten (vgl. WAYWOOD 1992).

Ein Vergleich der empirischen Befunde mit dem Diskussionsstand zeigt, dass im vorliegenden Fall nicht von einer expliziten Anleitung zur Verwendung von Lernstrategien gesprochen werden kann. Die Vorgabe der Lehrerin, aufzuschreiben, was von den Schüler(inne)n verstanden wurde und welche Fragen sie haben, und die Einführung einer offenen Kategorie, die von den Schüler(inne)n selbst ausgestaltet werden konnte, weist auf ein Minimum an Strukturierung hin. Damit zielt das Mathejournal auf die individuelle Nutzung durch die Schüler(innen) ab, deren Eigenaktivitäten herausgefordert werden. Die Schüleraussagen deuten darauf hin, dass der gewährte Freiraum zur eigenständigen Auseinandersetzung mit dem eigenen Mathematiklernen offenkundig individuell genutzt wird. Dabei werden keine von der Lehrerin vorgegebenen Lernstrategien eingeübt, sondern eigene Lernzugänge entworfen.

Die Rückmeldung der Lehrkraft, die in der Literatur zu Lerntagebüchern als gewinnbringend für die Entwicklung von Lernstrategien ausgewiesen wird, erfolgt im vorliegenden Fall nur für diejenigen Schüler(innen), die ihr Journal der Lehrerin freiwillig abgeben. Auf diese Weise kann sich zwischen diesen Schüler(inne)n und der Lehrerin ein Dialog über die Lernstrategien, die sich in den Journaleintragungen abbilden, entwickeln.

Bezüglich der Unterstützung von Lernstrategien lässt sich zusammenfassen, dass das Mathejournal einen Freiraum für die Entwicklung der Lernstrategien bereitstellt, der von den Schüler(inne)n eigentätig genutzt werden muss und auch genutzt wird. Dadurch wird den Schüler(inne)n ermöglicht, selbstbestimmt Strategien zu erproben, die sie für ihr Mathematiklernen als hilfreich erachten. Die Grenzen dieses Freiraums sind darin zu sehen, dass die Lehrkraft nicht gezielt neue Lernstrategien einführen und damit mathematisches Denken anstoßen kann. Der gegebene Freiraum in Bezug auf das Anwenden von Lernstrategien erweist sich insbesondere für Schüler(innen) im Grundkurs Mathematik der gymnasialen Oberstufe als sinnvoll, da die Schüler(innen) kurz vor dem Abitur aufgefordert werden, eigene Schwerpunkte für ihr Lernen zu setzen, was sowohl im Interesse der Schüler(innen) als auch der Lehrer(innen) liegt. Von zentraler Bedeutung ist dabei, dass die im Mathejournal individuell eingesetzten Strategien der Schüler(innen) von der Lehrkraft kommentiert werden. Damit wird die Freiheit in der Gestaltung des Mathejournals durch Rückmeldungen der Fachexpertin ergänzt, so dass die individuelle Vorbereitung auf das Abitur gezielt verbessert werden kann.

Damit weist diese Studie eine Funktion des Lerntagebuchs zur Lernstrategieentwicklung aus, die bislang so noch nicht diskutiert und evaluiert worden ist.

Unterstützung der Lernprozessüberwachung

Es lässt sich erkennen, dass das Mathejournal die Schüler(innen) dabei unterstützt, eine beobachtende Distanz zu ihrem Lernen zu entwickeln. Die regelmäßige Auseinandersetzung mit den mathematischen Lerngegenständen unter der Frage, was sie verstanden haben und welche Fragen sie haben, ermöglicht den Schüler(inne)n begleitend zum Unterricht diese Außensicht auf ihr Lernen einzunehmen.

Die theoretische Reflexion der Potenziale von Lerntagebüchern für die Entwicklung der Lernprozessüberwachung hat ergeben, dass vor allem metakognitive Prozesse in Bezug auf das Mathematiklernen durch den Einsatz von Lerntagebüchern systematisiert und moderiert werden. Dies gilt vor allem dann, wenn im Lerntagebuch Fragen vorgegeben sind, die den Blick der Schüler(innen) immer wieder auf die entscheidenden Stellen des Lernprozesses lenken (vgl. RUF & GALLIN 1999). Des Weiteren sieht WAYWOOD bei der Arbeit mit Lerntagebüchern einen Anlass für Lehrer(innen), Möglichkeiten der Lernprozessüberwachung im Unterricht zu thematisieren, da Lernprozesse verstärkt in den Blick rücken (vgl. WAYWOOD 1992).

Ein Vergleich der empirischen Befunde mit dem Diskussionsstand zeigt eine Übereinstimmung dahingehend, dass die Schüler(innen) die Struktur des Mathejournals für die Überwachung ihres Lernprozesses nutzen. Dazu gehören die Nutzung der vorgegebenen Punkte und die eingeforderte Regelmäßigkeit der Eintragungen. Während jedoch die Fragen bei RUF & GALLIN den Lernprozess sehr differenziert in den Blick nehmen, zielt das Mathejournal auf die Beachtung eines „roten Fadens" im Unterricht ab. Dies kommt den Grundkursschüler(inne)n kurz vor dem Abitur offenbar entgegen. Die individuelle Nutzung der Mathejournale durch die Schüler(innen) wird im vorliegenden Fall durch eine Rückmeldestunde im Kurs thematisiert, die sich an die Probephase anschließt. Eine kontinuierliche und regelmäßige Besprechung der Lernprozesse der Schüler(innen) wird durch das Mathejournal nicht initiiert.

Bezüglich der Unterstützung von Selbstüberwachung lässt sich zusammenfassen, dass das Mathejournal die Schüler(innen) regelmäßig dazu bringt, sich mit ihrem Mathematiklernen auseinanderzusetzen. Die Schüler(innen) nutzen diese Aufforderung zur Reflexion und profitieren dabei insbesondere von den vorgegebenen Fragen. Diese Form der Lernprozessüberwachung bleibt dabei individuell und wird nicht im Kurs thematisiert.

Damit weist diese Studie eine Funktion des Lerntagebuchs zur Lernprozessüberwachung aus, die an den bisherigen Diskussionsstand anknüpft.

Unterstützung der Selbstaktivierung

Die empirischen Befunde offenbaren, dass die Motivation und die Anstrengungsbereitschaft der Schüler(innen) durch das Führen eines Mathejournals unterstützt werden. Sie führen bei ihrem Mathematiklernen bewusster und effektiver Regie, vergewissern sich des eigenen Kenntnisstandes sowie fachlicher Defizite, und nutzen so den Unterricht und die Lehrkraft gezielter für ihren Lernprozess.

Die theoretische Reflexion der Potenziale von Lerntagebüchern für die Entwicklung der Selbstaktivierung zeigt, dass diese in den didaktischen Programmatiken nur implizit angedeutet werden. RUF & GALLIN nehmen diese Ebene am stärksten auf. Sie weisen dem „Ich" beim Lernen von Mathematik eine fundamentale Rolle zu. Die Tatsache, dass die individuellen Standortbestimmungen im Reisetagebuch immer wieder eingefordert werden, zeigt, wie ernst das genommen wird, was die Lerner den Lerngegenständen an (Vor-)Wissen und Vorstellungen, aber auch an Emotionen entgegenbringen. Damit ist das Selbst beim Mathematiklernen hinsichtlich seiner Ziele und Motivationen, seiner Bedürfnisse und Blockaden etc. involviert. Die Lerntagebücher vermitteln den Schüler(inne)n damit nicht nur die Bedeutsamkeit eines eigenen Bezuges zum Fach Mathematik, sondern zeigen auch auf, wie das „Ich" des Lerners beim Mathematiklernen produktiv, konstruktiv und methodisch kontrolliert in den Lernprozess integriert werden kann.

Ein Vergleich der empirischen Befunde mit dem Diskussionsstand weist auf Übereinstimmungen hin. Die Selbstaktivierung beim Mathematiklernen kann mithilfe von Lerntagebüchern auch für Schüler(innen) der Oberstufe gefördert werden. Für die Schüler(innen) ist dabei entscheidend, mehr Regieführung bei ihrem Lernen zu übernehmen.

Bezüglich der Unterstützung von Selbstaktivierung lässt sich sagen, dass das Mathejournal den Schüler(innen) einen aktiveren Part beim Mathematiklernen ermöglicht, den sie selbst auf der Basis von strukturierenden Vorgaben gestalten können.

Damit weist diese Studie eine Funktion des Lerntagebuchs zur Selbstaktivierung aus, die an den bisherigen Diskussionsstand anknüpft.

Typenspezifische Unterstützung durch das Mathejournal

Die Nutzung des Mathejournals lässt sich nach Typen spezifizieren. Im Folgenden werden drei ausgewählte Entwicklungsmuster, die durch die Arbeit mit dem Mathejournal unterstützt werden, noch einmal näher charakterisiert. Die typenspezifische Nutzung von Lerntagebüchern stellt ein Forschungsdesiderat dar, so dass die folgenden Ergebnisse eine erste Exploration darstellen.

Unterstützung für den Typ „Abhängigkeit von Fremdregulation"

Für den Lerntyp, der eine Abhängigkeit von Fremdregulation beim Mathematiklernen aufweist, stellt die Lehrerin eine unverzichtbare Instanz beim Lernen dar und übernimmt die entscheidenden Aspekte des Lernens als Fremdregulation. Dazu gehört, den Lernstoff auszuwählen, aufzubereiten, zu erklären, Rechenalgorithmen einzuführen, Aufgaben zu stellen, Hilfestellungen zu geben, zu kontrollieren, Ergebnisse zu sichern, den Schüler(inne)n klare Anweisungen für die Klausurvorbereitung zu geben etc. Diese Tätigkeiten der Fremdregulation sorgen dafür, dass dieser Typ das Fach Mathematik überhaupt als lernbar erfährt. Durch das Mathejournal wird für diesen Lerntyp eine aktive Nutzung der Fremdregulation beim Mathematiklernen möglich. Er unternimmt eigenständige Versuche, die Eintragungen im Mathejournal so zu strukturieren, dass sie die Übersicht herzustellen, die ihm beim Lernen so wichtig ist. Dabei ist der Prozess des Zusammenfassens ein wichtiges Übungsfeld für ihn, auf dem er notwendige Kompetenzen erproben und weiter entwickeln kann. Dabei ist das entscheidende Charakteristikum des Instruments, dass es Zwischenstadien des Verständnisses und der Formulierungen nicht nur erlaubt, sondern explizit einfordert.

Unterstützung für den Typ „flexible Anpassung an Fremdregulation"

Schüler(innen), die dem Typ „flexible Anpassung an Fremdregulation" zu-zuordnen sind, nehmen klare Funktionszuschreibungen für die Selbstregulation und für die Fremdregulation beim Mathematiklernen vor. Die Beliefs dieses Typus über Mathematik verdeutlichen, dass er einen hohen Anteil an Fremdregulation und einen begrenzten Anteil von Selbstregulation beim Mathematiklernen als zwingend notwendig erachtet. Er kann als Schüler nicht mehr machen, als die Inhalte nachzuvollziehen und die korrekte Anwendung von Prozeduren zu verinnerlichen und zu üben. Die Mathematik ist für ihn zu komplex und zu weit von seiner Lebenswelt entfernt, als dass er an eigenes Wissen und Erfahrungen anknüpfen und sich Inhalte selbst erschließen könnte. Durch das Mathejournal erfährt dieser Typ einen erweiterten Nutzen der Selbstregulation beim Mathematiklernen. Er übernimmt durch das Mathejournal in gesteigerter Form Verantwortung für seinen Lernprozess, indem er zum Beispiel eigene mathematischen Verständnisschwierigkeiten identifiziert, seine Fragen an die Lehrerin zu Hause genau vorbereitet und das Lernprinzip, aus seinen Fehlern zu lernen, durch das Journal optimiert. Die eigene aktive Auseinandersetzung mit mathematischen Inhalten gewinnt für diesen Typ an Bedeutung. Das Mathejournal fungiert für ihn als ein Impulsgeber, was selbstreguliertes Lernen betrifft. Durch das Mathejournal erfährt er den Sinn von Selbstregulation beim Mathematiklernen, ohne auf die Fremdregulation zu verzichten.

Unterstützung für den Typ „Dominanz der Selbstregulation unter Verweigerung der Fremdregulation"

Schüler(innen) dieses Typs zeigen ein „eigensinniges" Streben nach Selbstregulation beim Mathematiklernen. Die Fremdregulation durch die Lehrerin erachten sie für ihr Lernen als wenig hilfreich; bedeutsamer ist für sie, sich die Inhalte selbst in Eigenregie anzueignen. So sind sie in allen Situationen gewappnet, die mathematischen Herausforderungen allein zu bewältigen. Das Mathejournal unterstützt diesen Lerntyp in seinem Bestreben, sich mit den zu lernenden mathematischen Sachverhalten auf die für ihn angemessene Art und Weise auseinander zu setzen. Dabei spielt die Versprachlichung von Rechenprozeduren eine entscheidende Rolle. Durch die Versprachlichung im Mathejournal gelingt es ihm, den individualisierenden Schritt zu vollziehen, der für ihn Verstehen von Mathematik ausmacht. Das Mathejournal optimiert seinen individuellen, Ziel gerichteten, reflektierten Zugang zur Mathematik. Es passt als Instrument gut zu seinen bereits entwickelten Vorstellungen und

Strategien selbstregulierten Lernens. Dieser Typ wird durch die Einführung des Mathejournals in seinem Streben nach Selbstregulation bestärkt. Insgesamt ist die Stärkung der Selbstregulation ein zentrales Moment, das durch das Mathejournal gefördert wird. Das Mathejournal bringt individuelle Verknüpfungsanstrengungen der Schüler(innen) hervor: Sie versuchen, die Inhalte und Anforderungen des Mathematikunterrichts für sich handhabbar zu machen, Übersicht zu behalten, ihr Verständnis zu fördern und die Lehrerin gezielt beim Lernen einzubeziehen. Die starke Fremdregulation wird beim Mathematiklernen beibehalten.

9.3.2 Unterstützung selbstregulierten Lernens durch die Kompetenzraster

Unterstützung der Lernstrategien

Für die Kompetenzraster kann gezeigt werden, dass Schüler(innen) des Grundkurses Deutsch an den Einsatz bereichsbezogener Strategien herangeführt werden können. Das Raster stellt für die Schüler(innen) ein Medium dar, das die Fremdregulation in Form von Erwartungen und Qualitätskriterien ausdrückt.

Die theoretische Reflexion der Potenziale von Kompetenzrastern für die Entwicklung von Lernstrategien zeigt, dass im Rahmen der Entwicklung von Textproduktionskompetenzen, einem zentralen Bereich der deutschdidaktischen Diskussion, die Notwendigkeit der Operationalisierung von Kriterien im Sinne einer Reduzierung der komplexen Anforderungsstruktur an die Textproduktion betont wird (vgl. MERZ-GRÖTSCH 2003). Im Zusammenhang mit der Entwicklung von Textproduktionskompetenzen wird auch auf die Bedeutung der Reflexivität beim Schreiben und beim Sprechen über das Geschriebene in der Deutschdidaktik hingewiesen. Auch hierfür ist eine Operationalisierung von Kriterien erforderlich, um die Güte eines Textes angemessen und konkret bewerten zu können. Neben der Objektivität spielt auch die Strukturierung eines Gesprächs über Texte eine wichtige Rolle.

Ein Vergleich der empirischen Befunde mit dem Diskussionsstand zeigt, dass die Potenziale von Kompetenzrastern bezüglich der Textproduktion und des Gesprächs über Texte nicht empirisch belegt werden konnten, dass diese jedoch aufgrund der Untersuchungen des Kompetenzrasters zu Präsentationen weiter hypothetisch gefestigt werden können. Wenn die Raster den Schüler(inne)n ermöglichen, Lernstrategien für die Erstellung und Durchführung einer Präsentation zu entwickeln und gezielt einzusetzen, sollte dies auch in anderen Anforderungsbereichen des Deutschunterrichts möglich sein.

Bezüglich der Unterstützung von Lernstrategien lässt sich sagen, dass eine Überprüfung des Einsatzes von Kompetenzrastern für die Entwicklung von Lernstrategien im Bereich der Textproduktion noch aussteht. Die Befunde dieser Arbeit legen jedoch nahe, dass die Ergebnisse für das Kompetenzraster zu Präsentationen auf die Textproduktion übertragen werden können.

Unterstützung der Lernprozessüberwachung

Durch die Explikation der Leistungsanforderungen und -erwartungen als ein zentraler Bereich von Fremdregulation werden die Schüler(innen) darin unterstützt, ihre selbstregulativen Aktivitäten bezüglich des Einsatzes von Strategien gezielt zu verbessern. Den Schüler(inne)n wird eine Orientierung für die eigenständige Überwachung ihres Lernprozesses bereitstellt. Die Metaperspektive auf ihr Lernen und ihre Leistungen wird in einer systematischen Form ermöglicht.

Die theoretische Reflexion der Potenziale von Kompetenzrastern für die Entwicklung der Lernprozessüberwachung wies darauf hin, dass die Lernenden einen distanzierten Blick auf ihre Leistungen, beispielsweise auf eigene Textproduktionen, werfen können, dass differenzierte Selbst- und Fremdeinschätzungen möglich werden und dass Kompetenzraster neben der sozialen und der absoluten vor allem die individuelle Bezugsnorm in Bewertungsprozessen stärken und damit eine Bewegung vom „Ist-Zustand" zum „Soll-Zustand" in Gang setzen können.

Ein Vergleich der empirischen Befunde mit dem Diskussionsstand offenbart Übereinstimmungen. Die vorliegende Untersuchung konnte bestätigen, dass die Schüler(innen) durch die Kompetenzraster in die Lage versetzt werden, ihr Lernen gezielt zu überwachen, eigene Stärken und Defizite abzuleiten und Maßnahmen für weitere Schritte im Lernprozess zu treffen.

Bezüglich der Unterstützung von Lernprozessüberwachung lässt sich sagen, dass die Transparenz von Leistungserwartungen und -kriterien, die Selbstreflexion und der Austausch über Selbst- und Fremdeinschätzungen entscheidende Elemente der Lernprozessüberwachung darstellen.

Unterstützung der Selbstaktivierung

Die empirischen Befunde offenbaren, dass die Handlungsspielräume der Schüler(innen) in Bezug auf die eigene Zielsetzung, die Motivation und eigene Interessen durch die Arbeit mit Kompetenzrastern systematisch erweitert werden. Die Tatsache, dass der Lehrer seine Leistungen im Rahmen der Unterrichtsgestaltung von den Schüler(inne)n beurteilen lässt, fördert die für die Selbstregulation notwendige Wahrnehmung, dass eigene Einschätzungen und Bedürfnisse ernst genommen werden.

Die theoretische Reflexion der Potenziale von Kompetenzrastern für die Entwicklung der Selbstaktivierung rückte zwei zentrale Momente in den Blick: Erstens können Kompetenzraster einen Impuls zur Reflexion setzen und zweitens das Kompetenzerleben ermöglichen. Damit können eine Motivationssteigerung und eine größere Anstrengungsbereitschaft verbunden sein (vgl. SCHREMPF 2003). Kompetenzraster können den Blick zudem auch systematisch auf überfachliche Bereiche schulischen Lernens richten, in denen Kompetenzen wie Teamfähigkeit etc. eine Rolle spielen.

Ein Vergleich der empirischen Befunde mit dem Diskussionsstand zeigt, dass die Ergebnisse die vermuteten Wirkungen bestätigen. Das Kompetenzerleben, das durch die Raster systematisch ermöglicht wird, beeinflusst die Selbstaktivierung positiv. Die durch die Raster initiierten Reflexionen des eigenen Lernens und der eigenen Leistung bewirken zudem ein aktives Verhältnis zum eigenen Lernen.

Bezüglich der Unterstützung von Selbstaktivierung lässt sich sagen, dass die Transparenz von Leistungskriterien, die Definition von Niveaustufen, kriteriengeleitete Selbsteinschätzungen, der systematische Austausch über Selbst- und Fremdeinschätzungen und das Entwickeln individueller Verbesserungsmöglichkeiten wesentlich zur Selbstaktivierung beim Lernen beiträgt.

Typenspezifische Unterstützung durch die Kompetenzraster

Die Nutzung der Kompetenzraster lässt sich ebenfalls nach Typen spezifizieren. Im Folgenden werden drei zentrale Entwicklungsmuster, die durch die Arbeit mit den Kompetenzrastern unterstützt werden, noch einmal näher charakterisiert.

Unterstützung für den Typ „Abhängigkeit von Fremdregulation"

Die Abhängigkeit von Fremdregulation zeigt sich im Fach Deutsch daran, dass die betreffenden Schüler(innen) nicht in der Lage sind, ihren Lernprozess selbst zu planen, zu überwachen und zu kontrollieren. Sie besitzen kaum oder wenige Lernstrategien, die es ihnen ermöglichen, sich eigenständig mit den Inhalten auseinanderzusetzen und können keine Teilziele formulieren. All dies führt zu ihrer Annahme, dass die Lernbarkeit im Fach Deutsch prinzipiell begrenzt ist. Sie sind sehr auf die Lehrkraft angewiesen, um die Anforderungen bewältigen zu können. Der Einsatz eines Kompetenzrasters, das für einen zentralen Anforderungsbereich im Fach Deutsch Gütekriterien benennt und diese in Niveaustufen gliedert, kann für solche Schüler(innen) die Gelegenheit eröffnen, ihre Lernhandlungen gezielter zu planen. Sie können sich an den Vorgaben orientieren, weil durch sie die Qualität einer zu erbringenden Leistung definiert ist. Die Beteiligung an Bewertungsprozessen kann die Wahrnehmung für eine Analyse von Stärken und Schwächen schulen, die für selbstreguliertes Lernen bedeutsam ist. Insgesamt könnte durch die Arbeit mit Kompetenzrastern die Abhängigkeit von Fremdregulation in eine flexible Anpassung an Fremdregulation überführt werden, in der das eigene Lernverhalten derart geplant und gesteuert wird, dass die Angebote der Lehrkraft optimal genutzt werden können. Die eigenen Anteile im Lernprozess können gestärkt werden, ohne dass auf eine starke Fremdregulation verzichtet wird.

Unterstützung für den Typ „flexible Anpassung an Fremdregulation"

Schüler(innen), die im Fach Deutsch eine flexible Anpassung an Fremdregulation zeigen, stellen Selbst- und Fremdregulation in ein hierarchisches Verhältnis, das Fremdregulation höher bewertet als Selbstregulation. Die eigentätige Auseinandersetzung mit Lerninhalten kann erst und nur dann von den Schüler(inne)n selbstreguliert übernommen werden, wenn eine starke Lenkung durch die Lehrkraft gegeben ist. Dies betrifft sowohl die Textrezeption als auch die Textproduktion. Der Einsatz eines Kompetenzrasters, das für einen zentralen Anforderungsbereich im Fach Deutsch Gütekriterien benennt und diese in Niveaustufen gliedert, kann für solche Schüler(innen) die Selbstregulation beim Lernen stärken. Die Schüler(innen) können das Raster nutzen, um sich unabhängig vom Lehrer eigene Ziele zu setzen und das eigene Lernverhalten zu planen, zu überwachen und zu kontrollieren. Das Raster ermöglicht zudem die sukzessive Entwicklung von Strategien in relevanten Teilbereichen. Die Fremdregulation bleibt für das Lernen weiterhin wichtig, die Selbstregulation wird jedoch stärker gewichtet, so dass Selbst- und Fremdregulation ein strukturiertes Zusammenspiel eingehen.

Unterstützung für den Typ „Dominanz der Selbstregulation unter Verweigerung der Fremdregulation"

Schüler(innen), die diesem Typ zuzuordnen sind, messen ausschließlich der Selbstregulation eine Bedeutung für ihr Lernen bei. Lernen im Fach Deutsch heißt für sie, sich Inhalte selbst zu erarbeiten, das Lernen unter eigenen Gesichtspunkten zu reflektieren und sich ausnahmslos selbst zu motivieren. Lehrerhandeln und Unterrichtsgeschehen werden in ihren Funktionen für das Lernen nicht erkannt und nicht genutzt. Der Einsatz eines Kompetenzrasters, das für einen zentralen Anforderungsbereich im Fach Deutsch Gütekriterien benennt und diese in Niveaustufen gliedert, kann für solche Schüler(innen) den Rückgriff auf die Fremdregulation beim Lernen fördern. Die Fremdregulation wird sichtbar und nutzbar; dies betrifft den Einsatz von Lernstrategien,

340

die Lernprozessüberwachung und die Selbstaktivierung. Die Fremdregulation wird somit aufgewertet und tritt in ein strukturiertes Wechselverhältnis zur Selbstregulation.

Insgesamt ist die Sichtbarmachung der Fremdregulation ein zentrales Moment, das durch die Kompetenzraster gefördert wird. Die Raster ermöglichen den Schüler(inne)n die Fremdregulation in Form von definierten Erwartungen gezielter für ihren Lernprozess zu nutzen. Die starke Selbstregulation wird beim Lernen im Fach Deutsch beibehalten.

10 Verknüpfung der empirischen Ergebnisse: Entwicklung selbstregulierten Lernens im Fachunterricht

In diesem Abschnitt wird die Fachspezifik der Entwicklungen selbstregulierten Lernens beleuchtet. Diese ergibt sich aus der Gegenüberstellung der Befunde des Mathematikteils und des Deutschteils der Untersuchung.

10.1 Entwicklung selbstregulierten Lernens in Mathematik durch eine Stärkung der Selbstregulation unter Beibehaltung einer starken Fremdregulation

Für den in dieser Untersuchung betrachteten Mathematikunterricht erwies sich die im Unterrichtsskript verankerte Fremdregulation als dominierendes Element des Unterrichts. Die Selbstregulation der Schüler(innen) entfaltet sich als Reaktion auf die Vorgaben und Angebote der Lehrerin. Die Lehrerin entwickelt neue Rechenverfahren unter Einbezug der Schüler(innen) im Gespräch; dabei stellt sie die entscheidenden Fragen, führt Fachbegriffe ein und schreibt die Algorithmen an die Tafel. Es gibt den Rechenweg, den alle Schüler(innen) anwenden sollen. Für die Lernprozessüberwachung gestaltet die Lehrerin insbesondere vor Klausuren den Unterricht sehr transparent und zielorientiert, indem sie die notwendigen Rechenprozeduren nacheinander einführt, Übungsaufgaben bereitstellt, zu wiederholende Inhalte explizit kennzeichnet und jederzeit für Fragen zur Verfügung steht, wobei die jeweils letzte Stunde vor einer Klausur explizit als „Frage-Stunde" ausgewiesen ist. Damit organisiert sie für die Schüler(innen) die Möglichkeit, das eigene Lernen mit ihrer Unterstützung zu überwachen und zu regulieren, d.h. beispielsweise anhand der Übungsaufgaben festzustellen, wo eigene Defizite liegen und diese bei nächster Gelegenheit als Frage in den Unterricht einzubringen. Was die Selbstaktivierung, also die Motivation und Anstrengungsbereitschaft der Schüler(innen) betrifft, steckt die Lehrerin einen klaren Möglichkeitsraum für die Zielsetzungen der Schüler(innen) ab. Da die Anforderungen einer Klausur im Vorhinein sehr dezidiert durch die Lehrerin vorgeben werden, werden individuelle und realistische Zielsetzung der Schüler(innen) erleichtert.

Möglichkeiten bzw. Aufforderungen zur Selbstregulation bestehen bezüglich des Einsatzes von Lernstrategien darin, neue Rechenverfahren und mathematische Zugänge so aufzunehmen, dass ein vertieftes Verständnis entsteht. Dazu müssen die neuen Inhalte mit bereits Bekanntem verknüpft werden. Die Selbstregulation beschränkt sich demnach in der Rezeption von Wissenselementen im Sinne von Auswendiglernen oder entfaltet sich im Aufbau eines vernetzten Wissens. Selbst gewählte Lernstrategien scheinen in diesem Unterricht für die Schüler(innen) wenig nahe liegend. Die Schüler(innen) können ihre Lernprozesse gezielt an den klaren Anforderungen, Vorgaben und Unterstützungsangeboten ausrichten. Für die Überprüfung ihrer Kenntnisse und Fähigkeiten stehen jederzeit Übungsaufgaben mit Lösungen zur Verfügung. Für regulierende Maßnahmen im Sinne einer Klärung von offenen Fragen und Beseitigung von Verständnisschwierigkeiten können sie jederzeit Fragen an die Lehrerin oder natürlich auch an Mitschüler(innen) stellen. Die Möglichkeit bzw. Aufforderung zur Selbstregulation bezüglich der Selbstaktivierung besteht darin, sich zu den Angeboten und Anforderungen der Lehrerin zu positionieren und das eigene Engagement zu überwachen. Motivation und Anstrengungsbereitschaft werden für die Schüler(innen) dadurch erhöht, dass eine gezielte Vorbereitung auf die Klausuren auf jedem Leistungsniveau möglich ist.

Es konnte gezeigt werden, dass der Unterricht stark von Fremdregulation durch die Lehrerin geprägt ist. Das Mathejournal lässt sich als ein Instrument charakterisieren, das die selbstregulativen Anteile beim Mathematiklernen stärkt, ohne auf die Fremdregulation zu verzichten. Es lässt sich also im Fach Mathematik von einer Entwicklung selbstregulierten Lernens durch eine Stärkung der Selbstregulation unter Beibehaltung einer starken Fremdregulation sprechen.

Didaktische Konsequenzen für den Einsatz von Lerntagebücher im Mathematikunterricht

Das Unterrichtsskript des hier betrachteten Mathematikunterrichts erweist sich, verglichen mit anderen Forschungen zum deutschen Mathematikunterricht (vgl. BAUMERT & KÖLLER 2000; KAISER 1999) als „durchschnittlich". Dies ermöglicht, basierend auf den Ergebnissen der vorliegenden Studie, insbesondere für den „normalen" Mathematikunterricht der gymnasialen Oberstufe Konsequenzen zu ziehen und dabei insbesondere beachten, dass es sich um einen Grundkurs handelt.

Die Untersuchung des Mathejournals verdeutlicht, dass Grundkursschüler(innen) die Herausforderung des neuen Instruments annehmen und einen Sinn darin erkennen. Dazu trägt insbesondere die Strukturierung bei, die Schwerpunkte für die Eintragungen vorgibt und damit eine Orientierung für die Erstellung eines „roten Fadens" anbietet; zugleich ist jedoch auch die Freiwilligkeit von Bedeutung, mit der das Instrument genutzt werden kann, da diese eigene Ideen, Vorstellungen und Bedürfnisse ans Licht bringt. Ein weiterer entscheidender Punkt ist, dass die Journale an die Lehrkraft zur Korrektur abgegeben werden können.

Die Bandbreite der Nutzung für das Mathejournal offenbart, dass unterschiedliche Ziele von den Schüler(inne)n verfolgt werden: Von der Übersicht über behandelte Inhalte, über die Vorbereitung von Fragen an die Lehrkraft und die Verbesserung der eigenen Fachsprache im Fach Mathematik bis hin zur Arbeit am eigenen Fachverständnis.

Auf der Basis dieser positiven Entwicklungen, die das Mathejournal angestoßen hat, lassen sich aus didaktischer Sicht einige Verbesserungsvorschläge machen. So wäre es sinnvoll, das Mathejournal gleich zu Beginn der Oberstufe, also in Jahrgang 11, als ein neues Lerninstrument einzuführen. Dies hat die Lehrerin in diesem Projekt erkannt und parallel zur Arbeit im Grundkurs das Mathejournal in ihrer 11. Klasse eingeführt. Damit kann der „rote Faden" als Vorbereitung auf das Abitur von der 11. Klasse an kontinuierlich und regelmäßig gestaltet werden.

Die Rückmeldestunde, in der sich die Schüler(innen) über ihre individuellen Nutzungsformen des Mathejournals austauschen, erweist sich als gewinnbringend: Die Freiheit in der Nutzung fördert das kreative Potenzial der Schüler(innen), ein Austausch über Umgangsformen mit dem Journal ermöglicht, dass die Schüler(innen) voneinander lernen und das Instrument ggf. gemeinsam weiterentwickeln.

Der Einbezug der Journaleintragungen in den Unterricht ist ein zentraler Aspekt, der im vorliegenden Beispiel noch nicht ganz ausgeschöpft wird. Es wäre denkbar, dass nicht nur einzelne Eintragungen zum ersten Punkt (Was habe ich verstanden?) vorgelesen, sondern auch die formulierten Fragen der Schüler(innen) systematisch in den Unterricht eingespielt werden. Beispielsweise könnten sich die Schüler(innen) zu Beginn einer Mathematikstunde zunächst paarweise oder in Kleingruppen über ihre Fragen austauschen und diese ggf. im Gespräch klären.

10.2 Entwicklung selbstregulierten Lernens in Deutsch durch eine Stärkung der Fremdregulation unter Beibehaltung einer starken Selbstregulation

Der in dieser Studie untersuchte Deutschunterricht zielt stark auf die Selbstregulation durch die Schüler(innen) ab. Durch die Fremdregulation wird das Lernsetting grob vorstrukturiert und die Lernziele formuliert, die Gestaltung einzelner Lernwege bleibt jedoch größtenteils in der Verantwortung der Schüler(innen). Beispielsweise bearbeiten die Schüler(innen) in Gruppenarbeit Themen eigenständig und bereiten eine Präsentation der Inhalte vor. In diesem Fall werden vom Lehrer keine dezidierten Strategien vorgegeben. Bezüglich der Vorbereitung auf Klausuren wird ähnliches deutlich: Der Lehrer fordert die Selbstregulation der Schüler(innen) heraus, indem er beispielsweise lediglich das literarische Werk benennt, über das die Klausur geschrieben wird. Es kommt auch vor, dass er den Schüler(inne)n das Motiv nennt, das in der Arbeit analysiert werden soll. Die Fremdregulation des Lehrers bezieht sich vor allem auf die Vorgabe sehr globaler Strategien; dazu zählen Gruppenarbeit, Literaturrecherche, bestimmte Formen der Textproduktion etc. Kleinschrittigere Lernstrategien gibt er nicht vor, d.h. er macht beispielsweise keine konkreten Angaben darüber, wie in den Gruppen im Einzelnen gearbeitet werden soll und mit welcher Methode sich Sekundärliteratur am Besten rezipieren lässt. Bezüglich der Lernprozessüberwachung wird eine Fremdregulation durch den Lehrer vor allem durch die Arbeit mit den Kompetenzrastern zur Kursmitarbeit und zu Präsentationen angestrebt. Die vom Lehrer entwickelten Raster lenken den Blick der Schüler(innen) auf ihre Stärken und Schwächen und zeigen Entwicklungshorizonte auf. Ohne die Raster findet sich im Unterrichtsskript nur die übliche Lernprozessüberwachung durch Fremdregulation in der Form von Leistungsbeurteilungen. Was die Selbstaktivierung, also die Motivation und Anstrengungsbereitschaft der Schüler(innen) betrifft, erfolgt eine Fremdregulation dahingehend, dass der Lehrer den Schüler(innen) Möglichkeiten zur Mitbestimmung und Mitgestaltung im Unterricht einräumt, wie beispielsweise die Auswahl von Themen, die Gestaltung der Gruppenarbeit etc.

Möglichkeiten bzw. Aufforderungen zur Selbstregulation bestehen bezüglich des Einsatzes von Lernstrategien darin, diese selbst zu entwickeln und umzusetzen. Während einer Gruppenarbeit muss das Vorgehen beispielsweise geplant und abgestimmt, für eine Klausurvorbereitung müssen individuelle Strategien der Vorbereitung eingesetzt werden (wie Internetrecherche und Diskussionen unter Mitschüler(inne)n. Die Selbstregulation der Schüler(innen) ist hinsichtlich ihrer Lernprozessüberwachung insofern gefordert, als dass sie selbst Standortbestimmungen im Lernprozess vornehmen, eigene Stärken und Schwächen analysieren und Konsequenzen für den weiteren Lernweg ziehen müssen. Dabei liegt eine Herausforderung insbesondere darin, die Analyse der Lehrerrückmeldung zu eigenen Klausurergebnissen für das eigene Lernen fruchtbar zu machen. Für die Schüler(innen) stellen sich damit die Möglichkeit und die Aufforderung zur Selbstregulation dahingehend, mit den Angeboten und Freiräumen, die der Lehrer ihnen zugesteht, produktiv umzugehen, d.h. ihre Interessen einzubringen und eigene Ziele im Unterricht zu verfolgen.

Es konnte gezeigt werden, dass der Unterricht stark auf die Förderung der Selbstregulation durch die Schüler(innen) abzielt. Die Kompetenzraster werden als ein Instrument charakterisiert, welches die fremdregulativen Anteile im Fach Deutsch sichtbar macht und damit für die Schüler(innen) die Möglichkeit schafft, ihren Lernprozess gezielter und reflektierter zu gestalten. Es lässt sich also im Fach Deutsch von einer Entwicklung selbstregulierten Lernens durch eine Stärkung der Fremdregulation unter Beibehaltung einer starken Selbstregulation sprechen.

Didaktische Konsequenzen für den Einsatz von Kompetenzrastern im Deutschunterricht

Das Unterrichtsskript des hier betrachteten Deutschunterrichts ist vermutlich nicht als „durchschnittlich" zu bezeichnen. Zwar gibt es nicht genügend Forschungsarbeiten im Bereich der Deutschdidaktik, mit denen sich klären ließe, ob es ein typisches Skript des Deutschunterrichts gibt. Aussagen über den Unterricht an Gymnasien allgemein verweisen jedoch darauf, dass das geleitete, entwickelnde Unterrichtsgespräch die vorherrschende methodische Grundform im Unterricht ist und Stillarbeit sowie unbetreute Schülertätigkeit nur geringe Bedeutung haben (vgl. BAUMERT, ROEDER & WATERMANN 2003). Es lassen sich daher auf der Basis dieser Untersuchung vorrangig Konsequenzen für einen Deutschunterricht der gymnasialen Oberstufe ableiten, in dem der Anteil an selbstständigem Arbeiten sehr hoch ist.

Die Untersuchung der Kompetenzraster verdeutlicht, dass Grundkursschüler(innen) der gymnasialen Oberstufe diese Instrumente als sehr hilfreich für ihr Lernen im Fach Deutsch erachten. Sie benennen ausnahmslos die Vorteile der Raster und sehen keine unerwünschten „Nebenwirkungen". Dazu trägt insbesondere die vom Lehrer gut durchdachte Konzeption, die strukturierte Einführung sowie die Haltung des Lehrers bei, der die Schüler(innen) ernst nimmt, ihnen Verantwortung überträgt und ihre Bemühungen und Leistungen honoriert.

Die Bandbreite der Nutzung offenbart, dass die Kompetenzraster den Schüler(inne)n auf unterschiedlichen Ebenen eine Unterstützung im Lernprozess bieten: Von einer Identifizierbarkeit von Qualität, die klare Zielsetzungen ebenso wie differenzierte Selbst- und Fremdeinschätzungen ermöglicht, über die Hilfestellungen bei der Leistungsverbesserung bis hin zur Beteiligung an der Leistungsbeurteilung.

Didaktische Verbesserungsvorschläge sind lediglich dahingehend zu formulieren, dass Kompetenzraster zu weiteren zentralen Anforderungsbereichen im Fach Deutsch eingesetzt werden können. So scheinen Kompetenzraster zu Textinterpretationen, zum Verfassen schriftlicher Arbeiten sinnvoll; diese könnten auch inhaltlich ausdifferenziert und beispielsweise für die Aufgaben Inhaltsangabe, Personencharakterisierung, Gedichtinterpretation,

Essay etc. entwickelt werden. Dies hat der Lehrer in diesem Projekt für sich als eine Entwicklungsperspektive erkannt.

Die Potenziale von Kompetenzrastern, eine Rückmeldung sowohl zwischen Schüler(inne)n als auch reziprok zwischen Lehrer und Schüler(inne)n zu initiieren, werden im vorliegenden Beispiel bereits in eindrucksvoller Weise ausgeschöpft. Zu überlegen wäre, wie Schüler(innen) in die Gestaltung der Kompetenzraster stärker einbezogen werden können. Im vorliegenden Fall wurde das Kompetenzraster zur Kursmitarbeit gemeinsam vom Lehrer und von den Schüler(inne)n überarbeitet. Diese Richtung kann weiter verfolgt werden.

11 Zur Entwicklung selbstregulierten Lernens aus Sicht der Bezugswissenschaften – Diskussion der Ergebnisse

In diesem Abschnitt werden die Ergebnisse der vorliegenden Untersuchung aus Sicht der Pädagogischen Psychologie, der Schulpädagogik und der Bildungsgangforschung reflektiert. Dem Ertrag dieser Studie für die Bildungsgangforschung wird dabei besondere Aufmerksamkeit gewidmet.

Mit der Untersuchung der Entwicklung selbstregulierten Lernens behandelt die vorliegende Studie ein zentrales Thema der Pädagogischen Psychologie. Dabei stellt das qualitative Forschungsdesign, das auf die Rekonstruktion von Einzelfällen abhebt, eine Ergänzung zu quantitativen Studien dar, mit denen selbstreguliertes Lernen in der Psychologie hauptsächlich erforscht wird. Eine zweite Differenz ist, dass die Pädagogische Psychologie bei der Untersuchung von Lernvorgängen in der Regel den individuellen Lerner unabhängig von institutionellen Rahmungen im Blick hat, während die vorliegende Arbeit individuelle Lerner im Lernkontext von Schule untersucht. Im Unterschied zu klassischen psychologischen Interventionsstudien, die mit Kontrollgruppen arbeiten, handelt es sich hier um eine Interventionsstudie, bei der zwischen zwei Erhebungszeitpunkten spezifische Maßnahmen durchgeführt werden, deren Wirkungen an Einzelfällen rekonstruiert werden.

Trotz dieser augenfälligen Unterschiede zu den Forschungsansätzen der Pädagogischen Psychologie können die empirischen Befunde dieser Untersuchung im Rahmen der bisherigen Diskussion über selbstreguliertes Lernen betrachtet werden. Dabei sind zwei Aspekte bedeutsam: erstens die Ausdifferenzierung im Sinne einer Typisierung von Lernvorstellungen über Selbst- und Fremdregulation und zweitens die Bedeutung des Unterrichtsskripts für die Entwicklung selbstregulierten Lernens.

Beide Aspekte werden im Folgenden in ihrer Bedeutung für die vorwiegend in der Pädagogischen Psychologie geführte Diskussion über die Selbstregulation des Lernens auf den Punkt gebracht:

Lernvorstellungen von Schüler(inne)n sind tief verankert, relativ stabil und fachbezogen. Die Vorstellungen über die Selbst- und Fremdregulation beim Lernen sind eine Teilmenge dieser Lernvorstellungen. Es konnte geklärt werden, welche Bedeutung Selbst- und Fremdregulation für Oberstufenschüler(innen) in den Fächern Mathematik und Deutsch haben. Selbstregulative Lernhandlungen und die Nutzung von Fremdregulation für das eigene Lernen sind Teil eines in der Schule erforderlichen methodischen Verhaltens, das die Schüler(innen) in die Lage versetzt, mit den Bedingungen und Anforderungen einer Situation reflexiv und erfolgreich umzugehen. Die Typisierung der Lernvorstellungen macht deutlich, dass sowohl eine Überbewertung von Fremdregulation als auch von Selbstregulation das selbstregulierte Lernen im Kontext von Schule hemmen kann. Förderlich für selbstreguliertes Lernen sind dagegen Vorstellungen, die Selbst- und Fremdregulation in ihrer jeweiligen Funktion für das eigene Lernen erkennen und reflexiv aufeinander beziehen, so dass es zu einem Zusammenspiel kommt. Damit geht diese Arbeit über die Charakterisierung eines „Kontinuums" (SIMONS 1992) hinaus und differenziert das Verhältnis von Selbst- und Fremdregulation im Sinne eines produktiven Wechselverhältnisses aus.

Es wird weiter deutlich, dass die Lernvorstellungen der Schüler(innen) durch den gezielten didaktischen Einsatz von Instrumenten konstruktiv irritiert und erweitert werden können. Damit wird der Blick auf das Unterrichtssetting gelenkt. Wie diese Studie zeigt, hängen Unterrichtsskript und Lernvorstellungen der Schüler(innen) über Selbst- und Fremdregulation beim Lernen zusammen. Das Unterrichtsskript legt nahe, welche Rollen Selbst- und Fremdregulation für das individuelle Lernen spielen können. Das Lehrerhandeln eröffnet oder verschließt Möglichkeiten bzw. Notwendigkeiten zur Selbstregulation, wie am Beispiel der beiden hier untersuchten und sehr unterschiedlichen Unterrichtsskripte erkennbar wird. Damit wird in dieser Studie genauer bestimmt, welche Lernumgebungen und Kontextmerkmale (vgl. u.a. LEOPOLD & LEUTNER 2003) für die Entwicklung von selbstreguliertem Lernen bedeutsam sein können.

Die Schulpädagogik betrachtet die Qualität der Lehrerarbeit sowie der institutionellen und organisatorischen Rahmenbedingungen hinsichtlich ihrer Folgen für das Lernen der Schüler(innen). Damit stehen Fragen der Passung von institutioneller Verfasstheit, professioneller Gestaltung sowie individueller Bearbeitung von Lehr-Lern-Prozessen im Zentrum. Angesichts einer weithin vom Fachprinzip beherrschten Unterrichtskultur mit seinen fachlichen Systematiken, Lehrplänen, Unterrichtskonzepten und -skripts (vgl. u.a. HUBER 1991, 2001; TERHART 1997a) scheinen Veränderungen in Richtung auf die Individualisierung des Unterrichts, wie sie in den skandinavischen Ländern selbstverständlich sind und angesichts der Heterogenität der Schülerschaft eigentlich geboten wären, im deutschen Schulsystem bislang schwer zu realisieren. Die vorliegende Studie untersucht didaktische Arrangements im Fachunterricht in ihrer Bedeutung für eine Entwicklung selbstregulierten Lernens. Sie zeigt dabei, inwiefern sich die Lernvorstellungen von Schüler(inne)n in bestimmten Unterrichtsfächern als hinderlich bzw. förderlich auf eine Selbstregulation beim Lernen auswirken und wie durch den Einsatz von Lerntagebüchern und Kompetenzrastern selbstreguliertes Lernen unterstützt werden kann. Dabei arbeitet sie Zusammenhänge individueller Lernvorstellungen, didaktischer Arrangements und den Unterrichtskripten des entsprechenden Fachunterrichts heraus.

Ergebnisse zur Entwicklung selbstregulierten Lernens aus Sicht der
Bildungsgangforschung

Der Bildungsgangforschung geht es um die Frage, wie individuell bedeutsame Lernprozesse im Spannungsfeld von subjektiven Wünschen, Fähigkeiten und Zielen einerseits und institutionellen Angeboten und Restriktionen andererseits entstehen können (vgl. 1.4). Um Lernprozesse verstehend nachvollziehen zu können, wird die subjektive Auslegung und Ausgestaltung institutioneller Vorgaben rekonstruiert (vgl. MEYER 2005, S. 18). Die vorliegende Arbeit zeigt am Beispiel des selbstregulierten Lernens, wie individuelle Lerner die Bedeutung von Selbst- und Fremdregulation für ihr Lernen in den Fächern Mathematik und Deutsch einschätzen und welche Strukturmuster der Entwicklung selbstregulierten Lernens erkennbar werden.

Selbstreguliertes Lernen stellt eine fundamentale Kompetenz dar, die in der Schule thematisiert und entwickelt werden sollte, darüber hinaus aber auch als höchst bedeutsam für das Lernen nach der Schule angesehen wird (vgl. BAUMERT 2003). Dies wird damit begründet, dass die Selbstregulation des Lernens und des Wissenserwerbs unmittelbar in den Dienst des lebenslangen Lernens gestellt werden kann, was für die heranwachsende Generation von zentraler Bedeutung ist. Selbstreguliertes Lernen weist damit über die Schule hinaus. Für die Bildungsgangforschung, welche sich für „Lerngeschichten in Biographien" (COMBE 2004, S. 50) interessiert, ist die Frage nach selbstreguliertem Lernen ein zentrales Forschungsfeld, weil vor allem so die Frage untersucht werden kann, wie Schülerinnen und Schüler den Angeboten der Institution Schule aktiv handelnd und gestaltend begegnen können.

Die vorliegende Untersuchung integriert erziehungswissenschaftliche und psychologische Perspektiven auf Lernen, was für die Bildungsgangforschung von besonderem Interesse ist. Denn die allgemeine Frage nach individuell bedeutsamen Lernprozessen findet in der bislang vor allem von der Pädagogischen Psychologie bearbeiteten Frage nach den Möglichkeiten und Bedingungen selbstregulierten Lernens eine interessante und fruchtbare Konkretisierung. Selbstreguliertes Lernen erfolgt aus Sicht der Psychologie insbesondere dann, wenn die Lerner sowohl den Lerngegenständen als auch dem Lernen selbst Bedeutung beimessen und die Motivation aufbringen, sich mit Inhalten und Anforderungen auseinanderzusetzen. Umgekehrt formuliert die Bildungsgangforschung die Erwartung, dass für Schülerinnen und Schüler bedeutsame Lerninhalte eine aktive und reflexive Auseinandersetzung mit diesen Gegenständen zur Folge haben. In diesem Sinne lässt sich eine Entsprechung von normativen Anforderungen an die heranwachsende Generation ausmachen: Psychologen und Schulpädagogen, insbesondere

Bildungsgangforscher suchen nach Gelingensbedingungen für individuell bedeutsame, selbst regulierte und selbst verantwortete Lernprozesse. Die vorliegende Arbeit ermöglicht mit dem theoretischen Brückenschlag zwischen Pädagogischer Psychologie und Schulpädagogik fruchtbare Erkenntnisse für das Lernen im Kontext von Schule, woran die Bildungsgangforschung ein besonderes Interesse formuliert. Die in der Bildungsgangforschung geforderte und in dieser Studie durchgeführte Rekonstruktion der „Aneignungsperspektive von individuell Lernenden" (COMBE 2005, S. 79) verdeutlicht, welche entscheidende Rolle die fachbezogenen Beliefs, insbesondere die Lernvorstellungen der Schülerinnen und Schüler für die Bereitschaft und die Fähigkeit zum selbstregulierten Lernen und damit zu einer aktiven Auseinandersetzung mit den Angeboten der Institution haben.

Die Bildungsgangforschung erhält damit differenzierte Hinweise auf und Belege für die Notwendigkeit und die Potenziale einer differenzierten Erforschung der fachspezifischen Sichtweisen der Schüler(innen) auf ihr Lernen. In diesen Sichtweisen und Vorstellungen, die im Wesentlichen auf Erfahrungen mit Unterricht basieren, liegt ein Schlüssel zum Verständnis der Bedeutung, die einzelne Fächer, Fachinhalte und fachliche Kompetenzen für einzelne Schüler(innen) haben, und damit auch zum Verständnis der Anstrengungsbereitschaft und Verantwortungsübernahme auf Seiten der Schüler(innen).

Darüber hinaus zeigt die vorliegende Studie ein für eine bildungsgangorientierte Didaktik sehr bedeutsames Ergebnis, nämlich dass Beliefs keine statischen, unveränderbaren mentalen Konstrukte darstellen; vielmehr lassen sie sich konstruktiv irritieren und eröffnen somit die Möglichkeit einer veränderten individuellen Sichtweise auf die Charakteristika fachlichen Lernens. Irritationen der Beliefs und Entwicklungsmöglichkeiten der Lernvorstellungen können, wie diese Untersuchung zeigt, durch die Nutzung bestimmter Lerninstrumente initiiert und erreicht werden. Damit wird an konkreten Einzelfällen im Fachunterricht gezeigt, inwiefern die beiden Seiten – subjektive Wünsche, Ziele und Einstellungen sowie die objektive Seite der institutionellen Angebote und Restriktionen – interagieren und damit die Voraussetzung für eine Lernentwicklung im Sinne einer intensiveren Nutzung der selbstregulativen Anteile des Lernens bereitstellen.

Die Erkenntnisse dieser Arbeit für die Bildungsgangforschung lassen sich wie folgt in zwei Dimensionen zusammenfassen:

Lernvorstellungen von Schülerinnen und Schülern spielen eine maßgebliche Rolle bei der Frage, ob das fachliche Lernen für Schüler(innen) bedeutsam wird. Darüber hinaus wird deutlich, dass sich Lernvorstellungen nicht kurzfristig verändern lassen, da sie aus langfristigen Erfahrungen mit schulischem Lernen entstehen. Sie lassen sich jedoch zunächst konstruktiv irritieren, indem das Unterrichtssetting beispielsweise durch die Einführung von

Feedbackarbeit verändert wird, im Zuge dessen von den Schüler(inne)n neue Lernhandlungen eingefordert werden und die Schüler(innen) auf diese Weise veränderte Vorstellungen über das Lernen und insbesondere über die Bedeutung von Selbst- und Fremdregulation beim Lernen gewinnen.

Zentral für die Bildungsgangforschung genauso wie für einen Unterricht in bildungsgangdidaktischer Perspektive ist das Ergebnis dieser Studie bezogen auf das Verhältnis von Selbstregulation und Fremdregulation. So kann gezeigt werden, dass selbstreguliertes Lernen sowohl die eigentätige, Sinn konstruierende Auseinandersetzung mit den fachlichen Lerngegenständen braucht als auch einen reflexiven und methodischen Zugriff auf die Fremdregulation. Zugleich kann das Potenzial bestimmter Feedbackinstrumente hinsichtlich ihrer Unterstützungsfunktion für selbstreguliertes Lernen ausgewiesen werden. Damit werden wichtige Aspekte der für die Bildungsgangforschung zentralen Frage einer „Passung" von didaktischen Arrangements und individuellen Lernvoraussetzungen bezogen auf die Entwicklung des selbstregulierten Lernens aufgeklärt. Dabei wird erkennbar, dass die bewusste Gestaltung des Verhältnisses von Selbstregulation und Fremdregulation eine zentrale Herausforderung an Lehr-Lern-Prozesse stellt, wenn diese für die Subjekte bedeutsam sein sollen.

12 Perspektiven für weitere Forschungsarbeiten

Es lassen sich für die Entwicklung selbstregulierten Lernens auf der Ebene der individuellen Lernprozesse und der Ebene der didaktischen Arrangements folgende Perspektiven für weitere Forschungsarbeiten eröffnen.

Ebene der individuellen Lernprozesse

Die vorliegende Untersuchung erstreckt sich über den Zeitraum eines Schuljahres und deckt nur erste Schritte mit den Kompetenzrastern bzw. dem Mathejournal ab. Diese Feedbackinstrumente sind jedoch für die kontinuierliche Begleitung von Lehr-Lern-Prozessen im Unterricht konzipiert. An die Ergebnisse dieser Studie anschließend wäre demnach eine Langzeituntersuchung, die Veränderungen der Lernervorstellungen über Selbst- und Fremdregulation beim Lernen in Deutsch und Mathematik verfolgt, interessant. Hier könnte beispielsweise der Frage nachgegangen werden, wie sich die Entwicklungslinien einzelner Schüler(innen) im Einzelnen ausgestalten.

In dieser Arbeit stehen die Vorstellungen der Lernenden über Selbst- und Fremdregulation beim Mathematik- und Deutschlernen im Vordergrund. Eine Ergänzung der Erforschung der Lernerperspektive durch die der Lehrenden erscheint vielversprechend. So zeigt die Studie, dass die Unterrichtsgestaltung durch die Lehrenden die Vorstellungen der Schüler(innen) über die Bedeutung von Selbst- und Fremdregulation maßgeblich beeinflussen. Es wäre demnach interessant zu untersuchen, welche Vorstellungen über Selbst- und Fremdregulation beim Lernen die Lehrkräfte haben und inwiefern sich durch den Einsatz von Kompetenzrastern und Lerntagebüchern auch diese Vorstellungen verändern.

Es lassen sich auch Forschungsdesiderata der Deutschdidaktik benennen: Es fehlt an empirischen Untersuchungen, die typische Lehr-Lern-Formen des Deutschunterrichts identifizieren, d.h. das Skript rekonstruieren, wie es für den Mathematikunterricht bereits geschehen ist. Zudem wäre es hilfreich, etwas über die deutschbezogenen Beliefs von Schüler(inne)n zu wissen, um die Lehr-Lern-Forschung im Fach Deutsch voranzutreiben. Damit zusammenhängend sollten sich mehr Arbeiten einem Fachvergleich annehmen, wie es in dieser Studie getan wurde, um Forschungsergebnisse und -desiderata sowie theoretische Diskurse einzelner Fachdidaktiken miteinander vergleichen und für einander fruchtbar machen zu können.

Ebene der didaktischen Arrangements

Kompetenzraster und Lerntagebücher sind zwei prominente Vertreter von Lerninstrumenten, deren Nutzen für die Entwicklung selbstregulierten Lernens in dieser Studie nachgewiesen wird. Daneben gibt es jedoch eine Reihe weiterer Instrumente, deren Beitrag für die Entwicklung der Selbstregulation beim Lernen gezielt untersucht werden könnte. Ergiebig scheinen dabei der Einsatz von Portfolios oder auch Selbstevaluationsbögen.

Die Ergebnisse dieser Untersuchung legen nahe, dass der Einsatz von Lerntagebüchern insbesondere in Fächern, in denen Schüler(innen) der Fremdregulation große Bedeutung beimessen, zur Entwicklung selbstregulierten Lernens beitragen kann. Dies könnten naturwissenschaftliche Fächer sein, denen Schüler(innen) nur geringe Bedeutung für ihr Leben beimessen, in Bezug auf die sie wenig Vorwissen bei sich vermuten und in denen sie demzufolge die Wissensvermittlung der Lehrkraft zuschreiben. Vor dem Hintergrund dieser Überlegungen erscheinen der Einsatz und die Erforschung von Lerntagebüchern in den Fächern Physik und Chemie sinnvoll.

Insgesamt enthüllt diese Arbeit Zusammenhänge zwischen individuellen Lernprozessen und didaktischen Arrangements unter den institutionellen Rahmenbedingungen der Schule. Dabei berücksichtigt sie das Fächerprinzip als strukturierendes Element schulischen Lernens und ermöglicht damit fachspezifische und fachübergreifende Aspekte selbstregulierten Lernens zu identifizieren. Die Untersuchung von individuellen Lernerperspektiven und institutionellen Rahmenbedingungen des Lernens ermöglicht Einblicke in die Wirkungen fachspezifischer Unterrichtssettings. Es erscheint daher fruchtbar, in weiteren Forschungsarbeiten diesen lernerorientierten, fächervergleichenden Zugang zu individuellen Lernprozessen im Rahmen von Schule aufzugreifen.

Literaturverzeichnis

Aebli, Hans (1983): Zwölf Grundformen des Lehrens. Eine Allgemeine Didaktik auf psychologischer Grundlage. Stuttgart: Klett-Cotta.

Aguado, Karin (2000): Empirische Fremdsprachenerwerbsforschung. Ein Plädoyer für mehr Toleranz. In: Aguado, Karin (Hrsg.): Zur Methodologie in der empirischen Fremdsprachenforschung. Baltmannsweiler: Schneider.

Ahlheit, Peter (1996): „Biographizität" als LernPotenzial: Konzeptionelle Überlegungen zum biographischen Ansatz in der Erwachsenenbildung. In: Krüger, Heinz-Hermann & Marotzki, Winfried (Hrsg.): Erziehungswissenschaftliche Biographieforschung. 2. Aufl. Opladen: Leske und Budrich, , S. 276-307.

Altrichter, Herbert & Posch, Peter (1998): Lehrer erforschen ihren Unterricht: eine Einführung in die Methoden der Aktionsforschung. 3. durchges. und erw. Aufl. Bad Heilbrunn: Klinkhardt.

Baer, Matthias (1995): Das "Orchester-Modell" der Textproduktion. In: Baurmann, Jürgen & Weingarten, Rüdiger (Hrsg.): Schreiben: Prozesse, Prozeduren, Produkte. Eine Hinführung zur Schreibforschung. Opladen: Leske + Budrich.

Bastian, Johannes & Combe, Arno (2001): Fallorientierte Schulentwicklungsforschung: Der Schulversuch „Profiloberstufe" an der Max-Brauer-Schule. In: Tillmann, Klaus Jürgen & Vollstädt, Witlof (Hrsg.): Politikberatung durch Bildungsforschung. Das Beispiel Schulentwicklung in Hamburg. Opladen: Leske + Budrich, S. 171-190.

Bastian, Johannes et al. (2001): Antrag auf Einrichtung und Förderung eines Graduiertenkollegs zur Bildungsgangforschung. Universität Hamburg, Fachbereich Erziehungswissenschaft, überarb. Antrag, http://www.erzwiss.uni-hamburg.de/Personal/Schenk/Grad-Koll/Ges-text-netz.htm [Stand: 6.01.2006].

Bastian, Johannes; Combe, Arno & Langer, Roman (2005): Feedback-Methoden. Erprobte Konzepte, evaluierte Erfahrungen. 2., erweiterte Auflage. Weinheim und Basel: Beltz Verlag.

Baumert, J.; Roeder, P. M. & Watermann, R. (2003): Das Gymnasium - Kontinuität im Wandel. In: Cortina, K. S.; Baumert, J.; Leschinsky, A.; Mayer, K. U. & Trommer, L. (Hrsg.): Das Bildungswesen in der Bundesrepublik Deutschland: Strukturen und Entwicklungen im Überblick. Reinbek bei Hamburg: Rowohlt, S. 487-524.

Baumert, Jürgen & Köller, O. (2000): Unterrichtsgestaltung, verständnisvolles Lernen und multiple Zielerreichung im Mathematik- und Physikunterricht der gymnasialen Oberstufe. In: Baumert, Jürgen; Bos, Wilfried & Lehmann, R. (Hrsg.): TIMSS/III. Dritte Internationale Mathematik- und Naturwissenschaftsstudie. Mathematische und naturwissenschaftliche Bildung am Ende der Schullaufbahn. Band 2: Mathematische und physikalische Kompetenzen am Ende der gymnasialen Oberstufe, Opladen: Leske + Budrich, S. 271-315.

Baumert, Jürgen (1993): Lernstrategien, motivationale Orientierung und Selbstwirksamkeitsüberzeugungen im Kontext schulischen Lernens. In: Unterrichtswissenschaft. Zeitschrift für Lernforschung, 21. Jahrgang, Heft 4, S. 327-354.

Baumert, Jürgen (2003): Transparenz und Verantwortung. In: Killius, Nelson; Kluge, Jürgen; Reisch, Linda (Hrsg.): Die Bildung der Zukunft, Frankfurt am Main: Suhrkamp Verlag, S. 213-228.

Baumert, Jürgen et al. (2001): PISA 2000. Basiskompetenzen von Schülerinnen und Schülern im internationalen Vergleich. Opladen: Leske + Budrich.

Baumert, Jürgen; Bos, Wilfried & Lehmann, R. (Hrsg.): TIMSS/III. Dritte Internationale Mathematik- und Naturwissenschaftsstudie. Mathematische und naturwissenschaftliche Bildung am Ende der Schullaufbahn. Band 2: Mathematische und physikalische Kompetenzen am Ende der der gymnasialen Oberstufe, Opladen: Leske + Budrich.

Beck, Ulrich (1986): Risikogesellschaft. Auf dem Weg in eine andere Moderne. Frankfurt a. M.: Suhrkamp.

Boekaerts, Monique & Niemivirta, Markku (2000): Self-regulated learning. Finding a balance between learning goals and ego-protective goals. In: Boekaerts, Monique, Pintrich, Paul R. & Zeidner, Moshe (Hrsg.): Handbook of self-regulated learning. San Diego: Academic Press, S. 417-450.

Boekaerts, Monique (1999): Self-regulated learning: where we are today. In: International Journal of Educational Research, 31. Jahrgang, Heft 6, S. 445-457.

Bohl, Thorsten & Grunder, Hans-Ulrich (2001): Neue Formen der Leistungsbeurteilung in den Sekundarstufen I und II. Baltmannsweiler: Schneider-Verl. Hohengehren.

Bohnsack, Ralf (2003): Rekonstruktive Sozialforschung: Einführung in qualitative Methoden. 5. Aufl. Opladen: Leske + Budrich.

Bonnet, Andreas (2004): Chemie im bilingualen Unterricht : Kompetenzerwerb durch Interaktion. Opladen: Leske + Budrich.

Breuer, Bernhard et al. (2000): Leistungsbeurteilung in offenen Unterrichtsphasen: Grundlagen, Erlasse, Methoden, Materialien; Reader für alle Schulformen und Unterrichtsfächer. Essen: Neue-Deutsche-Schule-Verl.-Ges.

Brocket, Ralph G. & Hiemstra, Roger (1991): Self-direction in adult-learning: Perspectives on theory, research, and practice. New York: Routledge & Keagan Paul.

Burkard, Christoph; Eikenbusch, Gerhard & Ekholm, Mats (2003): Starke Schüler – gute Schulen: Wege zu einer neuen Arbeitskultur im Unterricht. Berlin: Cornelsen Scriptor.

Christ, Hannelore et al. (1995): "Ja aber es kann doch sein ...": in der Schule literarische Gespräche führen. Frankfurt a. M.: Lang.

Christmann, Ursula & Groeben, Norbert (1999): Psychologie des Lesens. In: Franzmann, Bodo (Hrsg.): Handbuch Lesen. München: Saur, S.145-223.

Clarke, D.; Stephens, M & Waywood, A. (1990): Communication and the learning of Mathematics. In: Romberg, T. A. (Hrsg.): Mathematics assessment and evaluation: imperatives for mathematics educators. Albany, New York: The State University of New York (SUNY) Press.

Cohors-Fresenborg, Elmar (1996): Mathematik als Werkzeug zur Wissensrepräsentation. Eine neue Sicht der Schulmathematik. In: Kadunz, Gert et al. (Hrsg.): Trends und Perspektiven. Beiträge zum 7. Internationalen Symposium zur „Didaktik der Mathematik" in Klagenfurt vom 26.-30.9.1994. Wien, S. 85-90.

Cohors-Fresenborg, Elmar (2001a): Mathematik als Werkzeug zur Wissensrepräsentation: das Osnabrücker Curriculum. In: Der Mathematikunterricht, Jg. 47, Heft 1, S. 5-13.

Cohors-Fresenborg, Elmar (2001b): Mechanismen des Wirksamwerdens von Metakognition im Mathematikunterricht. In: Beiträge zum Mathematikunterricht, S. 145-148.

Combe, Arno (1997): Der Lehrer als Sisyphos. In: Buchen, S. et al. (Hrsg.): Jahrbuch für Lehrerforschung Bd. 1. Weinheim und München: Juventa, S. 165-178.

Combe, Arno (2002): Interpretative Schulbegleitforschung – konzeptionelle Überlegungen. In: Breidenstein, Georg; Combe, Arno; Helsper, Werner; Stelmaszyk, Bernhard (Hrsg.): Forum qualitative Schulforschung 2. Interpretative Unterrichts- und Schulbegleitforschung. Opladen: Leske + Budrich.

Combe, Arno (2004): Brauchen wir eine Bildungsgangforschung? Grundbegriffliche Klärungen. In: Trautmann, Matthias (Hrsg.): Entwicklungsaufgaben im Bildungsgang. Wiesbaden: Verlag für Sozialwissenschaften, S.48-63.

Combe, Arno (2005): Lernende Lehrer - Professionalisierung und Schulentwicklung im Lichte der Bildungsgangforschung. In: Schenk, Barbara (Hg.): Bausteine einer Bildungsgangtheorie. VS Verlag für Sozialwissenschaften. Wiesbaden: VS-Verlag für Sozialwissenschaften, S. 69-90.

Countryman, Joan (1992): Writing to Learn Mathematics. Portsmouth, NH: Heinemann.

Czerwanski, Annette; Solzbacher, Claudia & Vollstädt, Witlof (2002): Förderung von Lernkompetenz in der Schule Bd. 1. Recherche und Empfehlungen. Gütersloh: Verlag Bertelsmann-Stiftung.

Delors, Jacques (1997): Lernfähigkeit: Unser verborgener Reichtum. UNESCO-Bericht zur Bildung für das 21. Jahrhundert. Neuwied, Kriftel, Berlin: Luchterhand.

Drake, B. M. & Amspaugh, L. B. (1994). What writing reveals in mathematics. In: Focus on Learning Problems in Mathematics, Jg. 16, Heft 3, S. 43-50.

Edelmann, W. (1996): Lernpsychologie. 5., vollst. überarb. Aufl. Weinheim: Beltz.

Eigler, Gunther et al. (1990): Wissen und Textproduzieren. Tübingen: Narr.

Fatke, Reinhard (1997): Fallstudien in der Erziehungswissenschaft. In: Friebertshäuser, Barbara & Prengel, Annedore (Hrsg.): Handbuch Qualitative Forschungsmethoden in der Erziehungswissenschaft. Weinheim und München: Juventa Verlag, S. 56-68.

Fix, Martin (2004): Textrevisionen in der Schule: prozessorientierte Schreibdidaktik zwischen Instruktion und Selbststeuerung. Empirische Untersuchungen in achten Klassen. 2. korr. Aufl. Baltmannsweiler: Schneider-Verl. Hohengehren.

Flick, Uwe (1991): Der qualitative Forschungsprozeß als Abfolge von Entscheidungen. In: Flick, Uwe et al. (Hrsg.): Handbuch qualitative Sozialforschung: Grundlagen, Konzepte, Methoden und Anwendungen. München: Psychologie-Verl.-Union, S. 147-173.

Flick, Uwe (1992): Entzauberung der Intuition. Systematische Perspektiven-Triangulation als Strategie der Geltungsüberprüfung qualitativer Daten und Interpretationen. In: Hoffmeyer-Zlotnik, Jürgen H. P. (Hrsg.): Analyse verbaler Daten. Über den Umgang mit qualitativen Daten. Opladen: Westdeutscher Verlag, S. 11-56.

Flick, Uwe (2002): Qualitative Sozialforschung. Eine Einführung (6. Aufl.). Reinbek bei Hamburg: Rowohlt Taschenbuch Verlag GmbH.

Flick, Uwe; von Kardoff, Ernst & Steinke, Ines (2004): Was ist qualitative Forschung? Einleitung und Überblick. In: Flick, Uwe; von Kardoff, Ernst & Steinke, Ines (Hrsg.): Qualitative Forschung. Ein Handbuch. Reinbek bei Hamburg: Rowohlt Taschenbuch Verlag GmbH, S. 13-29.

Freie und Hansestadt Hamburg, Behörde für Bildung und Sport (2004): Rahmenplan Mathematik. Bildungsplan gymnasiale Oberstufe. www.bildungsplaene.bbs.hamburg.de.

Freie und Hansestadt Hamburg, Behörde für Bildung und Sport (2004): Rahmenplan Deutsch. Bildungsplan gymnasiale Oberstufe. www.bildungsplaene.bbs.hamburg.de.

Friebertshäuser, Barbara (1997): Interviewtechniken – ein Überblick. In: Friebertshäuser, Barbara & Prengel, Annedore (Hrsg.): Handbuch Qualitative Forschungsmethoden in der Erziehungswissenschaft. Weinheim und München: Juventa Verlag, S. 371-395.

Friedrich, Helmut F. & Mandl, Heinz (1990): Psychologische Aspekte autodidaktischen Lernens. In: Unterrichtswissenschaft, 18. Jahrgang, Heft 3, S. 197-218.

Gallin, Peter & Hußmann, Stephan (2006): Dialogischer Unterricht – aus der Praxis in die Praxis. In: Praxis der Mathematik in der Schule, Jg. 48, Heft 2, S. 1-6.

Gallin, Peter & Ruf, Urs (1993): Sprache und Mathematik in der Schule – ein Bericht aus der Praxis. In: Journal für Mathematikdidaktik, 14, S. 3-33.

Gallin, Peter & Ruf, Urs (1998): Sprache und Mathematik in der Schule: auf eigenen Wegen zur Fachkompetenz; illustriert mit sechzehn Szenen aus der Biographie von Lernenden. Seelze: Kallmeyer.

Gallin, Peter & Ruf, Urs (1999a): Dialogisches Lernen in Sprache und Mathematik. Bd. 1. Austausch unter Ungleichen: Grundzüge einer interaktiven und fächerübergreifenden Didaktik. Seelze: Kallmeyer.

Gallin, Peter & Ruf, Urs (1999b): Dialogisches Lernen in Sprache und Mathematik. Bd. 2. Spuren legen - Spuren lesen: Unterricht mit Kernideen und Reisetagebüchern. Seelze: Kallmeyer.

Gerhardt, Uta (1986): Patientenkarrieren. Eine medizinsoziologische Studie. Frankfurt a. M.: Suhrkamp.

Goodrich Andrade, Heidi (1997): Understanding Rubrics. In: Educational Leadership Jg. 54, Heft 4, S. 14-17.

Goodrich Andrade, Heidi (2000): Using rubrics to promote thinking and learning. In: Educational Leadership, Jg. 57, Heft 5, S. 13-18.

Griep, Mathilde (2001): Berichtigung von Lernzielkontrollen als Anlass für metakognitive Aktivitäten. In: Beiträge zum Mathematikunterricht, S. 229-232.

Grigutsch, Stephan (1996): Mathematische Weltbilder von Schülern. Struktur, Entwicklung, Einflussfaktoren. Dissertation, Gerhard-Mercator-Universität, Gesamthochschule Duisburg.

Grigutsch, Stephan; Raatz, Ulrich & Törner, Günter (1998): Einstellungen gegenüber Mathematik bei Mathematiklehrern. In: Journal für Mathematikdidaktik, Jg. 19, S. 3-45.

Hahn, Stefan (2005): Gelegenheitsstrukturen zum Kompetenzerwerb und zur Identitätskonstruktion. Ein Kontextualisierungskonzept bildungsgangbezogener Lernprozesse. In: Schenk, Barbara (Hrsg.): Bausteine einer Bildungsgangtheorie. Wiesbaden: Verlag für Sozialwissenschaften, S. 91-107.

Hart, Laurie E. (1989): Describing the Affective Domain: Saying What We Mean. In: McLeod, Douglas B. & Adams, Verner M. (Hrsg.): Affect and Mathematical Problem Solving. A New Perspective. New York, S. 37-45.

Hasselhorn, Marcus (1998): Metakognition. In: Rost, Detlef H. (Hrsg.): Handwörterbuch Pädagogische Psychologie. Weinheim: Beltz, S. 348-351.

Hattie, J. Et al. (1996): Effects of learning skills interventions on student learning: A meta analysis. Review of Educational Research, 66, S. 99-136.

Hayes, John R. & Flower, Linda S. (1980) Identifying the organization of writing processes. In: Gregg, L. W. & Steinberg, E. R. (Hrsg.): Cognitive Processes in Writing. Hillsdale: Erlbaum, S. 3-30.

Hentig, Hartmut von (1996): Bildung: Ein Essay. München und Wien: Hanser.

Hericks, Uwe & Meyer, Meinert A. (2004): Unterricht/Didaktik. In: Krüger, H.-H. & Grunert, C. (Hrsg.): Wörterbuch Erziehungswissenschaft. Wiesbaden: VS Verlag für Sozialwissenschaften, S. 479-485.

Hericks, Uwe (1993): Über das Verstehen von Physik. Physikalische Theoriebildung bei Schülern der Sekundarstufe II. Münster, New York: Waxmann.

Hericks, Uwe (1998): Der Ansatz der Bildungsgangforschung und seine didaktischen Konsequenzen – Darlegungen zum Stand der Forschung, in: Meyer, Meinert A. & Reinartz, Andrea (Hrsg.): Bildungsgangdidaktik. Denkanstöße für pädagogische Forschung und schulische Praxis. Opladen: Leske + Budrich, S. 173-188.

Heske, henning (1998): "Mathe Explorer Logbuch 7.2." Erfahrungen mit einem Lerntagebuch. In: Mathematik in der Schule, Jg. 36, S. 136-143.

Heske, henning (1999): Lerntagebücher im Mathematikunterricht - ein Baustein zum selbstreflexiven Lernen und zur Teamentwicklung. In: Pädagogik, Jg. 51, Heft 6, S. 8-11.

Heske, henning (2001): Lerntagebücher. Eine Unterrichtsmethode, die das Selbstlernen im Mathematikunterricht fördert. In: Mathematik lehren, Heft 104, S. 14-17.

Higgins, E.T. (1987): Self-discrepancy: A theory relating self and affect. In: Psychological review, Jg. 94, S. 319-340.

Huber, Ludwig (1991): Fachkulturen. Über die Mühen der Verständigung zwischen den Disziplinen. In: Neue Sammlung, 31. Jg., S. 13-24.

Huber, Ludwig (2000): Selbstständiges Lernen als Weg und Ziel. In: Landesinstitut für Schule und Weiterbildung NRW (Hrsg.): Förderung selbstständigen Lernens in der gymnasialen Oberstufe. Soest, S. 9-37.

Huber, Ludwig (2001): Stichwort: Fachliches Lernen. Das Fachprinzip in der Kritik. In: Zeitschrift für Erziehungswissenschaft, 4. Jg., Heft 3, S. 307-331.

Hußmann, Stephan (2003a): Mathematik entdecken und erforschen. Theorie und Praxis des Selbstlernens in der Sekundarstufe II. Berlin: Cornelsen Verlag.

Hußmann, Stephan (2003b): Lerntagebücher – Mathematik in der Sprache des Verstehens. In: Leuders, Timo (Hrsg.): Mathematik-Didaktik. Praxishandbuch für die Sekundarstufe I und II. Berlin: Cornelsen Verlag.

Jaeggi, E., Faas, A. & Mruck, K. (1998): Denkverbote gibt es nicht! Vorschlag zur interpretativen Auswertung kommunikativ gewonnener Daten (2. überarbeitete Fassung). Forschungsbericht aus der Abteilung Psychologie im Institut für Sozialwissenschaften der Technischen Universität Berlin, Nr. 98-2.

Kaiser, Arnim & Kaiser, Ruth (1999): Metakognition. Denken und Problemlösen optimieren. Neuwied, Kriftel: Luchterhand.

Kaiser, Arnim (Hrsg.) (2003): Selbstlernkompetenz: Metakognitive Grundlagen selbstregulierten Lernens und ihre praktische Umsetzung. München: Luchterhand.

Kaiser, Gabriele (1995): Realitätsbezüge im Mathematikunterricht – Ein Überblick über die aktuelle und historische Diskussion. In: Graumann, Günter; Jahnke, Thomas; Kaiser, Gabriele & Meyer, Jörg (Hrsg.): Materialien für einen realitätsbezogenen Mathematikunterricht. Bad Salzdetfurth ü. Hildesheim: Verlag Franzbecker, S. 66-84.

Kaiser, Gabriele (1999): Unterrichtswirklichkeit in England und Deutschland. Vergleichende Untersuchungen am Beispiel des Mathematikunterrichts. Weinheim: Beltz.

Kaiser, Gabriele; Kornella, Magdalena & Ross, Natalie (2005): Evaluation des Hamburger SINUS-Projektes von 2001-2003. Ergebnisse der Untersuchung der beteiligten Lehrerinnen und Lehrer aus den Jahrgangsstufen 7-9. Unpublizierter Bericht der Universität Hamburg, Fachbereich Erziehungswissenschaft. http://www.erzwiss.uni-hamburg.de/Personal/Gkaiser/pdf-forsch/SINUS-Bericht-2.pdf.

Kammler, Clemes & Knapp, Werner (2002): Empirische Unterrichtsforschung und Deutschdidaktik. Baltmannsweiler: Schneider-Verlag Hohengehren.

Kaune, Christa (1999): Förderung metakognitiver Aktivitäten durch geeignete Aufgabenstellungen. In: Beiträge zum Mathematikunterricht, S. 281-284.

Kaune, Christa (2001): Anleitung zur Kognition über Metamathematik durch geeignete Aufgabenstellungen. In: Beiträge zum Mathematikunterricht, S. 344-347.

Kelle, Udo & Kluge, Susann (1999): Vom Einzelfall zum Typus: Fallvergleich und Fallkontrastierung in der qualitativen Sozialforschung. Opladen: Leske + Budrich.

Keupp et al. (2002): Identitätskonstruktionen. Das Patchwork der Identitäten in der Spätmoderne. 2. Aufl. Reinbek bei Hamburg: Rowohlt.

Killius, Nelson; Kluge, Jürgen; Reisch, Linda (Hg.) (2003): Die Bildung der Zukunft, Frankfurt am Main: Suhrkamp Verlag.

Kinzie, Mable B. (1990): Requirements and benefits of effective interactive instruction: Learner control, self-regulation, and continuing motivation. In: Educational Technology Research and Development, 38. Jahrgang, Heft 1, S. 5-21.

Kirk, Sabine (2004): Beurteilung mündlicher Leistungen. Pädagogische, psychologische, didaktische und schulrechtliche Aspekte der mündlichen Leistungsbeurteilung. Rieden: Julius Klinkhardt.

Klafki, Wolfgang (1996[5]): Neue Studien zur Bildungstheorie und Didaktik. Zeitgemäße Allgemeinbildung und kritisch-konstruktive Didaktik. Weinheim und München: Beltz.

Klieme, Eckard (2004): Was sind Kompetenzen und wie lassen sie sich messen? In: Pädagogik, 56. Jg., Heft 6, S. 10-13.

Klieme, Eckhard; Artelt, Cordula & Stanat, Petra (2001): Fächerübergreifende Kompetenzen: Konzepte und Indikatoren. In: Weinert, Franz E. (Hrsg.): Leistungsmessungen in Schulen. Weinheim: Beltz, S. 203-218.

Kluge, Susann (1999): Empirisch begründete Typenbildung. Zur Konstruktion von Typen und Typologie in der qualitativen Sozialforschung. Opladen: Leske + Budrich.

Kluge, Susann (1999): Empirisch begründete Typenbildung. Zur Konstruktion von Typen und Typologien in der qualitativen Sozialforschung. Opladen: Leske + Budrich.

Köller, Olaf; Baumert, Jürgen & Neubrand, Johanna (2000): Epistemologische Überzeugungen und Fachverständnis im Mathematik- und Physikunterricht. In: Baumert, Jürgen; Bos, Wilfried & Lehmann, R. (Hrsg.): TIMSS/III. Dritte Internationale Mathematik- und Naturwissenschaftsstudie. Mathematische und naturwissenschaftliche Bildung am Ende der Schullaufbahn. Band 2: Mathematische und physikalische Kompetenzen am Ende der der gymnasialen Oberstufe. Opladen: Leske + Budrich, S. 229-269.

König, Eckard (1995): Qualitative Forschung Subjektiver Theorien. In: König, Eckard & Zedler, Peter (Hrsg.): Bilanz qualitativer Forschung. Bd. II: Methoden. Weinheim: Deutscher Studienverlag, S. 11-30.

Konrad, Klaus & Traub, Silke (1999): Selbstgesteuertes Lernen in Theorie und Praxis. München: Oldenbourg.

Krummheuer, Götz & Naujok, Natalie (1999): Grundlagen und Beispiele interpretativer Unterrichtsforschung. Opladen: Leske + Budrich.

Kuhl, J. & Goschke, T. (1994): A theory of action control: Mental subsystems, modes of control, and volitional conflict resolution strategies. In: Kuhl, J. & Beckmann, J. (Hrsg.): Volition and personality: Action versus state orientation. Seattle: Hogrefe & Huber, S. 93-124.

Laborde, Colette (1991): Kühnheit und Ratio der mathematikdidaktischen Forschung in Frankreich. In: Journal für Mathematikdidaktik, Jg. 12, Heft 1, S. 35-50.

Lamnek, Siegfried (2005): Qualitative Sozialforschung. Lehrbuch. (4., vollständig überarbeitete Aufl.). Weinheim, Basel: Beltz.

Leopold, CLaudia & Leutner, Detlev (2003): Selbstreguliertes Lernen: Lehr-/lerntheoretische Grundlagen. In: Witthaus, Udo; Wittwer, Wolfgang & Espe, Clemens (Hrsg.): Selbst gesteuertes Lernen. Theoretische und praktische Zugänge. Bielefeld: W. Bertelsmann Verlag, S. 43-67.

Leuders, Timo (Hrsg.) (2003): Mathematik-Didaktik. Praxishandbuch für die Sekundarstufe I und II. Berlin: Cornelsen Verlag.

Lüders, Christian & Reichertz, Jo (1986): Wissenschaftliche Praxis ist, wenn alles funktioniert und keiner weiß warum – Bemerkungen zur Entwicklung qualitativer Sozialforschung. In: Sozialwissenschaftliche Literaturrundschau, Heft 12, S. 90-102.

Maaß, Katja (2004): Mathematisches Modellieren im Unterricht. Ergebnisse einer empirischen Studie. Hildesheim u.a.: Franzbecker.

Maritzen, Norbert (2002): Schulen forschend begleiten – Ist das schon Schulbegleitforschung? In: Breidenstein, Georg; Combe, Arno; Helsper, Werner & Stelmaszyk, Bernhard (Hrsg.): Forum Qualitative Schulforschung 2. Interpretative Unterrichts- und Schulbegleitforschung. Opladen: Leske + Budrich, S. 159-170.

Marton, F. & Säljö, R. (1984): Approaches to learning. In: Marton, F.; Hounsell, D. & Entwistle, N. (Hrsg.): The experience of learning. Edinburgh: Scottish Academic Press, S. 36-55.

Merz-Grötsch, Jasmin (2000): Schreiben als System. Bd. 1: Schreibforschung und Schreibdidaktik. Ein Überblick. Freiburg im Breisgau: Fillibach.

Merz-Grötsch, Jasmin (2003): Methoden der Textproduktionsvermittlung. In: Bredel, Ursula; Günther, Hartmut; Klotz, Peter; Ossner, Jakob & Siebert-Ott, Gesa (Hrsg.): Didaktik der deutschen Sprache. Paderborn, München, Wien, Zürich: Ferdinand Schöningh, S. 802-813.

Meyer, Hilbert (1987): Unterrichtsmethoden. Bd. 1. Theorieband. Bd. 2. Praxisband. Frankfurt a. M.: Cornelsen.

Meyer, Hilbert (1997): Schulpädagogik. Bd. 2. Für Fortgeschrittene. Berlin: Cornelsen.

Meyer, Meinert A. & Reinartz, Andrea (Hrsg.) (1998): Bildungsgangdidaktik. Denkanstöße für pädagogische Forschung und schulische Praxis. Opladen: Leske + Budrich.

Meyer, Meinert A. & Schmidt, ralf (2000): Schülermitbeteiligung im Fachunterricht: Englisch, Geschichte, Physik und Chemie im Blickfeld von Lehrern, Schülern und Unterrichtsforschern. Opladen: Leske + Budrich.

Meyer, Meinert A. (2005): Bildungsgangforschung als Rahmen für die Allgemeine Didaktik. In: Schenk, Barbara (Hg.): Bausteine einer Bildungsgangtheorie. VS Verlag für Sozialwissenschaften. Wiesbaden: VS-Verlag für Sozialwissenschaften, S. 17 – 46.

Meyer-Drawe, Käte (2003): Lernen als Erfahrung. In: Zeitschrift für Erziehungswissenschaft, 6. Jg., Heft 4, S.505-514.

Müller, Andreas (2003): Jeder Schritt ein Fort-Schritt. http://www.learningfactory.ch/downloads/dateien/artikel_referenzieren.pdf.

Müller, Andreas (2004): Viele kleine Siege über sich selbst. Erziehung zum Lernen: Kompetenzraster und „Layout".In: PÄDAGOGIK, Heft 9, S. 25-29.

Nuhn,H.-E. (2000): Die Sozialformen des Unterrichts. In: Pädagogik, 52. Jg., Heft 2, S. 10-13.

Nussbaumer, Markus & Sieber, Peter (1994): Texte analysieren mit dem Zürcher Textanalyseraster. In: Sieber, Peter (Hrsg.): Sprachfähigkeiten - Besser als ihr Ruf und nötiger denn je! Aarau u.a.: Sauerländer, S. 141-186.

Opwis, Klaus (1998): Reflexionen über eigenes und fremdes Wissen. In: Klix, Friedhart & Spada, Hans (Hrsg.): Enzyklopädie der Psychologie. Kognition. Band 6: Wissen. Göttingen, Bern, Toronto, Seattle: Hogrefe, S. 369-401.

Oser, F. & Patry, J.-L. (1990) : Choreographien unterrichtlichen Lernens: Basismodelle des Unterrichts. Freiburg (Schweiz): Pädagogisches Institut der Universität Freiburg. Berichte zur Erziehungswissenschaft, 89.

Osterland, Martin (1990): „Normalbiographie" und „Normalarbeitsverhältnis". In: Berger, Peter A. & Hradil, Stefan (Hrsg.): Lebenslagen, Lebensläufe, Lebensstile. Sonderband der Sozialen Welt. Göttingen: Schwartz, S. 351-362.

Pehkonen, Errki & Törner, Günter (1996): Mathematical beliefs and different aspects of their meaning. In: Zentralblatt für Didaktik der Mathematik, S. 101-108.

Pehkonen, Errki (1993): Schülervorstellungen über Mathematik als verborgener Faktor für das Lernen. In: Beiträge zum Mathematikunterricht, S. 303-306.

Pintrich, Paul R. (2000): The role of goal orientation in self-regulated learning. In: Boekaerts, Monique, Pintrich, Paul R. & Zeidner, Moshe (Hrsg.): Handbook of self-regulated learning. San Diego: Academic Press, S. 451-502.

Prengel, Annedore; Heinzel, Friederike & Carle, Ursula (2004): Methoden der Handlungs-, Praxis- und Evaluationsforschung. In: Helsper, Werner & Böhme, Jeanette (Hrsg.): Handbuch der Schulforschung. Wiesbaden: VS Verlag für Sozialwissenschaften.

Prenzel, M. ; Duit, R. ; Euler, M., & Lehrke, M. (1999) : Lehr-Lern-Prozesse im Physikunterricht. Eine Videostudie. Projektantrag an die DFG . Kiel: IPN.

Rabenstein, Kerstin (2003): In der gymnasialen Oberstufe fächerübergreifend lehren und lernen. Eine Fallstudie über die Verlaufslogik fächerübergreifenden Projektunterrichts und die Erfahrungen der Schüler. Wiesbaden: Verlag für Sozialwissenschaften.

Reichertz, Jo (1996): Lassen sich qualitative Interviews hermeneutisch interpretieren? In: Strobl, Rainer & Böttger, Andreas (Hrsg.): Wahre Geschichten? Zu Theorie und Praxis qualitativer Interviews.Baden-Baden: Nomos Verlagsgesellschaft, S. 77-92.

Reinhold, Gerd (1991): Soziologie-Lexikon. München, Wien: R. Oldenbourg.

Reinmann-Rothmeier, Gabi & Mandl, Heinz (1998): Wissensvermittlung. Ansätze zur Förderung des Wissenserwerbs. In: Klix, F. & Spada, H. (Hrsg.): Wissen. Enzyklopädie der Psychologie. Themenbereich C, Serie II, Bd. 6. Göttingen u.a.: Hogrefe, S. 457-500.

Reischmann, Jost (1999): Selbstgesteuertes Lernen – Verlauf, Ergebnisse und Kritik der amerikanischen Diskussion. In: Dietrich, Sua u.a. (Hrsg.): Selbstgesteuertes Lernen – auf dem Weg zu einer neuen Lernkultur. Frankfurt am Main (DIE), S. 40-56.

Reusser, Kurt (1998): Denkstrukturen und Wissenserwerb in der Ontogenese. In: Klix, Friedhart & Spada, Hans (Hrsg.): Enzyklopädie der Psychologie. Kognition. Band 6: Wissen. Göttingen, Bern, Toronto, Seattle: Hogrefe, S. 115-166.

Reusser, Kurt (2001). Unterricht zwischen Wissensvermittlung und Lernen lernen. Alte Sackgassen und neue Wege in der Bearbeitung eines pädagogischen Jahrhundertproblems. In: Finkbeiner, Claudia & Schnaitmann, Gerhard W. (Hrsg.): Lehren und Lernen im Kontext empirischer Forschung und Fachdidaktik, S. 106-140.

Rheinberg, F., Vollmeyer, R. & Rollett, W. (2000): Motivation and action in self-regulated learning. In: Boekaerts, Monique, Pintrich, Paul R. & Zeidner, Moshe (Hrsg.): Handbook of self-regulated learning. San Diego: Academic Press, S. 503-529.

Roth, Gerhard (2003): Warum sind Lehren und Lernen so schwierig? In: Report 3/2003. Literatur und Forschungsreport Weiterbildung. Gehirn und Lernen, S. 20-28.

Ryan, R.M. (1991): The nature of the self in autonomy and relatedness. In: Strauss, J.; Goethals, G.R. (Hrsg.): The self: Interdisciplinary approaches. New York: Springer, S. 208-238.

Saljö, R. (1979): Learning in the Learner's Perspective. Reports from the Institut of Education. University of Göteborg, no. 76.

Schenk, Barbara (2004): Der Bildungsgang, in: Trautmann, Matthias (Hrsg.): Entwicklungsaufgaben im Bildungsgang. Wiesbaden: VS Verlag für Sozialwissenschaften, S. 41-47.

Schenk, Barbara (Hrsg.) (2005): Bausteine einer Bildungsgangtheorie. Wiesbaden: VS Verlag für Sozialwissenschaften.

Schiefele, Ulrich & Pekrun, Reinhard (1996): Psychologische Modelle des fremdgesteuerten und selbstgesteuerten Lernens. In: Enzyklopädie der Psychologie: Themenbereich D, Praxisgebiete: Ser. 1, Pädagogische Psychologie; Bd. 2: Weinert, Franz E. (Hrsg.): Psychologie des Lernens und der Instruktion. Göttingen; Bern; Toronto; Seattle: Hogrefe, S. 279-317.

Schmidt, Christiane (1997): „Am Material": Auswertungstechniken für Leitfadeninterviews. In: Friebertshäuser, Barbara & Prengel, Annedore (Hrsg.): Handbuch Qualitative Forschungsmethoden in der Erziehungswissenschaft. Weinheim und München: Juventa Verlag, S. 544-568.

Schnaitmann, Gerhard W. (2004): Forschungsmethoden in der Erziehungswissenschaft. Zum Verhältnis von qualitativen und quantitativen Methoden in der Lernforschung an einem Beispiel der Lernstrategienforschung. Frankfurt a. M.: Peter Lang GmbH.

Schneider, Günther (2001): Mehrsprachigkeit sichtbar machen. Funktionen und Merkmale des Europäischen Sprachenportfolios, in: Kuri, Sonja & Saxer, Robert (Hrsg.): Deutsch als Fremdsprache an der Schwelle zum 21. Jh. Innsbruck u. a.: Studienverlag, S. 197-210.

Schreiber, Beate (1998): Selbstreguliertes Lernen. Münster; New York; München; Berlin: Waxmann.

Schrempf, Renate (2002): Rubrics. Ein Instrument zur Qualitätsentwicklung und Qualitätssicherung in Unterricht und Schule, in: PÄDAGOGIK, Heft 9, S. 40-43.

Schrempf, Renate (2003): Mit Rubrics zu mehr Erfolg! Anschub zu Qualitätsentwicklung im Unterricht. In: Das Lehrerhandbuch, Jg. 26, September, S. 1-18.

Schründer-lenzen, Agi (1997): Triangulation und idealtypisches Verstehen in der (Re-)Konstruktion subjektiver Theorien. In: Friebertshäuser, Barbara & Prengel, Annedore (Hrsg.): Handbuch Qualitative Forschungsmethoden in der Erziehungswissenschaft. Weinheim und München: Juventa Verlag, S. 107-117.

Simons, P. R.-J. (1992): Lernen, selbständig zu lernen- ein Rahmenmodell. In: Mandl, H. & Friedrich, H. F. (Hrsg.): Lern- und Denkstrategien. Analyse und Intervention. Göttingen, Toronto, Zürich: Hogrefe Verlag für Psychologie, S. 251-264.

Sjuts, Johann (1999): Metakognition im Mathematikunterricht. In: Beiträge zum Mathematikunterricht, S. 497-500.

Sjuts, Johann (2001a): Metakognition beim Mathematiklernen: das Denken über das Denken als Hilfe zur Selbsthilfe. In: Der Mathematikunterricht, Jg. 47, Heft 1, S. 61-68.

Sjuts, Johann (2001b): Eigenproduktionen und Metakognition. In: Beiträge zum Mathematikunterricht, S. 588-591.

Sjuts, Johann (2003): Metakognition per didaktisch-sozialem Vertrag. In: Journal für Mathematikdidaktik, Jg. 24, Heft 1, S. 18-40.

Spörlein, Eva (2003): "Das mit dem Chemischen finde ich nicht so wichtig ..." : Chemielernen in der Sekundarstufe I aus der Perspektive der Bildungsgangdidaktik. Opladen: Leske + Budrich.

Stigler, James W. & Knoll, Steffen (1999): The TIMSS videotape classroom study. Washington.

Strauss, Anselm & Corbin, Juliet (1996): Grounded Theory: Grundlagen Qualitativer Sozialforschung. Weinheim: Psychologie Verlags Union.

Terhart, Ewald (1997a): Kultureller Wandel und Fachunterricht. In: Keuffer, Josef & Meyer, Meinert A.: Didaktik und kultureller Wandel. Weinheim: Beltz, S. 18-32.

Terhart, Ewald (1997b): Lehr-Lern-Methoden. Eine Einführung in Probleme der methodischen Organisation von Lehren und Lernen. Weinheim: Juventa.

Terhart, Ewald (1997c): Entwicklung und Situation des qualitativen Forschungsansatzes in der Erziehungswissenschaft. In: Friebertshäuser, Barbara & Prengel, Annedore (Hrsg.): Handbuch qualitative Forschungsmethoden in der Erziehungswissenschaft. Weinheim und München: Juventa Verlag, S. 27-42.

Terhart, Ewald (1999): Konstruktivismus und Unterricht. Gibt es einen neuen Ansatz in der Allgemeinen Didaktik? Zeitschrift für Pädagogik, Jg. 45, Heft 5, S. 629-647.

Terhart, Ewald (2000): Dimension des Methodenproblems im Unterricht. In: Pädagogik, 52. Jg., Heft 2, S. 32-34.

Tippelt, Rudolf & Schmidt, Bernhard (2005): Was wissen wir über Lernen im Unterricht? In: Pädagogik, 57. Jg., Heft 3, S. 6-11.

Törner, Günter (2002): Epistemologische Grundüberzeugungen – verborgene Variablen beim Lehren und Lernen von Mathematik. In Der Mathematikunterricht, Jg. 48, Heft 4/5, S. 106-130.

Trautmann, Matthias (Hrsg.) (2004): Entwicklungsaufgaben im Bildungsgang. Wiesbaden: VS Verlag für Sozialwissenschaften.

Vermunt, J. & van Rijswijk, F. (1988): Analysis and development in students' skill in selfregulated learning. In: Higher Education 17, S. 647-682.

Wagenschein, Martin (1980): Physikalismus und Sprache. Gegen die Nichtachtung des Unmessbaren und Unmittelbaren. In: Schaefer, Gert & Loch, Werner (Hrsg.): Kommunikative Grundlagen des naturwissenschaftlichen Unterrichts. Weinheim und Basel: Beltz , S. 11-37.

Waywood, Andrew (1990): Mathematics and language: reflections on students using mathematics journals. In: Davis, G. & Hunting, R. (Hrsg.): Language issues in learning and teaching mathematics. Bundoora: LaTrobe University.

Waywood, Andrew (1992): Journal Writing and Learning Mathematics. In: For the learning of Mathematics Jg. 12, Heft 2, S. 34-43.

Weinert, Franz E. & Schrader, Friedrich-Wilhelm (1997): Lernen lernen als psychologisches Problem. In: Weinert, Franz E. & Mandl, Heinz (Hrsg.): Enzyklopädie der Psychologie. Pädagogische Psychologie. Band 4: Psychologie der Erwachsenenbildung. Göttingen, Bern, Toronto, Seattle: Hogrefe, S. 295-335.

Weinert, Franz E. (1982): Selbstgesteuertes Lernen als Voraussetzung, Methode und Ziel des Unterrichts. In: Unterrichtswissenschaft, 10. Jahrgang, Heft 2, S. 99-110.

Weinert, Franz E. (1996): Lerntheorien und Instruktionsmodelle. In: Weinert, Franz E. (Hrsg.): Enzyklopädie der Psychologie. Pädagogische Psychologie. Bd. 2. Psychologie des Lernens und der Instruktion. Göttingen: Hogrefe, S. 1-48.

Weinert, Franz E. (1998): Neue Unterrichtskonzepte zwischen gesellschaftlichen Notwendigkeiten, pädagogischen Visionen und psychologischen Möglichkeiten. In: Bayerisches Staatsministerium für Unterricht, Kultus, Wissenschaft und Kunst (Hrsg.): Wissen und Werte für die Welt von morgen. Dokumentation des Bildungskongresses 29./30. April 1998. München: Bayerisches Staatsministerium.

Weinert, Franz E. (2001): Leistungsmessung in Schulen – Eine umstrittene Selbstverständlichkeit, in: Weinert, F. E. (Hrsg.): Leistungsmessung in Schulen, Weinheim und Basel: Beltz, S. 17-31.

Wild, Elke (2003): Lernen lernen: Wege einer Förderung der Bereitschaft und Fähigkeit zu selbstreguliertem Lernen. In: Unterrichtswissenschaft, 31. Jahrgang, Heft 1, S. 2-5.

Winter, Felix (2004): Leistungsbewertung. Eine neue Lernkultur braucht einen anderen Umgang mit den Schülerleistungen. Baltmannsweiler: Schneider Verlag Hohengehren.

Witzel, Andreas (1985): Das problemzentrierte Interview. In: Jüttemann, Gerd (Hrsg.): Qualitative Forschung in der Psychologie. Grundfragen, Verfahrenweisen, Anwendungsfelder. Weinheim und Basel: Beltz, S. 227-255. www.institut-beatenberg.ch/lernjobs

Zimmermann, Barry J. (1989): Models of self-regulated learning and academic achievement. In: Zimmermann, Barry J. & Schunk, Dale H. (Hrsg.): Self-regulated learning and academic achievement: Theory, research and practice. New York: Springer, S. 1-25.

Zimmermann, Barry J. (2000): Attaining self-regulation: A social cognitive perspective. In: Boekaerts, Monique, Pintrich, Paul R. & Zeidner Moshe (Hrsg.): Handbook of self-regulated learning. San Diego: Academic Press, S. 13-39.